Le Sauvage
et le Préhistorique,
miroir de l'Homme
occidental

Marylène Patou-Mathis

Le Sauvage
et le Préhistorique,
miroir de l'Homme
occidental

*De la malédiction de Cham
à l'identité nationale*

Odile
Jacob

En 4ᵉ de couverture : Photo du réalisateur Morad Ait-Habbouche, tirée du documentaire FR3 *Papa Néanderthal*. Marylène Patou-Mathis tenant le crâne original du Néanderthalien de La Ferrassie en Dordogne (Collection Musée de l'Homme/MNHN).

© ODILE JACOB, JANVIER 2011

15, RUE SOUFFLOT, 75005 Paris

www.odilejacob.fr

ISBN : 978-2-7381-2532-3

À l'Étrangère, Albina...

Avant-propos

« Quiconque se renferme dans une société ne peut
s'empêcher d'en adopter les préjugés, surtout s'ils
flattent son orgueil. »

Helvétius, *De l'esprit*, II 9.

S'interroger sur ce qu'a été depuis les Lumières, mais
sans s'interdire de remonter plus avant, le regard de
l'Occident sur ces deux figures particulières de l'Autre que
sont le Sauvage et le Préhistorique, tel est le propos central de ce livre. Ces deux imaginaires se rejoignent et se
superposent, probablement parce qu'ils concernent des
civilisations sans écriture, des peuples de traditions
orales. Alors que la plupart des études portent sur l'une ou
l'autre figure, nous avons voulu, pour notre part, cerner la
vision de l'Homme moderne occidental sur son semblable
lointain tant dans l'espace que dans le temps – le « Préhistorique » incarnant l'étranger venu du passé. Les
exemples que nous avons choisis sont tirés aussi bien de
traités philosophiques et scientifiques que d'œuvres de fiction ou de vulgarisation. Des romans aux peintures, en
passant par les expositions universelles ou coloniales
jusqu'à la création du musée du Quai Branly, nous avons
tenté ici d'analyser les manifestations de ce rapport complexe au Sauvage actuel ou ancien, où le respect
aujourd'hui affiché est encore très souvent teinté de
mépris, mâtiné de nostalgie ou mêlé de mauvaise

conscience. Mais pourquoi l'altérité est-elle donc si difficile à accepter ? Tel est le fil conducteur de notre ouvrage.

Présente dans la plupart des religions, réactivée en
France par, notamment, Montaigne (*Des Cannibales*, 1595 ;
Des Coches, 1598) et Montesquieu (*Les Lettres persanes,*
1721), puis Ricœur (*Soi-même comme un autre,* 1990) et
Levinas (*Altérité et Transcendance,* 1995), la question de
l'Autre s'est imposée comme une dominante de la philosophie morale, tout en exerçant une influence sur l'ensemble
des sciences humaines, déterminant ainsi une valeur
d'horizontalité égalitaire. Contre toutes les manifestations
porteuses d'inégalité, le principe humaniste s'est construit
sur la base d'une unicité de l'espèce humaine ; celui-ci est à
l'origine du droit et du jugement moral, du droit de la personne, de l'antiracisme. Nous aborderons notamment cette
idée d'égalité ontologique lorsque nous évoquerons le long
moment colonial qui a marqué cette période, son intolérance, son inégalitarisme et tout ce qu'il a produit comme
critiques et comme mauvaise conscience.

La rencontre progressive
de deux imaginaires

Au fil du temps, la perception de l'Autre a été tantôt
positive, tantôt négative, oscillant entre ces deux pôles
dans une sorte de mouvement de balancier. Les trois derniers siècles auront été marqués, d'une part, par la prise
en compte du Sauvage, souvent lointain, à travers les
récits de voyages, puis les œuvres d'écrivains et, d'autre
part, par le rapprochement qui s'est établi au XIXe siècle
entre l'idée d'une filiation des vivants, mais aussi des
morts après la découverte de fossiles humains préhistoriques et la structuration des disciplines scientifiques les
concernant. Cette rencontre entre le Sauvage et le Pré-

historique a participé à la « découverte de soi[1] ». Une telle configuration a engendré une vision d'altérité à caractère généalogique, d'autant plus personnalisable que les découvertes de squelettes ou d'objets préhistoriques ont été faites sur un territoire proche (l'Europe), alors que la rencontre avec le Sauvage est passée par un regard anthropologique à distance.

Durant la Renaissance, où débute la colonisation des terres lointaines et, de l'esclavage, par les Européens, les deux principaux paradigmes sont la théorie du Déluge et la *Scala naturae* (échelle naturelle des êtres vivants). Le XVIIe siècle voit l'apparition des premiers doutes sur cette théorie du Déluge (ou théorie du catastrophisme), doutes qui vont s'accentuer au siècle suivant avec le développement de nouvelles théories comme l'uniformitarisme et l'actualisme. C'est également au XVIIIe siècle que les savants créent l'« échelle des Êtres » qui situe l'Homme blanc, en particulier l'Européen, au sommet et le Sauvage, au bas. Au XIXe siècle, où la colonisation du continent africain puis celle de l'Océanie prennent le pas sur celle des Amériques, cette taxinomie européocentrique reste prépondérante. À partir de 1820, les découvertes, dans des sites fossilifères d'Europe occidentale, de restes humains associés à des ossements d'animaux disparus et à des outils taillés en pierre suscitent de vifs débats au sujet de l'existence du Préhistorique, puis, après la parution des livres de Darwin (en 1859 et 1871), sur ses origines. La vision du Sauvage, forgée au XVIIIe siècle, avec ses armes en pierre ou en os, ses vêtements en peaux de bêtes, ses parures, rejoint celle du Préhistorique. Un nouveau paradigme se dessine, celui de l'évolution linéaire des Hommes, mais aussi des cultures passées et présentes ; celui-ci perdurera jusqu'à la fin de la première moitié du XXe siècle. Dès lors, la hiérarchisation des « races », actuelles, mais aussi fossiles, et de leurs cultures va fonder le « paradigme racial » qui justifie la colonisation qui s'amplifie. Puis, avec la décolonisation et l'« humanisa-tion » du Sauvage comme du Préhistorique, d'autres para-digmes (évolution humaine et culturelle buissonnantes et relativisme culturel) s'imposeront, suscitant une réflexion sur les nouvelles frontières de l'humain et l'altérité.

La construction de l'Autre

Au cours des trois siècles qui nous occupent, la construction des images du Sauvage et du Préhistorique s'est faite à partir des théories émises par les savants, mais aussi de leur transformation en idéologies et l'écho qu'elles ont trouvé dans la littérature et les expositions populaires. Dans les faits, et à y regarder de plus près, cette construction a pris appui sur les trois grands thèmes suivants : l'Autre lointain ; le colonialisme et les taxino-mies raciales ; enfin, la question des origines de l'Homme et de l'évolution des cultures.

L'AUTRE LOINTAIN

Devant la multiplicité des regards portés sur l'Autre par les Occidentaux, en particulier les Européens depuis la Renaissance, notre propos s'attardera principalement sur ceux dont ont été l'objet les cultures découvertes par voie maritime, à savoir celles d'Afrique, des Amériques et d'Océanie. C'est à partir des récits de ces explorations et conquêtes que s'est façonnée l'image du Sauvage[2]. Les pre-miers contacts avec l'Autre ont d'abord été réalisés par les explorateurs, puis, lors des colonisations, par les conqué-rants, les missionnaires, les colons et les premiers admi-nistrateurs. Chacun à sa façon, ils ont porté à la connais-sance des Européens l'existence de ces peuples éloignés et de leur mode de vie « primitive ». Petit à petit, la vision de l'Autre s'est fixée à travers leurs récits plus ou moins réalistes. Le Sauvage a d'abord été considéré comme le fruit de l'imagination des voyageurs, comme un mythe, une fiction. Dès les premiers récits de voyages, il prend deux visages : l'un, celui du « bon Sauvage », conforte le mythe du « Paradis perdu[3] » et l'autre, celui du Cannibale, figure de cauchemar, évoque l'Enfer. Le mythe du « bon Sauvage » va permettre à certains philosophes, en particulier aux XVIIe et XVIIIe siècles, de critiquer ouvertement la société dans laquelle ils vivent, en particulier ses institutions monarchiques et cléricales (Montaigne, Rousseau). Quant au « Cannibale », incarnation de l'absence de civilisation, il va nourrir la perception que l'Occident a de lui-même en tant que parangon de culture et de développement : suivant les tenants de cette vision[4], le Sauvage, créature ignorante, misérable et brutale, doit être « civilisé », sous-entendu par la colonisation. L'image du « Cannibale », comme celle de l'Aztèque aux mœurs religieuses cruelles, peut dès lors servir à justifier les brutalités et les massacres perpétrés lors des conquêtes. En effet, pour le philosophe empiriste anglais Locke, l'« état de nature » est foncièrement négatif (*Law of Nature*[5]). Le philosophe anglais Hobbes, pour qui la vie des sauvages est « solitaire, pauvre, sale, bestiale et brève », est encore plus tranchant : « Il faut sortir de l'état primitif et fonder un état artificiel sur les bases de la raison » (*Leviathan*, 1651). D'ailleurs, même quand ils sont vus, par Rousseau notamment, comme de « bons Sauvages » vivant dans une sorte de jardin d'Éden, ces peuples n'en demeurent pas moins des « Sauvages », par opposition aux sociétés européennes, développées et civilisées. Une telle ambivalence explique probablement l'ambiguïté de l'attitude des Lumières face à la colonisation et à son corollaire, l'esclavage de populations dites « non civilisées ». Au XIXe siècle, cette image de cet Autre lointain et non civilisé est popularisée à travers une production littéraire anglaise[6].

Il faut attendre le début du XXᵉ siècle pour que des anthropologues-ethnologues commencent à rejeter l'évolutionnisme culturel des sociétés et développent les recherches sur la « mentalité primitive ». Néanmoins, l'ethnocentrisme et la colonisation continuent de provoquer l'acculturation des peuples colonisés. Ce n'est qu'après la Première Guerre mondiale que la perception du Sauvage, devenu entre-temps Indigène, change vraiment : il n'est plus ni le Sauvage ni le Primitif. À partir des années 1930, il devient même objet et sujet de savoirs ; c'est le début de la reconnaissance de sa différence culturelle et de son humanité. Cette « réhabilitation » du Sauvage sera accentuée par la décolonisation et les recherches menées en préhistoire et en ethnologie (Claude Lévi-Strauss, Marcel Griaule).

LE COLONIALISME ET LES TAXINOMIES RACIALES

Le XIXᵉ siècle s'est caractérisé par la perte d'intérêt des Européens (sauf pour les immigrés aux États-Unis ou au Canada) vis-à-vis des Indiens d'Amérique. La colonisation du continent africain a, en effet, pris le pas sur l'exploitation des populations amérindiennes par ailleurs largement décimées par les maladies importées par les conquérants. Dès lors, c'est le Cannibale, africain puis océanien, qui devient le prototype du primitif irréductible, l'antithèse du civilisé. La colonisation est vue comme une œuvre salvatrice. Les fantasmes créés autour de l'Autre, lointain et sauvage, impliquent fascination et dégoût. Les Sauvages sont exhibés dans les capitales européennes[7]. De leur côté, les grandes expositions coloniales ou universelles légitiment la colonisation, celles-ci apportant la civilisation aux peuples autochtones, tout en permettant le développement du commerce par l'exploitation des diverses ressources dont regorgent les terres colonisées. De façon significative, les « grands chasseurs blancs » de la seconde moitié du XIXe siècle ont toujours le droit de chasser le Sauvage considéré comme Cannibale[8]...

Pendant ce temps, la science progresse dans la connaissance des régions colonisées (cartographie, géologie, minéralogie, zoologie, botanique) et des peuples qui y vivent. Cette ethnographie va d'abord propager l'idée que toutes les « races » ne sont pas égales, celle des Européens étant supérieure aux autres. En effet, au XIXe siècle, pour la majorité des érudits, la distinction entre « races inférieures » et « races supérieures » va de soi. Les savants classent les espèces des inférieures aux supérieures et, au sein de l'espèce humaine, ils hiérarchisent les individus en fonction de leur « race » en se fondant en priorité sur la couleur de leur peau. Toutes les taxinomies raciales de l'époque postulent une inégalité multidimensionnelle entre trois ou quatre « races » d'hommes, réinventant ainsi la catégorie de l'esclave par nature. La reconnaissance, dans les années 1860-1880, de la préhistoire en tant que discipline scientifique va, dans un premier temps au moins, conforter cette vision inégalitaire des « races ». Certes, la théorie du descendant adamique est contredite par celle de l'évolution, la théorie du Déluge, abandonnée et l'existence du Préhistorique, reconnue, mais, en utilisant l'analyse comparative entre les singes, les Hommes actuels et, désormais, fossiles, les anthropologues affermissent le présupposé de l'existence de « races » supérieures et inférieures, caractérisées par leur degré de proximité avec les singes. En outre, comme pour les cultures contemporaines, l'évolution des cultures du passé est perçue comme une transformation unilinéaire et progressive (les sociétés seraient passées de la sauvagerie primitive à la civilisation grâce au développement des techniques de subsistance). Le développement du « paradigme racial », particulièrement défendu par Gobineau, entraînera notamment la naissance du mythe de la « race aryenne », du darwinisme social et le développement de l'eugénisme.

LA QUESTION DES ORIGINES

Durant la seconde moitié du XIXe, dans un contexte colonial et d'industrialisation, la méthode du comparatisme entre les Européens, les peuples lointains et les Préhistoriques est donc utilisée par les anthropologues avec une démarche ethnocentrique, voire européocentrique. L'exposition dans les musées archéologiques et ethnographiques naissants des vestiges archéologiques et des objets « lointains », en particulier des outils, met en évidence les progrès techniques réalisés depuis l'origine de l'Humanité. Les membres des sociétés savantes qui voient le jour à cette époque s'interrogent : le Sauvage représenterait-il donc le stade originel du développement humain ?

À cette question, la sortie en librairie à Londres le 24 novembre 1859 du livre de Darwin *On the Origin of Species by Means of Natural Selection* apporte des éléments de réponse, tout en faisant grand bruit. Darwin rappelle, à travers plusieurs exemples, l'unité biologique du monde animal, y compris l'Homme. Douze ans plus tard, il précise même la place de celui-ci dans la nature : « L'homme descend, ainsi que d'autres mammifères, d'un ancêtre commun » *(The Descent of Man, and Selection in Relation to Sex)*. Cette vision de l'existence d'une parenté entre les Hommes et les animaux, « hautement irréligieuse », comme il l'écrit lui-même, soulève un tollé de protestations indignées de la part des Églises, mais également de la « bonne société[9] » et de la plupart des scientifiques[10]. Pour autant, les écrits de Darwin, qui suggèrent une filiation entre l'Homme et le singe, permettent enfin aux préhistoriens de faire accepter les résultats de leurs fouilles menées avant la parution de ses livres[11], mais rejetés à l'époque de leur découverte par la communauté scientifique – il était difficile, jusque-là, de faire admettre que des Hommes anciens aient existé et qu'ils aient été d'habiles artisans. Dès lors, les préhistoriens vont partir à la recherche du chaînon manquant entre le singe et l'Homme, non sans *a priori*, puisque le premier fossile humain, l'homme de Néanderthal découvert en Allemagne en 1856, est interprété comme un homme moderne dégénéré. La vision du mode de vie de ces premiers Hommes a également varié au cours du temps en fonction des interrogations et des idées dominantes de l'époque (un Âge d'or, une vie misérable[12]). Par d'innombrables approches empiriques, la science positiviste du XIXe siècle cherche à comprendre les fondements de l'Homme, de la part du naturel (animalité) et du culturel. Est-il perfectible ? A-t-il évolué au cours de son histoire ? Telles sont les questions soulevées auxquelles la Préhistoire, entre autres, tente de répondre, car, au fil du temps, cette discipline s'est adaptée aux grandes interrogations contemporaines.

L'acceptation de l'art pariétal préhistorique va marquer un tournant entre la préhistoire du XIXe siècle, qui repose sur l'évolution biologique de l'Homme et la question des origines, et celle du XXe siècle où l'évolution des cultures devient prépondérante. Malgré cette découverte majeure, l'image négative du Préhistorique, la hiérarchisation des « races préhistoriques » et la vision linéaire et progressive de l'évolution humaine persistent. Dans les années 1910, de nouveaux débats s'engageront, entre autres, sur la place de la lignée néanderthalienne dans l'évolution humaine et le lieu d'origine des premiers Hommes modernes, question qui deviendra une question d'honneur nationale.

Une mise en perspective du Préhistorique se retrouve également dans une littérature populaire, écrite essentiellement en français. Ces « romans préhistoriques » ont créé des archétypes qui perdurent encore aujourd'hui. Vecteur de fiction autant que de vulgarisation des découvertes, ce genre littéraire semble naître en France au début des années 1880[13]. Le fait que Rosny Aîné, le célèbre écrivain de romans préhistoriques, soit aussi considéré comme l'un des fondateurs de la science-fiction montre à quel point l'Homme du passé, comme celui du futur, est installé dans l'imaginaire[14]. En revanche, dans les textes et les manuels scolaires des XIXᵉ et XXᵉ siècles, la vision de nos ancêtres et de leur existence varie peu ; ils demeurent des êtres physiquement démunis confrontés à une nature hostile[15] : si l'Homme a « inventé » la culture, c'est donc par nécessité de survie. Une telle vision est évidemment à l'opposé de celle proposée par la Bible qui suggère la perfection originelle des êtres et des choses (le Paradis). Les années passant, ce principe de la loi du progrès linéaire sera remis en question, la succession des cultures, dans leur dimension matérielle mais aussi leurs comportements sociaux et symboliques, remplaçant celles des époques. Cette déconstruction finira même par aboutir à la reconnaissance de la coexistence de différentes cultures.

Une problématique toujours actuelle

Au fil des pages qui suivent, nous allons voir, en détail, comment, en l'espace de trois siècles, l'image du Préhistorique – l'Autre dans le temps – s'est superposée à celle du Sauvage – l'Autre dans l'espace – dans un jeu de miroirs constant avec la figure de l'Homme blanc moderne. La construction de l'image de l'Autre s'est forgée, d'abord dans les milieux érudits, à partir des théories scientifiques émises par les savants, puis dans les milieux populaires, notamment à travers les magazines illustrés, les romans ou les expositions. Les anthropologues, en accentuant les différences entre l'Homme occidental et l'Autre ont souvent, malgré eux, justifié des idéologies qui ont permis de légitimer certains desseins socio-politiques. De même, notre exploration nous a permis de constater la persistance du paradigme de l'évolution linéaire et progressive de l'Homme, mais également des cultures. L'infériorisation de certains Hommes, ou de certains groupes sociaux, déjà présente dans la Genèse, avec la malédiction de Cham, se retrouve actuellement à travers la notion d'identité nationale. Elle semble reposer sur la non-acceptation des différences et d'une humanité, passée et présente, plurielle. Aujourd'hui encore, l'Autre, toujours fantasmé, provoque attirance ou pulsion et, souvent, un mélange complexe de ces deux sentiments. Comme en témoignent la montée des nationalismes en Europe et, en France, le débat sur l'identité nationale, l'altérité n'est toujours pas acceptée. Pourquoi ? C'est à cette question au bout du compte que nous avons voulu fondamentalement répondre, en étudiant l'évolution au cours du temps des images forgées par les récits des voyageurs, les découvertes et écrits scientifiques, les livres populaires et les iconographies consacrés à l'Autre, lointain dans l'espace (le Sauvage) et lointain dans le temps (le Préhistorique).

PREMIÈRE PARTIE

LA CONSTRUCTION
SCIENTIFIQUE DU SAUVAGE
ET DU PRÉHISTORIQUE

Depuis toujours, l'Homme cherche à découvrir les lois de la Nature et s'interroge : « Qui sommes-nous ? », « D'où venons-nous ? » Ce questionnement traduit nos angoisses à propos de notre humaine condition. Les différentes réponses proposées au fil du temps, apportées par les mythes, les religions, les sciences montrent la diversité et l'évolution des idées influencées par les paradigmes dominants. Historiquement, les premiers grands débats touchant à ces questions fondamentales ont porté sur la place de l'Homme dans la Nature, puis sur ses origines.

Les XVe et XVIe siècles sont marqués par la découverte du Sauvage d'Amérique et d'Afrique, avec les premiers grands voyages maritimes, les débuts de la colonisation et de l'esclavage. L'essor de l'humanisme et les bouleversements religieux (protestantisme et apparition de la théorie des Préadamites) soulèvent de nouvelles questions qui vont être âprement disputées dans les milieux érudits. Le XVIIe siècle voit le développement du commerce triangulaire (probablement influencé par la malédiction de Cham) qui atteint son apogée au siècle suivant, l'apparition des premiers doutes sur l'invariabilité des espèces et la théorie du Déluge, ainsi que la réactualisation du mythe de l'existence de Géants ayant antérieurement peuplé la Terre. À partir de 1750, certains récits rapportés par les voyageurs donnent naissance au mythe du « bon sauvage ». Durant le siècle des Lumières, la passion pour les sciences et la Raison fait vaciller la théorie du Déluge. Les théories de l'uniformitarisme et de l'actualisme remettent en cause la chronologie courte de la formation de la Terre. Cependant, malgré la multiplication des découvertes, les théories de l'invariabilité des espèces, du monogénisme et du Déluge demeurent dominantes. Les savants classent les êtres vivants en les hiérarchisant et élaborent l'« échelle des Êtres », des moins au plus évolués, avec une inégalité multiforme entre les « races » humaines : l'Homme blanc, en particulier l'Européen, se situe toujours au sommet et le Sauvage, au bas. Cette taxinomie européocentrique persistera au siècle suivant.

Durant la première moitié XIXe siècle, les savants se mettent en quête des traces géologiques du Déluge et du « chaînon manquant ». Les fossiles, enfin reconnus en tant qu'espèces disparues, sont classés et hiérarchisés : on assiste à la naissance de la paléontologie et à l'essor du principe de la superposition des strates. Deux écoles s'affrontent, celle des Actualistes, influencés par Lamarck, et celle des Catastrophistes et Fixistes, ayant pour chef de file Cuvier. Les fouilles de sites fossilifères qui s'intensifient en Europe occidentale provoquent des querelles autour de l'existence de l'Homme antédiluvien, ou Homme tertiaire. À partir des années 1830, la théorie du Déluge cède la place à la celle des glaciations. La classification hiérarchisée de l'espèce humaine repose désormais sur des méthodes anthropométriques et parfois pseudo-scientifiques (phrénologie ou physiognomonie). Cette hiérarchisation des « races » sert à justifier la colonisation et l'esclavage en pleine expansion. Durant la seconde moitié du XIXe siècle, l'existence dans l'arbre phylétique des êtres vivants d'une branche spécifique à l'Homme est enfin acceptée et la théorie du descendant adamique, contredite par celle de l'évolution. La question des origines de l'Homme devient un enjeu majeur : l'Homme descendrait-il donc du singe ? Puis, avec la reconnaissance de l'existence de l'Homme tertiaire dans les années 1860, le débat se déplace vers sa spécificité : celui-ci est-il réellement un Homme ou bien un « précurseur de l'Homme » ? Les fossiles humains sont, comme les Hommes contemporains, regroupés par « races » et hiérarchisés. Hovelacque affirmit, en utilisant l'analyse comparative entre les fossiles humains et les singes, le présupposé en vigueur de l'existence de « races » supérieures et inférieures, caractérisée par leur degré de proximité avec les singes. Le Sauvage représenterait-il le stade originel du développement humain ? Le paradigme racial qui repose, en particulier, sur la classification des « races » de Gobineau débouche sur le mythe de la race aryenne, il favorise le développement de l'eugénisme et justifie l'esclavage dans les colonies et la traite négrière. Cette même période voit la reconnaissance de la préhistoire en tant que discipline scientifique. Dès lors, les classifications des cultures préhistoriques se multiplient et, comme pour les contemporaines, leur évolution est perçue comme une transformation unilinéaire et progressive, comme le passage du stade de la sauvagerie primitive à celui de la civilisation grâce au développement des techniques.

L'aube du XXe siècle a ainsi été marquée par l'essor du darwinisme social, de l'eugénisme et du diffusionnisme (importation de nouvelles cultures par des migrants). Dogmatique, la théorie du diffusionnisme sert à justifier la hiérarchie des sociétés, notamment aux États-Unis. Si l'acceptation de l'art pariétal préhistorique constitue un changement entre la préhistoire du XIXe siècle et celle du XXe siècle, malgré cette découverte majeure, l'image négative du Préhistorique et la vision linéaire et progressive de l'évolution humaine demeurent. Dans les années 1910, le débat sur la place de la lignée néanderthalienne dans l'évolution humaine et le lieu d'émergence des premiers

Hommes modernes, hypothèses influencées par la montée du nationalisme, s'enflamme. On observe néanmoins, de manière un peu souterraine et profonde, la transformation progressive du paradigme préhistorique avec la remise en question de la loi du progrès linéaire des cultures et la reconnaissance de la coexistence de cultures. C'est également au début du XXe siècle que des anthropologues-ethnologues vont rejeter l'évolutionnisme culturel des sociétés et développer les études sur la « mentalité primitive ». Si l'ethnocentrisme persistant et la colonisation vont continuer de provoquer l'acculturation de nombreux peuples colonisés, l'Indigène, dans les années 1930, cesse, enfin, d'être vu comme le Sauvage (lointain) ou le Primitif (originel) ; il aura tout de même fallu presque deux siècles pour qu'il parvienne à cette relative émancipation.

CHAPITRE 1

Les origines en question

L'idée que l'Homme appartient au règne animal n'a été acceptée que très tardivement, bien que la majorité des philosophes grecs y aient cru, tout comme à l'évolution des espèces vivantes, à leur naissance et à leur mort. C'est à partir du XVIIIᵉ siècle, que les savants se mettent à classer les êtres vivants en les hiérarchisant, des moins aux plus évolués. Cette approche entraîne l'émergence d'un concept dont les conséquences seront dramatiques : l'existence d'espèces inférieures et supérieures, celle de l'Homme étant évidemment, anthropocentrisme oblige, supérieure à toutes. Dès lors, le débat se déplace sur la question de l'ascendance de ce dernier et de sa proximité avec les grands singes, considérés dans ces classifications comme les plus évolués des animaux. Dès le début du XIXᵉ siècle, la thèse polyphylétique, qui rattache les populations humaines à différentes espèces de singes (ce qui exclut l'existence d'un ancêtre commun à tous les Hommes), est soutenue par plusieurs savants. La parution en 1859 du livre de Darwin, *De l'origine des espèces*, marque un tournant, en confortant la théorie d'une ascendance simiesque de l'Homme. En remettant en question le paradigme jusqu'alors dominant du créationnisme et de la théorie du Déluge, la conception darwinienne révolutionne le monde scientifique.

L'impact de cette nouvelle théorie, l'évolutionnisme, va être déterminant pour la reconnaissance de l'ancienneté de l'Homme, et la question de ses origines sera ardemment débattue durant la seconde moitié du XIXᵉ siècle. Alors sommes-nous, comme nous le soutient la Bible, les descendants d'Adam et Ève ? Ou bien d'autres formes humaines nous ont-elles précédés ? Dans le contexte créationiste, prégnant jusqu'à la première moitié du XIXᵉ siècle, et malgré l'exhumation de vestiges humains, de nombreux savants refusent d'admettre l'existence d'Homme fossile. Puis, dès qu'ils seront enfin reconnus comme tels, ils seront, tout comme les Hommes modernes, soumis à un processus de hiérarchisation...

La place de l'Homme
dans le règne animal

De tout temps, la place de l'animal a été établie par rapport à celle de l'Homme. Chez les philosophes grecs présocratiques, les animaux disposent d'une âme, mais non de raison, spécificité humaine. Anaximandre, qui a l'audace de spéculer sur l'origine aquatique de la vie animale, fait observer que l'Homme, ayant besoin dès son plus jeune âge de beaucoup de soins, doit avoir pour origine un animal. Pour Platon, qui défend la thèse de l'invariabilité des espèces et de l'existence d'un ordre hiérarchique des espèces animales, des plus simples jusqu'à l'Homme, les animaux représentent des formes dégradées de l'Homme (c'est le mythe de *Timée*). Les écrits du grand naturaliste Aristote, en particulier *L'Histoire des animaux*, portent le coup de grâce à la théorie, qu'on pourrait qualifier d'« évolutionniste », d'Anaximandre. Comme Démocrite avant lui, Aristote affirme l'existence éternelle des genres ou espèces (fixisme). La classification de ce savant philosophe très respecté des érudits perdurera jusqu'au début du XVIIIe siècle.

Plusieurs siècles plus tard, les philosophes arabes vont eux aussi s'intéresser à la question des origines de l'Homme. Comme Aristote, Avicenne, médecin et philosophe d'origine persane, croit en une nature rigide et dépourvue d'histoire : la *vis plastica* (« force plastique »). Sa théorie imprègne tous les savants du Moyen Âge et de la Renaissance. Dans l'Europe médiévale, où les animaux sont synonymes de fléaux, la conception finaliste de la nature d'Aristote est confortée par les textes chrétiens. Le paradigme diluvien, dominant à l'époque, repose sur la croyance que Dieu a créé l'univers en six jours et provoqué un déluge qui n'a laissé sur Terre que les quelques Hommes et animaux qui se sont réfugiés dans l'arche de Noé. Dieu a, en outre, créé les espèces vivantes telles qu'elles sont et placé l'Homme au-dessus d'elles, lui soumettant la nature. Le règne animal est alors perçu comme une échelle, une chaîne continue de plus en plus complexe et parfaite qui va du ver de terre jusqu'aux archanges : c'est la *Scala naturae*. On retrouve dans les travaux de nombreux savants jusqu'au milieu du XIXe siècle[1] cette vision fixiste et cette classification hiérarchisée qui sépare l'Homme des autres animaux.

Cependant, dès le XVIe siècle, certains savants et philosophes, comme Montaigne, pour qui l'Homme n'occupe pas le sommet de la chaîne (*Essais*), réactualisent l'idée qu'il appartient au règne animal, ce qui va susciter de nombreux débats, notamment au siècle suivant. Parmi les controverses du XVIIe siècle, celle qui voit s'opposer les philosophes mathématiciens Gassendi et Descartes est demeurée la plus célèbre. Pour ce dernier, l'Homme et l'animal n'ont rien de commun, l'animal n'étant, pour lui, qu'une « machine » (*Discours de la méthode*, 1637). Pour Gassendi, en revanche, l'Homme est le plus noble et le plus parfait des animaux, ces derniers ayant une âme, mais pas aussi grande que l'âme humaine. Un siècle plus tard, La Mettrie, dans *L'Homme-machine* (1747), ira encore plus loin que Gassendi en affirmant que « l'homme est lui aussi une machine ». Contraint de se réfugier à la cour de Frédéric le Grand, ce matérialiste ami de Voltaire et de Rousseau continuera au cours de son exil à rechercher les liens existant entre l'Homme et l'animal.

La taxinomie anthropocentrique du XIXe siècle[2] atteste de la persistance dans le monde occidental de l'infériorisation des animaux, ce qui explique probablement le refus durant des siècles de situer l'Homme dans le règne animal et, plus encore, dans une lignée commune. C'est d'ailleurs pour avoir suggéré que les Hommes descendaient des singes (*Dialogues*, 1616) – comme trois siècles avant lui l'historien et sociologue Khaldûn pourtant imprégné du Coran – que le philosophe italien Vanini s'est retrouvé sur le bûcher où il a été brûlé vif en 1619... Jusqu'à la fin du XVIIIe siècle, on croit à l'existence d'une seule race[3] originelle, donc d'un seul berceau situé dans une région limitée, conduisant à une seule espèce humaine. Cette thèse, le monogénisme, rejoint les Écritures puisque, selon la Bible, les Hommes sont tous des descendants d'un seul homme (Adam) et d'une seule femme (Ève) créés par Dieu.

L'« *Homme originel* », *fils de Noé* ?

Au Ier siècle av. J.-C., le poète et penseur épicurien romain Lucrèce a pourtant pressenti qu'une autre « race » d'Hommes avait dû existé avant. Quatre siècles plus tard, l'empereur romain Julien, dit l'Apostolat, a soutenu, quant à lui, la théurgie issue du néoplatonisme selon laquelle l'humanité descendrait d'une multiplicité de couples. Mais ces idées demeurent exceptionnelles jusqu'au milieu du

XIXe siècle. Dans l'Europe chrétienne, l'image de l'Homme ancien ne peut être envisagée que dans le respect de la Bible ; elle est donc d'abord celle d'Adam au jardin d'Éden, puis celle de ses descendants, qui, suite au Déluge, disparaissent tous à l'exception de Noé (qui signifie le « prolongateur ») et de ses fils. C'est ce que l'on appelle le paradigme diluvien.

Le Livre de la Genèse, premier livre de la Torah (Pentateuque) et donc de la Bible hébraïque ou de l'Ancien Testament, explique l'origine de l'Homme et du peuple hébreu jusqu'à son arrivée en Égypte en l'éclairant par le projet de Dieu. Au Moyen Âge et à la Renaissance, l'Europe est sous l'influence de la religion chrétienne : Dieu a créé l'univers en six jours, puis un déluge a tout bouleversé, et seuls quelques hommes et animaux ont survécu dans l'arche de Noé. La Bible donne un âge à la Terre de seulement 6 000 ans. Plus précisément, la Création aurait eu lieu, selon les calculs de l'archevêque anglican Ussher qui se fonde sur l'Ancien Testament, le 26 octobre 4004 av. J.-C[4]. Bien qu'erronée, cette date sera retenue majoritairement jusqu'au XIXe siècle. Dans un tel contexte, les fossiles qui sont découverts sont, jusqu'au début du XVIIIe siècle, attribués à des fantaisies de la nature (pierres à figures), au Déluge ou encore à des ossements de Géants.

Pour la plupart des philosophes grecs, dont Xénophane, Empédocle d'Agrigente, Pausanias et l'historien Hérodote, les continents ont été jadis submergés par la mer et les « pierres à figures » (les fossiles) sont des restes d'animaux, de plantes, de monstres ou des os de Géants[5]. Le mythe de l'existence de Géants a, en effet, été initié par les auteurs antiques, comme le rapporte l'écrivain italien Boccace dans le quatrième livre de son ouvrage consacré à la mythologie grecque[6]. Empédocle, par exemple, attribue les grands os découverts en Sicile au cyclope Polyphème. Bien plus tard, en Chine, le savant

Kuo, après avoir étudié les fossiles trouvés sur la montagne T'ai-hang Shan, soutient, comme certains auteurs antiques d'ailleurs, que celle-ci fut à un moment donné située sous le niveau de la mer. Également au début de l'an mil, Avicenne dans son *Traité des minéraux* identifie la nature réelle des fossiles, mais cette interprétation ne sera reprise durant les siècles suivants que par de rares savants comme au XIIIe siècle Albert le Grand, évêque de Ratisbonne (Bavière), ou le savant philosophe anglais Bacon. Durant tout le Moyen Âge, l'Europe reste en effet « influencée » par les écrits d'Aristote pour qui les « pierres à figure » sont produites par des « exhalaisons sèches » s'élevant de la terre : les fossiles sont un « jeu de la nature » *(ludus naturae)*.

Comment alors expliquer la présence de coquillages et de poissons fossiles à l'intérieur des terres et sur les montagnes ? Pour Isidore de Séville, ces fossiles sont les témoins de la grande catastrophe qu'a été le Déluge (*Étymologies ou Origines*, VIIe siècle). C'est d'ailleurs l'explication la plus fréquente à l'époque. Cette théorie, dite du Déluge, va persister jusqu'à la fin de la première moitié du XIXe siècle. Seuls quelques savants vont oser avancer d'autres interprétations. Ainsi, pour le grand Léonard de Vinci, le potier et savant huguenot Bernard Palissy[7] ou le médecin italien Fracastoro qui ne croient pas en la génération spontanée, les fossiles sont des coquillages apportés par la mer, puis ensevelis dans une boue qui s'est plus tard pétrifiée.

Compte tenu des idées dominantes de l'époque, quand ont lieu les premières découvertes de restes humains fossiles, ceux-ci sont, tout naturellement, attribués aux descendants d'Adam et Ève, et, comme tous les Hommes ont le même ancêtre, ils appartiennent nécessairement à une seule « race » (théorie monogéniste). La première différenciation connue de groupes humains est sans doute celle opérée par les anciens Égyptiens. Elle est fondée sur leurs caractères physiques apparents et ne s'appliquait qu'aux populations voisines : les *Rot ou Égyptiens*, peints en rouge, les *Namou*, jaunes avec un nez aquilin, les *Nashu*, noirs avec des cheveux crépus, les *Tamahou*, blonds aux yeux bleus. Chez les Grecs de l'Antiquité, les divisions entre les peuples existent ; elles ne reposent pas sur des critères biologiques, mais sur la connaissance qu'ont ces peuples de la langue et de la culture grecque : l'Autre est alors le Barbare. En Europe, durant le Moyen Âge, on regroupe tous les Hommes dans les trois catégories de l'Ancien Testament[8]. La tradition biblique propose en effet un modèle classificatoire de la descendance de Noé, notamment à partir de la « malédiction de Cham » qui a lieu juste après le Déluge[9]. Après avoir été assuré par Dieu qu'il n'y aurait plus d'extermination par les eaux de ce qui vit sur Terre, Noé sort de l'Arche avec ses trois fils, Cham (ou Ham), Sem et Japhet. Suite à la faute de son deuxième fils (Cham lui manqua de respect ; *l'Ivresse de Noé*), Noé s'emporte et maudit la descendance de ce dernier, notamment celle de son fils Canaan et de ses descendants, qu'il voue à la servitude des enfants de Sem (Gn 9 : 20-27). Dans la tradition biblique, les trois premiers fils de Cham vont ensuite peupler respectivement l'Éthiopie, l'Égypte et l'Arabie ; ils sont considérés comme les ancêtres des peuples Hamites d'Afrique. D'après la malédiction, les fils de Sem, « ancêtres des Sémites », pourront donc prendre la Terre de Canaan[10]. Quant à Japhet, qui est allé dans les « îles des Gentils » (Gn 10 : 5), il est l'ancêtre des peuples indo-européens. Jusqu'au XVIIᵉ siècle, pour expliquer les différentes « races », on évoque l'action du milieu : les Hommes se sont diversifiés suivant les contrées où les descendants des fils de Noé avaient essaimé. On les regroupe donc selon leur implantation géographique (continent). La « Malédiction de Cham » sera utilisée pour légitimer la colonisation et l'esclavage.

CHAPITRE 2

L'engouement
pour les « objets de la Nature »
et le Sauvage

C'est au XVIe siècle que les supposés pouvoirs magiques des céraunies sont remis en cause par certains savants. Conservées dans des cabinets de curiosités, ces pièces sont décrites et figurées dans plusieurs publications. À la même époque ont lieu les premières grandes explorations maritimes et les premiers contacts entre deux mondes, l'Occident, « civilisé », et celui, lointain, du « Sauvage ». Le rapprochement entre l'ancien et le lointain est en marche.

Les cabinets de curiosités

L'élite cultivée de la Renaissance se prend de passion pour les « choses de la nature ». Dans toute l'Europe, des collections privées d'objets naturels, insolites pour l'époque (fossiles, minéraux, outils préhistoriques), sont exposécs dans des cabinets de curiosités[1]. Dès les années 1560, on établit des catalogues très illustrés. Celui de Gessner, paru en 1565, comprend la reproduction des principales « pierres-figures », comme il les nomme, connues à l'époque[2]. Ce sont en fait des fossiles qui ne seront reconnus comme tels que bien plus tard. Ce « Pline suisse », comme il fut surnommé, croit à la nature rigide des choses, la *vis plastica*, théorie initiée par Avicenne. Pour lui, les pierres à figures sont nées d'une fantaisie de la nature qui les a fait ressembler à des poissons, des ossements, à la lune, au soleil ou aux étoiles[3]. La magnifique collection du pape Sixte Quint est inventoriée par le naturaliste italien Mercati, alors directeur du jardin botanique du Vatican *(Metallotheca vaticana,* 1717). Quant au minéralogiste et érudit italien fondateur du jardin botanique de Bologne Aldrovandi, il catalogue sa propre collection, riche à la fin de sa vie de plus de 18 000 pièces dont environ 7 000 plantes *(Museum metallicum,* Bologne, 1648).

Dans l'Antiquité aussi, les céraunies *(ceraunium, ceraunias,* du grec *keraunos* : tonnerre) étaient recherchées. On leur attribuait un pouvoir magique. Certaines d'entre elles sont en réalité des silex taillés, notamment des bifaces et des pointes de flèche, ainsi que des haches polies. Comme le naturaliste latin Pline l'Ancien le rapporte dans son *Histoire naturelle,* les Romains, de même que les Grecs avant eux, ramassent ces pierres, ils les conservent comme des talismans aux vertus prophylactiques ou curatives, ou bien les utilisent lors de cultes (certaines ornaient les diadèmes des déesses). Selon l'historien romain Suétone, l'empereur Auguste aurait réuni dans son palais du mont Palatin une collection importante de ces silex et de ces haches polies, la plupart provenant de l'île de Capri[4]. Plus tard, pour assurer leur victoire lors des combats, les guerriers germains décoreront leur casque de céraunies. Puis, au Moyen Âge et à la Renaissance, ces pierres « magiques » continueront d'être employées comme des talismans ou des remèdes.

Le nom de « céraunie » correspond à un terme générique qui renvoie à une notion polymorphe. En effet, ce ne sont pas seulement des outils préhistoriques comme l'a écrit, en 1878, le préhistorien Cartailhac, mais aussi des pierres précieuses et des fossiles (polypier, oursin, corail[5]).

Comme durant l'Antiquité, au XVIe siècle, on y voit seulement des « pierres de foudre » ou des « pierres de tonnerre », tombées du ciel et des nuages, aux propriétés
merveilleuses – croyances qui perdureront dans certaines
régions rurales jusqu'au début du XXe siècle[6]. C'est Mercati
qui, le premier, va pressentir la véritable origine de certaines céraunies, notamment en les comparant à des
objets usuels de « Sauvages » rapportés de pays lointains
par les premiers explorateurs ou figurés dans leurs récits
de voyages. Dans *Metallotheca*[7], il distingue nettement deux
groupes : les vulgaires (lames et pointes de flèche en silex)
et celles en forme de coin (les haches polies). Si, pour lui,
les haches polies étaient des fantaisies de la nature (origine céleste), pour les céraunies vulgaires, il n'hésite pas à
suggérer qu'elles ont été utilisées comme outils par
l'Homme d'avant l'Âge du fer. Cette hypothèse sera confortée au siècle suivant par la trouvaille, faite en 1695 par un
certain J.-D. Major, dans un tumulus découvert en Suède,
d'un dépôt de haches en pierre près de corps humains
ensevelis.

En France et en Grande-Bretagne, la Renaissance est
marquée par un vif intérêt pour les vestiges antiques, en
particulier celtes et gaulois : c'est la naissance de l'« antiquaire », figure qui deviendra dominante aux XVIIe et
XVIIIe siècles. L'« antiquaire » se réfère toujours aux textes
antiques, mais récolte et décrit avec précision les vestiges
« antiques » qu'il expose dans un cabinet de curiosités ou
une échoppe. En 1715, le pharmacien et antiquaire
anglais Conyers exhibe ainsi, dans la vitrine de son offi-
cine londonienne, une « hache de pierre », qu'il a trouvée
associée à des os et de l'ivoire d'éléphant. Il y adjoint une
étiquette mentionnant qu'elle a appartenu à un très ancien
chasseur qui a tué des « monstres ». Les gens qui passent
devant ricanent car, pour eux, il est impossible que des
éléphants aient vécu en Angleterre. À force d'entendre ces
sarcasmes, et sur les conseils de son ami Bagford, Conyers

change son étiquette. Il remplace « chasseur » par « défenseur de la patrie contre l'envahisseur romain venu avec des éléphants[8] » ! L'histoire ne dit pas si les passants regardèrent avec plus de respect cette « hache de pierre », mais, pour cet antiquaire anglais, l'ancienneté de ces vestiges ne fait aucun doute. La lettre qu'il adresse en ce sens à la Société des Antiquaires de Londres ne rencontre aucun écho. Il est encore trop tôt : les Anglais, contrairement aux Grecs et aux Romains, ne savent pas ou plus que l'Homme a d'abord lutté avec des éclats de pierre avant d'utiliser des épées de bronze, puis de fer, cette théorie s'étant perdue au fil du temps.

L'Occident découvre le « Sauvage »

La figure du Sauvage va naître à la même époque, à la faveur des voyages d'explorations qui se multiplient aux XVᵉ et XVIᵉ siècles et qui portent à la connaissance de l'Occident l'existence de peuples autochtones (en particulier Indiens et Esquimaux). Durant la Renaissance, de nombreux navigateurs portugais partent à la découverte des Indes (Vasco de Gama et le jésuite Xavier), de l'Afrique (Dias) et, pour le compte de l'Espagne, de l'« Amérique » : le Florentin Vespucci, le Génois Colomb, le Portugais Magellan et les conquistadors espagnols Pizarro, Almagro et Cortés. Pour se rendre aux « Indes », d'autres navigateurs partent vers le Nord à la recherche d'un passage maritime (dit du Nord-Ouest). En 1577, l'aventurier anglais Frobisher découvre ainsi le sud du Groënland et les côtes du Labrador (Canada). Entre 1585 et 1597, toujours à la recherche d'un passage pour les « Indes orientales », le capitaine anglais Davis, puis le Néerlandais Barents poursuivent l'exploration des régions arctiques. Le navigateur Cartier découvre le Canada en

1534. Lors de ce premier voyage, il rencontre les Indiens Micmac, puis les Iroquois du Saint-Laurent dont le chef Donnacona. Ce dernier et huit autres membres de sa tribu seront même amenés en France en 1536 et présentés à François Ier qui, convaincu de la richesse du pays, financera le troisième voyage de Cartier, entre 1541 et 1542 (à cette date, Donnacona est déjà mort mystérieusement à Paris).

Dès le début du xvie siècle, l'Indien est considéré par beaucoup comme « non civilisé », et la question du droit de son asservissement par les conquérants est soulevée. En réponse à la lettre de Christophe Colomb à la reine d'Espagne datée du 14 février 1493 au sujet de la découverte de l'Amérique et de l'évangélisation de ses habitants, les *Indios*, la couronne de Castille promulgue les « lois de Burgos » en 1512 dans lesquelles il est décrété que les Indiens doivent être économiquement dominés, dans un système de « servage » (l'*encomienda*) puis évangélisés. Auparavant, en 1455, le pape Nicolas V a autorisé la traite des Noirs entre l'Afrique et le Portugal, les Portugais ayant débarqué onze ans plus tôt sur l'île de Gorée au large du Sénégal. Vers 1525, la traite des Noirs est pratiquée par toutes les grandes puissances maritimes de l'époque. Des esclaveries (ou *factories*) sont installées, notamment le long des côtes du Sénégal et des pays limitrophes. Cependant, des voix se font entendre, dont celle du dominicain espagnol Las Casas, l'un des protagonistes de la « Controverse de Valladolid », à propos des Indiens qui travaillaient dans les mines d'or[9], qui dénoncent l'asservissement et la maltraitance des peuples autochtones par les conquérants. Grand ami de Montaigne, La Boétie dans son *Discours de la servitude volontaire* (1549) reprend le thème et démontre que la servitude est contraire aux lois naturelles. Plus de deux siècles plus tard, Rousseau fera de même et exclura l'esclavage du pacte social qui lie les membres d'une même société (*Du contrat social*, 1762).

Pour justifier l'évangélisation des Indiens et leur mise en esclavage, certains théologiens espagnols[10] décrètent alors que ces derniers sont dépourvus d'âme. La question de l'âme du Sauvage suscite de vifs débats entre partisans et adversaires. Pour les tenants de leur non-appartenance à l'humanité, la pratique du cannibalisme par certains de ces peuples en est la preuve incontestable[11]. Vespucci, qui a vécu parmi les Indiens du littoral vénézuélien, est le premier à avoir mentionné et décrit dans des lettres (qui sont peut-être des faux) des pratiques cannibales[12]. Si Las Casas, prêtre à Hispaniola (Haïti) et fervent défenseur des Indiens, dénonce, dans son ouvrage paru à Séville en 1552[13], les massacres perpétrés contre eux, pour le jésuite Acosta, il faut, afin d'éradiquer leurs mœurs barbares, convertir ces païens même par la force[14]. Parmi les premiers contacts d'Occidentaux avec des « Sauvages » d'Amérique figurent également Cartier et ses marins français lors du premier voyage dans ce qui deviendra le Canada en 1535.

Contrairement à l'Amérique centrale et du Sud, l'intérieur du continent africain garda, lui, tous ses mystères jusqu'au XVIIe siècle. En effet, les premiers explorateurs portugais, dont Dias qui doubla le cap de Bonne-Espérance en 1488 et établit la nouvelle route des Indes, ne rapportent que très peu de renseignements sur les peuples noirs d'Afrique. En revanche, des expéditions riches d'informations sont menées dans le Pacifique Sud, notamment par Mendana, premier navigateur à rencontrer des Polynésiens. Parti du Pérou, cet Espagnol accoste en février 1568 dans une des îles Salomon et demeure six mois dans l'archipel. Après être repassé par Madrid, il repart en 1595 où, après de nombreuses aventures, il arrive cette fois aux îles Marquises. Se fondant sur les multiples récits qui ont suivi ces deux voyages au long cours, Annie Baert[15] insiste sur les rapports ambigus qui se tissent alors entre les Espagnols et les Mélanésiens, relations faites de fascination tout autant que de violence. En outre, elle note que le regard et l'attitude des Occidentaux ont aussi été fonction de leurs personnalités : si Mendana s'est montré relativement amène, cela n'a pas été le cas de certains de ses subordonnés.

Parmi tous ces récits de voyageurs, certains, dont ceux de plusieurs huguenots français ayant séjourné au Brésil, renvoient, à l'inverse, jusqu'en Occident une image positive du Sauvage. Là est l'origine de ce qui va devenir le mythe du « bon Sauvage ». À cet égard, le livre le plus marquant de XVIᵉ siècle, véritable bréviaire de l'ethnologie selon Lévi-Strauss, est sans aucun doute celui du calviniste Jean de Léry. Paru en 1578, en pleine guerre de religion, Léry y décrit sa rencontre dans la baie de Rio (Brésil) avec les Tupinambous[16]. Pour lui, ces gens sont « pleins d'humanité » et, comme pour le grand humaniste Montaigne, l'attribution de l'adjectif « barbare » résulte de l'ignorance des mœurs de l'Autre. C'est, la plupart du temps, dans ces textes favorables au Sauvage que puiseront les philosophes des Lumières.

Mais, à y bien regarder, le mythe du « bon Sauvage » perce déjà dans les récits des voyageurs du XVIᵉ siècle, comme en attestent quelques phrases tirées du journal de Colomb à propos des habitants de l'île de San Salvador (1492). Pour ce grand navigateur, le paradis terrestre de la Bible existe, et il vient de découvrir l'âge d'or décrit par les Écritures et les auteurs antiques. Cette perception d'un Éden retrouvé, qui n'empêcha pas les tueries et la mise en esclavage des natifs, va obséder les esprits de la Renaissance et des Lumières. Liée à la figure du Sauvage, l'idée d'un développement progressif de l'humanité au cours de son histoire se répand. Elle sera fortement soutenue au XIXᵉ siècle, quand les sociétés seront classées, notamment d'après leur niveau technique. *A contrario*, un autre courant se développe, celui du relativisme social et culturel, marqué par le refus d'une hiérarchisation des valeurs culturelles. Montaigne puis, plus tard, Montesquieu et Voltaire, pour qui l'humain et le social sont toujours indissolublement liés, vont l'illustrer chacun à leur manière.

En 1580, dans la première édition des *Essais*, Montaigne consacre un chapitre aux Sauvages[17]. Il y fait l'éloge des peuples caraïbes qui, vivant encore sous « les lois naturelles », ne connaissent ni la cupidité, ni l'inégalité, ni les abus de pouvoir, propos déjà évoqués par Vespucci, 1503 : « Ils vivent selon la nature » (*Mundus novus*). Montaigne relativise aussi la « barbarie » des peuples sauvages décrite dans quelques récits de voyageurs. Selon lui, cette barbarie est due à l'ignorance de leurs mœurs : « Chacun appelle barbarie ce qui n'est pas de son usage. » Huit ans plus tard, il dénoncera les massacres engendrés par l'avidité des nations conquérantes qui n'hésitent pas à anéantir de grandes civilisations comme celle des Aztèques et des Incas[18].

La perception d'un Sauvage « innocent », proche de la nature édénique, remet également en question l'unité du genre humain, dogme jusque-là intangible dans l'Europe chrétienne. En effet, dès le XVIe siècle, certains savants et philosophes font des Sauvages non des descendants d'Adam, mais des descendants des Préadamites : ils ne sont donc pas porteurs du péché originel qui, selon la Bible, a entraîné la chute. Cette hypothèse d'une humanité plurielle[19] est soutenue par le virulent médecin suisse Paracelse et par Giordano Bruno, le célèbre moine dominicain qui sera brûlé vif pour avoir suggéré, d'une part, que les Hommes sont apparentés aux singes et, d'autre part, que, si Dieu n'a pas créé plusieurs lignées humaines, les Africains descendent de Préadamites[20]. La théorie de l'existence de Préadamites, qui provoque les foudres des théologiens de l'époque (que l'on pense au traité du calviniste Duplessis Mornay[21]), sera encore fortement soutenue au XVIIe siècle par le millénariste La Peyrère. Dans son ouvrage de 1655, ce philosophe libertin, gentilhomme protestant de l'armée de Condé, va, en effet, tout en s'appuyant sur deux récits de la Bible ainsi que sur diverses particularités de l'histoire d'Adam et du peuple juif, mettre en avant les nouvelles découvertes de peuples lointains, pour défendre l'existence d'Hommes antérieurs à Adam (les « Préadamites[22] »), comme l'avait fait sept cents ans avant lui le théologien Wahshiyya, surnommé le Chaldéen. Quoi qu'il en soit, pour le moment, sous la pression des missionnaires, le monogénisme et la théorie adamique l'emportent encore. Pour le salut de leur âme, les conquistadors doivent donc traiter les Indiens comme des êtres appartenant à la même humanité, et non les spolier de leur terre, les réduire en esclavage ou les tuer[23]. C'est d'ailleurs probablement par crainte d'un châtiment divin qu'en 1542-1543 l'empereur Charles-Quint promulgue « Les lois nouvelles » interdisant le travail obligatoire des Indiens.

CHAPITRE 3

Vers le transformisme et la classification des humains

C'est au XVIIe siècle que sont apparues les premières critiques de la théorie de l'invariabilité des espèces et celle du Déluge. Dès 1665, les premiers journaux scientifiques voient le jour, comme en France le *Journal des sçavans* et en Angleterre les *Philosophical Transactions*. Les jardins zoologiques commencent à remplacer les « ménageries » royales. L'idée de l'existence de « sang pur », qui semble apparaître au XVe siècle dans la péninsule Ibérique avec la fin de la *Reconquista*[1], va entraîner la différenciation des Humains et produire les premières catégorisations. En effet, pour éviter la « souillure » d'un métissage, en 1492, les décrets de la *limpieza de sangre* imposent la foi catholique à l'ensemble des peuples du royaume d'Espagne, ce qui provoque l'expulsion des Juifs, puis celle des Maures non convertis. En 1510, une bulle du pape Nicolas V, destinée en particulier aux conquistadors, est tout à fait claire à ce sujet : un sang impur, sous-entendu non chrétien, ne doit pas corrompre la « race » des chrétiens[2]. Cette catégorisation des humains va se trouver confortée par les découvertes de « sauvages » dans des terres lointaines. L'exploration de l'Amérique se poursuit, en effet, avec Cavelier de La Salle et le jésuite Marquette. Au début du XVIIe siècle, les Anglais Hudson et Baffin tentent de « conquérir » le pôle. Quant à l'explorateur espagnol

Torres et le Néerlandais Tasman, ce sont les îles d'Océanie et l'Australie qu'ils vont découvrir.

Premiers doutes sur l'invariabilité des espèces et la théorie du Déluge

Dès 1614, Sir Raleigh, navigateur et écrivain anglais, suggère dans son *History of the World* que les animaux d'Amérique sont issus des animaux du Vieux Continent, qu'ils ont été sauvés du Déluge par Noé, et que, sous l'influence du milieu, ils ont donné naissance à de nouvelles espèces. Le consul de France en Égypte, le matérialiste libertin Benoît de Maillet, ose une théorie encore plus révolutionnaire pour l'époque : les germes des premiers êtres vivants, venus des astres (panspermie), seraient tombés dans la mer primitive et auraient donné les premières faunes et flores marines dont descendent toutes les espèces actuelles (*Telliamed ou Entretiens d'un philosophe indien avec un missionnaire français sur la diminution de la mer*). L'océan se retirant et dégageant ainsi les continents, certaines espèces, après être passées par un stade amphibie, se seraient transformées petit à petit en animaux respirant par des poumons ou en plantes terrestres. Transformiste avant l'heure, conscient de la hardiesse de sa théorie, Maillet fait en sorte que son ouvrage ne soit publié qu'après sa mort (il parut en 1748). Dans le même ordre d'idées, mais de son vivant, Lord Hale, juge suprême d'Angleterre, soutient que Dieu a seulement créé des formes primitives (assez peu nombreuses pour tenir sur un bateau), prototypes des espèces animales à partir desquelles se sont développées les espèces actuelles (*Contemplations Moral and Divine*, 1676).

C'est également à partir du XVIIe siècle que certaines interprétations de la Bible sont remises en cause, en par-

ticulier celles relatives à la cosmologie avec les observations de Galilée. Après le procès de ce dernier en 1633,
Descartes n'a de cesse de critiquer la « philosophie spécu-
lative » enseignée dans l'école scolastique, influencée par
les écrits d'Aristote : pour lui, l'Homme doit se rendre
maître et possesseur de la Nature, non plus la dominer
comme il est écrit dans la Genèse[3], mais l'exploiter (*Discours de la méthode*, sixième partie, 1637). Cette nouvelle
vision, où l'existence d'une cause première d'origine
divine, selon l'interprétation aristotélicienne, est mise en
doute, va être le fondement du paradigme mécaniste
(*Méditations sur la philosophie première*, 1641). Cependant, dans les années 1680, le pasteur anglican Burnet,
pourtant inspiré par Descartes, s'emploie encore à reconstituer la formation de la Terre en se référant au récit
biblique. Selon ce théologien, le Déluge est une conséquence des lois naturelles que Dieu a instaurées[4]. Sa thèse
sur le rôle central du Déluge dans l'histoire de la Terre restera un modèle durant près d'un siècle et demi.

Au XVIIe siècle, période durant laquelle ils ne sont toujours pas reconnus comme tels, les fossiles sont dénommés « médailles du Déluge » par les partisans de la théorie
du Déluge (les « Diluvianistes »), notamment par le savant
anglais Hooke, qui leur donne cette appellation en 1664
(*Micrographie*). Ils sont toujours conservés dans des cabinets de curiosités ou vendus soit comme amulettes pro-
tectrices, soit, une fois réduites en poudre, comme produits curatifs ou prophylactiques contre, notamment, les
empoisonnements et l'impuissance. Dans son gros
ouvrage *Physica sacra*[5], le médecin naturaliste et collec-
tionneur suisse Scheuchzer, s'appuyant sur son importante collection de fossiles connue de tous les spécialistes
européens, propose d'éclairer la Bible par la science. Il
écrit un petit livre illustré qui rapporte les souffrances des
poissons fossiles, innocentes victimes du Déluge causé par
le péché originel[6]. Certains savants, pourtant partisans de

la théorie du Déluge, tentent d'avancer d'autres hypothèses, comme le Danois Sténon. Géologue et anatomiste,
Sténon étudia en 1666 les dents d'un requin ramené par
des pêcheurs et leur trouva, comme cinquante ans avant
lui le botaniste italien Colonna[7], une ressemblance avec
certains objets découverts en montagne, dénommés à
l'époque glossopètres ou « pierres-langues ». À partir de
l'étude de ces objets, il conclut que les « fossiles » ont été
pétrifiés avant la formation de la roche qui les englobe.
Savant de génie, il émet une autre thèse révolutionnaire
pour l'époque : les roches peuvent être soulevées par des
forces souterraines, d'où la présence de dents de requin
en montagne. Fervent catholique[8], Sténon se réfère toutefois au Déluge pour expliquer l'absence ou la présence de
« fossiles » dans une couche géologique (avant ou après).
En 1669, il propose également de caractériser les couches
géologiques à l'aide des « fossiles » qui y étaient inclus et
d'en déduire leur âge relatif par leur ordre de superposition[9]. L'idée, d'une origine organique des fossiles, ne
se développera qu'au cours du siècle des Lumières, grâce,
entre autres, au très croyant philosophe et mathématicien
allemand Leibniz qui suggérera qu'ils étaient peut-être les
ancêtres des espèces actuelles (*Protogaea*, 1749).

  D'autres savants européens, suivant en cela les auteurs
antiques, attribuent certains ossements fossiles à des
Géants qui auraient antérieurement peuplé la Terre
(pour preuve, les mégalithes !), croyance qui persistera
jusqu'à la fin du XVIIIe siècle. Les Géants sont présents, dès
l'Antiquité, dans de nombreux mythes et légendes populaires ; les premiers chapitres de la Bible en citent aussi
abondamment. Certaines grandes familles d'Occident
vont même jusqu'à revendiquer la présence dans leur
généalogie d'ancêtres géants. Ce mythe va être conforté
par la découverte, à plusieurs reprises durant le
XVIIe siècle, de grands ossements fossiles. Ainsi, le 11 janvier 1613, un squelette géant est-il mis au jour par des ter-

rassiers qui travaillent dans une sablière appartenant au marquis Nicolas de Langon, terre située aux environs de Romans dans le Dauphiné. Le marquis envoie ses ossements, pour expertise, aux savants de l'université de Montpellier, lesquels déclarent qu'il s'agit de restes humains. Comme ils ont été exhumés d'un « tombeau » sur lequel serait gravé : THEUTOBOCHUS REX, Pierre Mazurier, barbier de la localité voisine de Beaurepaire, déclare qu'il s'agit des restes de Theutobochus, roi des Cimbres et des Teutons, vaincu à Verceil (en 101 av. J.-C.), puis près d'Aix-en-Provence (en 102 av. J.-C.) par le consul romain Caius Marius. Revêtant le « squelette » de peaux de bêtes, il l'installe sur un char et se met à l'exhiber à travers les villes de France (à Paris, il sera même montré au roi), de Flandres et d'Angleterre. Monnayant un prix d'entrée, de nombreux curieux viennent l'admirer. Cette découverte suscite immédiatement la controverse. Les partisans de l'attribution du squelette à un homme, dont le chef de file est Habicot, chirurgien de Paris, et leurs adversaires, menés par Riolan, professeur d'anatomie et de botanique au collège royal de Médecine qui, en adepte de la *vis plastica*, considère que ces ossements appartiennent à un éléphant[10], vont dès lors s'affronter à travers plusieurs pamphlets souvent venimeux – la *Gigantomachie* de Riolan répondant, par exemple, à la *Gigantostéologie* d'Habicot. En 1618, la supercherie de Mazurier est découverte, et les os du « Géant », rangés dans les collections royales, en particulier celles de Marie de Médicis à Fontainebleau, à titre de « curiosités[11] ».

Les histoires de Géants ne s'arrêtent pas pour autant. Quand le célèbre savant jésuite allemand Kircher voit les os géants qui ont été découverts en Sicile, bien que partisan de la théorie d'Avicenne, il les attribue, comme Empédocle, au Cyclope Polyphème – ce qu'il conteste, en revanche, ce sont les 91 mètres de long attribués par Boccace, alors que leur taille n'est que de 9 mètres

(*Mundus subterraneus*, 1678). Mais, en 1688, l'anatomiste romain Campani, en comparant ces restes siciliens aux os d'un éléphant de la collection des Médicis, déclare qu'ils appartiennent non à un Cyclope, mais à une sorte d'éléphant. Quant à Guericke, naturaliste allemand et homme politique, il attribue les fossiles extraits des plâtrières de la région septentrionale de Harz aux restes des animaux légendaires décrits dans la Bible et les mythes. C'est aussi lui qui attribua les ossements découverts aux environs de Quedlinburg à la légendaire Licorne mentionnée dans le Livre de Job. Il en fera une célèbre reconstitution qui sera imprimée en 1749 dans *Protogaea*, le livre posthume de Leibniz. Malgré la multiplication des découvertes, la théorie du Déluge, comme celle de l'invariabilité des espèces, demeure dominante.

Double regard sur le Sauvage

Avec les découvertes de mondes lointains, la catégorisation des humains en « civilisés » (blancs et chrétiens) et « sauvages » (naturels) a pris corps. C'est elle qui va justifier l'esclavage, en particulier des Noirs, au moment où les Français colonisent certaines îles des Antilles. Entre 1625 et 1635, le flibustier Belain d'Esnambuc a, en effet, pris possession de la Martinique, de la Guadeloupe et de Marie-Galante. En 1629, il s'empare de l'île de la Tortue, première phase de la colonisation de Saint-Domingue. La colonisation de la Guyane, elle, a débuté en 1604, mais, confrontée à l'hostilité des Indiens et des Anglais[12], elle a du mal à s'y maintenir. La première classification des Humains passe relativement inaperçue, car la doctrine chrétienne place, au sein de la Création, l'Homme, quel qu'il soit, au-dessus de toutes les autres créatures vivantes. Elle est proposée par le médecin et philosophe épicurien

Bernier, qui, dans *Le Journal des sçavans* paru en 1684[13], suggère que les Hommes peuvent être classés en fonction de leurs caractéristiques physiques, notamment de la couleur de la peau, en quatre grandes « races » : l'européenne, l'africaine, l'asiatique et la lapone[14]. L'Afrique est connue depuis le XVe siècle par les rapports des navigateurs, des traitants et des explorateurs, mais les premiers témoignages sur ses habitants ne deviennent détaillés qu'avec les récits des missionnaires, comme ceux du capucin italien Cavazzi[15], et des négriers, dont notamment ceux de Bosman ou de Brüe sur l'Afrique occidentale.

Les colons français étant peu nombreux dans les Antilles pour s'occuper des cultures de café et surtout de sucre, qui approvisionnent l'Europe, c'est d'Afrique, en effet, qu'on fait alors venir de nombreux esclaves. À la fin du XVIIe siècle, la traite des Noirs s'instaure à une grande échelle, probablement influencée par « la Malédiction de Cham ». Initié par le Portugal, dès le début du XVIIe siècle, le commerce européen d'esclaves connu sous le nom de « Commerce triangulaire » (aussi appelé « Traite atlantique » ou « Traite occidentale ») s'étend vers l'Amérique au moment du développement des industries sucrières[16]. Selon l'historien Poliakov, l'utilisation du mythe de la « malédiction de Cham » serait due à une lecture de l'érudit allemand Horn (vers 1666) où la mise en esclavage des peuples noirs est justifiée par leur infériorité. Afin d'éviter les abus des colons (mutilations, tortures, assassinats), le premier Code noir, rédigé sous Louis XIV par Colbert, fut publié dans les colonies françaises « des Isles de l'Amérique » en mars 1685[17], mais le Noir n'en demeure pas moins traité comme une marchandise. Signalons, toutefois, car elle est exceptionnelle pour l'époque, la position singulière du naturaliste anglais Ray, adepte de la théorie dénommée plus tard « théologie naturelle », pour qui « il y a aussi peu de différences entre un Européen et un Noir qu'entre une vache blanche et une vache noire[18] ».

Les voyages en Amérique du Nord apportent, quant à eux, un double regard sur l'Indien, par exemple ceux de Champlain, qui effectue en 1603 un premier voyage en Acadie, puis parcourt les côtes de la Nouvelle-Angleterre de 1604 à 1607, avant de fonder la ville de Québec en 1608. La double image du Sauvage d'Amérique du Nord se construit, pour partie, sur l'attitude, d'une part, des Hurons, qui fraternisent et se convertissent volontiers au catholicisme, et, d'autre part, des Iroquois, qui se montrent bien plus vindicatifs et qui deviendront les ennemis des premiers. Une autre source est à chercher dans ce qui constitue le plus ancien texte français relatif aux Indiens Caraïbes : le manuscrit du XVIIe siècle où l'« anonyme de Carpentras » relate l'expédition flibustière du capitaine Charles Fleury dans la mer des Petites Antilles (1618-1620). Le narrateur décrit le mode de subsistance et les comportements sociaux et religieux des habitants sans porter de jugement, même lorsqu'il décrit la pratique de l'esclavage et de l'exocannibalisme[19]. Cependant, bien que les conquêtes et les échanges commerciaux s'amplifient au XVIIe siècle, le Sauvage passionne peu les Européens. Il ne reviendra « à la mode » qu'au siècle suivant avec la multiplication des récits de voyages dont certains alimenteront le mythe du « bon sauvage ».

CHAPITRE 4

Le siècle des Lumières

À partir du XVIIIᵉ siècle, tous les naturalistes classent les espèces vivantes. Certains recherchent dans la nature la diversité, comme le botaniste suédois Linné, d'autres, l'unité. Cette classification des êtres vivants va très vite entraîner celle des Humains et leur hiérarchisation, créant ainsi une « échelle des Êtres ». Pendant ce temps, le mythe du « bon sauvage » se développe, grâce à la publication de plusieurs livres qui relatent les voyages d'exploration qui se multiplient.

En 1735, Linné, partisan de la théorie de l'invariabilité des espèces, publie à Leyde sa première classification hiérarchique des êtres vivants et formalise la nomenclature binominale *(Systema naturae)*. L'idée d'une l'origine commune de l'Homme et des singes se développe, les êtres humains sont regroupés en « races » et hiérarchisés. On s'intéresse aux sciences naturelles, le livre *Histoire naturelle* du grand naturaliste Buffon est un véritable « bestseller » ; les trois premiers volumes tirés en 1749 à mille exemplaires sont épuisés en six semaines ! Parce que l'époque est à la Raison qui tente de supplanter les préjugés religieux, la théorie du Déluge commence de vaciller. De nombreuses expéditions exploratrices sont menées sur tous les continents, organisées avant tout dans l'optique d'une colonisation de nouvelles terres : en Asie avec La

Pérouse, en Afrique avec Mungo Park, en Amérique avec les Anglais Cook et Vancouver et l'Écossais Mackenzie, et en Océanie avec Bougainville (en Polynésie), La Pérouse (îles de Pâques et Hawaii) et Cook (Tahiti-îles de la Société, îles Marquises et Hawaii[1]). Pour la première fois, afin de combler les lacunes dans les connaissances, des scientifiques participent aux expéditions comme à celle du navigateur danois Bering qui, à la demande du tsar Pierre le Grand, puis de l'impératrice Catherine, part en 1729 à la découverte de l'Asie du Nord-Est. La fin de ce siècle verra s'opposer les partisans de l'esclavage dans les colonies (réalisme économique) et ceux de l'égalité entre les Hommes érigée en principe inviolable. Le « bon Sauvage » et sa vie de naturel deviennent pour certains philosophes un modèle de civilisation. Quelques-uns s'interrogent même sur la nécessité de les « civiliser » exprimant ainsi la nostalgie d'un âge d'or révolu ou d'un jardin d'Éden à jamais perdu pour les peuples « civilisés ». Les motivations premières des conquêtes et de la colonisation ont été économiques : exportation de produits manufacturés, mais surtout importation de matières premières, de denrées exotiques et de main-d'œuvre avec captation des terres cultivables ou de lieux stratégiques pour installer des comptoirs commerciaux et des bases navales, puis militaires pour protéger les colons métropolitains. Ces derniers s'installent et dirigent les colonisés qui exécutent les tâches les plus dures, souvent sous la contrainte (esclavage). Dans les comptoirs, puis les colonies, colons et colonisés n'ont ni le même statut ni les mêmes droits. Les explorateurs, les militaires, mais aussi les missionnaires ont ainsi joué un grand rôle dans l'expansion coloniale.

Dans la seconde moitié du XVIIIᵉ siècle, quelques savants, comme le géologue écossais Hutton et le grand minéralogiste allemand Werner[2], remettent en cause la chronologie courte de la formation de la Terre. Parallèlement, l'idée de la transformation progressive des êtres vivants s'impose parmi les savants européens, l'Homme est désormais placé dans l'ordre des primates. L'intérêt pour les fossiles enrichit considérablement les collections, contribuant ainsi à une meilleure connaissance de leur nature. Ils ne seront toutefois reconnus en tant que restes d'espèces disparues qu'au début du siècle suivant : la théorie du Déluge, considéré comme la catastrophe primordiale, si elle vacille, persiste encore, et beaucoup de fossiles continuent d'être attribués à des « reliques du Déluge » ou à des ossements de Géants. Néanmoins, sous l'impulsion de quelques savants français qui s'inspirèrent des travaux de Mercati, certaines céraunies vont enfin être déterminées comme des outils en pierre taillés par l'Homme « d'avant ».

L'Homme,
un primate qui taille des outils

Considéré par beaucoup de chercheurs comme le fondateur de la géologie moderne, Hutton démontre, dans sa *Theory of the Earth* (1795), que la Terre est une vieille planète qui s'est transformée sous les seules influences des éléments atmosphériques, des mouvements glaciaires, des débordements fluviatiles, des éruptions volcaniques, provoquant l'érosion des couches sédimentaires ; il a aussi établi que ces processus qui se sont produits dans le passé exercent encore leurs effets. Ses théories, de l'uniformitarisme et de l'actualisme, s'opposent donc à celle du catastrophisme (théorie du Déluge). En outre, contrairement à Werner, Hutton soutient que l'intérieur de la Terre est chaud et que cette chaleur est le moteur de la formation de nouvelles roches comme le granite[3]. Un peu avant lui, Maillet, réfutant l'idée d'une création divine, a affirmé dans son ouvrage de 1748 qu'il convient de chercher les origines de l'Homme, comme celle de tous les êtres vivants, dans la mer[4]. Ce faisant, il place donc l'histoire du vivant dans celle de la Terre et, donc, dans une chronologie longue. C'est également à cette même époque que l'âge de la Terre est remis en cause par l'étude des roches, notamment par Buffon, l'un des fondateurs de la géologie moderne et le précurseur de la théorie de la dérive des continents. En 1778, dans *Les Époques de la nature*, allant à l'encontre des dogmes de l'Église, celui-ci émet l'hypothèse, à partir de ses travaux sur le refroidissement des roches originellement en fusion, que la Terre est âgée de 75 000 ans (il a même suggéré, avant de tempérer ses propos, qu'elle aurait plus de trois millions d'années[5]). La faculté de théologie de la Sorbonne l'obligeant à se rétracter, il plaide sa bonne foi et, en 1781, l'Église catholique abandonne les poursuites à son encontre. Mais d'autres savants, observant le temps nécessaire à la formation des montagnes, osent un âge encore plus ancien. Toutefois, peu de ces naturalistes s'appuient sur les pièces paléontologiques : les fossiles, considérés comme des « médailles du Déluge », ne sont toujours pas reconnus comme des vestiges organiques anciens. Pourtant, le géologue Guettard avait déjà démontré qu'ils résultaient de plusieurs irruptions de la mer étant donné que les pétrifications (fossiles) les plus anciennes se trouvent dans les couches les plus profondes et les plus jeunes près de la surface, mais, comme pour Buffon et l'âge de la Terre, la faculté de théologie de la Sorbonne l'a contraint à se récuser publiquement.

Le combat, pour autant, ne cesse pas. À la même époque, le graveur botaniste et minéralogiste allemand Knorr et le théologien naturaliste allemand Walch publient à Nuremberg un important ouvrage en quatre volumes comportant 275 planches en couleurs représentant « les merveilles de la nature et des antiquités de la Terre comprenant les corps pétrifiés ». Constatant que les fossiles (surtout ceux d'invertébrés et de plantes) ne sont pas tous contemporains, ils essaient d'évaluer la durée des « catastrophes » qui ont bouleversé la surface du globe. Et les philosophes, eux aussi, s'en mêlent et attaquent la théorie du Déluge, Voltaire va même jusqu'à s'en moquer, expliquant que les coquilles ont été déposées en haut des montagnes par des pèlerins de Saint-Jacques-de-Compostelle !

Dans sa classification de 1735, Linné situe l'Homme parmi les quadrupèdes et, pour la première fois, dans l'ordre des primates. Frappé des ressemblances avec les grands singes anthropomorphes, il les réunit dans le même genre *Homo*. Le célèbre Buffon, précurseur de l'anatomie comparative, notamment des organes internes des quadrupèdes, place, lui aussi, l'Homme au cœur du règne animal, mais il s'oppose à la classification « fixiste » de Linné, car, pour lui, les espèces changent constamment sous l'influence du climat et de la nourriture (*De la manière d'étudier l'histoire naturelle*, 1749[6]). Ce que pense également le grand écrivain allemand Goethe, qui, croyant aux métamorphoses naturelles, invente le concept de « plante primordiale » (*Essai sur la métamorphose des plantes*, 1790). Quant à Hutton, dans sa théorie de l'uniformitarisme élargie aux espèces vivantes, il suggère déjà que la sélection naturelle est l'un des mécanismes évolutifs possibles (*Theory of the Earth*, 1795). L'hypothèse d'une origine commune de l'Homme et des grands singes, si elle est développée par des naturalistes (Linné, Buffon), l'est aussi par des philosophes comme l'Allemand Kant. Dans *Anthropologie d'un point de vue pragmatique* (1798), celui-ci écrit : « L'homme descend du singe », mais son ouvrage reste ignoré de ses contemporains. De même, dans le volume consacré à l'*Histoire naturelle de l'homme* (1749), Buffon suggère la forte probabilité d'une généalogie commune entre l'Homme et le singe quant il écrit : « L'homme est un singe dégénéré. » En 1758, Linné remodèle sa classification en divisant le genre *Homo* en deux espèces : *Homo sapiens* (ou *diurnus*) et troglodytes (ou *nocturnus*[7]). Cette dernière, qui rassemble des formes humanoïdes, tels l'homme à queue ou l'albinos, mais aussi l'orang-outan d'Asie, légitime leur existence, tout en humanisant certains grands singes. La place de l'orang-outan dans la classification de Linné résulte probablement de sa connaissance de l'étude réalisée par le Britannique Tyson. En 1699, ce médecin anatomiste, après avoir pratiqué un an plus tôt la dissection d'un prétendu orang-outan, avait en effet conclu dans son ouvrage illustré de planches anatomiques que cet animal, en réalité un chimpanzé, par sa structure cérébrale et sa bipédie, était plus proche de l'Homme que du singe[8]. Goethe, toujours dans *Essai sur la métamorphose des plantes*, s'en prend à la thèse défendue par le célèbre zoologiste hollandais Camper[9] selon laquelle l'Homme se différencierait foncièrement des singes par l'absence d'intermaxillaire et la réduit à néant.

Bien que Buffon ait émis des doutes sur l'existence de Géants, mais sans rejeter totalement cette hypothèse (*Histoire naturelle, générale et particulière*, tome cinquième, 1778), la quête de leurs ossements se poursuit. En 1780, des terrassiers exhument, de l'une des carrières souterraines de la montagne Saint-Pierre près de Maastricht (Pays-Bas), le crâne d'un grand animal encastré dans un lourd bloc de pierre. Ils le confient au chirurgien local Hoffmann qui collectionne les « fossiles ». Cette découverte suscite alors bien des convoitises. Hoffmann veut donner le crâne au musée de Teyler à Haarlem, mais il en est empêché par le chanoine Godin, propriétaire de la carrière, lequel, ayant eu gain de cause, le conserve dans sa maison de campagne où l'on peut venir l'admirer. Ce crâne, récupéré par l'armée révolutionnaire française après le siège de Maastricht en 1795, sera ensuite transporté à Paris au Jardin des Plantes (aujourd'hui Muséum national d'histoire naturelle) et étudié par Cuvier. L'anatomiste paléontologue l'attribuera à un reptile géant éteint,

le Mosasaure ou « lézard de la Meuse », animal du Méso-
zoïque proche des grands varans actuels.

C'est encore au XVIIIe siècle que les découvertes de mammouths par des peuples sibériens parviennent jusqu'en
Europe occidentale. Le capitaine Strahlenberg, géographe
suédois d'origine allemande, rapporte de son séjour en
Sibérie, à Tobolsk, où il a été retenu comme prisonnier
de guerre entre 1711 et 1721, un dessin d'un *mammontokovast*[10]. Durant sa captivité, il a cartographié la région
et étudié les mœurs et les langues des peuples sibériens.
De retour à Stockholm en 1730, il publie ses recherches
dans *Russia, Siberia, and Great Tartary (Russia Observed)*.
Cet ouvrage, traduit en anglais, en français et en espagnol,
a un grand retentissement : l'existence du mammouth est
désormais connue d'un grand nombre de savants. Cet animal est assimilé par certains au Béhémoth mentionné
dans le Livre de Job ; force animale que l'homme ne peut
domestiquer. Plusieurs autres mammouths, plus ou moins
complets, vont ensuite être retrouvés, comme en 1724
celui situé près de la rivière Indigirka qui est récupéré par
le médecin et botaniste allemand Messerschmidt. Soixante-
quinze ans plus tard, le Toungouse Ossin Schumachov
découvrira à l'embouchure de la Léna un mammouth pris
dans les glaces qu'il laissera sur place car, selon une
légende locale, un chasseur qui trouve un animal entier
est promis à la mort ainsi que toute sa famille. Ce mammouth, qui, plus tard, sera dénommé Adam, dégèle en
1801. Informé, le marchand d'ivoire Boltounov se rend
sur place en 1804 et en fait un dessin (sans la trompe,
celle-ci ayant pourri) qu'il envoie à Saint-Pétersbourg d'où
il part faire le tour des universités européennes (Wendt,
1955). Les naturalistes, Blumenbach à Göttingen et Cuvier
à Paris, concluent qu'il s'agit d'un éléphant éteint que les
glaces de Sibérie ont conservé intact. Le mythe de l'existence de Géants ayant antérieurement peuplé la Terre
vient de s'écrouler.

Dès le début du XVIIIe siècle, certaines céraunies en pierre sont déjà reconnues comme ayant été façonnées par l'Homme il y a fort longtemps. Des outils en pierre taillée associés à des ossements d'animaux disparus et parfois à des restes humains sont également exhumés[11]. À la fin du siècle, si on les regroupe, avec les céramiques, sous l'appellation « pierres figures artificielles », le terme « Âge de la pierre » ne fut jamais mentionné : la chronologie des temps passés reste celle des Écritures. Le botaniste et médecin Jussieu, le missionnaire jésuite Lafitau et le féru d'antiquités Mahudel vont confirmer que certaines céraunies sont en fait les premiers outils utilisés par l'Homme. La hache polie, catégorie définie par Mercati, devient l'archétype de l'outil « préhistorique ». En outre, certains sont trouvés associés à des restes d'animaux éteints. Probablement influencé par ces découvertes, Buffon, pour qui les premiers Hommes sont des « sauvages », des « barbares », les représente dans son *Époques de la nature* (1788) armés d'outils primitifs en pierre. En 1797, Frère, un *gentleman-farmer* membre de la Royal Society of Antiquaries, signale la découverte de « coups-de-poing » à Hoxne (Angleterre). Pour lui, ils sont très anciens, d'une période antérieure au monde actuel[12]. Sa publication, qui n'a alors aucun retentissement, sera redécouverte en 1859. Cependant, suite aux découvertes en Allemagne d'outils taillés associés à des ossements d'animaux disparus et parfois à des restes humains, une chronologie des âges anciens est proposée par les savants Eccard et Goguet[13]. Elle est proche de celle élaborée au Ier siècle av. J.-C. par Lucrèce. Avant-gardiste, ce dernier avait, en effet, défini les différents âges de l'humanité par l'élaboration d'un raisonnement purement théorique[14]. Selon lui, l'humanité aurait d'abord traversé une longue période de barbarie (durant laquelle les Hommes auraient eu pour seules armes leurs dents, leurs ongles, leurs mains, ainsi que des pierres et des branches d'arbres), puis elle aurait possédé le feu (utilisé comme arme), découvert les propriétés de l'airain (bronze) et du fer. La classification d'Eccard, présentée en 1730 lors d'une séance de l'Académie royale des inscriptions et belles-lettres dont il est membre, comprend successivement les trois Âges : de la pierre, du bronze et du fer. Ces classifications, qui reposent sur la dureté des matériaux utilisés, qualité qui en augmente leur efficience, préfigurent celle que proposera en 1836 le Danois Thomsen[15].

L'échelle des Êtres

Grâce aux multiples explorations, le monde a rétréci, mais le Sauvage, son mode de vie, ses comportements socioculturels et cultuels sont toujours « infériorisés », voire déshumanisés. Les savants, même les deux des plus illustres naturalistes de l'époque (Buffon et Linné), s'ils introduisent l'Homme dans leurs classifications du vivant, placent bien évidemment le Sauvage au bas de l'échelle des Êtres.

Les documents, en particulier sur les peuples d'Amérique du Sud, deviennent de plus en plus précis, notamment les « Relations » écrites par des missionnaires jésuites, mais, à de rares exceptions près, elles demeurent européocentristes. Les savants, majoritairement monogénistes, distinguent plusieurs groupes humains en fonction de leur implantation géographique, mais surtout de leurs caractéristiques physiques : couleur de peau, forme et couleur des yeux, nature et teinte des cheveux, taille, indices céphaliques[16] et capacité crânienne, forme de la face[17] et du nez[18], et prognathisme (proéminence d'une ou des deux mâchoires). Puis des critères d'ordre culturel sont utilisés, comme les aptitudes, les mœurs et les langues. Avec l'universalisme et l'idéologie égalitariste des Lumières, le

Sauvage (*L'Ingénu* de Voltaire, 1767) ou l'Étranger (*Lettres persanes* de Montesquieu, 1721) devient un personnage-type littéraire. Pour certains, il permet de comprendre les fondements de la civilisation ; pour d'autres, il précède les corruptions de celle-ci[19]. Le mythe du « bon Sauvage » devient le prétexte d'une critique des sociétés civilisées dont les individus subissent l'oppression de l'État et de l'Église.

À la fin du XVIIIᵉ siècle, sur les cartes géographiques, seul l'intérieur de l'Afrique noire demeure en blanc. Afin de remplir ce vide et de répondre à la question : d'où vient le Nil ?, l'African Association est créée à Londres en 1788 par le botaniste Banks qui a participé au premier voyage de Cook. Sous la conduite de l'explorateur et sous-secrétaire de l'amirauté Barrow, cette association soutient plusieurs expéditions britanniques, dont celle de l'explorateur écossais Park. Plus de vingt ans après son compatriote le géographe Bruce, Park sera le premier Européen à pénétrer à l'intérieur du continent noir. Parti en 1795 à la découverte du fleuve Niger (pour savoir dans quel sens il coule), ce chirurgien de marine s'intéresse également aux techniques locales. Admiratif de ces savoir-faire, il rédige de nombreuses notes à caractère « scientifique », notes qui ne seront publiées qu'en 1816, après sa mort brutale survenue à Boussa[20]. De son côté, l'explorateur créole Le Vaillant rapporte plusieurs récits de son expédition dans la colonie du Cap en Afrique du Sud (de 1780 à 1785[21]). Concernant les Indiens d'Amérique, les récits les plus novateurs, en termes de données ethnographiques sûres, sont ceux du missionnaire jésuite Lafitau qui séjourne parmi les Iroquois de Sault-Saint-Louis entre 1712 et 1717[22] et de l'encyclopédiste allemand Humboldt qui remontera l'Orénoque en 1799[23].

Sans doute influencés par les témoignages, souvent fantaisistes et partiaux, rapportés par les explorateurs, la plupart des savants placent le « Sauvage » au bas de l'échelle des Êtres. Alors que, pendant des siècles, le substantif « race » a signifié la lignée, la famille, à la fin du XVIIIe siècle, il est désormais utilisé pour diviser l'humanité en différentes espèces, ce qui conduit à l'apparition d'une nouvelle doctrine : le racisme, idéologie qui infériorise l'Étranger, l'Autre.

Dans sa première classification, Linné divise le genre *Homo* en six variétés : l'américaine (*Homo sapiens* rouge), l'européenne (*Homo sapiens* blanc), l'asiatique (*Homo sapiens* jaune), l'africaine (*Homo sapiens* noir) et la monstrueuse (*Homo sapiens monstrosus*, qui comprend les géants de Patagonie, les macrocéphales, les hommes à queue d'Afrique ou d'Asie, etc.) et la sauvage (*Homo sapiens férus*). Ainsi, en créant une catégorie spécifique pour les « Sauvages », il les rapproche plus de l'animalité que des « civilisés » (*Systema naturae*, 1735). Dans son *Histoire naturelle*, Buffon, comme Linné, admet l'existence d'hommes à queue (légende qui aura la vie dure) et distingue, en incluant également des critères d'aptitudes, six races humaines, plutôt d'ailleurs des variétés géographiques, qu'il hiérarchise comme autant de degrés de civilisation[24]. Pour cet anatomiste, l'unité de l'espèce est incontestable (monogéniste), et l'interfécondité entre les races en serait la preuve. La diversité humaine serait le résultat d'une dégénération due au contexte environnemental, au climat et surtout aux aspects culturels (le mode de vie, en particulier l'alimentation et l'esclavage). Il suggère qu'à l'origine tous les Hommes étaient blancs, les autres couleurs résultant d'une dégradation due à leur éloignement plus ou moins grand de la zone climatique tempérée[25]. Suivant en cela Maupertuis pour qui les caractères raciaux sont transmissibles, il s'en distingue cependant en les jugeant, lui, réversibles[26]. En effet, pour Maupertuis, grand mathématicien et monogéniste convaincu, la diversité humaine ne peut s'expliquer par la seule implantation géographique, elle doit résulter également d'accidents héréditaires, non réversibles, dont certains seraient dus aux conditions de vie[27]. Dans certaines classifications, le critère linguistique est également pris en considération, en particulier par Benoît de Maillet. Dans son ouvrage de 1748, celui-ci classe les Hommes en « espèces ou races » selon plusieurs critères physiques, dont la forme de leur crâne, mais aussi selon leur langue[28]. La théorie de la dégénération liée au climat sera plus tard reprise par les monogénistes allemands Blumenbach et Kant. Quant à Linné, d'abord monogéniste, dans sa première classification (*Systema naturae*, 1735), il change d'opinion dans la dixième édition (1758) et sépare le genre *Homo* en deux espèces : *Homo sapiens* et *Homo nocturnus*. Au sommet de l'ordre A*nthropomorpha*, établi à partir de critères géographiques, physiques, mais aussi comportementaux, il propose quatre « races » d'*Homo sapiens* sans explicitement les hiérarchiser : *Europeus* (blancs, sanguins et énergiques), *Americanus* (rouges, colériques et droits), *Asiaticus* (jaunes, mélancoliques et rigides) et *Afer* (noirs, flegmatiques et décontractés). Camper est, lui, à l'origine de la théorie de l'angle facial initiée par Daubenton, critère censé permettre de différencier les singes et les « races humaines[29] ». Le degré d'inclinaison du front, issu de la mesure de l'angle facial de Camper, sera utilisé par Cuvier et Étienne Geoffroy Saint-Hilaire pour évaluer la place laissée libre au cerveau, donc l'intelligence[30]. Quant à Blumenbach, en prenant en compte des critères de lignée à partir de la forme des crânes en *norma verticalis*, il distingue cinq races : les Caucasiens (ou race blanche), et, à partir des deux lignées qui en sont issues, d'un côté, les Américains (ou race rouge), les Mongols (ou race jaune) et les « Malais » (ou race marron) et, de l'autre, les Africains (ou race noire[31]). Selon ce paléontologue, *Homo sapiens* est apparu dans le Caucase (signalons que, pour définir la « race blanche », le terme « caucasien » est toujours utilisé aux États-Unis[32]), puis s'est répandu sur tout le globe. La même année, dans *Des différentes races humaines* (1795), Kant, grand lecteur de Buffon, en définit quatre : les Blancs, les Nègres, les Huns (Mongols et Kalmouks) et les Indiens ou Hindoustans.

Presque toutes les taxinomies du XVIIIe siècle postulent une inégalité multiforme entre les races ; l'Homme blanc, en particulier l'Européen, se situant toujours au sommet de la hiérarchie, et le Sauvage, au bas. Par exemple, Maupertuis, qui dirigea une expédition en Laponie en 1736, est convaincu de la supériorité esthétique de la race blanche, en particulier de la française[33] ! Le philosophe et naturaliste polygéniste Meiners dans *Esquisse d'une histoire de l'humanité* (1793) classe, lui aussi, les Hommes en fonction de ce critère : il distingue les beaux (de couleur claire) et les laids (de couleur foncée). Quant au médecin anglais White, la supériorité de l'Homme blanc sur l'Homme noir est pour lui indiscutable, l'Hottentot étant à son avis le type le plus primitif[34]. C'est surtout durant ce siècle, en particulier dans les sociétés esclavagistes des Antilles et des deux Amériques, que, selon le philosophe et historien des idées Taguieff, la différence des couleurs de peau devient : « L'indice visible de différences invisibles porteuses de qualités inférieures ou supérieures : réduit à son statut de dominé et d'exploité, dont sa couleur de peau prend le sens d'un marqueur naturel, le Noir africain peut être méprisé, traité comme un sous-homme, une marchandise ordinaire. Il y a là une réinvention de la catégorie de l'esclave par nature[35]. » La notion de « race » fait aussi son apparition dans le discours de certains érudits aristocrates comme l'historien Boulainvilliers qui suggère une spécificité raciale aristocratique[36] ; les aristocrates descendraient des Francs (conquérants et, donc, supérieurs), et les gens du peuple (le tiers état), des Gallo-Romains (envahis et, donc, inférieurs).

Le regard des Lumières
sur le Sauvage

Parmi les credo des Lumières, celui de l'universalité tient une place centrale. D'où l'intérêt des philosophes pour les sociétés décrites dans les grands récits de voyages au long cours qui s'inscrivent d'entrée de jeu dans le processus de classement, de diffusion et de vulgarisation des connaissances qui est en cours. En les lisant, les philosophes des Lumières prennent conscience de la multiplicité de formes que peut prendre la société.

Le mythe du « bon Sauvage » qui se développe dans la seconde moitié du XVIIIe siècle s'appuie ainsi sur certains récits de voyages comme celui de La Hontan, gentilhomme français qui a vécu chez les Hurons du Canada[37] : pour combattre l'inégalité et anéantir la propriété des particuliers, son héros, un Huron nommé Adario, y propose une mutinerie contre le roi.

Comme chez Montaigne, c'est à travers la stigmatisation des sociétés civilisées que sont valorisés les peuples « Sauvages » jugés plus heureux, car encore proches de la Nature, comme en attestent les célèbres discours de Rousseau en réponse aux questions soumises à concours par l'académie de Dijon, en 1750, sur les rapports entre les sciences, les arts et la société (*Discours sur les sciences et les arts*) et en 1755 au sujet de l'origine des inégalités. Ces réflexions le mèneront à la rédaction du *Contrat social* (1762) dans lequel il propose une société rénovée (plus égalitaire) où l'Homme est « dénaturé ». Car, comme Montaigne, Rousseau n'idéalise pas le « Sauvage », qui est déjà en partie « civilisé ». Dans le débat autour de l'« état de nature », comme à son habitude, Voltaire intervient par la raison et la dérision (on pense à l'épisode des Oreillons dans *Candide*), mais, comme l'abbé Grégoire, il défend les Juifs et les Noirs (*Candide*).

Les années 1750-1760 sont celles de la rédaction du grand ouvrage des Lumières l'*Encyclopédie*[38], dirigée par D'Alembert et surtout Diderot. Le chevalier de Jaucourt qui y signe l'article « Sauvages » écrit : « Peuples qui vivent sans lois, sans police, sans religion et qui n'ont point d'habitation fixe [...] une grande partie de l'Amérique est peuplée de Sauvages, la plupart encore féroces et qui se nourrissent de chair humaine[39]. » Dans son article « Population », Diderot s'insurge contre la conquête de territoires étrangers, et s'interroge : « De quel droit ? » Cette position est totalement à l'opposé de celle de Moreau de Saint Méry. Ce « créole des Lumières » issu d'une famille de notables de la Martinique est à la fois un historien et un homme politique conservateur, soucieux du maintien de l'ordre colonial naissant. Colon érudit (il est l'auteur d'une histoire d'Haïti) et propriétaire d'esclaves, en rupture avec le principe du « Droit naturel » prôné par les philosophes des Lumières, il revendique le despotisme légal du régime esclavagiste et la ségrégation contre les Hommes libres de couleur[40].

La vision exotique des terres lointaines et de ses habitants est également importée par le navigateur Bougainville dans son *Voyage autour du monde* (1771[41]). Diderot en dénoncera la vision européocentriste dans son *Supplément au voyage de Bougainville* (1796). Avec *Tahiti ou le Jardin d'Éden*, le type idéal du Sauvage devient grâce à Bougainville le Tahitien et la Vahiné. Toutefois, la classification des races, leur hiérarchisation par les savants et l'idée que seul le progrès technique est porteur de civilisation vont sonner le glas du mythe du « bon Sauvage » : il faudra attendre les années 1950 pour assister au retour de l'idéalisation des « sauvages » (« primitivisme »).

Par leur volonté de diffusion universelle des connaissances, les philosophes des Lumières ont-ils fourni les fondements idéologiques du colonialisme européen du XIXe siècle ? N'oublions pas qu'au XVIIIe siècle au moins sept millions d'Africains ont été déportés vers l'Amérique. Condorcet est convaincu que les pays civilisés doivent apporter la Lumière à tous les peuples sauvages[42]. Cela n'est pas sans rappeler ce que disaient les conquérants ibériques des XVIe et XVIIe siècles lorsqu'ils voulaient justifier la christianisation des Indiens. Cependant, dans ses *Réflexions sur l'esclavage des Nègres,* Condorcet (sous le pseudonyme M. Schwartz) condamne sans appel l'esclavage et parle d'un « véritable crime ». Les penseurs des Lumières s'opposent fermement à la traite des Noirs[43]. Afin de l'abolir, le conventionnel et écrivain politique Jacques Brissot et Étienne Clavière, soutenus entre autres par Condorcet, vont ainsi fonder la Société des amis des Noirs en 1788 qui perdurera jusqu'en 1799. Ils se réclament avant tout de l'universalité humaine (tous les Hommes appartiennent à la même espèce), de l'égalité entre les peuples et de la liberté des individus. Pour Rousseau, l'amour du genre humain n'est que l'amour de la justice ; à ses yeux, il existe un droit universel, pour reprendre les termes du philosophe allemand Wolff[44]. De son côté, Voltaire a clairement condamné l'esclavagisme, en particulier dans son chapitre sur « La dénonciation des mutilations de l'esclave de Surinam » et dans son « Commentaire sur l'Esprit des lois » où il félicite Montesquieu d'avoir jeté l'opprobre sur cette odieuse pratique en écrivant que : « L'esclavage est aussi opposé au droit civil qu'au droit naturel[45]. » Lors des dernières années de sa vie, Voltaire luttera pour la libération des derniers serfs (« esclaves ») du Jura qui, en vertu du privilège de la mainmorte, étaient encore soumis aux moines du chapitre de Saint-Claude[46]. Figure ambiguë de la Révolution française, Moreau de Saint Méry crée, en 1771, au sein du Parlement de Paris un « Comité colonial ». Métis, mais néanmoins colon, possédant des esclaves, il est partisan d'une différenciation raciale fondée sur la couleur de la peau[47]. Opposé aux droits des autres métis de Saint-Domingue, son île d'adoption, il propose une échelle des Êtres comprenant cent vingt-huit variantes qui va du « Blanc pur » (au sommet) au « Noir pur » (à la base). Il vote en 1791 l'inscription de l'esclavage dans la Constitution (mais il n'est pas le seul puisque la loi est votée à la majorité), puis, inquiété, se réfugie aux États-unis. De retour en France en 1798 avec un poste au ministère de la Marine, il est envoyé à Parme par l'Empire. Devenu plus progressiste, il luttera contre la torture et l'antisémitisme[48]. Il n'empêche, le siècle de Moreau de Saint Méry reste aussi celui où aura émergé la question de la rentabilité d'un esclave, qui serait moins grande que celle d'un Homme libre (coût de surveillance et d'entretien[49]).

Ce n'est qu'à la fin du processus révolutionnaire que la question de l'abolition de l'esclavage va avancer par allers-retours. Après la proclamation des Droits de l'Homme le 27 août 1789, le gouvernement de la République, « une et indivisible », affranchit les Noirs antillais par étapes d'abord à Saint-Domingue (en 1793), puis dans l'ensemble des colonies françaises (Guyane, Martinique, Guadeloupe) lors de la séance de la Convention du 16 pluviôse an II (soit le 4 février 1794, deux ans après le Danemark) où est également proclamée l'égalité entre Blancs et Noirs. L'enthousiasme des affranchis est de courte durée, car, devant le mécontentement des colons et leur menace de livrer les Antilles françaises aux Anglais, Bonaparte, alors Premier consul, revient sur cette mesure qu'il abroge le 20 mai 1802 (loi relative à la traite des Noirs et au régime des colonies), en même temps qu'il rétablit le Code Noir et réprime férocement la révolte des esclaves haïtiens menée par Toussaint Louverture (qui mourra au fort de Joux dans le Jura en 1803).

L'Angleterre abolit officiellement la traite des Noirs en 1807, puis c'est le tour des États-Unis en 1808, mais là, comme dans les colonies britanniques, cette proclamation demeurera sans effet, en particulier dans les États du Sud

qui vivent essentiellement du coton[50] : l'abolition ne sera
effective qu'en 1833. Comme le souligne l'historien
Todorov : « La politique de colonisation se camoufle derrière les idéaux des Lumières, mais elle est en réalité
conduite au nom du simple intérêt national. Or le nationalisme n'est pas un produit des Lumières, il en est, dans
le meilleur des cas, un détournement : celui qui ne reconnaît aucune limite imposée à la souveraineté populaire[51]. »

Avec l'avènement du XIXᵉ siècle, une nouvelle ère commence, riche en découvertes géographiques, technologiques, scientifiques et en avancées sociales (dont l'abolition de l'esclavage), mais aussi lourde de souffrances pour
de nombreux peuples colonisés et les membres de la
classe prolétarienne qui apparaît avec l'industrialisation.
Après la chute du Premier Empire, la France perd un
grand nombre de ses possessions ; il faudra Napoléon III
pour que s'ouvre sa seconde période coloniale, laquelle
connaîtra son apogée entre 1919 et 1939, et se terminera
en 1962.

CHAPITRE 5

Avant Darwin

Napoléon Ier donna un essor considérable aux sciences en soutenant les travaux de nombreux savants comme Laplace, Volta, Gay-Lussac, Cuvier, Étienne Geoffroy Saint-Hilaire[1]. Les monuments antiques deviennent des documents archéologiques qui doivent être datés et interprétés ; c'est la grande période des « Antiquaires » et des « celtomanes » – dans la France d'alors, en effet, la plus haute Antiquité remonte aux Gaulois et tous les outils en pierre taillée sont attribués aux Gaulois. Le 9 germinal an XII (30 mars 1804), l'antiquaire et préfet Cambry fonde l'Académie celtique qui rassemble des savants, des érudits et des écrivains celtomanes. Celle-ci a pour tâche de « retrouver le passé de la France, recueillir les vestiges archéologique, linguistique et coutumier de l'ancienne civilisation gauloise ». Elle est transformée en Société royale des Antiquaires en 1814. Trois ans plus tard, le premier Musée d'antiquités nationales est inauguré à Copenhague. Dans les années 1820, plusieurs sociétés d'Antiquaires voient le jour, dont celle de Normandie fondée en 1824. Avec le regain du nationalisme, lié au romantisme, la France entend désormais protéger ses monuments. En 1830, l'historien et ministre Guizot crée le poste d'inspecteur des monuments nationaux, puis, quatre ans plus tard, le Comité des travaux historiques.

Dans un tel contexte, la hiérarchisation des races va servir à justifier la colonisation qui s'est accentuée dès la fin du XVIIIe siècle. La colonisation a été pratiquée par de nombreux peuples dès l'Antiquité. Processus d'expansion démographique et de domination politique, culturelle et économique appliquée par certains États ou peuples sur d'autres, qui tombent dès lors en dépendance[2], elle s'est changée avec le temps en idéologie. La colonisation, dont le but réel est l'exploitation d'un territoire, se cache souvent derrière un objectif plus « honorable » : l'apport aux « Sauvages », considérés comme des « races inférieures », des prétendus bienfaits de la civilisation (le développement économique, social et religieux). Dans les faits, elle est une manifestation des rivalités entre grandes puissances maritimes européennes, car l'ampleur des empires coloniaux renforce la puissance économique et politique des pays colonisateurs.

Au XIXe siècle, la colonisation du continent africain, puis de l'Océanie va prendre le pas sur celle des Amériques. Afin d'éviter les conflits en Europe, les nations vont s'entendre pour se partager l'Afrique et définir des règles d'occupation[3] ; des condominiums (administration commune) apparaissent. Les expéditions scientifiques se multipliant, les savants rapportent en Europe de très nombreux spécimens naturels (plantes, animaux, minéraux) ainsi que des objets ethnographiques. Près de cent soixante-dix savants, dont Étienne Geoffroy Saint-Hilaire, participent ainsi à l'expédition en Égypte de Bonaparte (de 1798 à 1801) ; lui succéderont celles des botanistes Prouvençal de Saint-Hilaire au Brésil (1816-1822), de Gay Mouret au Chili (1828-1842) et de Grandidier à Madagascar (1865-1870).

Les travaux des naturalistes relatifs à la classification des « races » humaines influent sur l'interprétation de l'histoire de l'humanité et conduisent aux théories racialistes qui domineront tout le XIXe siècle. En effet, ce que Carole Reynaud-Paligot nomme le « paradigme racial » ne sera jamais remis en cause[4].

Naissance de la paléontologie
et des ères géologiques

L'engouement pour les sciences naturelles se poursuit de part et d'autre de l'Atlantique. De nombreux savants, et non plus seulement des collectionneurs ou des amateurs de fossiles comme au XVIIIe siècle, se mettent en quête de traces géologiques du Déluge. Entre 1820 et 1870, on assiste à la création de nombreuses sociétés d'histoire naturelle, mais également au développement des marchands de fossiles et des mécènes, en particulier aux États-Unis, comme l'industriel Andrew Carnegie ou le banquier George Peabody, qui alimentent les nombreux musées d'histoire naturelle nouvellement créés. En 1854, le paléontologue et anatomiste britannique Owen, avec l'aide du sculpteur Waterhouse Hawkins, redonne vie aux dinosaures dans son Crystal Palace situé dans la banlieue londonienne[5] ; des artistes y peignent les animaux disparus dans leur environnement supposé. Toutes ces reconstitutions sont plus imaginaires que fidèles à la réalité paléontologique.

Les travaux du grand savant Cuvier, entamés vers 1798, participent à la reconnaissance des fossiles en tant que restes d'espèces disparues. Sa démarche, essentiellement descriptive et comparative, s'appuie sur des collections ostéologiques de référence dont les provenances et les caractéristiques biologiques sont connues. Cette méthode, l'anatomie comparée, initiée au XVIIe siècle par Tyson et développée au siècle suivant par Daubenton et Camper, permet d'effectuer les déterminations anatomiques et taxinomiques des fossiles et de reconstituer des squelettes incomplets[6]. Elle sera enseignée par Cuvier, détenteur de la chaire d'anatomie comparée du Muséum, appellation qu'il substitua à celle d'anatomie des animaux[7]. En 1812, cet anatomiste hors pair énonce le principe de subordination des organes et de corrélation des formes des êtres organisés[8]. À partir des ossements fossiles, notamment de grands quadrupèdes[9], Cuvier bâtit un système géologique en se basant sur le principe de superposition des strates. L'étude scientifique des fossiles, la paléontologie[10], alors intimement liée à la géologie, va permettre la distinction des âges géologiques.

Comme l'avait déjà suggéré Sténon au XVIIe siècle, les fossiles vont dès lors être utilisés pour distinguer les différents âges de la Terre et caractériser les étages géologiques. Leur utilisation systématique est préconisée par le géologue anglais William Smith, adepte de la théorie des catastrophes, qui reprend dans son tableau de 1816[11] le principe de superposition des strates géologiques, déjà utilisé par Cuvier et le minéraliste Alexandre Brongniart[12]. Cette paléontologie stratigraphique se développe notamment sous l'impulsion de naturalistes comme l'Allemand Oppel et d'Orbigny passionné des fossiles d'invertébrés. Dans la lignée des célèbres savants diluvianistes des XVIIe et XVIIIe siècles, tels Burnet et Scheuchzer, pour désigner les terrains fossilifères les plus récents, le révérend et géologue anglais Buckland utilise le terme *Diluvium*[13], étage géologique corrélé à la catastrophe du Déluge. Après la mort de Cuvier, survenue en 1832, son disciple d'Orbigny, avec l'aide du botaniste Adolphe Brongniart, tous deux « plus papistes que le pape », établira la doctrine des vingt-sept créations successives[14]. Peu de temps avant, en 1829, le géologue Desnoyers avait regroupé les différents âges géologiques récents sous le terme « Quaternaire » et, un an plus tard, la Société géologique de France avait vu le jour.

Toutefois, deux ans avant la mort de Cuvier, la théorie des catastrophes qu'il avait si ardemment défendue est sérieusement remise en question par le grand géologue anglais Lyell, alors secrétaire de la Geological Society. Dans *Principles of Geology* (1830), Lyell soutient, comme

Hutton, l'hypothèse d'une évolution lente et continue de la Terre et crée les étages géologiques caractérisés, entre autres, par la présence ou l'absence de certaines espèces[15]. Ce livre, qui aura un grand retentissement[16], marque un tournant dans les recherches géologiques, car la reconnaissance d'une évolution de la Terre entraîne logiquement celle de ses habitants. En outre, dès 1832, les limites de la paléontologie stratigraphique sont pointées par le géologue Boué qui soulève la question du renouvellement des faunes, lequel n'est pas forcément synchrone sur toute la surface de la Terre. Lyell et Boué rejettent aussi l'existence de l'étage du *Diluvium,* Boué lui préférant le terme d'alluvions anciennes, car il estime que le Déluge n'a pas de place dans les interprétations géologiques[17]. La même année, le paléontologue allemand Meyer fonde l'une des toutes premières revues consacrées à la paléontologie (*Palaeologica*). La paléontologie va également modifier profondément les théories relatives à l'apparition et à l'évolution des espèces. Comme les êtres vivants, les fossiles vont être classés et hiérarchisés.

Transformisme contre fixisme

En 1809, dans *Philosophie zoologique*, le grand naturaliste Lamarck nie la réalité de l'espèce au profit de la notion d'un *continuum* du vivant en perpétuelle transformation ; de génération en génération, les espèces ont grimpé les échelons de la *Scala naturae.* Pour le père de la théorie du transformisme, il y a même transmission des caractères acquis aux générations suivantes, cette théorie de l'hérédité des caractères acquis sera remise en cause par de nombreux scientifiques. Dès lors, deux écoles s'affrontent, celle des « actualistes », influencés par Lamarck, et celle des « catastrophistes », qui ont pour chef de file Cuvier. Pour expliquer la présence et la diversité des fossiles, Cuvier se réfère toujours au Déluge[18]. Contrairement à Lamarck ou même à son professeur Geoffroy Saint-Hilaire, pour qui il y a eu une transformation lente et continue non seulement de la Terre, mais également, sous des influences extérieures, des espèces[19], Cuvier défend toujours la théorie de l'invariabilité des espèces (« fixisme »). Si, pour lui, il n'y a pas d'espèces intermédiaires, seulement des espèces constantes remplacées lors de révolutions (théorie des révolutions ou catastrophes), en comparant les anatomies des espèces vivantes et celles des fossiles, il ouvre toutefois, et bien malgré lui, la voie à la théorie de l'évolution[20].

Spécialiste des invertébrés et père de la « biologie », Lamarck considère que le temps et l'environnement agissent sur la transformation des organismes vivants qui se diversifient en fonction du milieu où ils évoluent, suscitant des pratiques, puis des aptitudes (« la fonction crée l'organe »). Évolutionniste avant l'heure, il croit, d'une part, à la complexification croissante des êtres vivants et, d'autre part, que l'Homme est responsable de l'extinction des animaux, dans le présent comme dans le passé. Sa vie durant, il s'opposera à la théorie fixiste et des catastrophes de Cuvier, également combattue par les « actualistes » comme le zoologue Isidore Geoffroy Saint-Hilaire et les naturalistes britanniques Darwin et Wallace. De retour de ses voyages en Amazonie (sur le *Mischief*, 1848-1852) et en Asie du Sud-Est (1854), ce dernier va soutenir que, sous l'influence de la géographie et de l'environnement, une nouvelle espèce peut naître d'une espèce étroitement apparentée (*On the Law Which Has Regulated the Introduction of New Species*, 1855). Toutefois, malgré ces avancées, la théorie des catastrophes, qui apportait des justifications scientifiques à la religion, tient bon et elle va persister jusqu'au début de la seconde moitié du XIXe siècle. Elle sera soutenue jusqu'en 1852 par d'Orbigny[21], Owen, Élie de Beaumont et le Suisse Agassiz. Ce zoologiste-géologue, qui a mis en évidence la dernière glaciation du Quaternaire lors de son voyage en 1840 dans les glaciers d'Écosse, la compare à une révolution brutale similaire au Déluge. Il a fait ce voyage en compagnie de Buckland, et son hypothèse est évidemment soutenue par les nombreux partisans du diluvianisme.

Au début du XIXᵉ siècle, Lamarck est le seul naturaliste français à aborder la question des origines de l'Homme. Bien qu'il ne soit pas totalement convaincu de son origine animale, il reprend l'idée de l'existence d'une filiation entre nous et le singe, écrivant : « L'espèce humaine dériverait de quelques singes anthropomorphes[22]. » Prenant le chimpanzé comme le plus perfectionné d'entre eux, il le montre cependant très inférieur à l'Homme sur le plan des aptitudes physiques et intellectuelles. Pour lui, il est probable qu'une nouvelle « race » a émergé du tronc commun en perdant l'habitude de grimper aux arbres. Leurs descendants, après quelques générations, se seraient transformés en « bimanes » pour mieux percevoir leur environnement. Cessant d'employer leurs dents en guise de défense ou d'outils, celles-ci auraient diminué de taille pour atteindre les dimensions des nôtres. Lamarck émet donc l'hypothèse d'une transformation lente par un perfectionnement de plus en plus grand de ces singes à moitié humains en Hommes complets. Une telle conception s'oppose à la théorie de la « dérivation », c'est-à-dire de l'apparition de transmutations brusques à intervalles de temps équivalents, proposée en 1848 par Owen. Réticent à la théorie de l'appartenance de l'Homme au règne animal, ce dernier défend l'existence d'un siège de la conscience humaine qu'il situe dans l'hippocampe mineur (5ᵉ circonvolution temporale située dans le lobe temporal du cerveau). Trente ans plus tôt, le philosophe allemand Schopenhauer a écrit lui aussi : « Nous devons penser que l'homme est né non pas en tant que singe, mais en tant qu'homme déjà, en Asie de l'orang-outan et en Afrique du chimpanzé[23]. » Pour Cuvier, en revanche, les Hommes et les singes étant apparus tels quels après le Déluge, les os humains découverts lors de fouilles archéologiques ne peuvent donc être fossiles (très anciens). La raison profonde de ce refus est plus probablement le dégoût ressenti envers les singes, aversion qui a été longtemps partagée par d'autres érudits. En 1900, l'éditeur du biologiste allemand Haeckel refusera d'imprimer une représentation montrant une femme entourée de singes. La découverte de plusieurs fossiles de primates et leur attribution à des formes intermédiaires entre l'Homme et le singe (le fameux « chaînon manquant »), comme ceux exhumés en 1837 des sédiments tertiaires de Saint-Gaudens en Haute-Garonne[24], vont inévitablement alimenter le débat sur la filiation entre l'Homme et le singe. Globalement, la question des origines de l'Homme reste toutefois peu débattue en France ; elle l'est beaucoup plus en Grande-Bretagne fortement imprégnée par la théorie de la « théologie naturelle » qui tente de concilier science et religion. En outre, des découvertes d'ossements d'animaux disparus portant des marques d'origine anthropique, d'outils taillés et parfois de restes humains intensifient les querelles. La question de leur contemporanéité va être longuement débattue, en particulier lors du premier congrès archéologique de France de 1834.

Controverses à propos de l'« Homme antédiluvien » ou « Homme tertiaire »

À partir de 1820, les fouilles de sites fossilifères s'intensifient notamment dans le sud de la France, en Belgique et en Angleterre[25], mais des réserves sont émises,

parfois par les fouilleurs eux-mêmes, quant à la contemporanéité stratigraphique, notamment dans les grottes,
des restes humains, des ossements d'animaux disparus et
des silex taillés trouvés associés[26]. Ces vestiges ne sont
peut-être pas très anciens, dit-on aussi. Ces doutes renforcent le point de vue des savants (la grande majorité) toujours sceptiques vis-à-vis de l'ancienneté de l'Homme.

L'Homme fossile est-il, ou non, contemporain d'animaux disparus ? Telle est bien la question essentiellement
débattue à cette période, et il faudra du temps avant que
la majorité des savants et des géologues l'accepte, même
si les découvertes se multiplient. En 1820, le paléontologue allemand Schlotheim met au jour, dans les carrières
de gypse de Thuringe (aux environs de Koestritz, Allemagne), des dents humaines parmi des os de mammouth.
Après avoir dit qu'il n'est absolument pas exclu que
l'Homme ait vécu en même temps que des animaux antédiluviens, Schlotheim se récuse devant la pression des
« catastrophistes », notamment de Cuvier qui attribue ces
dents à un homme récent enterré dans une couche
ancienne. Dès lors, elles ne sont plus considérées comme
appartenant à l'« Homme antédiluvien ». Deux ans plus
tard, la découverte de restes humains associés à des os
d'animaux éteints à Bilzingsleben (Erfurt, Thuringe, Allemagne) passe inaperçue. De même, la calotte crânienne
juvénile trouvée en 1830 par le médecin naturaliste belge
Schmerling dans la deuxième grotte d'Engis (province de
Liège) ne sera identifiée comme appartenant à un homme
fossile (un Néanderthalien) qu'en 1936[27] !

Seule la découverte en 1823 d'un squelette considéré
alors comme féminin, la Red Lady[28], dans la grotte aux
chèvres (Paviland, pays de Galles), relance en Grande-
Bretagne la recherche d'« Hommes diluviens ». Bien que
considéré par son découvreur Buckland comme appartenant à une Romaine, ce squelette entraîne de nouvelles
fouilles. Elles sont entreprises principalement dans des

grottes de la côte sud de l'Angleterre, notamment par le père irlandais MacEnery. Dans le Trou de Kent (Kent's Cavern ou Kent's Hole, Torquay, Angleterre), celui-ci exhume, en 1825, des restes humains associés à des pierres taillées et des ossements d'animaux disparus. Malgré leur découverte sous une couche stalagmitique, il a du mal à convaincre Buckland de l'ancienneté de ces os humains. Celui-ci règne alors sur la géologie et la paléontologie anglaises et, partisan de la théorie des catastrophes, s'oppose à la celle de l'existence de l'« Homme antédiluvien ». Pour Cuvier, tous ces ossements appartiennent à des Hommes postdiluviens, même si, d'après la Bible, à laquelle il se réfère, des « Hommes antédiluviens » ont bien existé, mais ailleurs qu'en Europe, notamment en Asie centrale qui, selon les Écritures, est le berceau de l'humanité. De toute façon, pour lui, toutes ces découvertes sont sans importance, puisque l'on ne peut attribuer un âge précis aux vestiges humains exhumés. C'est sans doute pour ces raisons que, lorsque Boué lui présentera en 1823 des os humains trouvés par lui dans le lœss du Rhin aux environs de Lahr (Bade), il refusera d'admettre, à la différence de Boué, qu'ils sont fossiles. Si la communauté des savants n'est donc pas encore prête à accepter l'existence d'« Hommes antédiluviens », à partir des années 1830, l'idée fait tout de même son chemin et certains entreprennent des fouilles archéologiques pour les trouver. Au fur et à mesure des découvertes, le *Diluvium* et la théorie du Déluge vont céder la place à celle des glaciations, et les changements géologiques observés, être attribués à des causes lentes et continues.

Pour prouver la contemporanéité des ossements humains et des animaux éteints, certains fouilleurs s'appuient sur les vestiges osseux modifiés par l'Homme. En 1815, Jouannet, professeur d'humanités à Sarlat (Dordogne), découvre et fouille deux grottes périgourdines : Combe-Grenal et Pech-de-l'Azé. À propos du Pech-de-

l'Azé, il écrit : « Les ossements ont été brisés intentionnellement et certains d'entre eux ont subi un début de
carbonisation[29]. » Réfutant l'existence de marques anthropiques sur les os d'animaux disparus, plusieurs savants
préfèrent les imputer à des phénomènes géologiques, à
l'action de gros rongeurs[30] ou à celle de carnivores. Dès
1822, les marques dues à des carnivores, notamment à
l'hyène, sont clairement identifiées par plusieurs
fouilleurs (Rütimeyer, le Dr Bailleau, Lartet). En 1822,
Buckland attribue à l'hyène l'accumulation d'os et de
coprolithes mis au jour dans la grotte de Kirkdale
(Angleterre[31]). Pour conforter son argumentation, il compare ces restes osseux à ceux qui sont donnés à des hyènes
parquées dans des ménageries. Entre 1826 et 1833, les
fouilleurs Schmerling, le professeur de géologie et de
paléontologie à Montpellier Marcel de Serres et son élève
Tournal vont, eux, essayer de définir l'ossement fossile par
ses caractéristiques physico-chimiques. Quelques savants,
comme Jouannet, continuent d'attribuer à l'Homme les
traces observées sur les os d'animaux disparus.

En 1827, Tournal[32] exhume les premiers restes
humains découverts en France lors de ses fouilles dans la
grande grotte de Bize près de Narbonne (Aude). Si, de son
point de vue, ils sont probablement contemporains de la
faune et des silex taillés associés, il demeure néanmoins
prudent, mentionnant que seule la géologie peut apporter
des informations relatives à l'apparition de l'Homme sur
la Terre[33]. Dans le Gard (fouilles de Pondres[34] et de Sauvi-
gnargues), le Britannique Christol fait des découvertes
similaires à celles de Tournal, mais précise, lui aussi, que
rien ne lui permet de conclure à l'ancienneté de
l'Homme[35]. Dans un article paru en 1833, Tournal suggère
encore, du fait que certains des os d'animaux disparus
exhumés à Bize portent des marques d'origine anthropique, que la disparition des espèces aujourd'hui éteintes
est due à l'Homme[36] : en affirmant l'existence d'une

continuité de l'Homme fossile à l'Homme actuel, il récuse ainsi le paradigme diluvien[37]. Ses propos ont peu de poids face aux positions défendues non seulement par Cuvier, mais par des géologues comme Lyell et Desnoyers, qui nient à cette époque la validité des découvertes en grottes, à cause, entre autres raisons, de la position stratigraphique incertaine de ces restes humains. Cuvier et Desnoyers, tous deux adversaires de l'existence de l'« Homme tertiaire », vont s'opposer aux chercheurs du Midi, notamment en les empêchant d'amener le débat au sein de l'Académie des sciences et au Muséum. À partir des années 1840, après la mort de Cuvier, quelques fouilleurs vont oser affirmer, comme Tournal, que des Hommes ont vécu en même temps que des animaux disparus. Mais le scepticisme persiste, comme l'atteste en 1848 l'absence de commentaires lors de la présentation à la Gibraltar Scientific Society, par le zoologiste anglais Busk, du crâne humain trouvé à Gibraltar (site de Forbe's Quarry). Rangé dans un tiroir, il n'en resurgira que seize ans plus tard, après la découverte de l'homme de Néander, lorsque Busk et le chirurgien paléontologue écossais Falconer le réétudieront...

Plus au Nord, entre 1830 et 1844, plusieurs recherches sont entreprises dans les sablières de la vallée de la Somme dans la région d'Abbeville. Elles sont menées par les préhistoriens Picard et Boucher de Perthes, alors directeur des douanes à Abbeville. En 1832, ce dernier découvre dans plusieurs carrières des outils taillés, dont les célèbres bifaces. En 1835, puis en 1837, Picard, alors membre de la Société royale d'émulation d'Abbeville[38] qui comprend de nombreux géologues[39], publie les premières études typologique et technologique des outils en pierre et en os[40]. Dans ces deux mémoires, selon le néolithicien spécialiste de l'histoire de l'archéologie préhistorique Noël Coye (1997), Picard, en se fondant sur l'analyse des documents archéologiques, s'affranchit des modèles historiques en vigueur à l'époque. Entre-temps en Belgique, dans sa publication de 1833, Schmerling, qui fouillait des cavernes de la région de Liège, décrit des os « particuliers » qu'il a trouvés. À propos de celui exhumé de la grotte de Chokier, il note : « L'objet a été coupé dans un os long ; ses faces sont très polies, à la base se trouve une ouverture percée obliquement et dont les bords sont inégaux et arrondis [...], c'est un trou évidemment foré par la main de l'homme », et de celui d'Engis : « Il a été taillé en pointe ; on y voit parfaitement les traces de coupure. Nous sommes donc portés à croire que cet os a servi à l'industrie de la race antédiluvienne[41]. » Ces découvertes suscitent la curiosité des Britanniques Lyell et Buckland qui se rendent à Liège, le premier en 1833 et le second en 1835, pour voir les grottes et le matériel exhumé par Schmerling. Lyell demeure sceptique[42], et Buckland n'est pas du tout convaincu. En France, les publications de Schmerling, parues entre 1833 et 1835, à propos de ses découvertes dans la première et la deuxième grotte d'Engis (dont deux calottes crâniennes humaines) ont peu d'impact car, comme pour les grottes du midi de la France, des doutes sont émis quant à la contemporanéité des vestiges exhumés[43]. En Angleterre aussi, le géologue Godwin-Austen conclut, comme Schmerling et Jouannet, à l'ancienneté des vestiges qui viennent d'être découverts dans la caverne de Kent[44], mais, là encore, ses résultats attirent peu l'attention, car Desnoyers continue de soutenir qu'à cause notamment de la possibilité de remaniements naturels une bonne lecture stratigraphique des remplissages de grottes est difficile à faire[45] : pour ce membre fondateur de la Société géologique de France, cette incertitude empêche l'attribution d'un âge aux vestiges qui y sont découverts. En 1847, alors qu'il présente à la Société géologique de France les vestiges humains et les ossements animaux qu'il a exhumés des terrains volcaniques de la montagne de la Denize (Denise, Haute-Loire),

Aymard, conservateur du musée du Puy, conclut en faveur d'un âge récent (« pas très éloigné du présent ») pour ne pas se heurter à la thèse dominante et précise bien qu'il ne les croie pas strictement contemporains[46].

Contrairement aux vestiges découverts en grotte, ceux issus des sites de plein air de la vallée de la Somme vont jouer un rôle décisif dans la reconnaissance de l'existence de l'« Homme tertiaire ». En 1844, Boucher de Perthes, qui effectuait des coupes stratigraphiques depuis 1838 dans la région, découvre dans les couches les plus anciennes de la terrasse de Menchecourt-lès-Abbeville des outils taillés et des os d'animaux disparus. Dans le premier volume de ses *Antiquités celtiques et antédiluviennes, mémoire sur l'industrie primitive et les arts à leur origine* de 1849[47], il admet l'existence d'Hommes fossiles tailleurs de silex, antérieurs aux tailleurs de pierres polies, mais ne fait aucune allusion directe à l'« Homme tertiaire ». À partir de l'étude des alluvions de la vallée de la Somme, il élabore une chronologie de huit époques dont, pour les plus anciennes, l'époque diluvienne, puis l'époque antérieure aux Celtes. À cette date, pour Boucher de Perthes, les âges préhistoriques sont une succession de ruptures (Coye, 1997). Ce n'est que dans le deuxième volume des *Antiquités celtiques et antédiluviennes,* paru en 1857, qu'il va abandonner définitivement la théorie du Déluge et adopter celle du transformisme, rattachant les « races » humaines actuelles aux « races primitives[48] ». Entretemps, le Dr Rigollot, président des Antiquaires de Picardie, a découvert, en 1853, le site de Saint-Acheul (Amiens) et ses célèbres bifaces, qui deviendra le site éponyme de l'Acheuléen (culture du Paléolithique inférieur[49]). À l'époque, encore peu de savants connaissent ou se réfèrent aux recherches menées dans la vallée de la Somme, et c'est grâce à la pression du public, qui souhaite que les premiers « Gaulois » soient apparus dans leur région, que Boucher de Perthes réussit à convaincre le monde scientifique de l'intérêt de ses découvertes. Dès lors, l'Académie des sciences est contrainte de les examiner. Élie de Beaumont et son disciple le Dr Robert, tous deux farouches adversaires de l'existence d'un âge de la pierre et de l'« Homme antédiluvien », contestent la validité de certaines pièces (ce sont des pierres-figures et non des outils taillés) et leur âge tertiaire. Le public est désappointé. Pendant ce temps, en Angleterre, Falconer, Prestwich et Pengelly de la Geological Society of London fouillent par décapages horizontaux successifs la caverne Windmill Hill près de Brixham (Torquay, Devon). En 1858, ils y découvrent des outils taillés associés à une faune fossile. Connaissant les travaux de Boucher de Perthes, Falconer qui lui rend visite en novembre 1858 est définitivement convaincu de la contemporanéité des Hommes et des animaux disparus. C'est également durant cette période que les premières stations lacustres suisses (palafittes) sont découvertes (la première en 1854).

Peu avant, en 1836, Thomsen a élaboré une méthode archéologique reposant sur la typologie et la stratigraphie corrélées, et étayé la succession tripartite de l'humanité : Âge de la pierre, Âge du bronze ou du cuivre et Âge du fer[50]. Comme son Âge de la pierre a tout au plus 6 000 ans, les adversaires de l'existence de l'« Homme tertiaire » ne sont donc pas gênés par cette chronologie. Défini par Thomsen, cet Âge de la pierre va être remis en question par Lyell et Falconer pour qui il correspond à celui de la pierre polie et fait donc partie de l'ère actuelle. Pour ces savants britanniques, les artisans de la pierre taillée ont vécu avant, en même temps que le mammouth durant le Pléistocène[51]. En France, les travaux de Thomsen et de son successeur Worsaee passent presque inaperçus jusqu'à la publication en français de leur synthèse par l'archéologue suisse Morlot[52]. Seuls quelques savants, dont Boucher de Perthes, intègrent le système des trois âges à leurs recherches.

Pour caractériser les grandes périodes préhistoriques, les chercheurs français utilisent des critères archéologiques (outils) et paléontologiques (fossiles d'animaux). En 1833, Tournal distingue deux périodes géologiques : l'ancienne, avant l'apparition de l'Homme, et la moderne (ou anthropaeïnne) caractérisée par la présence de l'Homme et de ses productions[53], elle-même subdivisée en deux périodes : anté-historique et historique qu'il fait débuter il y a 7 000 ans avec « le commencement des traditions les plus anciennes ». De même Marcel de Serre, en s'appuyant sur les fouilles effectuées dans plusieurs grottes du sud-ouest de la France, propose-t-il deux périodes : l'antédiluvienne, durant laquelle est apparu l'Homme, et la postdiluvienne ou historique, elle-même subdivisée en deux[54]. Quant à Jouannet[55], pour qui la situation géographique influe sur les activités et donc sur les productions industrielles, il suggère une classification fondée non pas sur la chronologie, mais sur la morphologie des gisements préhistoriques : grottes et abris, d'une part, et sites en plein air, d'autre part. Jouannet est un des premiers fouilleurs à suggérer que les pierres taillées sont plus anciennes que les pierres polies[56]. Picard, qui fouille de célèbres sites près d'Abbeville (Somme), s'il estime que les haches taillées ne sont pas des ébauches de haches polies, il ne considère pas pour autant que les premières sont plus anciennes que les secondes[57]. En 1857, probablement influencé par les écrits de Lyell et Falconer, Worsaee définit deux grandes périodes : un Early Stone Age, caractérisé par la présence d'outils grossiers en pierre et en os, et un Late Stone Age avec des outils en divers matériaux et des os d'animaux domestiques. Dix ans plus tard, c'est au tour de Chantre de distinguer l'Âge de la pierre taillée de celui de la pierre polie. À la même période, le préhistorien britannique Lubbock propose quatre périodes : le *Diluvium* ou archéolithique, où l'Homme est associé à de grands mammifères éteints, l'Âge de la pierre polie, l'Âge du bronze et l'Âge du fer. C'est aussi lui qui,

dans *Prehistoric Times* (1865[58]), définit les termes « Paléolithique » (l'ancien archéolithique) et « Néolithique »
(l'ancien Âge de la pierre polie), appellations qui seront
désormais celles en vigueur.

Dans le contexte créationniste de la première moitié
du XIXᵉ siècle, malgré la multiplication des découvertes,
pour la plupart des savants, en particulier les disciples de
Cuvier, dont Élie de Beaumont de l'Académie des sciences,
l'« Homme antédiluvien » n'existe pas. D'où la querelle qui
va surgir autour du squelette découvert à Feldhofer (Rhénanie du Nord Westphalie, Allemagne). En août 1856, en
effet, des ouvriers découvrent des os fossiles dans la petite
grotte de Feldhofer, qui surplombe la rivière Düssel,
aujourd'hui val de Neander[59], située à treize kilomètres à
l'est de Düsseldorf. Ces ossements[60], attribués à un ours
des cavernes, sont envoyés pour analyse au naturaliste
Fuhlrott, instituteur à Elberfeld. Reconnaissant les restes
d'un anthropoïde, celui-ci y entreprend des fouilles et
exhume d'autres os[61], mais pas de mâchoires ni de dents.
Pour Fuhlrott, ces restes appartiennent à un Homme plus
ancien que celui d'Engis 1 (un *Homo sapiens*) et de la Red
Lady dont l'attribution spécifique est toujours en discussion. Il rattache l'Homme de Feldhofer ainsi que celui
d'Engis 2 (un Néanderthalien) aux « types humains inférieurs », à un être intermédiaire entre l'Homme moderne
et le gorille. Il montre les os à l'anatomiste allemand
Schaaffhausen qui confirme ses dires : il s'agit bien d'un
Homme antérieur aux Celtes et au Déluge, il le nomme
Homo primigenius et en conserve les ossements dans le
musée de Bonn. Schaaffhausen présente les premiers
résultats de son étude le 4 février 1857 lors de la réunion
de la Société de médecine et d'histoire naturelle du Bas-
Rhin qui se tient à Bonn[62]. Avec Fuhlrott, le 2 juin de la
même année, devant l'assemblée générale de la Société
d'histoire naturelle de Rhénanie prussienne et de Westphalie réunie également à Bonn, ils affirment que cet Homme

appartient à une « race » humaine disparue. Les membres
présents lors de cette communication contestent cette
interprétation ; s'ensuivent de vifs débats entre partisans
et adversaires[63] d'un âge ancien. Schaaffhausen maintient
sa position et publie son hypothèse en 1858[64]. L'idée
d'ancêtres fossiles étant alors difficile à concevoir, le
monde scientifique se divise en partisans et adversaires de
l'existence d'un *Homo primigenius*. Les principaux contra-
dicteurs de Schaaffhausen sont l'anatomiste de Bonn
Mayer, le géologue anthropologue anglais Blake, l'anthropologue allemand Pruner-Bey et surtout l'un des plus
grands pathologistes du XIXe siècle et homme politique,
l'Allemand Virchow. Pour eux, l'Homme de Feldhofer est
un homme moderne pathologique : un microcéphale (« un
Celte idiot ») pour Pruner-Bey (hypothèse réfutée dès
1858 par Broca) ; pour Blake, un hydrocéphale idiot qui
devait vivre en ermite dans la caverne comme un animal ;
pour Virchow, un homme âgé rachitique et perclus de
rhumatismes. Quant à Mayer, il attribue les restes de cet
homme à un cosaque mongol de l'armée de Tchernitcheff
qui aurait campé dans les environs lors des guerres napo-
léoniennes de 1814 et se serait égaré. Tous réfutent l'existence d'« Hommes antédiluviens », mais Schaafhausen et
Fuhlrott s'entêtent et essaient d'intéresser le public au
débat. Dès lors, une violente controverse s'engage.

Le contexte a commencé à changer. À partir des
années 1850, la théorie du Déluge (c'est-à-dire aussi d'une
chronologie courte) vacille. Un nombre croissant de naturalistes s'en émancipe, et ses principaux partisans sont
réduits au silence ; Buckland meurt fou en 1856 et Agassiz
s'exile aux États-Unis. Après la parution du livre de
Darwin[65], l'approche évolutive de la paléontologie va se
diffuser : on va s'intéresser à l'origine et à l'évolution des
espèces et faire de Néanderthal un Homme fossile. En
Angleterre, Busk, convaincu de l'ancienneté de l'homme de
Feldhofer, traduit en anglais l'article de Schaafhausen[66].

Lors de ses conférences destinées aux « ouvriers » qui débutent en 1860, le grand savant britannique Huxley soutient que ce fossile appartient à une race primitive, qu'il rapproche, comme Fuhlrott, des « types humains inférieurs[67] ». Les caractères anatomiques propres aux Néanderthaliens sont définis et qualifiés d'archaïques. En 1863, le géologue britannique King, professeur au Queen's College de Galway (Irlande) et ancien élève de Lyell, propose, lors d'une communication à la British Association for the Advancement of Science, de créer, pour ce fossile, une nouvelle espèce, celle d'*Homo neanderthalensis,* d'où son nom de Néanderthal[68].

L'apparition du « paradigme racial »

Depuis les premières conquêtes des Amériques, des idéologies diverses ont justifié la colonisation (prosélytisme des religions du salut, notamment du christianisme, humanisme, racisme). Plus ou moins consciemment, les rencontres entre conquérants et peuples autochtones sont rapportées en Europe de manière particulièrement partisane. En rejetant l'identité culturelle de l'Autre, cette volonté affichée « civilisatrice » a entraîné de la fin du XVe siècle au début du XXe son cortège de souffrances pour les peuples conquis. La déportation, le génocide et l'esclavage ont été un moyen mais aussi une conséquence du fait colonial[69]. En Europe comme aux États-Unis, la hiérarchisation des races a servi la colonisation. Infériorisés, les peuples « sauvages » peuvent être asservis sans scrupules ni remords.

Au XIXe siècle, les savants partisans d'une classification hiérarchisée de l'espèce humaine sont à la recherche d'un instrument de mesure leur permettant de recenser les caractères phénotypiques (physiques) des peuples. La couleur de la peau demeure le critère principal, mais, afin de réaliser des études comparatives plus précises, les anthropologues utilisent diverses méthodes anthropométriques (craniométrie, céphalométrie, anthropométrie) et aussi parfois des méthodes pseudo-scientifiques comme la phrénologie[70] ou la physiognomonie[71]. Ils multiplient les études pour établir la proximité physique avec les singes des différentes « races », dont celle des « Sauvages ». Selon les caractères choisis, le nombre de « races » varie ; celles-ci sont parfois dites principales ou secondaires[72] et chacune peut être subdivisée en plusieurs sous-races, variétés, branches ou rameaux[73].

À partir des travaux de Daubenton et de Camper, Cuvier, dans un mémorandum daté du 1er avril 1815 adressé à Réaux, rapproche les Noirs et les Hottentots de deux espèces différentes d'orangs-outans ! Aux États-Unis, pour se justifier, les esclavagistes s'appuient sur les thèses des polygénistes, comme le médecin Morton ou Agassiz qui, à partir de l'étude de la taille des crânes, prétendent caractériser l'intelligence des « races » et soutiennent que les « Nègres » appartiennent à une espèce différente et inférieure à celle des Blancs[74]. En 1844, Calhoun, alors secrétaire d'État du président John Tyler, ayant à répondre aux questions que la France et l'Angleterre lui adressent au sujet de l'esclavage, n'hésite pas, en tant que théoricien de l'idéologie sudiste, à défendre les institutions de son pays en arguant des différences raciales qui séparent selon lui le Nègre du Blanc[75]. La thèse de Morton était en totale contradiction avec celle émise trois ans plus tôt par l'anatomiste allemand Tiedemann, une des seules voix dissidentes au discours de l'époque. Ce professeur d'anatomie et de physiologie de l'université de Landshut puis de Heidelberg a, en effet conclu, devant la Société royale de Londres, à la parité des cerveaux des diverses races humaines qu'il a étudiées et donc à celle de leurs aptitudes intellectuelles[76]. Ses travaux, jugés entachés de « partiali-

tés », seront contestés, en particulier par le grand anatomiste Broca[77], et rejetés par la communauté scientifique.

Dans les années 1840, les anatomistes remettent en
cause la méthode linguistique promue par l'orientaliste et
idéologue Volney, le philosophe allemand Schlegel, le géographe italien Balbi ou encore le médecin et ethnologue
anglais Prichard[78]. Pour Huxley, comme n'importe qui peu
apprendre n'importe quelle langue, le critère linguistique,
contrairement aux caractères physiques, n'est pas pertinent. À cette époque, les sciences biologiques s'octroient
un quasi-monopole de la définition de l'être humain et des
déterminants de son comportement social[79]. En 1855,
l'anatomiste Owen différencie les crânes humains, sur le
modèle de l'étude des singes, par la position plus ou moins
antérieure du foramen magnum, critère supposé mesurer
le volume plus ou moins important des régions occipitales
du cerveau[80]. Il pense ainsi distinguer les « Nègres », selon
lui proches du gorille, donc de l'animalité, des autres
« races » humaines. Pendant ce temps, l'empire colonial
français s'étend tant en Afrique (régions occidentales et
équatoriales, Maghreb) qu'en Asie du Sud-Est (Cochin-
chine/Indochine) et dans les îles du Pacifique, d'Océanie
et de l'océan Indien (Polynésie, Nouvelle-Calédonie,
Madagascar). Cette expansion s'accompagne du développement de l'esclavage dans les colonies et de la traite
négrière ; certains le déplorent et luttent ardemment pour
leur abolition.

L'esclavage est à fois la cause et la conséquence de la
conquête et de la colonisation. Durant des siècles, sur quasiment tous les continents, des Hommes ont été esclaves
d'autres Hommes. L'esclave est une personne dépendante
et exploitée, considérée par son propriétaire, souvent son
maître, comme un bien économique pouvant être acheté
et vendu. Il effectue des travaux considérés comme avilis-
sants (dans les mines, les carrières ou les plantations).
L'esclavage domestique ou sexuel est également très

répandu. À chaque époque, des règles ou des lois octroient à l'esclave un statut juridique propre qui varie selon les pays. Jusqu'au XIXe siècle, la capture des esclaves qui alimentent les places de commerce d'êtres humains (marchés aux esclaves) est fréquemment assurée par les ressortissants des États côtiers, des chefs ou des marchands locaux.

Dès l'Antiquité, des marchés, des trafiquants spécialisés ont fourni une main-d'œuvre barbare aux Grecs, aux Carthaginois, puis aux Romains. À Athènes, par exemple, l'essor de l'esclavage a débuté dès le VIe siècle av. J.-C. Si, pour Aristote, les esclaves sont des « outils animés[81] », dès cette époque, certains n'acceptent pas leur condition, comme Spartacus, qui mènera la révolte des esclaves dans le sud de l'Italie, vers 104-101 av. J.-C. Au cours du temps, plusieurs révoltes auront ainsi lieu, un grand nombre d'entre les esclaves tentant de s'affranchir de leur joug. Toutefois, chez les Romains, l'esclavage n'est pas forcément racial. Les hasards de la fortune (jeu, guerres, rapt, décision politique) peuvent amener un patricien à devenir esclave, mais, d'après l'idéologie officielle, comme il n'a pas l'« âme vile » de celui né en esclavage, il ne le supportera pas et préféra se suicider. En outre, en cas d'affranchissement, les enfants d'affranchis ne sont plus distingués des enfants de citoyens libres : la situation, sur ce point, est totalement différente de l'esclavage qui va être pratiqué par les Européens.

La traite des Noirs a débuté, elle, avec les Musulmans arabes au VIIe siècle ap. J.-C. Au cours du Moyen Âge, malgré le concile de Londres en 1102 qui interdit l'esclavage, la traite de natifs d'Afrique subsaharienne ou de régions européennes non christianisées (Slaves, Blancs capturés au cours de la conquête ottomane...) pourvoit l'Afrique du Nord, la Mésopotamie et l'Europe méditerranéenne. Dès le XVIe siècle, le travail forcé est appliqué en Amérique par les conquérants espagnols, puis dans les colonies des grandes puissances maritimes avec, en particulier, la traite négrière apparue au XVIIᵉ siècle. En Europe, au cours de la première moitié du XIXᵉ siècle, l'esclavage, en particulier la traite des Noirs, devient pour beaucoup, malgré la pression des traitants et des colons, un problème éthique. Les partisans de son abolition sont de plus en plus nombreux et virulents, suivant en cela les philosophes des Lumières. En 1815, le congrès de Vienne interdit la traite des esclaves dans toute l'Europe. De retour de l'île d'Elbe, Napoléon Iᵉʳ signe le traité de Paris le 20 novembre 1815 abolissant l'esclavage dans les colonies françaises, mais, là encore, il ne sera guère appliqué sur le terrain. Il faudra attendre le décret de 1848, promulgué par le gouvernement provisoire de la République sous la pression du député de la Guadeloupe et de la Martinique, le franc-maçon Schoelcher, pour que celui-ci entre réellement en vigueur[82].

Il ne fait pas de doute que la perception du Sauvage « non civilisé » a justifié la colonisation car, en apportant aux peuples autochtones la civilisation, elle fait œuvre salvatrice. Chateaubriand, dans *Génie du christianisme*, reflète cette vision parlant de « race indolente, stupide et féroce qui montre dans toute sa laideur l'homme primitif et dégradé », pour mettre en avant la supériorité de la civilisation occidentale (« la pointe la plus avancée de l'histoire humaine »). Pour lui, le christianisme est le corollaire de la civilisation occidentale et permet au Sauvage de se civiliser – comprendre : de s'humaniser. Le discours n'est guère différent dans le camp laïque et rationaliste, comme en témoigne ce qu'écrit Littré en mars 1858 dans *La Revue des deux mondes* : « Les peuplades guerroyaient contre les peuplades [...] les races supérieures commençaient à envahir le sol et à exterminer ou à disperser devant soi les races inférieures », ou encore : « Aujourd'hui, la Terre est conquise et l'humanité absorbe peu à peu les sociétés partielles et les entraîne vers un but commun. »

Selon le professeur d'histoire américain David Eltis, la traite négrière atlantique aurait entraîné, entre 1501 et 1866, la déportation de plus de 12 500 000 personnes[83]. Quant au nombre de victimes des conquêtes européennes en Asie et en Afrique au cours de la seconde partie du XIXᵉ siècle, il s'élèverait entre 50 et 60 millions d'après l'historien italien Enzo Traverso[84]. Bien que sporadiquement condamné depuis l'Antiquité, tant sur le plan moral que juridiquement, l'esclavagisme a perduré jusqu'à une période récente. Aujourd'hui, bien que son abolition soit actée[85], la pratique de l'esclavage n'a pas totalement disparu, elle existe encore ponctuellement, car certains pouvoirs publics locaux la tolèrent[86]. La colonisation européenne de l'Afrique et de l'Amérique a été qualifiée de « crime contre l'humanité et la civilisation » par de nombreux historiens et par la loi Taubira de 2001 qui reconnaît la responsabilité du gouvernement français. Depuis 2006, le 10 mai, jour anniversaire de son adoption, est devenu une journée de commémoration. De nombreux livres, parfois autobiographiques, attestent aussi de l'impact de l'esclavage dans la mémoire collective des Européens et des Afro-Américains. Mais le chemin est encore long pour que la souffrance des peuples noirs soit enfin reconnue. Et cette reconnaissance passe par l'évolution de la réflexion sur l'origine de l'Homme.

CHAPITRE 6

Et Darwin vint...

L'année 1859, année de la publication du livre de Darwin sur l'origine des espèces[1], est également une année clé pour la préhistoire avec la reconnaissance par la communauté scientifique anglaise et française des travaux de Boucher de Perthes et de Falconer. L'apparition de la théorie de l'évolution et la recherche d'objets façonnés par l'Homme[2] entraînent le développement des fouilles préhistoriques. La reconnaissance de l'association entre restes humains, ossements d'animaux disparus et outils conduit à celle de l'« Homme tertiaire ». Les découvertes de nouveaux fossiles humains, en particulier celui de Moulin-Quignon près d'Abbeville (Somme), vont être déterminantes. Durant cette période plusieurs anthropologues et ethnologues, entre 1840 et 1860, construisent l'anthropologie sociale et culturelle : les Allemands Klemm, Waitz, Bastian, mais aussi des Anglo-Saxons, davantage évolutionnistes, comme les Britanniques MacLennan et Maine ou l'Américain Morgan et des Suisses, comme Bachofen.

Mais c'est, bien sûr, la parution en 1859 du livre de Darwin *De l'origine des espèces par voie de sélection* qui constitue le choc essentiel de cette période. Darwin y démontre l'unité biologique du monde animal, tout en y incluant l'Homme. À la différence de Lamarck qui présentait cette théorie comme une hypothèse, Darwin prouve que l'Homme appartient bien au règne animal. Fermement convaincu de cette origine animale, il émet ainsi la première critique de l'anthropocentrisme. Le naturaliste anglais conçoit l'évolution du vivant comme un processus hasardeux dans lequel intervient une double sélection à la fois naturelle et sexuelle, découverte qu'il partage avec Wallace. Pour Darwin, au cours de la phylogenèse, il y a une complexité croissante et progressive des espèces[3]. Dès 1860, le concile allemand de Cologne s'oppose à la théorie darwinienne et déclare : « Nos parents ont été créés par Dieu immédiatement. C'est pourquoi nous déclarons tout à fait contraire à l'Écriture sainte et à la foi l'opinion de ceux qui n'ont pas honte d'affirmer que l'homme, quant au corps, est le fruit de la transformation spontanée d'une nature imparfaite en d'autres de plus en plus parfaites jusqu'à la nature humaine actuelle[4]. » En 1868, l'embryologiste Haeckel résume la théorie darwinienne par cette phrase demeurée célèbre : « L'ontogénie récapitule la phylogénie » (*Natürlichen Schöpfungsgeschichte*). Onze ans plus tard, le nom « évolutionnisme » apparaît dans le supplément du *Dictionnaire de la langue française*. Le lexicologue positiviste Littré en donne la définition suivante : « Qui appartient à l'évolution ou transformisme. Grâce aux doctrines évolutionnistes, il est clair que l'embryon seul pouvait fournir ces caractères (généraux des grandes divisions)... » Les papes Pie IX, puis Pie X rejettent avec virulence la théorie de l'évolution, suscitant ainsi de nombreuses publications antidarwiniennes. Ce n'est que le 22 octobre 1996 que Jean-Paul II dans un message adressé à l'Académie pontificale des sciences reconnaîtra que : « La théorie de l'évolution est plus qu'une hypothèse », s'opposant ainsi au créationnisme prôné notamment par les évangélistes américains. Adam est à situer dans le monde symbolique où il représente le passage du préhumain à l'humain. Le récit de la Bible, comme la théorie de l'évolution, inclut la notion d'ancêtre commun (titre auquel Adam et ses descendants, dont Noé, peuvent prétendre). En condamnant le polygénisme, l'Église catholique a rejoint Darwin.

Douze ans après *De l'origine des espèces*, Darwin provoque un second choc, encore plus grand que le premier, avec *The Descent of Man, and Selection in Relation to Sex*, ouvrage dans lequel il précise que l'Homme descend, ainsi que d'autres mammifères, d'un ancêtre commun. L'existence d'une parenté entre l'Homme et les animaux soulève un tollé de protestations indignées de la part de l'Église, mais aussi du monde scientifique et de la « bonne société[5] ». La question des origines devient un débat passionnel entre adversaires et partisans de la théorie de l'évolution, les premiers, défenseurs de la théorie adamique, rejetant l'existence d'un être intermédiaire entre l'Homme et le singe. En évoquant la présence de l'animal en l'Homme, une telle théorie touche aux fondements de l'identité humaine[6]. Dans les classifications du vivant en vigueur jusqu'au XIXe siècle, l'espèce humaine est, en effet, considérée comme supérieure aux autres, comme la Création de Dieu la plus aboutie. Du reste, les Écritures lui enjoignent de dominer la Nature. Avant Darwin, l'idée d'une filiation ou d'une origine commune avec une espèce inférieure est inconcevable et inacceptable pour beaucoup. Dès la parution de ses livres, la question « l'Homme descend-il du singe, la plus évoluée des espèces animales ? » suscite de nombreux débats, souvent houleux.

L'Homme descend du singe...

Dans *De l'origine des espèces*, Darwin a déjà émis l'idée que les humains dérivent de singes, mais c'est dans *La Filiation de l'homme et la sélection liée au sexe* parue en

Angleterre en 1871 qu'il va la développer. En outre, la découverte d'ossements de singes fossiles vient infirmer la théorie de Cuvier pour qui les singes n'étaient apparus sur Terre que récemment. En 1860, en effet, le géologue et paléontologue Gaudry, assistant de d'Orbigny, premier détenteur de la chaire de paléontologie du Muséum (Paris), qui explore depuis 1855 les gisements tertiaires grecs, découvre aux environs de Pikermi (Attique, Grèce) les restes d'un singe, fossile, proche du macaque : *Mesopithecus*[7]. Et, pour Gaudry, contrairement à ce que soutenait Cuvier, les espèces ne disparaissent pas, mais se transforment (s'améliorent) par la volonté de Dieu (*Essai de paléontologie philosophique*, 1896).

Le combat entre partisans et adversaires de la théorie d'une ascendance simiesque sera vif, en particulier en Angleterre. Dans les deux camps, des arguments philosophiques et théologiques se mêlent aux données de la science. La première querelle a lieu à Oxford le 30 juin 1860, à l'occasion d'une réunion de l'Association britannique, entre Huxley[8], un des plus grands naturalistes du XIXe siècle, et le Lord évêque d'Oxford Wilberforce. Ce dernier tourna en dérision la théorie de la sélection naturelle en disant, notamment, que selon Darwin l'homme descend de « quelques singes ». Huxley lui aurait rétorqué : « Si j'avais à choisir, j'aimerais mieux être le fils d'un humble singe que celui d'un homme dont le savoir et l'éloquence sont employés à railler ceux qui usent leur vie dans la recherche de la vérité[9]. » Huxley, surnommé le « bouledogue de Darwin », affirme, en se fondant sur la parenté organique de leurs structures nerveuse et osseuse, que l'Homme est un singe anthropoïde[10]. Il soulève également la question d'une descendance directe entre les deux ou d'une origine commune. Plus avant dans son texte, il exprime sa préférence pour la seconde hypothèse, mais sans vraiment trancher, d'où la perception qu'il est plutôt partisan de la première. Cette dernière question sera, elle aussi, abondamment débattue. L'hypothèse de la descendance directe concorde avec la théorie de Lamarck, alors que celle d'un ancêtre commun, où le singe n'a plus sa place dans la généalogie humaine, est plus proche de la théorie darwinienne, fondée, entre autres, sur la loi de caractérisation permanente. Parmi les partisans de l'ancêtre commun, on trouve notamment le zoologiste italien de Fillipi pour qui : « Les singes sont le rameau cadet et nous le rameau principal du tronc généalogique commun[11] », et le naturaliste et médecin allemand Vogt qui place la divergence des deux rameaux peu avant l'apparition du singe inférieur[12]. Darwin lui-même écrit : « Il n'y a aucun doute que l'homme ne soit un embranchement de la souche simienne de l'Ancien Monde et qu'au point de vue généalogique, il ne doive être classé dans la division Catarrhine, singes à narines ouvertes en dessous et muni d'une queue[13]. » En outre, dans son ouvrage de 1871, il donne une description du premier ancêtre de l'Homme : « Un singe parfaitement caractérisé et occupant déjà une place élevée dans l'ordre des Primates[14]. » Oubliant sa théorie de l'ancêtre commun, Darwin a alors rejoint celle de son disciple Haeckel. Pour eux, au point de vue de l'organisation, il y a en tout plus de différences des singes inférieurs aux singes supérieurs que de ces derniers à l'Homme. Le biologiste et anthropologue monogéniste Quatrefages, le père de la chirurgie moderne du cerveau, Broca, et Wallace s'opposent à la théorie de la filiation directe et la réfutent en s'appuyant sur plusieurs arguments scientifiques[15]. Pour de nombreux anthropologues de l'époque, les différences entre les Anthropoïdes et l'Homme primitif sont trop accusées pour qu'il soit possible d'admettre une filiation directe entre les deux.

Pour beaucoup de savants des XVIIIe et XIXe siècles, l'Homme, même s'il en est proche, n'est pas un singe comme un autre. Buffon, puis Cuvier, qui n'acceptent pas le regroupement des deux dans un même genre comme l'a

proposé Linné, scindent l'ordre des primates en deux
groupes : celui des bimanes (Homme) et celui des quadrupèdes (singes). Selon Buffon, l'Homme a une âme douée
de raison, ce qui le place au sommet de la création. Cette
classification, bien qu'erronée, demeura jusqu'en 1869 où
elle sera réfutée par Broca pour qui : « Les Hommes et les
singes ont deux pieds et deux mains. Dans certains
groupes humains (Annamites, Indiens de l'Amérique du
Sud...), la faculté de saisir des objets avec le pied (comme
les singes) persiste mais par des mouvements d'écarte-
ment et de rapprochement du gros orteil (et non par un
mouvement d'opposition comme chez les singes[16]). » Pour
cet anthropologue, l'Homme est donc un primate supérieur à tous les autres : le « premier des premiers ». Quant
à Quatrefages, ni le langage ni l'intelligence ne sont l'apa-
nage exclusif de l'humanité : « Pour qui s'en tient à l'observation et à l'expérience, il est parfaitement évident que
les animaux raisonnent et ont jusqu'à un certain point
conscience de leurs actes ; ils sont donc intelligents. Leur
intelligence est, sans contredit, infiniment inférieure à la
nôtre ; mais cette infériorité ne touche en rien à la nature
des choses. Pour être moins développée que chez nous, la
faculté n'en reste pas moins la même au fond[17]. » Et il
ajoute : « Les passions, les sentiments, le caractère établis-
sent entre les animaux et nous des rapports non moins
étroits. » Malgré ces propos, en utilisant des critères
moraux et non plus des caractères biologiques, Quatrefages place l'Homme dans un règne propre (« Règne
humain »), car, à la différence des autres animaux, il possède deux caractères distinctifs : moralité et religiosité.

Durant cette période, seuls quelques naturalistes soutiennent encore la théorie monogéniste. Quatrefages est
de ceux-là, pour lui l'espèce est l'unité et les races, les frac-
tions. Remettant en doute la valeur des caractères qui
reposent uniquement sur des considérations morpholo-
giques, prétendument spécifiques fondées sur la notion de

ressemblance et de différence, il souligne, comme Buffon, que le métissage donne des descendants féconds, ce qui atteste de l'unité de l'espèce humaine (« la généalogie de l'individu montre à l'origine une paire primitive unique, il en va de même pour la phylogénie [l'espèce][18] »). Il est intéressant de remarquer que cette vision adamique de l'évolution se retrouvera dans la théorie de l'Ève africaine proposée à la fin du XXe siècle, selon laquelle l'espèce *Homo sapiens* dériverait d'une seule souche qui, d'Afrique, aurait essaimé sur toute la Terre. Plus fixiste que le monogénisme, le polygénisme admet l'existence de plusieurs espèces humaines issues de souches originelles différenciées et, donc, issues de plusieurs berceaux.

Plusieurs espèces humaines !

Pour Broca, la dissemblance physique des « races » témoigne de leur origine séparée ; pour lui, le polygénisme est donc établi[19]. Durant la seconde moitié du XIXe siècle, les hypothèses polyphylétiques proposées par Vogt[20], Schaaffhausen[21], puis le linguiste anthropologue Hovelacque et Hervé[22] tentent d'établir des liens généalogiques entre plusieurs espèces de grands singes et les variétés humaines vivant dans la même région – celles d'Asie avec les orangs-outans et celles d'Afrique avec les chimpanzés ou les gorilles. À ces schèmes vont être incorporés les fossiles humains. L'anthropologue allemand Klaatsch propose un arbre phylogénique où les deux branches principales émergent d'un ancêtre commun hypothétique, sorte de chaînon manquant, le Propithèque (lémurien). L'une des branches figure la lignée regroupant les hommes d'Afrique, les gorilles et l'homme de Néanderthal ; la seconde, celle des hommes d'Asie et d'Europe, l'orangoutan et l'homme fossile d'Aurignac[23]. Les défenseurs du polygénisme, tout en admettant une parenté entre l'humanité primitive et les singes anthropomorphes, estiment néanmoins que les humains actuels ne sont pas les descendants de ceux qui ont vécu pendant le Quaternaire : la vielle race aurait disparu sans laisser de traces et aurait été remplacée par une humanité nouvelle (*Homo sapiens*). Notons que, dans son ouvrage de 1871, Darwin relativise l'importance des débats qui opposent monogénistes et polygénistes. À son avis, les différences externes n'ont pas de réelle valeur sélective ; l'Homme est une forme « protéenne ou polymorphique[24] ». D'ailleurs, la question de la stérilité ou non des métis embarrasse les polygénistes.

Apparu au XVIᵉ siècle, le nom « mulâtre », d'origine ibérique (*mulato*), dérive de mulet (*mulo*) et véhicule l'idée que les êtres issus d'une relation entre Blancs et Noirs sont stériles, donc qu'ils appartiennent à deux espèces distinctes, pensée héritée de l'observation des animaux. Moreau de Saint Méry dans sa *Description topographique, physique, civile et politique de la partie française de l'île de Saint-Domingue* (1796) donne une classification très détaillée, fondée sur la couleur, mais aussi sur le caractère, et de l'appartenance sociale, de ce qu'il appelle « les combinaisons du Blanc ». Pour lui, le mulâtre est obligatoirement le fruit de l'union d'un Blanc et d'une Noire ; si l'enfant est une fille, il la décrit comme étant une courtisane, belle et luxurieuse : il justifie ainsi le « droit de cuissage » du colon, tout en dénonçant cet « accouplement contre nature » qui engendre un trop grand nombre de mulâtres affranchis. Par ses écrits, Moreau de Saint Méry renforce également le mythe de la stérilité des métis, stérilité déjà suggérée par d'autres, comme Voltaire. Au cours de la seconde moitié du XIXᵉ siècle, en pleine discussion sur l'abolition de l'esclavage, cette stérilité supposée suscite des débats houleux entre les polygénistes, notamment américains, et les monogénistes, en particulier allemands. Dans un article paru en 1998, Poliakov[25] rappelle qu'en

1824 Cabanis soutenait que, les races humaines étant de valeurs inégales, il convenait donc de « les égaliser par voie d'élevage » et aussi que pour la nouvelle société bourgeoise, enrichie grâce à l'esclavage ou au colonialisme, le « civilisé » doit se démarquer du « Sauvage » et surtout ne pas avoir de relations, en particulier sexuelles, avec lui. Cette idéologie suit en cela les thèses de Morton en Amérique et de Gobineau et Perrier en France, pour qui le métissage des races a des conséquences désastreuses. Pour Gobineau, en effet, « une humanité totalement métissée disparaîtra assez rapidement de la surface de la terre[26] ». Les sociétés esclavagistes prohibent donc le métissage qui est sévèrement sanctionné. Selon Taguieff, « le sang "noir" » est alors imaginé comme le support de la transmission héréditaire de l'infériorité intellectuelle et morale, sous la supposition « qu'un peu de sang noir » suffit pour que la « race » ou la lignée soit irrémédiablement « souillée ». D'où l'interdiction du métissage, « la race inférieure » étant jugée imperfectible (« antinégrisme »), et la « race supérieure » serait alors dégradée[27]. Même Quatrefages, qui, par ailleurs, souligne la beauté et l'intelligence des femmes métis, écrit : « Tout en protestant contre les doctrines qui tendent à déprécier les races métisses, je suis loin de prétendre que le croisement soit partout et toujours heureux. Incontestablement, si l'union a lieu entre individus de races inférieures, le produit restera au niveau des parents[28]. » La thèse de la prétendue stérilité des métis persistera jusqu'à la fin du XIXᵉ siècle, mais les arguments employés pour la justifier ne seront plus d'ordre biologique, mais psychologique ou éthique[29]. Quant à l'hypothèse polyphylétique, soutenue jusque dans les années 1930, elle disparaîtra avec la reconnaissance de l'unité de l'espèce, l'Homme étant dès lors classé à part des singes. Cependant, les idées reçues ayant la vie dure, malheureusement, pour bien des gens, l'Africain descend encore du gorille ou du chimpanzé et l'Asiatique, de l'orang-outan...

Avec le développement de l'anatomie comparée, certains anthropologues ont utilisé les méthodes anthropométriques comparatives pour établir la proximité physique des « Sauvages », notamment des « Nègres », considérés alors comme primitifs, avec les singes. La craniométrie, en particulier, a légitimé les discours racistes ; elle sera d'ailleurs utilisée par les nazis comme support d'expositions afin que le public allemand puisse différencier les « races humaines ». Pour Broca, passionné par les relations entre l'anatomie du crâne et du cerveau et les capacités cognitives, la petitesse du cerveau constituerait un caractère d'infériorité. Pour vérifier son hypothèse, il entreprend de mesurer la capacité de nombreux crânes humains et aboutit à la conclusion que ce caractère (la petitesse) se retrouve chez les peuples primitifs et les femmes[30] ! Lors de ses conférences publiques sur la place de l'Homme dans la nature (1862-1864), Vogt prône, comme beaucoup de savants de son époque, l'inégalité des races, et lui n'hésite pas à identifier le « Nègre » au singe anthropoïde[31]. En outre, comme Owen, il juge que l'intellect du Noir adulte est équivalent à celui d'un enfant blanc (par son penchant aux plaisirs matériels, son inconstance ou ses facultés d'imitation), à celui de la femme (par ses instincts filiaux) et à celui du vieillard (par son apathie[32]). Toutefois, comme le démontrera plus tard l'anthropologue américain d'origine allemande Boas, fervent défenseur de l'ethnologie de terrain qui a vécu parmi les Inuits : il n'y a pas de « peuple enfant[33] ». Dans son célèbre arbre phylétique de l'Homme de 1868 (comportant une succession de vingt-deux stades évolutifs établis d'après les données de l'embryologie et de l'anatomie comparée), dans lequel il définit et hiérarchise quatre tribus (ou races principales) comportant douze espèces subdivisées en trente-quatre races, Haeckel place les « races noires », en particulier les San et les Aborigènes, parmi les « races » les plus inférieures, les plus proches du singe[34]. De son côté, d'après son étude de la capacité crânienne (volume du cerveau) chez de nombreux peuples, Wallace a rapporté de ses voyages en Amazonie, fait rare pour l'époque, une image positive des Indiens qu'il admire, en particulier pour leur capacité à survivre sans la civilisation[35]. Il conclut que les races sauvages ont, en moyenne, le cerveau plus petit que les populations civilisées, ce qui ne les empêche toutefois pas de posséder des facultés intellectuelles et morales à l'état latent. Quatrefages s'oppose à l'argumentation scientifique de Wallace à propos de la capacité crânienne. De son point de vue, « la capacité ne paraît pas avoir varié chez l'homme depuis l'époque du renne, plus qu'elle ne le fait aujourd'hui de race en race et moins qu'elle ne le fait d'individu à individu de même race[36] ». Bien que le dogme et la science soient pour lui deux notions distinctes, qu'il ne faut jamais mêler, il écrit : « Quelque bien doué qu'il soit, l'homme ne saurait atteindre à la fois tous les points extrêmes du champ livré à son activité. C'est pourquoi, dans le temps connu, dans l'espace il existe, à côté des populations et des races inférieures, d'autres populations, d'autres races plus élevées, égales entre elles, mais diverses[37]. » Il poursuit ce raisonnement dans *Darwin et ses précurseurs français. Étude sur le transformisme* : « Le chant des sauvages ne ressemble en rien à celui de nos cantatrices ; ce n'est qu'un cri plaintif plus ou moins monotone et les femmes ne chantent en général pas du tout. [...] La sélection naturelle n'a donc pu développer cette admirable faculté, qui ne s'exerce que chez les peuples civilisés[38]. »

Dans son malheureusement célèbre *Essai sur l'inégalité des races humaines* (six volumes parus entre 1853 et 1855), Gobineau prône la supériorité de la « race blanche » (en particulier de la « race aryenne ») sur les autres et n'hésite pas à corréler la blancheur de la peau avec la beauté physique, la supériorité intellectuelle et la moralité. C'est également l'un des premiers à fonder sa classification raciale sur les conditions géographiques et climatiques. En étant profondément opposé au métissage, il se veut ainsi le défenseur de la diversité humaine. Son œuvre, traduite en allemand en 1898, deviendra une référence pour les théoriciens du nazisme. Aux États-Unis, elle est traduite en 1856 par le médecin créationniste Nott, discipline de Morton, qui conclut, avec l'égyptologue anglo-américain Gliddon, dans *Indigenous Races of the Earth : Etnological Inquiry*, que, dès les origines, l'humanité était différenciée en plusieurs « races » et que, comme l'a montré Gobineau, il existe des « races supérieures », au premier rang desquelles la race blanche (européenne), et des « races inférieures ». Ce racialisme va servir à justifier l'esclavage. Élargi aux groupes se différenciant par leur religion ou leur nationalité, le concept de « race » va aussi être utilisé aux États-Unis dans le cadre de l'auto-identification (ou autodéclaration) et des recensements. Dans le cadre de ces recensements, ce concept va varier au cours du temps. Entre 1790 et 1850, la « race » désigne une couleur de peau (Blanc ou Noir), à partir de 1860 également une nationalité ou une origine nationale (Chinois, par exemple), puis, à partir de 1910, une religion (comme l'Hindouisme) et, enfin, dans les années 1960, une appartenance ethnique (Eskimo) qui sera généralisée au niveau national, en 1980[39]. En outre, chaque « race » a une législation propre et la Cour suprême a eu maintes fois l'occasion de statuer sur celle-ci. En France, la notion de « race » sera utilisée en 1928 lors des débats sur les métis d'outre-mer et introduite en métropole sous la IIIe République en 1939. Elle entrera dans le juridique sous le régime de Vichy avec en particulier la reconnaissance du statut des Juifs.

La quête du « chaînon manquant »

L'existence dans l'arbre phylétique des êtres vivants d'une branche spécifique à l'Homme étant enfin acceptée et la théorie du descendant adamique, contredite par celle de l'évolution, la question de l'origine humaine va être vivement débattue, en particulier lors des réunions de la Société d'anthropologie de Paris fondée par Broca en 1859. Les paléontologues partent à la recherche du « chaînon manquant ». Dès cette époque, certains fossiles humains sont attribués à des êtres intermédiaires entre le singe et l'Homme, mais, faute de réalité archéologique, le « chaînon manquant » demeure une image théorique (une reconstitution), née de l'anatomie comparée et de la théorie transformiste. Le besoin que l'on ressent alors de trouver ce fameux « chaînon manquant » va être à la base de l'affaire du crâne de Piltdown.

Broca, lors de sa leçon inaugurale à la Société d'anthropologie de Paris en 1859, a soutenu l'hypothèse de l'existence d'un intermédiaire (un hybride) entre l'Homme et le singe. Pour de nombreux savants de l'époque, les Néanderthaliens sont de bons candidats[40]. Cette thèse est toutefois combattue par Falconer qui déclare, lors d'une communication en 1864 à la British Association for the Advancement of Science, que le crâne de Gibraltar appartient « à un type d'humanité – très inférieur, très primitif et d'une extrême ancienneté – mais néanmoins un homme, et non à un être à mi-chemin entre l'homme et le singe[41] ». Pour ce géologue, il n'est donc pas le « chaînon manquant ». Quant à l'anatomiste d'Iéna, Haeckel, il place entre le 21ᵉ et 22ᵉ stade de son arbre phylétique le *Pithecanthropus alalus* ou homme-singe muet[42]. Cet être, intermédiaire entre le singe et l'Homme, aurait vécu en Lémurie, continent englouti du côté de l'Afrique ou des

Philippines ! Dans son ouvrage de 1871, Darwin évoque, lui aussi, le « chaînon manquant », tout en soulignant l'imperfection à son sujet des archives géologiques. Il donne pour ancêtre de l'Homme un singe occupant une place élevée dans l'ordre des primates : « Les premiers ancêtres de l'homme étaient sans doute couverts de poils, les deux sexes portant la barbe ; leurs oreilles étaient pointues et mobiles ; ils avaient une queue desservie par des muscles propres. Leurs membres et leurs corps étaient sous l'action des muscles nombreux, qui, ne reparaissant aujourd'hui qu'accidentellement chez l'homme, sont encore normaux chez les quatrumanes... Le pied, à en juger par l'état du gros orteil, dans le fœtus, devait être alors préhensile, et nos ancêtres vivaient sans doute habituellement sur les arbres, dans quelques pays chauds couverts de forêts. Les mâles avaient de grandes canines qui leur servaient d'armes formidables[43]. » Si, pour Darwin, les facultés intellectuelles du genre humain se sont graduellement perfectionnées par sélection naturelle, pour Wallace, qui défend une vision finaliste de l'évolution (téléologique), l'Homme est perfectible, muni de facultés intellectuelles et morales, et il descend d'« êtres intelligents supérieurs, intermédiaires entre l'Homme et le Grand Esprit de l'Univers[44] ».

Au début du XXᵉ siècle, la quête du « chaînon manquant » sera l'occasion pour un faussaire, demeuré inconnu, de tromper les savants de l'époque. Les principaux restes de l'Homme de Piltdown (Sussex) sont découverts en 1908 par le géologue amateur anglais Dawson. En 1912, celui-ci parle de sa découverte au paléontologue anglais Woodward qui se rend sur les lieux en compagnie du jésuite paléontologue Teilhard de Chardin. De retour à Londres, Woodward, alors conservateur du Muséum d'histoire naturelle de Grande-Bretagne, assemble le crâne humain et la mandibule à l'allure simiesque, et comble les parties manquantes par de la pâte à modeler. Ainsi, il reconstitue un crâne complet d'un être intermédiaire ; pour lui c'est le véritable ancêtre de l'Homme moderne (et non l'homme de Néanderthal qu'il considère comme étant dégénéré), et il le baptise *Eoanthropus dawsoni*. En décembre 1912, il le présente, en compagnie de Dawson, aux membres de la Geological Society of London dont il est président. Le compte rendu de cette réunion est publié dans le *Quarterly Journal of the Geological Society of London*. L'Homme de Piltdown devint alors mondialement célèbre et fait la fierté de la Grande-Bretagne. Cependant, dans les années 1920, l'anthropologue allemand Weidenreich, après avoir examiné la reconstitution, déclare qu'elle est composée du crâne d'un homme moderne et de la mandibule d'un orang-outan. Le grand paléoanthropologue Boule, lui aussi, doute et suggère que le crâne et la mandibule appartiennent à deux espèces différentes. Il faudra pourtant attendre plus de trente ans pour que l'ensemble de la communauté scientifique accepte de reconnaître ce fait. La supercherie sera définitivement démontrée en 1953 par l'anatomiste britannique Le Gros Clark, son assistant Weiner et le géologue Kenneth Oakley[45]. Aujourd'hui, la conception gradualiste de l'évolution humaine et le terme « chaînon manquant » ont été abandonnés.

L'impact de la théorie de l'évolution est déterminant pour la reconnaissance de l'ancienneté de l'Homme, même les géologues y adhèrent. En 1863, Lyell, après avoir nié l'existence d'un Homme antédiluvien, pour des raisons à la fois scientifiques (liées au problème du positionnement stratigraphique des fossiles humains) et religieuses, admet la théorie de Darwin sur l'ascendance simiesque de l'Homme[46]. Cependant, le débat sur la parenté existant entre l'Homme et le singe n'est pas clos, et il sera encore au centre du congrès international d'anthropologie et d'archéologie préhistoriques de Lisbonne en 1880.

La reconnaissance
de l'« Homme tertiaire »

En avril 1859, sans doute sensibilisés par Falconer, les Britanniques Evans et Prestwich se rendent à leur tour à Abbeville pour voir les outils préhistoriques exhumés par Boucher de Perthes. Entre-temps, ce dernier est revenu sur ses écrits de 1847, concluant dans sa publication de 1857 qu'il existe bien une continuité entre l'Homme fossile et l'Homme actuel[47]. De retour à Londres, convaincus de l'existence de l'« Homme tertiaire », les chercheurs britanniques exposent les résultats des découvertes françaises, mais aussi belges et anglaises, devant les membres de la Royal Society et la Geological Society of London. En juillet de la même année, c'est au tour de Lyell de venir en Picardie. Convaincu à son tour de la contemporanéité des ossements d'animaux disparus, des outils et de l'Homme, Lyell, le plus célèbre des géologues de l'époque, prononce à l'automne 1859, devant l'Association britannique pour l'avancement des sciences, un discours d'introduction considéré aujourd'hui comme l'acte de naissance de la préhistoire[48]. Pour tous ces chercheurs britanniques, il n'y a plus aucun doute : les vestiges exhumés appartiennent aux périodes glaciaires, et les outils taillés sont les produits d'une civilisation contemporaine d'animaux disparus.

En France aussi, la thèse de l'ancienneté de l'Homme a ses partisans, en particulier le paléontologue Lartet[49], Isidore Geoffroy Saint-Hilaire et même certains membres de l'Académie des sciences. Le paléontologue « transformiste » Gaudry, dans une note portant sur ses découvertes à Saint-Acheul, lue le 3 octobre 1859 devant ses pairs, conclut que la formation du *Diluvium* est postérieure à l'apparition de l'Homme, ce dernier étant contemporain d'espèces disparues. Néanmoins, au sein de cette Académie, les détracteurs de l'existence de l'« Homme tertiaire » demeurent nombreux, en particulier sous l'impulsion de Robert et de son président d'alors Élie de Beaumont, tous deux ardents défenseurs de la théorie des catastrophes. En 1860, ce dernier influe pour que la note présentée par Lartet, dont les conclusions vont dans le même sens que celles de Gaudry, ne soit pas publiée. Dans celle-ci, Lartet évoquait les traces laissées sur certains ossements fossiles par la « main de l'homme », écrivant : « Elles peuvent fournir les preuves les plus directes et les moins contestables de l'ancienneté de l'homme et de sa contemporanéité avec des espèces disparues, parfois depuis longtemps[50]. » Mais les présentations d'ossements porteurs de marques anthropiques se multiplient[51]. Comme les œuvres d'art mobilier quaternaires, elles attestent de façon directe la contemporanéité de l'Homme avec des animaux éteints.

L'année 1863 voit la reconnaissance de l'existence de l'« Homme tertiaire » avec l'authentification, en tant que fossile, de la mandibule humaine de Moulin-Quignon. Exhumée par Boucher de Perthes, elle a été découverte associée à deux haches en silex et à des ossements d'animaux éteints. Contrairement à Falconer[52], Quatrefages, alors professeur au Muséum, est convaincu de son ancienneté et présente ses conclusions à l'Académie des sciences le 23 avril 1863. D'autres savants mettent en doute la découverte, avançant que les ouvriers, contre récompense, pourraient avoir volontairement enterré la mandibule. Pour trancher définitivement la question, une commission d'enquête, composée d'experts franco-britanniques, mais présidée par le zoologiste belge Milne-Edwards, alors détenteur de la chaire de mammalogie du Muséum, est diligentée. La contemporanéité de la mandibule avec des mammifères disparus est reconnue et, par une voix (française, honneur national oblige) de majorité, celle-ci est authentifiée comme appartenant à un homme fossile

(ancien). Comble de l'ironie, si elle a contribué à la reconnaissance de l'existence de l'« Homme tertiaire », il s'avé-
rera dans les faits, et comme l'avait souligné Falconer, que
cette mandibule était plus récente[53]... C'est également en
1863 que Lyell publiera le premier ouvrage général de
paléo-ethnologie, sans en utiliser le terme[54] qui sera deux
ans plus tard utilisé pour la première fois en France par
le préhistorien Gabriel de Mortillet[55]. Dans son livre, qui
eut une grande influence dans les milieux érudits, Lyell
relie pour la première fois les questions de l'ancienneté de
l'Homme et de son origine.

Préhistoire et racialisme

Amorcées à la fin du XVIIIᵉ siècle, les théories racia-listes explosent durant la seconde moitié du XIXᵉ siècle, période où le discours scientifique est « naturaliste » ou « positiviste ». Pour désigner les théories pseudo-scientifiques fondées sur la classification et la hiérarchisa-tion des « races humaines », Taguieff utilise le néologisme « racialisme » lorsque la « race » est censée déterminer la culture[1]. Proche de la raciologie, partie de l'anthropologie physique qui étudie les phénomènes raciaux, le racialisme est avant tout une idéologie qui a nourri le racisme. Gobi-neau en a été le premier théoricien. Durant cette période, l'existence de l'« Homme tertiaire », officiellement recon-nue en 1872 lors du congrès international d'archéologie et d'anthropologie préhistoriques de Bruxelles, est confirmée par les nombreuses découvertes exhumées lors des fouilles de sites préhistoriques qui se multiplient en France et à l'étranger, notamment en Belgique.

En France, l'anthropologie physique se développe avec les anthropologues Broca, Topinard et Quatrefages. En 1855, une chaire d'enseignement comportait déjà dans son intitulé le terme anthropologie et quatre ans plus tard, dans les salons de la toute jeune Société d'anthropologie, Broca consacrait sa leçon inaugurale à l'« ethnologie ». Mais ce n'est qu'en 1875 que la première

École d'anthropologie est créée et que, trois ans après, le premier musée d'ethnographie (futur musée de l'Homme) voit le jour au Trocadéro. À la fin du XIXe siècle, Deniker se servira, lui aussi, des données ethnographiques pour compléter ses descriptions des groupes raciaux[2]. En Europe comme aux États-Unis, la hiérarchisation des races et des cultures est soutenue par la plupart des scientifiques et de nombreux hommes politiques de l'époque ; il y a les « Sauvages » et les « Civilisés ». Beaucoup d'entre eux revendiquent l'indépendance de la science qui n'a pas à se soucier des conséquences. Les vestiges découverts (outils taillés, ossements humains et d'animaux fossiles) alimentent le débat sur l'origine et l'évolution biologique et culturelle de l'Homme préhistorique.

Homme
ou « précurseur de l'Homme » ?

Grâce au matériel archéologique, les comportements de « l'Homme tertiaire » sont désormais mieux connus. On découvre qu'il n'était pas qu'un habile artisan (un tailleur de pierres), et une nouvelle discipline voit progressivement le jour : la préhistoire. Cependant, pour certains chercheurs, comme Hovelacque et Gabriel de Mortillet, l'artisan des silex taillés « tertiaires » ne peut être qu'un « précurseur de l'homme[3] ». C'est également durant la seconde moitié du XIXe siècle que les « races préhistoriques » et leurs cultures sont définies et hiérarchisées.

Avec l'abandon de la théorie du Déluge, l'existence d'Hommes durant le Pléistocène est dorénavant admise par beaucoup de savants, mais cet Homme est-il réellement un Homme ou un « précurseur de l'Homme » ? Suivant la voie ouverte par Darwin et Haeckel, dans leur publication de 1873 Hovelacque et Mortillet suggèrent l'existence d'un être intermédiaire entre la « race d'Homme inférieur » et le singe qu'ils nomment : le « précurseur de l'homme[4] ». En 1877, Hovelacque lui consacre un ouvrage entier où il le décrit, sans aucune preuve archéologique, comme un être proche de l'animalité : bipédie imparfaite, occipital très développé par rapport au frontal, crêtes temporales, bourrelets au-dessus des orbites surdéveloppés, prognathisme, mâchoires puissantes ; il est aussi recouvert de poils[5]. Membre, comme Mortillet, du groupe du « matérialisme scientifique[6] » qui défend le transformisme matérialiste, Hovelacque, par cette description, s'oppose aux défenseurs de la théorie adamique. Quant à Gaudry, dans le chapitre qu'il consacre aux quadrumanes, il rapproche le Dryopithèque, singe fossile identifié par le paléontologue Lartet, de l'Homme actuel de « type inférieur[7] ». Selon lui, celui-ci serait aussi l'artisan des outils taillés recueillis dans des terrains tertiaires de la Beauce par l'abbé Bourgeois. En 1879, lors du congrès de l'Association française pour l'avancement des sciences qui se tient à Paris, le « précurseur de l'homme » devient l'Anthropopithèque (homme-singe). D'après la faune tertiaire d'âges différents des sites de Thenay (Loir-et-Cher), de Puy-Courny (Puy-de-Dôme) et de l'industrie d'Otta (Portugal), Mortillet différencie même trois espèces[8]. Les découvertes du médecin hollandais Eugene Dubois vont renforcer sa conviction en l'existence d'un être intermédiaire entre le singe et l'Homme. Dubois, convaincu de l'existence du « chaînon manquant » dans les régions tropicales, part à sa recherche d'abord à Sumatra (sans succès), puis à Java où il découvre près de Trinil d'abord une calotte crânienne et une molaire humaines, en 1891, et, un an plus tard, un fémur. Il les attribue à une nouvelle espèce qu'il nomme d'abord *Anthropopithecus javanensis*, puis, d'après le fémur qui atteste qu'il marchait debout, *Anthropopithecus erectus*. Il ne devient le célèbre Pithécanthrope (*Pithe-canthropus erectus*) qu'en 1893. Certains anthropologues, dont Virchow et Manouvrier[9], contestent ses dires, notamment l'appartenance du fémur (à l'aspect moderne) et de la calotte au même individu. Par contre, Haeckel, farouchement opposé à Virchow, soutient Dubois et accepte le nom de Pithécanthrope ; pour lui, il est, comme le Néanderthalien, une forme de transition vers *Homo sapiens*. Hypothèse que conteste l'anthropologue anglais Cunningham qui le place avant les Néanderthaliens[10].

Durant cette période, de nombreux ossements de Néanderthaliens sont exhumés, parfois sans que l'on les identifie en tant que tels[11]. Ces découvertes suscitent bien évidemment de nombreux débats au sujet de leur appartenance spécifique et de leur position parmi les autres fossiles humains. En 1866, au Trou de La Naulette (près de Dinant), le géologue belge Dupont trouve, associée à des restes de mammifères éteints, une mandibule fracturée et un cubitus qui sont attribués par Broca à un homme fossile très ancien[12]. Ce grand spécialiste du cerveau admet que c'est « le premier anneau de la chaîne qui doit, suivant eux (les darwinistes), s'étendre de l'homme au singe ». Dans sa publication de 1870, l'anthropologue et fondateur du Musée ethnographique du Trocadéro, Hamy, rapproche la mandibule de La Naulette des restes découverts dans le val de Néander et à Gibraltar[13]. En 1874, Virchow voit dans les Cro-Magnon nouvellement découverts en France des Hommes modernes différents des Néanderthaliens. En Moravie (République tchèque), l'instituteur, puis préhistorien tchèque Maska, qui fouille la grotte de Sipka, exhume en 1880, au milieu d'outils (moustériens) et de foyers, une mandibule d'enfant. Cette découverte fait sensation, car elle est, d'après Topinard, l'« héritier » de Broca, semblable à celle trouvée au Trou de La Naulette. Il écrit en 1886 que les Néanderthaliens correspondent non pas à des Hommes modernes pathologiques, comme l'avait suggéré Virchow, mais à une forme de transition entre deux espèces humaines[14]. C'est ce que va confirmer la découverte des squelettes de Spy (province de Namur, Belgique). Lors des fouilles de 1886 dans la grotte de la « Betche-Al-Rotche[15] », près de Spy, l'archéologue amateur de Puydt et le géologue de l'Université de Liège Lohest trouvent, en effet, dans le niveau inférieur de la terrasse deux squelettes (un homme et une femme) associés à une industrie (moustérienne) et à des ossements d'animaux éteints. D'après la position des corps, quasiment en connexion anatomique, Lohest et Fraipont, géologue et paléontologue à Liège, suggèrent que ces deux Néanderthaliens sont de véritables humains fossiles et qu'ils ont probablement été délibérément ensevelis. Cette dernière interprétation, qui est contestée par certains préhistoriens (notamment en raison de leur contexte d'exhumation, par des « terrassiers »), fait grand bruit ; se pourrait-il que des Hommes aussi anciens aient, eux aussi, enterré leurs morts ? La réponse de beaucoup de préhistoriens de l'époque est évidemment non.

Ayant été découverts en contexte archéologique, les mandibules de La Naulette et de Sipka et les squelettes de Spy vont jouer un rôle majeur dans la reconnaissance de l'existence de la lignée néanderthalienne. Ainsi, Dubois, qui, jusqu'à la découverte des Hommes de Spy, considérait les Néanderthaliens comme des Hommes modernes pathologiques, abandonne alors cette hypothèse. En 1887 et en 1888, deux nouvelles découvertes, respectivement en Espagne (à Banolas) et en France (à Malarnaud, Ariège), renforcent ce point de vue. À la fin des années 1880, les Néanderthaliens sont enfin reconnus par un grand nombre d'anthropologues comme étant des Hommes fossiles plus anciens qu'*Homo sapiens*. Le doute concernant leur appartenance à la lignée des Hominidés est définitivement levé et tous les savants s'inclinent sauf le vieux Virchow, qui meurt en 1902, et quelques savants

allemands partisans de son hypothèse (hypothèse renfor-
cée par l'attribution, erronée, par les savants français du
crâne de Cannstadt, nettement plus moderne que celui de
Feldhofer, à *Homo primigenius*). Pour l'Allemand
Schwalbe, il n'y avait aucun doute : les Néanderthaliens
sont différents à la fois des Pithécanthropes, plus anciens,
et des Hommes modernes, « mêmes sauvages ». Selon cet
anatomiste, comme certains l'ont déjà suggéré, on doit
donc les considérer comme appartenant à une espèce distincte et éteinte et les appeler *Homo primigenius*[16]. Cette
appellation, initialement utilisée par Schaaffhausen pour
désigner les Néanderthaliens et déjà couramment utilisée
en Allemagne, va tomber en désuétude. Elle sera définitivement remplacée par *Homo neanderthalensis* proposé par
King dès 1864.

La hiérarchisation
des Hommes fossiles

Dès la reconnaissance de l'existence d'Hommes préhistoriques, les savants les regroupent, comme pour leurs
contemporains, par « races » et les hiérarchisent. Hovelacque, utilisant l'analyse comparative entre les fossiles
humains et les singes, affirmit le présupposé, en vigueur
à l'époque, de l'existence de « races » supérieures et inférieures, caractérisées par leur degré de proximité avec les
singes[17].

Dans la seconde moitié du XIXe siècle, l'un des principaux débats qui secouent la communauté scientifique
concerne les origines de l'humanité avec deux thèses qui
s'opposent : le monogénisme, corrélé au fixisme (ou créationnisme), et le polygénisme, plus proche du transformisme. Le polygénisme soutient l'existence d'ancêtres distincts pour chaque « race humaine » ; en cela il s'oppose

au monogénisme qui défend une origine unique pour toutes les « races », théorie parfaitement compatible avec les Écritures. Annoncé dès le XVIIe siècle par la théorie préadamite d'Isaac de La Peyrère, il a été défendu au siècle suivant par des savants matérialistes et des philosophes libres-penseurs comme Voltaire[18], qui s'opposaient ainsi à l'Église catholique et au récit biblique. Plus tard, cette doctrine trouvera des partisans parmi les républicains anticléricaux. Le monogénisme est, quant à lui, défendu par les spiritualistes, majoritaires dans le milieu universitaire français.

Si les années 1870 vont voir s'affronter ces deux courants de pensée, les fondements du racisme se retrouvent dans les écrits de l'un comme de l'autre. Pour les deux, en effet, il existe différentes « races humaines » aux capacités différentes, des inférieures et des supérieures. Par ailleurs, les savants transformistes ou évolutionnistes placent l'Homme sur une courbe régulièrement ascendante, créant ainsi un écart exagérément grand entre l'Homme des origines et l'Homme actuel. En effet, classer, nommer, ce n'est pas seulement mieux connaître, c'est aussi dominer ; c'est pourquoi, dans tous les arbres phylétiques, comme celui de Haeckel, l'Homme est placé au sommet. Seul l'arbre retourné du paléontologue américain Gregory situe les espèces fossiles en haut et les actuelles, dont l'Homme, en bas. La vision linéaire et progressive de l'évolution de l'Homme s'associe à une classification hiérarchique des races humaines, de la plus ancienne à la moins ancienne, de la moins civilisée à la plus civilisée.

Les anthropologues, même les plus sérieux, « bestialisent » les Hommes fossiles en leur attribuant des qualificatifs péjoratifs : simiesque, brutal, bestial. Pour Schaffhausen, partisan de la théorie polyphylétique, certains de leurs traits physiques prouvent une organisation inférieure à celle d'une race vivante quelconque[19]. Dans les années 1890, à cause de leur faible capacité crânienne, les

Pithécanthropes de Java sont considérés comme trop primitifs et écartés de l'ascendance de l'Homme. Quant aux
Hommes de la « race de Cannstadt », du fait notamment
du fort développement de leurs arcades sourcilières, ils
sont d'abord attribués à une forme intermédiaire entre
l'Homme et les singes, puis rapprochés, notamment par
les anthropologues monogénistes Hamy et Quatrefages,
des Néanderthaliens et d'une « race humaine sauvage »
dolichocéphale (à tête allongée). À propos de la mandibule
néanderthalienne de La Naulette, Lubbock, se référant à
son fort prognathisme, n'hésite pas à la qualifier de
simiesque[20]. Pour Quatrefages, la « race de Cannstadt » est
incontestablement la race européenne la plus ancienne,
l'ancêtre des Basques, des Lapons et des Finnois ! Selon
lui, elle a été repoussée par les Aryens venus d'Asie, des
brachycéphales (à tête large) ancêtres des Allemands,
Anglais... peuples considérés alors comme appartenant
aux races européennes « supérieures ». Pour Schaaffhausen, s'appuyant sur ce qu'il appelle l'infériorité physique
de cette race, elle remonterait bien plus loin encore, et ne
serait autre chose que « l'Homme tertiaire survivant à la
dernière révolution géologique[21] ». Quatrefages trouve
néanmoins cet argument insuffisant, les vestiges de
l'industrie humaine accusant dès les premiers temps du
Quaternaire un progrès bien marqué[22]. Selon lui, cette
« race », qui n'est cantonnée ni au Quaternaire ni à
l'Europe (puisqu'elle est présente en Inde, en Australie, en
Amérique du Sud), se serait métissée et aurait eu des descendants notamment en Australie. Il écrit : « Les épi-
thètes : bestial et simien, trop souvent appliqués à cette
race, pourraient faire penser qu'une certaine infériorité
intellectuelle et morale se lie nécessairement à cette forme
crânienne. Il est aisé de montrer que cette conclusion
serait des plus mal fondées. Ces hommes ont pu posséder
toutes les qualités morales et intellectuelles compatibles
avec leur état social inférieur[23]. » Pour Pruney-Bey, Cro-

Magnon et l'Homme de Solutré appartiennent à la « race mongoloïde primitive », proche des Lapons, des Finnois (au crâne brachycéphale et à la face prognathe), différente de la « race aryenne » (au crâne dolichocéphale) !

Avec les systèmes racialistes en vigueur au XIXe siècle, il était difficile d'accepter que des Hommes, à l'apparence physique parfois si différente de la nôtre, aient pu être non seulement des ancêtres, mais aussi des êtres intelligents ayant des pensées métaphysiques. Et qu'ils puissent réaliser des « œuvres d'art » était totalement inconcevable. Si l'existence d'un art mobilier préhistorique est admise dès 1864[24], celle de l'art pariétal ne se fera, malgré plusieurs découvertes, qu'en 1902 avec la parution dans *L'Anthropologie* du *Mea culpa d'un sceptique* de Cartailhac. Ces Hommes de la « race de Cro-Magnon », qui taillent des outils, chassent de grands mammifères, enterrent leurs morts et sculptent, seraient-ils donc proches de nous ?

Si, depuis la fin des années 1860, la plupart des savants reconnaissent au Préhistorique des qualités d'artisan, ses comportements sociaux et ses aspirations métaphysiques sont âprement débattus. Sur ce plan, les recherches menées en Dordogne par Delpeyrat et Massénat, le marquis de Vibraye et surtout par Lartet et le Britannique Christy vont avoir un grand retentissement[25]. Des squelettes humains sont, en effet, découverts en contexte sépulcral. Lartet et son fils Louis exhument en 1868 les restes d'un enfant et de quatre adultes dans l'abri Cro-Magnon (Les Eyzies-de-Tayac[26]). Édouard Lartet les différencie de l'Homme de Feldorfer (Néanderthalien) et les rapproche de l'Homme actuel. L'un des squelettes, celui d'un homme identifié par Broca, Hamy et Quatrefages comme appartenant à une « race disparue », mais anatomiquement moderne, sert de type pour la définition, devenue caduque, de la « race de Cro-Magnon ». Son ensevelissement intentionnel, avec ocre et parures (coquilles de littorines), suscite de nombreuses controverses. Il est contesté notamment par G. de Mortillet qui attribue au squelette un âge récent, postérieur à la glaciation. Cependant, quatre ans plus tard, Delpeyrat et Massénat découvrent, eux aussi, dans l'abri classique de Laugerie-Basse, une sépulture où le squelette, appartenant à la « race de Cro-Magnon », est accompagné de coquillages (des cyprées) percés disposés sur le front, les bras, les jambes et les pieds. Toujours en Dordogne, dans l'abri Raymonden à Chancelade, un autre squelette est exhumé d'une sépulture par Hardy et Féaux en 1888. Il est attribué à une « race » de type moderne différente de celle de « Cro-Magnon ». Des fouilles sont aussi menées dans d'autres régions et certains de ces gisements préhistoriques deviennent des sites de référence comme le célèbre gisement néolithique du Grand-Pressigny (Indre-et-Loire) découvert en 1863 ou la roche de Solutré (Saône-et-Loire[27]). Ce gisement, fouillé à partir de 1866 par les géologues et préhistoriens Arcelin et Ferry, sera repris à la mort de ce dernier par Adrien Arcelin et l'abbé Duscrost, puis par Fabien Arcelin, qui continuera seul à la mort de son père. Au pied de la roche, au « Crot du Charnier », ils découvrent, associé à de très nombreux outils taillés, un énorme magma d'ossements de chevaux, un véritable « charnier ». Puis, peu après, ils trouvent, en traversant cette zone, des foyers, des restes humains et des os de nombreux animaux où le renne domine. Les premières théories relatives à la chasse, par ailleurs plus ou moins fantaisistes, voient le jour. Les fouilles se succèdent en France, mais également en Belgique, où entre 1865 et 1868 de nombreux restes humains ont été exhumés par Dupont de grottes situées dans la province de Namur[28]. La découverte en 1894 par Maska d'une sépulture collective (douze adolescents et enfants et huit adultes *Homo sapiens*), accompagnée d'un dépôt funéraire composé, entre autres, de deux omoplates gravées de mammouth, à Predmosti[29]

(Moravie), va confirmer l'existence de pensées métaphysiques chez les Hommes préhistoriques.

C'est également durant cette période que l'existence
d'un art mobilier préhistorique est admise[30]. Un os gravé
de deux biches a déjà été découvert en 1837 dans la
grotte de Chaffaud (Vienne[31]), mais, les temps préhistoriques n'étant pas encore reconnus, elle avait été qualifiée de « celtique » lors de son entrée dans les collections
du musée de Cluny. Trente ans plus tard, Lartet et
Christy publient un article qui marque la reconnaissance
de l'art mobilier préhistorique (objets gravés ou
sculptés[32]). Le mammouth gravé sur une défense de
mammouth exhumé du célèbre site de La Madeleine
(Dordogne), preuve incontestable de la coexistence de
l'Homme et de ce grand animal disparu, est le clou de
l'Exposition universelle de Paris de 1867. Pour les visiteurs, ces Hommes primitifs étant des artistes, ils ne peuvent donc pas être des sauvages ! En outre, pour Lartet
et Christy ces objets façonnés par l'Homme sont des
œuvres d'art, ce qui sous-entend prudemment que les
Préhistoriques étaient des artistes. Les découvertes d'art
mobilier se multiplient ; il y a des statuettes zoomorphes
– comme celle représentant un cervidé exhumée à Solutré par Henry de Ferry en 1867 – mais aussi anthropomorphes, en particulier les fameuses « Vénus », la plupart confectionnées dans de l'ivoire de mammouth.
Après la découverte de la « Vénus impudique » exhumée
en 1864 par le marquis de Vibraye à Laugerie-Basse
viendra celle des « Vénus polichinelles » des grottes des
Balzi Rossi (Grimaldi, Ligurie[33]) et de la célèbre « Dame
à la capuche » à Brassempouy dans les Landes (en 1894
par le préhistorien Piette[34]). Prenant en compte
l'ensemble des périodes qui ont livré de l'art mobilier,
Piette remplace dans sa classification de 1889 les termes
« étage magdalénien » par « période glyptique », étage
élargi[35]. Dès 1895, il regroupe ces « Vénus » dans deux

catégories, celle des obèses (ou stéatopyges) et celle des longilignes, chacune représentant pour lui deux races différentes.

Comme les découvertes des sépultures, celles de ces statuettes féminines relancent la question de l'existence d'une pensée métaphysique chez les Hommes préhistoriques. Les Vénus sont-elles des idoles religieuses, comme le pense du Cleuziou, pour qui elles sont la preuve du premier culte religieux (1887), ou bien sont-elles des représentations sexuelles ? Cette question, qui suscitera à partir de 1912 (date de la découverte de la Vénus « noire » dite à la corne à Laussel en Dordogne) de nombreuses controverses, demeure encore aujourd'hui sans réponse. Mais, si l'existence d'un art mobilier préhistorique est relativement vite acceptée, celle d'un art pariétal paléolithique aura plus du mal à s'imposer.

Transformation unilinéaire et progressive des cultures préhistoriques

Dès le début des années 1860, les préhistoriens cherchent à caractériser les différentes périodes de l'âge de la pierre, d'abord en se fondant non plus sur la nature des outils (toujours en pierre ou en os), mais, comme pour les étages géologiques, sur la paléontologie stratigraphique, puis, sous l'influence de G. de Mortillet, sur les divers types de productions industrielles. Cette classification influe sur les méthodes de fouilles qui, dès lors, sont faites en stratigraphie verticale et non plus horizontale comme dans les fouilles d'archéologie classique. Selon Nathalie Richard, spécialiste de l'étude des sciences de l'homme au XIXe siècle, plus que la théorie de l'évolution récemment initiée par Darwin, c'est celle du transformisme de Lamarck (transmission des caractères acquis) qui influe fortement sur les classifications des cultures préhistoriques[36]. Comme pour les cultures contemporaines, l'évolution de celles du passé est perçue comme une transformation unilinéaire et progressive, théorie dont G. de Mortillet sera un farouche partisan.

Dans cette seconde moitié du XIXe siècle, où l'environnement et le climat sont des éléments déterminants dans la caractérisation des cultures, des débats s'engagent autour de la question des données à prendre en compte pour les établir : géologiques-paléontologiques (fossiles) ou lithiques (outils) ? C'est Lartet qui établit en 1861 la première chronologie basée sur l'extinction des grands mammifères. Il distingue, du plus ancien au plus récent, l'âge du grand ours de caverne, l'âge de l'éléphant (mammouth) et du rhinocéros, l'âge du renne et enfin l'âge de l'aurochs[37]. Il la modifiera en 1864 en y ajoutant l'industrie exhumée des gisements préhistoriques majeurs (sites éponymes), créant ainsi une chronologie relative. L'âge de la pierre taillée est alors divisé en âge de l'éléphant et du grand ours (associés à Abbeville et au Moustier) et en âge du renne lui-même subdivisé en ancien (Aurignac) et récent (Laugerie-Haute et La Madeleine). En 1862, à partir des résultats de ses découvertes dans la grotte de Wookey Hole (Wells, Somerset), le géologue et archéologue britannique Dawkins propose à son tour une nouvelle chronologie de la période de la pierre taillée[38]. À partir de 1865, le terme « préhistoire », présent dans le titre de l'ouvrage de Lubbock (1865), se diffuse et très rapidement se substitue à celui d'« anté-historique », en même temps que l'« Âge de la pierre taillée » est remplacé par le « Paléolithique ». Puis, entre 1867 et 1869, le zoologue et paléontologue Gervais définit le terme Holocène qui comprend à la base l'Âge de la pierre polie.

C'est à la fin des années 1860, sous l'influence de G. de Mortillet, que les productions industrielles, et non plus la faune éteinte, vont être à la base des classifications des âges préhistoriques. En effet, bien que géologue de formation,

Mortillet fonde sa chronologie sur les outils en pierre et en os et non plus sur la paléontologie stratigraphique. Il distingue les époques d'après la morphologie de ceux-ci et crée ainsi des « types » d'industrie. Sa « classification industrielle » atteste de sa conception lamarckienne de l'évolution des techniques. Exposée pour la première fois en 1869 devant l'Académie des sciences[39], elle distingue les époques, successivement de la plus ancienne à la plus récente, du Moustier (Moustérien) et de Solutré (Solutréen), puis d'Aurignac (Aurignacien) et de La Madeleine (Magdalénien). Trois ans plus tard, Mortillet présente une mise à jour de sa classification lors du Congrès international d'anthropologie et d'archéologie préhistoriques de Bruxelles. Il ajoute deux époques : à la base, celle de Saint-Acheul (Acheuléen) et au sommet, celle de la pierre polie, ainsi que des données géoclimatiques et faunistiques[40]. Dans cette nouvelle classification, Mortillet exclut l'époque d'Aurignac qui, riche en outils en os (pointes de sagaie), ne se prête pas à sa vision évolutionniste et linéaire des cultures où chacune se distingue de la précédente par un nouveau progrès technologique[41]. Malgré les découvertes de l'abbé Maillard[42] en France et de Dupont en Belgique, l'Aurignacien, considéré par Mortillet comme une phase de transition, cesse donc d'exister en tant qu'époque culturelle. Selon Coye (1997), cette classification industrielle est la pièce centrale du premier paradigme préhistorique. Elle atteste d'une vision optimiste d'une humanité en perpétuel progrès, où les techniques sont associées à une amélioration constante des comportements sociaux, mais aussi, *a contrario*, d'une vision noire du Préhistorique. On retrouvera cette conception, au XXe siècle, chez certains paléoanthropologues, comme Arambourg pour qui l'Homme moderne (*Homo sapiens*) est l'aboutissement d'une succession de « types humains[43] ». Ce paradigme du transformisme unilinéaire et progressif des industries est présent dans les cultures, perçues comme des sortes de paliers successifs de progrès techniques.

À cette époque, Dupont est l'un des seuls préhistoriens à rejeter la classification de G. de Mortillet, la trouvant trop unilinéaire à son goût. Lors du congrès de Bruxelles de 1872, il propose, en s'appuyant sur les sites belges, des évolutions parallèles en fonction, à l'instar de Jouannet, de la nature des sites (en grotte ou en plein air) et de leur situation géographique. Il suggère même la coexistence de deux populations préhistoriques dans une même région[44]. Combattu par de G. de Mortillet, ce modèle dual ne sera guère suivi à l'époque ; parmi les quelques chercheurs qui l'adoptent, on peut citer la philosophe et scientifique Clémence Royer[45] et le préhistorien Cazalis de Fondouce[46]. Audacieuse pour l'époque, son hypothèse de coexistence de cultures sera réactualisée plus d'un demi-siècle plus tard par les préhistoriens l'abbé Breuil[47] et Denis Peyrony[48]. Malgré l'influence de Mortillet, quelques savants préfèrent néanmoins s'en tenir aux classifications reposant sur la géologie-paléontologie. Parmi ces partisans, on retrouve les anthropologues Quatrefages et Boule[49] et le préhistorien Piette. En 1889, ce dernier propose, lors du congrès international d'Anthropologie et d'Archéologie préhistoriques de Paris, une chronologie fondée sur l'évolution des grandes faunes en fonction du climat[50]. À la différence de Lartet, il mentionne que celles-ci attestent aussi du changement dans le régime alimentaire des Hommes. Cette remarque relative aux comportements de subsistance des Préhistoriques est singulière à une époque qui s'attache surtout aux comportements techniques. Au début du XXᵉ siècle, dans les nouvelles classifications, les productions humaines ont de nouveau pris le pas sur les ossements d'animaux fossiles – même si, en 1921, dans son ouvrage *Les Hommes fossiles. Éléments de paléontologie humaine*, Boule se repose encore sur les variations de la faune, du climat et des phénomènes géologiques[51].

La préhistoire tient congrès
et entre à l'Université

Les années 1860-1880 voient la reconnaissance de la préhistoire en tant que discipline scientifique. Dès le début de cette période, de nouvelles revues paraissent et des musées de préhistoire sont fondés. En outre, des congrès internationaux réunissent les spécialistes de plusieurs pays européens et des cours de préhistoire sont dispensés ; la préhistoire fait une entrée discrète à l'Université. En 1864, G. de Mortillet fonde la première revue spécialisée de préhistoire (*Matériaux pour l'histoire positive et philosophique de l'homme*) qu'il dirigera jusqu'en 1869 où il la cède à Cartailhac[52].

Pour G. de Mortillet, la préhistoire est par essence une science internationale. C'est donc avec ses collègues italiens[53] et suisses qu'il met sur pied en 1865, suite au succès de son exposé sur les recherches préhistoriques au Congrès scientifique italien de La Spezia, le projet d'un congrès international d'Anthropologie et d'Archéologie préhistoriques dont, comme le souligne Coye (1997), le rôle structurant sur la communauté des préhistoriens sera capital. La première session se tient à Neuchâtel en 1866 et est publiée dans la revue *Matériaux pour l'histoire positive et philosophique de l'homme*. Hamy publie en 1870 son *Précis de paléontologie humaine*. La préhistoire entre en 1873 dans le *Dictionnaire de la langue française* de Littré sous l'adjectif « préhistorique » : « Antérieur à l'histoire. Les temps préhistoriques. Étymologie *Pré*..., préfixe, et *historique*. » Dans le supplément de 1877, à l'entrée « préhistoire », on lira : « Histoire de l'homme avant les temps où l'on a des documents ou traditionnels ou écrits. » En 1875, la préhistoire, qui n'est encore qu'une science d'amateur, voit la création de l'École d'anthropologie de Paris, prolongement de la Société d'anthropologie de Paris qui, dès 1867, dispensait, dans un laboratoire annexé à cette société, un enseignement technique à des étudiants. En tant que possesseur de la chaire d'anthropologie préhistorique, G. de Mortillet inaugure un cours de préhistoire. Les manuels de préhistoire font leur apparition ; Zaborowski, chargé de cours à l'École d'anthropologie de Paris, publie *L'Homme préhistorique en* 1878[54] et en 1881 paraît le livre de G. de Mortillet, *Le Musée préhistorique*, qui sera suivi, deux ans plus tard, par un second volume : *Le Préhistorique, antiquité de l'homme*. Ces deux ouvrages de Mortillet constituent à la fois une synthèse de la connaissance et un vade-mecum[55]. L'École d'anthropologie de Paris propose également des « leçons », des cours publics et gratuits, qui remportent un vif succès[56]. Puis, entre 1884 et 1887, G. de Mortillet va fonder et diriger la revue *L'Homme, journal illustré des sciences anthropologiques*. En 1889, Cartailhac publie *La France préhistorique*. Sept ans plus tard, les séminaristes découvrent le manuel de l'abbé Guibert : *Les Origines. Questions d'apologétique*[57].

Au début des années 1880, la préhistoire entre « discrètement » à l'université. En 1881, Chantre ouvre un cours complémentaire d'anthropologie à la faculté des sciences de Lyon, qui deviendra obligatoire en 1920 pour le certificat de géologie, et, en 1883, Cartailhac donne un cours facultatif à la faculté des sciences de Toulouse[58]. Ce n'est, toutefois, qu'en 1907 que le cours libre deviendra un cours officiel d'archéologie préhistorique et qu'en 1927 que, « modestement » associés à l'ethnologie, des cours de préhistoire seront donnés dans le cadre de l'Institut d'ethnologie de l'université de Paris. Il faudra attendre la fin de la Seconde Guerre mondiale pour qu'en tant que discipline à part entière la préhistoire entre véritablement dans le cursus universitaire.

L'essor du racialisme

Sous le Second Empire et la IIIe République, les colonisateurs se présentent souvent comme les détenteurs de valeurs morales et de savoirs techniques. Se pensant supérieurs, ils se devaient d'éduquer les autochtones. D'où l'envoi de fonctionnaires pour administrer les colonies, puis d'instituteurs et de médecins.

Hovelacque partage le présupposé, commun à la plupart de ses contemporains, suivant lequel le « Nègre » est moins bien adapté à la bipédie que le Blanc et qu'il a un cerveau moins volumineux, donc des facultés intellectuelles et morales moins élevées – critères ô combien discriminants pour séparer les humains des singes[59]. Il a la même démarche de hiérarchisation des Hommes et de leur société dans son ouvrage de 1881, qui est constitué d'une suite de portraits de peuples « primitifs » considérés comme les représentants du début de l'humanité[60]. Les Sauvages, leurs comportements et leurs productions sont alors des sujets d'étude pour les savants et des spécimens de collection : on les classe et on les hiérarchise. On compare les « Sauvages » entre eux, aux « Civilisés » et aux Hommes préhistoriques, une fois leur reconnaissance acceptée. Dans les typologies, les « Sauvages » sont les plus « inférieurs des inférieurs » des Hommes. Baptisés « chimpanzés sans queue » ou bien encore « asticots humains[61] », leurs sociétés sont même comparées à celle du ténia[62]. Pour les anthropologues et les « ethnologues de cabinet » de l'époque, il ne fait aucun doute que le « Blanc » et les cultures européennes sont techniquement et socialement plus évolués. Il faut donc éduquer les Sauvages et les Colonisés. Gobineau, dans sa classification de l'humanité en trois grandes « races » (blanche, jaune et noire), en avait ajouté une quatrième : la « race dégénérée », car, pour lui, par leurs comportements, « les Sauvages l'ont toujours été et le resteront jusqu'à leur disparition[63] » !

Durant ces années, la science progresse dans la connaissance des régions colonisées (par la cartographie, la géologie, la minéralogie, la zoologie et la botanique) et des peuples qui y vivent. Les collectes de données ethnographiques sont encouragées et codifiées, comme en attestent les documents fournis aux voyageurs par plusieurs sociétés savantes[64], comme en 1874 la section d'anthropologie de la British Association for the Advancement of Science[65]. En France, la Société de géographie soutient des expéditions pour combler les lacunes ; afin de collecter des informations précises, elle fournit même des instructions aux voyageurs, aux commerçants et aux fonctionnaires sous forme de questionnaires. Les collections rapportées en Europe alimentent les premiers musées d'ethnographie. Cependant, ces recherches scientifiques servent avant tout la nation colonisatrice, à forger son identité en particulier, et non à connaître les peuples lointains, l'Autre. Le changement de comportements vis-à-vis des colonisés se situe sous les règnes de la reine Victoria et de Napoléon III ; il se poursuivra en France sous la IIIᵉ République. Pour le grand ministre Jules Ferry, partisan de l'éducation gratuite et obligatoire en France et promoteur des conquêtes coloniales en Indochine et en Afrique du Nord, le principal devoir dévolu aux colons (considérés alors comme appartenant aux « races supérieures ») est de civiliser (d'éduquer) les colonisés (« les races inférieures[66] »). Pourtant certaines valeurs humanistes ne seront jamais introduites dans les colonies comme les droits de l'Homme ou la laïcité. Ce n'est qu'au début du XXᵉ siècle que les gouvernements français et britanniques installeront des établissements éducatifs et sanitaires dans les colonies, afin surtout d'enrayer la décroissance démographique due au travail forcé, à l'esclavage.

Parallèlement aux conquêtes coloniales, les expéditions ethnographiques se multiplient et les objets fabriqués par les « Primitifs » sont collectés, étudiés, fichés et envoyés dans les musées européens et américains. Des colonies, on importe également des « Sauvages » ; telles des bêtes de foire, ils sont exhibés devant un public curieux et souvent injurieux. La colonisation d'abord civilisatrice, notamment avec les missionnaires, se modifie avec l'arrivée de l'instituteur chargé de l'assimilation, voire de l'acculturation des peuples colonisés. En 1900, la France devient le deuxième empire colonial après la Grande-Bretagne ; dès lors, le Sauvage, le Primitif, devient l'Indigène.

Héritée des Lumières et des moralistes Écossais, comme Fergusson et Walckenaer[67], l'idée d'une évolution progressive et unilinéaire de l'humanité (de la sauvagerie primitive à la civilisation grâce au développement des techniques de subsistance) imprègne toute cette période. Si, dans son rapport de mission, le colonisateur français Brazza[68] fait une description détaillée et relativement objective des peuples du Gabon et du Congo des années 1875-1877, la plupart des récits des expéditions colonisatrices, qui passionnent alors l'Occident, donnent une image négative des colonisés et de leurs mœurs, considérés comme représentant une étape du développement des sociétés humaines (l'occidentale en étant l'aboutissement). Les Sauvages de ces contrées lointaines sont, comme la plupart de ceux des Amériques, présentés comme des êtres inférieurs, des Cannibales, voire des animaux, confortant ainsi l'opinion selon laquelle toutes les races ne sont pas égales et que la race blanche est supérieure aux autres. Comme l'écrit Monestier dans *Cannibales. Histoire et bizarreries de l'anthropophagie. Hier et aujourd'hui* (2000), le Cannibale africain « devient alors le prototype du primitif irréductible, tout autant que pétrifiant, l'expression absolue de l'horreur, de l'ignominie et de l'annihilation de la dignité ».

Pour différencier les « races », des critères culturels ou moraux sont ajoutés aux critères physiques. L'Homme n'est-il pas un « animal politique » qui, selon Aristote, vit en société ? En effet, contrairement aux animaux, les populations humaines se différencient par leurs us et coutumes qu'elles se transmettent de génération en génération. À cette époque, le Sauvage n'est pas perçu comme une étape de l'évolution humaine, comme certains philosophes l'avaient suggéré antérieurement, mais comme l'antithèse du Civilisé : il n'est donc pas totalement humain. Par exemple, selon certains savants comme Hovelacque (1877), le Sauvage, contrairement aux « races supérieures », a un sens de la solidarité peu développé (« chacun pour soi »), corollaire d'une société peu civilisée. Puisqu'il est par nature un fainéant, un « bon à rien[69] » – trait d'infériorité pour Broca[70] et attitude en totale opposition avec le précepte de la Bible –, le mettre au travail forcé permet de sauver son âme[71]. Cette perception négative du Sauvage et de ses comportements va perdurer jusqu'au début du XXᵉ siècle, comme l'attestent les écrits du directeur de l'École d'anthropologie, Thulié, parus en 1907 : « Il y a des races qui sont restées dans une immobilité presque bestiale et ont été incapables de s'organiser en société[72]. »

La théorie de l'évolution et l'ethnocentrisme provoquent l'essor de l'évolutionnisme culturel lié à l'idée d'un progrès constant de l'humanité au cours du temps. Deux ethnographes vont développer cette théorie, le Britannique Tylor, célèbre pour sa définition de la culture[73], et l'Américain Morgan, l'un des principaux fondateurs de l'anthropologie sociale et de terrain, qui a vécu dans plusieurs tribus amérindiennes, parmi lesquelles les Iroquois[74]. Pour expliquer pourquoi certaines sociétés ont progressé et d'autres non, les anthropologues s'appuient sur les systèmes racialistes. La vision linéaire de l'évolution culturelle ne sera remise en cause qu'à la toute fin du XIXᵉ siècle, notamment avec le développement de l'ethnologie[75] de

terrain. En attendant, le présupposé de l'époque est que la
civilisation est l'aboutissement d'un long cheminement
marqué par des étapes successives, ayant débuté par « la
Sauvagerie ». Ainsi, le Sauvage est relégué au stade inférieur. Se référant aux découvertes, comme il l'écrit, « de
traces de populations ayant précédé celles qui existent
aujourd'hui », Darwin pense également que les races civilisées ont remplacé au fil du temps les « races sauvages »
(barbares), grâce surtout aux arts produits par leur intelligence. Pour ce grand savant, pour qui le milieu a une
influence sur les peuples, un climat tempéré favorise le
développement de l'industrie, contrairement aux climats
extrêmes. Cette perception négative du « Sauvage » résulte
probablement de sa rencontre lors de son voyage sur le
Beagle avec les Indiens de la Terre de Feu. Dans son
ouvrage de 1875, il peint un épouvantable portrait des
Fuégiens : « Quand on voit ces hommes, c'est à peine si
l'on peut croire que ce soient des créatures humaines, des
habitants du même monde que le nôtre[76]. » Il ajoute :
« Tels devaient être nos ancêtres. » Pour Lubbock, les Sauvages, habiles à se servir de leurs armes et de grossiers
outils, et ingénieux à la chasse et à la pêche grâce à leur
puissant sens de l'observation, sont néanmoins intellec-
tuellement inférieurs. En outre, ils n'ont ni religion ni
sens moral. Selon lui, il existe différents degrés de civilisation : par leur infériorité générale, les Sauvages sont
situés au bas de l'échelle ; par leur supériorité en tous
points, les hommes blancs se retrouvent au sommet[77].
Quant à Tylor, il suggère, pour avoir une vision « gros-
sière » des civilisations, de placer les nations européennes
« à une extrémité des séries sociales et les tribus sauvages
à l'autre, disposant le reste de l'humanité entre ces deux
limites » (*Primitive Culture*, 1871*)*.

Dès 1843, Klemm a distingué trois phases dans le
développement des sociétés humaines : la sauvagerie, la
soumission, la liberté[78]. Pour lui, il existe, d'après leur

tempérament et leur mentalité, des « races actives » et des « races inactives ». La vision linéaire de l'évolution humaine et la hiérarchisation des espèces vivantes (des inférieures aux supérieures), clairement exposées dans l'arbre phylétique proposé par Haeckel en 1868, confortent l'hypothèse de Klemm et influencent celle des cultures. Cette thèse évolutionniste est vigoureusement soutenue par Morgan pour qui l'évolution de l'humanité correspond à une succession de sept stades : l'état de sauvagerie (subdivisé en trois stades : inférieur, moyen, supérieur), l'état de barbarie (trois stades) et, enfin, l'état de civilisation, marqué par l'apparition de l'écriture, puis du féodalisme, du capitalisme marchand et enfin du progrès absolu[79]. Dans l'introduction de son livre paru en 1877, Morgan précise que les trois états sont liés l'un à l'autre en une succession de progrès et que les deux premiers sont encore préservés dans certains groupes humains comme les Australiens et les Polynésiens qu'il situe au stade moyen de l'état de sauvagerie. La théorie de Morgan sera suivie en particulier par MacLennan pour qui toutes les races humaines ont un développement, en gros similaire, à partir de la sauvagerie[80]. À l'inverse, pour l'antiévolutionniste Bastian[81], la culture originelle aurait subi des modifications en fonction de contraintes écologiques (existence de provinces géographiques) et, pour ce partisan du colonialisme, la civilisation serait le résultat d'un nombre infini de croisements entre populations : elle aurait ainsi produit une infinité de modes de pensée hybride, les *Völkergedanken* ou « idées des peuples[82] ». Selon lui, il n'y aurait donc pas une civilisation, mais des civilisations, pas un Sauvage, mais des sauvages.

Cette classification linaire des cultures peut paraître aujourd'hui choquante, mais elle doit être replacée dans le contexte de l'époque où les sociétés modernes (notamment européennes) sont perçues comme le point d'aboutissement du progrès humain. En cette seconde partie du

XIXe siècle dominée par la science positiviste, la théorie du progrès se différencie de celle, antérieurement acceptée, de la dégradation humaine (vision adamique et chute de l'Homme après le péché originel). On a cru longtemps que les différences que l'on constatait entre les peuples correspondaient aux différentes phases d'une évolution uniforme de la civilisation. D'où le concept de sociétés humaines inférieures, plus près de l'originelle, et supérieures, plus civilisées. Une telle conception reposait sur le présupposé que les comportements techniques, sociaux et religieux des Européens étaient les plus évolués. Cet européocentrisme a dominé tout le XIXe siècle et le début du XXe. Les dénominations de « Barbare » dans le monde antique et de « Sauvage » au XIXe siècle traduisent une même perception d'infériorité de l'Autre, de l'Étranger.

Évolution des cultures : in situ *ou migrations ?*

À partir de la seconde moitié du XIXe siècle, les débats ne se limitent plus à la chronologie préhistorique, ils portent également sur la compréhension de l'apparition des cultures. Celles-ci traduisent-elles une évolution *in situ* des techniques ou bien des arrivées successives de peuples porteurs de nouvelles cultures ? Le diffusionnisme, courant de pensée anthropologique, se développe à partir de la seconde moitié du XIXe siècle en Allemagne, en Autriche (Graebner[83]), en Grande-Bretagne (Elliot Smith et Perry) et aux États-Unis (Boas et Kroeber). Réfutant l'évolutionnisme social qui induit la notion de progrès unilinéaire, ses partisans soutiennent que les cultures se développent et se transforment au contact d'autres cultures importées par des migrants grâce à des processus d'échanges, d'imitation ou d'acculturation. Les diffusionnistes étudient les modes de transmission de traits culturels entre groupes humains pour établir leur filiation et reconstituent des « cercles culturels » autour de foyers de diffusion d'où ils sont apparus pour la première fois (réalisation de cartes géographiques des migrations).

La pensée diffusionniste apparaît au milieu du XIXe siècle, en Angleterre avec Tylor et en Allemagne avec Bastian. Pour Bastian, bien qu'il soutienne une « unité psychique de l'humanité » et des lois de développement universelles, les processus de diffusion expliquent également l'évolution des sociétés[84]. Pour certains anthropologues, dont Tylor[85], ou des préhistoriens, comme G. de Mortillet ou Bertrand (avec son « peuple des dolmens[86] »), l'évolution des techniques et les changements culturels majeurs résultent de diffusions ou de remplacements de populations (théorie des migrations). Cette idée du remplacement est déjà présente chez Boucher de Perthes quand il écrit : « Un âge est une période pendant laquelle une nation est restée au même point (état fixe de barbarie), puis a lieu le remplacement des populations parfois, si ce dernier est progressif, avec un "temps de transition[87]". »

Pour de nombreux préhistoriens et anthropologues de la fin du XIXe siècle, les Hommes fossiles de la « race de Chancelade » sont des conquérants venus d'Asie du Nord qui ont migré en Europe, puis en Amérique du Nord par le détroit de Béring. Par exemple, pour l'anatomiste Testut, adepte de cette théorie des migrations, l'homme de Chancelade est un Esquimau[88]. Pour Pruner-Bey, à l'âge de la pierre polie, les Hommes de « race aryenne » ont envahi la France, alors occupée par la « race mongoloïde », et apporté avec eux les principes de la civilisation. Cette hypothèse est contestée par les anthropologues Broca, Quatrefages et Hamy à partir de leur analyse des restes humains, datant en réalité de la période historique, découverts à Solutré. Dans sa nouvelle classification

industrielle de 1883, G. de Mortillet souligne les différences majeures existant entre la dernière industrie du
Paléolithique supérieur et celle du Néolithique[89]. Deux ans
plus tard, il écrit à ce sujet qu'il existe entre ces deux
époques « une véritable révolution[90] ». Il explique cet hiatus par l'arrivée de migrants, des artisans de la pierre polie
et des éleveurs, venus du Moyen-Orient, qui imposent leur
culture aux peuples autochtones artisans de la pierre
taillée. Cette notion d'hiatus (discontinuité), soutenue
entre autres par Cartailhac jusqu'en 1880, a de nombreux
adversaires, dont Reinach (également opposé à l'évolution
linéaire des cultures) et Cazalis de Fondouce[91], pour qui
elle ne fait que traduire une lacune de connaissances
(absence de découvertes de sites archéologiques datant de
cette période). Plusieurs découvertes, notamment celles de
Piette[92] et du préhistorien Salmon[93], d'industries intermédiaires entre celle de la pierre taillée et de la pierre polie
infirment définitivement l'hypothèse d'un hiatus entre le
Paléolithique et le Néolithique. Par ailleurs, pour Quatrefages, Broca et Hamy, les restes humains découverts dans
des sites néolithiques appartiennent à la « race de Cro-
Magnon » : ces derniers n'ont donc pas été remplacés
(voire exterminés) par les « Néolithiques ». Cette théorie
des migrations sera soutenue par de nombreux préhistoriens jusqu'au début du XXe siècle.

Depuis le début du XIXe siècle, la catégorisation des
« races » sert à renforcer les identités nationales, comme
en attestent les écrits de certains historiens dont les frères
Thierry à propos des Mérovingiens, du tiers état ou des
Gaulois. À partir des années 1870, pour hiérarchiser les
peuples, en plus de leurs caractères physiques et moraux,
leur langue et leur histoire sont prises en compte comme
on le voit dans les recommandations de la Société d'ethnologie fondée en 1839 par le naturaliste anglais Edwards.
C'est durant cette seconde moitié du XIXe siècle, période
où les théories polygéniste et racialiste teintées de roman-

tisme se développent, que naît le concept de « race aryenne » qui va perdurer jusqu'au milieu du XXe siècle. La hiérarchisation des « races » et le paradigme de l'évolution progressive et linéaire de l'humanité sont à la base du « mythe de la race aryenne » qui dérive de l'idée, sans aucun fondement scientifique, que les premiers peuples parlant les langues indo-européennes[94] et leurs descendants jusqu'à l'époque moderne auraient constitué une « race » distincte. Les Aryens, peuple imaginaire idéal, auraient conquis une grande partie du monde, pour finalement s'affaiblir et pratiquement disparaître suite à leur métissage avec les peuples conquis. Cependant, quelques groupes d'individus encore « purs » auraient subsisté et constitué, étant les mieux adaptés, la « race aryenne ou indo-européenne » qui, selon Gobineau, serait l'ancêtre de toutes les classes dirigeantes d'Europe (notamment de la noblesse française dont il était issu).

On trouve, en effet, dès les années 1850, dans la *Naturphilosophie* allemande, sorte de nostalgie romantique, fondée sur l'unicité de Dieu et de la Nature, les prémices du mythe aryen. Selon Haeckel, les « races noires » sont les « races » les plus proches du singe, tandis que les Indo-Germains (Allemands, Anglo-Saxons et Scandinaves) constituent la « race » la plus évoluée de l'humanité[95]. Au début des années 1870, comme Huxley en Angleterre, Virchow, cofondateur et premier président de la célèbre Société berlinoise d'anthropologie, d'ethnologie et de préhistoire, s'oppose farouchement au « mythe aryen » en effectuant une étude anthropologique sur plusieurs milliers d'enfants allemands d'où il ressort que la plupart ne correspondent pas au morphotype aryen. En fait, c'est l'ethnologue allemand Penka qui va populariser l'image du grand Aryen blond aux yeux bleus et au crâne allongé d'origine scandinave[96]. Quelques années plus tard, l'écrivain anglais Houston Chamberlain soutiendra, dans son ouvrage de 1899, que la race supérieure décrite par

Gobineau n'a pas cessé d'exister et qu'elle subsiste à l'état pur en Allemagne et en Europe du Nord[97]. Quant à l'anthropologue Vacher de Lapouge, l'un des premiers théoriciens de l'eugénisme, persuadé que le sort du monde reposait sur la victoire des Aryens sur les Juifs, il publiera en 1899 le texte de son « cours libre de science politique, professé à l'université de Montpellier, 1889-1890 », sous le titre : *L'Aryen, son rôle social*[98], ouvrage sur lequel se fondera l'antisémitisme nazi. Ces idées seront particulièrement bien accueillies en Europe, tout particulièrement par la majorité des Allemands qui rêve de la « Grande Allemagne » (le Pangermanisme). À travers la notion de « race aryenne supérieure », certains théoriciens allemands semblent détourner celle de « peuple élu », concept fondateur du peuple juif.

Pour les nazis, les premiers Aryens ressembleront physiquement, comme l'a écrit Chamberlain, aux peuples nordiques et représenteront une « race supérieure ». Les caractères physiques ne pouvant à eux seuls caractériser un « Aryen », ils s'appuieront aussi sur la filiation et sur le mythe de la « malédiction de Cham » pour justifier l'opposition entre Sémites et Aryens ainsi que la « solution finale ». Des critères très proches seront repris par les lois pétainistes d'octobre 1940, avec des effets inattendus puisque des Français des Antilles, d'origine africaine et amérindienne, seront considérés comme « Aryens ». Aujourd'hui, le concept de « race aryenne » est abandonné, excepté par certains groupes extrémistes revendiquant notamment la supériorité de la « race » blanche (Ku Klux Klan, skinheads, néonazis).

Les fondements de l'eugénisme

Les principaux courants idéologiques de la seconde moitié du XIXe siècle vont également favoriser le développement de l'eugénisme. Les eugénistes trouvent, en effet, des arguments dans la théorie de l'évolution de Darwin : la civilisation ne doit pas contrecarrer les mécanismes de la sélection naturelle par des dispositifs sociaux de protection des « inférieurs » (pauvres, handicapés, malades). En réalité, il s'agit là d'un détournement du darwinisme. Si, dans son ouvrage de 1871, Darwin reprend les conclusions de son cousin, l'anthropologue et statisticien britannique Galton, sur l'hérédité, affirmant qu'il est probable que le « talent » et le « génie » chez l'homme soient héréditaires, en plaçant l'esprit de fraternité humaine au-dessus des lois scientifiques, il se refuse à adopter ses conclusions politiques. Pour l'historien des sciences André Pichot, le rapport entre eugénisme et sciences biologiques, aux mêmes présupposés héréditaristes, n'est cependant pas univoque. Si la science biologique participe à la légitimation de la doctrine eugéniste, cette doctrine renforce en retour le rôle social de la science. Le projet eugéniste participe ainsi à la construction de l'image progressiste, fournisseuse de bienfaits à l'humanité, de la science de la fin du XIXe siècle[99].

Dès l'origine, l'eugénisme de Galton, considéré comme le père fondateur de cette idéologie, est imprégné de racisme, conforté par les préjugés vis-à-vis des Noirs qu'il a rapportés de son séjour en Afrique du Sud en 1850. Ce néologisme qu'il utilise pour la première fois en 1883 désigne la « science de l'amélioration des lignées humaines[100] ». Défenseur de la thèse de Darwin sur la sélection naturelle, il cherche à démontrer « scientifiquement » le caractère héréditaire des « capacités naturelles » de l'Homme[101]. Mais l'eugénisme est surtout une idéologie. Pour ses partisans, le salut de la civilisation occidentale passe par la soumission du politique aux principes scientifiques et, si les règles sociales contrarient le processus de sélection naturelle, il faut exercer les mesures sélectives indispensables à l'évolution de l'espèce humaine. Soutenue par certains États, qui veulent par la contrainte soit éradiquer les caractères jugés préjudiciables à l'espèce humaine, soit favoriser ceux perçus comme bénéfiques, cette idéologie a conduit à des atrocités.

Pour le philosophe Jean-Paul Thomas, l'eugénisme a l'obsession de la décadence[102]. En Grande-Bretagne, cette doctrine s'est développée à un moment où la « révolution » industrielle engendrait une nouvelle classe, celles des prolétaires, pour la plupart pauvres et souffrant de maladies ou de handicaps. Considérée comme « inférieure », cette population est devenue pour la classe dirigeante victorienne (en particulier, l'aristocratie) un sujet d'inquiétude profond[103] – ce que Taguieff dénomme la « mixophobie sociale[104] ». Celle-ci est attestée par le statisticien britannique Pearson, pour qui le taux de naissance élevé chez les pauvres mettrait en danger la civilisation, et par l'ardente féministe Clémence Royer, qui, dans la préface de la traduction en français du livre de Darwin, dénonce notamment une société où le faible prédomine sur le fort à cause des protections sociales accordées au premier[105]. Déjà dans son ouvrage de 1869, Galton concluait au caractère héréditaire du génie des grands hommes britanniques[106] et déclarait qu'il fallait, pour maintenir la lignée de la « race supérieure », éviter le mélange des sangs (c'est la notion de « race pure ») par une reproduction sélective – comme pour les animaux domestiques – en favorisant les unions de personnes de même classe sociale[107]. Cette méthode, nommée par lui « viriculture », devient l'« eugénisme » dans l'ouvrage qu'il publie en 1883. Galton s'oppose aussi aux principes de l'égalité naturelle et, donc, politique des Hommes. Quelques années plus tard, Vacher de Lapouge voudra, quant à lui, substituer à la formule révolutionnaire « Liberté, égalité, fraternité » celle de : « Déterminisme, Inégalité, Sélection[108] ». Selon le philosophe Michel Foucault, cette « guerre des races », où la « race » n'est pas caractérisée par des critères biologiques, conduit au racisme d'État[109]. Le tournant des XIXe et XXe siècles est celui du triomphe de l'eugénisme et du diffusionnisme. La classification des « races » de Gobineau continue de faire autorité jusqu'à la première moitié du XXe siècle. Le modèle du progrès par amélioration personnelle, la lutte en étant le moteur, va être suggéré par un contemporain de Darwin, le sociologue anglais lamarckien Spencer.

Jusqu'à la fin du XIXe siècle, à de rares exceptions près[110], les anthropologues-ethnographes ont, comme beaucoup de préhistoriens, un autre métier, et leurs travaux résultent essentiellement de la compilation d'informations. Ce sont des « chercheurs de cabinet » et non des hommes de terrain. Ils travaillent à partir des descriptions laissées par les explorateurs, les officiers coloniaux, souvent militaires, les négociants ou les missionnaires[111]. Seuls quelques-uns perpétueront cette tradition au début du XXe siècle, comme l'Écossais Frazer qui soutient la théorie d'un développement unilinéaire des civilisations dans son ouvrage *Le Rameau d'or*[112]. Les séjours sur le terrain des anthropologues-ethnographes vont les transformer en ethnologues, et les descriptions plus objectives qu'ils vont laisser, contribuer à modifier la perception des peuples lointains.

CHAPITRE 8

Le tournant du XXe siècle

À partir du début du XXe siècle, la préhistoire se professionnalise. La Société préhistorique de France (SPF) est fondée en 1904. La création de l'Institut de paléontologie humaine (IPH) marque également une étape importante dans la recherche en préhistoire, déjà présente au Muséum national d'histoire naturelle avec les chaires d'enseignement d'anthropologie, d'ethnographie et de géologie du Quaternaire, consacrées aux origines de l'Homme. Dès 1908, Breuil et Boule en portent le projet. C'est SAS le prince Albert Ier de Monaco qui signe, en juillet 1910, l'acte de création de la Fondation IPH qui va soutenir les recherches, de la fouille à la conservation des objets qui en sont issus en passant par leur étude[1]. Quatorze ans plus tard, des cours libres y seront dispensés (jusqu'en 1939, puis de nouveau à partir de 1980). De grands préhistoriens en seront directeurs, comme Boule, Breuil, Vallois, Balout[2]. Au Collège de France, la première chaire de préhistoire est créée en 1929, l'abbé Breuil en sera le premier détenteur.

Dès le milieu du XIXe siècle, plusieurs scénarios de l'hominisation ont été proposés par les préhistoriens. La théorie « cérébraliste », selon laquelle c'est l'augmentation du cerveau qui serait le vecteur de l'évolution humaine, a longtemps dominé. Puis, d'autres critères anatomiques sont pris en compte, comme la bipédie, qui, en libérant les mains, a permis à l'Homme de confectionner des outils. D'autres chercheurs considèrent que ce sont les productions humaines, la fabrication d'outils, qui différencient l'Homme des animaux[3] ou bien encore leurs activités de subsistance comme la pratique de la chasse aux grands mammifères[4]. Quoi qu'il en soit, c'est l'acceptation de l'art pariétal préhistorique qui constitue le tournant entre la préhistoire du XIXᵉ siècle, qui repose sur l'évolution biologique de l'Homme et la question des origines, et celle du XXᵉ siècle où l'évolution des cultures devient prépondérante. Toutefois, malgré cette découverte majeure, l'image négative du Préhistorique persiste durant la première partie du XXᵉ siècle, comme en témoignent les dénominations scientifiques des fossiles humains : australopithèque ou singe austral ; *Paranthropus*, celui « à côté des hommes » ; *Plesianthropus*, celui « voisin des hommes ». Une réticence subsiste à admettre à ces premiers Hominidés leur pleine humanité. Les clichés sont également de mise dans la description faite alors des comportements des Hommes préhistoriques : pauvres hères, stupides et violents, tentant de survivre dans une nature hostile.

C'est également au début du XXᵉ siècle que des anthropologues-ethnographes rejettent l'évolutionnisme culturel et développent les recherches sur la « mentalité primitive » avec en particulier le sociologue Lévy-Bruhl qui y consacre six volumes (entre 1910 et 1937). Dans l'avant-propos de son livre *La Mentalité primitive* (1922), il rapporte que le premier titre (datant de 1910) était *Fonctions mentales dans les sociétés inférieures*, vu que les expressions « mentalité » et « primitive » n'étaient pas encore entrées dans le langage courant. Dans ce livre, Lévy-Bruhl dénonce certains propos rapportés par les voyageurs et les missionnaires et tente de dégager certaines habitudes mentales caractéristiques des Primitifs et de montrer pourquoi et comment elles diffèrent des nôtres, notamment par leur rapport aux puissances invisibles. Pour lui, les traiter de primitifs est bien impropre, car la mentalité primitive est essentiellement mystique. Dès 1897, le géographe allemand Ratzel, plus proche des conceptions darwiniennes, avait divisé l'espace en « aires culturelles » (*Kulturkreis*). Cette anthropogéographie[5], à la base du concept de « morphologie culturelle » popularisé par Frobenius, justifie la chronologie relative des cultures (supérieures et inférieures). Cependant, associée à la théorie du diffusionnisme, elle rejette celle de l'évolutionnisme unilinéaire de transformation culturelle par stades.

La reconnaissance
de l'art pariétal paléolithique

Parmi les plus ancienne découvertes d'art pariétal figurent les gravures de la grotte Chabot (Gard), signalées en 1878 par l'instituteur Chiron. Mais cette découverte n'eut à l'époque aucun retentissement. Ce n'est qu'avec celle des peintures de la grotte d'Altamira (Cantabrie, Espagne[6]) que le débat sur l'existence d'un art pariétal préhistorique s'engage. En 1879, Maria, la fille du fouilleur de Sautuola, aperçoit pour la première fois des bisons peints au grand plafond de la grotte. Son père expose cette extraordinaire découverte dans une publication datée de 1880[7]. Lors du congrès international d'anthropologie et d'archéologie préhistorique, qui se tient la même année à Lisbonne, Vilanova y Piéra, alors professeur de géologie à l'Université de Madrid, invite tous les paléontologues et les préhistoriens présents à visiter la grotte d'Altamira. Seul à accorder son soutien à Sautuola, il effectue des copies des peintures. S'ensuivent vingt ans de scepticisme de la part des savants de renom, comme Harlé qui l'accuse même d'être un faussaire en raison, entre autres arguments, de l'état de fraîcheur des peintures[8]. Ce n'est qu'après les découvertes successives de plusieurs grottes ornées, la Mouthe (Dordogne[9]), Pair-Non-Pair (Gironde[10]) et surtout les Combarelles et Font-de-Gaume (Dordogne[11]), que Cartailhac, après avoir visité la grotte d'Altamira en compagnie de Breuil, fera, en 1902, son célèbre *Mea culpa d'un septique*, dans lequel il reconnaît l'authenticité des peintures : « Il faut s'incliner devant la réalité d'un fait[12]. » Durant le congrès de l'Association française pour l'avancement des sciences qui se tient à Montauban en 1902, adversaires et partisans de l'art pariétal préhistorique vont s'affronter une dernière fois[13]. À partir de là, à de rares exceptions près, comme avec Massénat, le monde scientifique va accepter son existence et l'image du Préhistorique, s'en trouver modifiée.

Le débat se déplace alors sur la position chronologique des représentations, leurs significations et leurs implications quant aux comportements symboliques des Préhistoriques. Plusieurs interprétations vont être proposées. Le mot « artiste », pour qualifier les artisans de l'art mobilier préhistorique, est utilisé sans ambiguïté dès 1870 par les artistes, mais pas encore par les préhistoriens. Pour Piette, l'art périgourdin présente « un tracé d'un trait lourd, des figurations grossières et d'une grande naïveté », et celui des Pyrénées est dénué de toute composition d'ensemble[14]. Au début du XXe siècle, la théorie dominante demeure celle de « l'art pour l'art » initiée par Lartet et Christy et reprise par le grand spécialiste de l'art mobilier Piette en 1873, c'est-à-dire un art spontané sans considération mystique ou religieuse, comme l'écriront G. de Mortillet[15] et Cartailhac[16]. On constate un consensus sur la qualification d'œuvres d'art naturalistes, dont le réalisme, qui traduit le mode vie – de survie – prêté aux Préhistoriques, prouverait leur ancienneté. Une fois encore, cette vision s'inscrit dans celle d'une évolution linéaire et progressive des cultures. Les « œuvres » se multiplient au

Magdalénien durant une époque assimilée à une période
d'abondance et de félicité, à la différence des époques
antérieures, mais aussi du Néolithique, période durant
laquelle, en même temps qu'apparaissent les premiers
conflits, disparaît cet art naturaliste[17]. La vision que l'on a
alors du Préhistorique du Paléolithique supérieur correspond à celle de l'âge d'or et du « bon Sauvage », naïf et
oisif[18]. Puis, pour interpréter les représentations pariétales, les données sur les peuples dits primitifs rapportées
par les ethnologues sont utilisées par des préhistoriens
comme Cartailhac et Breuil dans leur monographie de
1906 consacrée à la grotte d'Altamira. L'hypothèse de
« l'art pour l'art » est abandonnée au profit de celle de
« l'art magique » proposée par Reinach, pour qui l'art
paléolithique serait l'expression de rites de chasse ou de
fécondité[19]. Pour Nathalie Richard, ce changement traduit
celui de la vision du mode de vie du Préhistorique, perçue
dès lors comme misérabiliste[20]. Dès que l'on constate que
les animaux figurés sont différents des espèces chassées,
l'hypothèse d'une magie de la chasse est à son tour
abandonnée.

Plus tard, dans les années 1950-1970, après l'authentification par Breuil des peintures de la célèbre grotte de
Lascaux (Dordogne[21]), influencés par le structuralisme,
les préhistoriens André Leroi-Gourhan et Laming-
Emperaire[22] mettront en évidence l'organisation des
représentations sur les parois et percevront dans les figurations animales des couples d'opposés, principe omnipré-
sent dans la plupart des mythologies. Le professeur André
Leroi-Gourhan, après avoir réalisé un traitement statistique des représentations, aboutira à une interprétation
symbolique des figurations (couple d'animaux, exemple
cheval-bison ou aurochs, symboles masculin-féminin[23]).
Aujourd'hui, l'interprétation de l'art paléolithique est plu-
raliste (croyances – chamanisme – mythes ou pratiques
rituelles diversifiées comme l'initiation). En outre cet art

n'est plus envisagé comme invariant dans le temps et dans l'espace, mais comme le reflet d'organisations sociales plurielles. Ainsi, le préhistorien Denis Vialou, grand spécialiste de l'art, a mis en évidence l'existence de différences et de spécificités régionales et locales. Précisant que chaque grotte correspond à un système qui lui est propre, il a réfuté une approche globalisante, trop réductrice à son goût[24].

Le dogme du diffusionnisme et l'origine des Homo sapiens

En 1907, Breuil, comme nombre de ses prédécesseurs, explique les différentes cultures mises en évidence par l'étude des matériels exhumés des fouilles préhistoriques par des venues successives d'Hommes importateurs de nouvelles cultures. Cette conception sera soutenue par plusieurs préhistoriens. Klaatsch par exemple, suite à la découverte en 1909 de l'homme fossile de type moderne de Combe-Capelle (Dordogne), estime que les Caucasiens dérivent des Aurignaciens arrivés d'Asie. Il sera suivi par Peyrony, pour qui, ayant lui aussi une conception nationaliste des tribus préhistoriques, l'évolution des cultures, en particulier du Paléolithique supérieur, découle de conflits entre autochtones et envahisseurs[25], et par Georges Poisson en ce qui concerne l'origine du Néolithique[26].

Cette incapacité d'admettre une évolution culturelle *in situ* trouve en partie son origine dans « l'archéologie des peuples » développée par les romantiques allemands partisans de la spécificité irréductible des peuples (comme Riehl). Cette idéologie influence le concept de culture, qui se réfère soit aux données de terrain (naturalisme), soit à l'histoire (basée sur l'ethnie ou le peuple). L'anthropologue Louis Capitan suggère de définir une culture d'après le contexte géologique : sa définition est aujourd'hui acceptée par la plupart des préhistoriens[27]. Durant plus d'un siècle, les préhistoriens, pour la plupart géologues ou naturalistes, ont construit des phylums culturels calqués sur le modèle transformiste des phylums biologiques, ce qui soulève de nombreuses questions. Un objet, et la tradition technique qui l'a façonnée, ne peut à lui seul définir une culture : son apparition ou sa disparition ne signifie donc aucunement celle d'une culture. En outre, corréler une tradition technique ou une culture à une ethnie, voire à une race comme au XIXᵉ siècle, n'a aucun fondement scientifique car l'isolement des populations, contrairement à celui des espèces, n'existe pas : il y a toujours plus ou moins des échanges entre elles (diffusion des connaissances et des savoir-faire, autant que des objets). D'ailleurs, l'attribution de vestiges similaires à un même peuple, à une même « race », quelle que soit sa position géographique, avait été réfutée dès 1873 par Broca[28], mais il est difficile pour les anthropologues du XIXᵉ et du début du XXᵉ siècle de percevoir la complexité des phénomènes culturels. Le diffusionnisme sera par la suite l'objet d'importantes critiques en raison, d'une part, de certaines erreurs méthodologiques[29] et, d'autre part, de son réductionnisme (globalisation et schématisation des faits culturels). Il aura néanmoins longtemps servi à justifier la hiérarchie des sociétés, en particulier aux États-Unis.

Si l'origine et l'évolution des cultures préhistoriques sont sujettes à débats, ceux relatifs à l'évolution de l'Homme et à son origine provoquent également de vifs échanges. Dans les années 1910, après la découverte de plusieurs restes de Néanderthaliens[30], un nouveau débat s'engage, celui de la place de la lignée néanderthalienne dans l'évolution humaine. Parallèlement, les anthropologues, notamment anglais et français, tentent de prouver que les premiers Hommes modernes (*Homo sapiens*) sont apparus dans leurs pays respectifs. C'est, alors, une ques-

tion de fierté nationale... et d'enjeux personnels ! Pour
l'anthropologue et anatomiste écossais Keith, membre du
prestigieux Royal College of Surgeons d'Angleterre, faute
d'autres candidats, les Néanderthaliens sont les ancêtres
des Hommes modernes[31]. Cependant, un an plus tard, il
change d'opinion et considère le rameau des Néanderthaliens comme une branche collatérale qui a divergé depuis
longtemps de celui des *Homo sapiens*[32]. En effet, dès 1912,
tous les défenseurs de l'authenticité de l'homme de Piltdown soutiennent la théorie de l'existence de pré-*sapiens*
et du développement cérébral antérieur à celui du squelette postcéphalique. Boule partage cette idée : les Néanderthaliens n'ont aucun lien avec les Hommes modernes
et se sont éteints sans descendant[33]. En outre, pour lui,
alors que Darwin évoquait une origine africaine, les
Hommes modernes sont d'origine asiatique[34]. Il semble
être contredit sur ce dernier point par la découverte dans
une mine près de Kabwe en Zambie, en juin 1921, des
restes de l'Homme de Rhodésie : un squelette qui présente
des caractères à la fois archaïques et modernes. Il est étudié à Londres par Woodward qui le nomme *Homo rhodesiensis*. Dès lors, Keith le considère comme le plus proche
de l'ancêtre commun des Hommes modernes. Mais, pour
d'autres chercheurs, comme Schwalbe (qui ne croit pas
au fossile de Piltdown[35]), Weidenreich ou le Tchèque
Hrdlicka, spécialiste d'anthropologie biologique émigré
aux États-Unis comme Weidenreich, les Néanderthaliens
correspondent à un stade morphologique de l'évolution
qui mène à l'Homme actuel[36], voire celui qui le précède
immédiatement[37]. En outre, Hrdlicka avance l'hypothèse
de l'existence de plusieurs populations néanderthaliennes
(une variabilité due au climat). Par ailleurs, pour cet
anthropologue qui étudia la variabilité des populations
natives américaines, les fossiles attestent que l'Homme
moderne est apparu en Europe, puis a migré en Amérique
du Nord par le détroit de Béring. Quant à Weidenreich, à

l'origine de la théorie du multirégionalisme qui sera peu suivie, car elle implique une origine ancienne des variations observées chez l'Homme actuel, il s'oppose à ce modèle « eurocentrique ».

Parallèlement, des découvertes en Afrique réactualisent la question des premiers ancêtres. En 1924, l'anthropologue australien Raymond Dart exhume un moulage endocrânien naturel et un fragment facial d'un enfant à Taung en Afrique du Sud. Considéré comme un représentant du « chaînon manquant », il le nomme *Australopithecus africanus*[38]. À l'époque, seuls quelques anthropologues, comme Le Gros Clark et le paléontologue sudafricain Robert Broom, le considèrent comme appartenant à un Hominidé – Keith, par exemple, l'attribue à un gorille juvénile. Pour Dart, les Australopithèques sont bien les ancêtres des Hommes[39]. Cependant de nouveaux fossiles trouvés en Chine relancent la controverse. En 1927, dans la grotte de Zhoukoudian (Chou-kou-tien), située sur les pentes de la colline dite de « l'Os de dragon », à une cinquantaine de kilomètres de Pékin, des dents humaines sont découvertes par les collaborateurs de l'anthropologue canadien Davidson Black qui dirige alors les fouilles. Ce dernier n'hésite pas à les attribuer à une nouvelle espèce : *Sinanthropus pekinensis*. Durant les fouilles, qui perdureront jusqu'en 1937, de nombreux ossements humains sont exhumés, dont une mandibule (en 1928) et une calotte crânienne (en 1929). Malheureusement, tous ces fossiles humains ont disparu en 1941 durant la guerre sinojaponaise. L'Asie continue à livrer des fossiles humains très anciens. Au début des années 1930, dans les sédiments d'une terrasse alluviale située au-dessus de la rivière Solo (site de Ngandong, Java), l'exhumation de restes humains, dont onze crânes, est signalée par le paléontologue allemand Koenigswald qui découvre en 1936 le calvarium d'un jeune individu à Mojokerto (Java est) qu'il attribue à *Pithecantropus erectus*. Pour Dubois, le

Pithécanthrope de Java, bien qu'il le perçoive comme un grand gibbon, demeure le seul véritable ancêtre humain. Hrdlicka, lui, maintient ses positions : tous ces restes appartiennent à des Néandertaliens « tropicaux », car, pour lui, ils entrent dans la variabilité de l'espèce. Quant à Keith, d'abord partisan de l'existence du Sinanthrope, dans un second temps, il déclare que ce fossile présente un mélange de caractères néanderthaliens, de Pithécanthrope et d'Homme moderne.

Cependant, l'hypothèse de la non-filiation directe des Hommes modernes et des Néanderthaliens est confortée par les fouilles menées au Proche-Orient dans les années 1930, en particulier par l'archéologue anglaise Dorothy Garrod dans la région du mont Carmel en Palestine[40]. L'étude des fossiles humains est réalisée par Keith, puis par McCown. Ils constatent que les plus anatomiquement modernes sont les plus anciens, ce qui ne s'était jamais vu jusqu'alors. Pour Keith, il s'agit d'une seule population. En réalité, ces découvertes au Proche-Orient mettent en évidence la contemporanéité dans cette région des Néanderthaliens (arrivés d'Europe vers 120 000 ans) et des premiers Hommes modernes (des proto-Cro-Magnon). Mais la reconnaissance de l'existence de deux types de populations contemporaines continue à susciter de nombreux débats et provoque une controverse sur la place des Néanderthaliens dans l'évolution humaine. Les deux théories évolutives d'*Homo sapiens*, celle de l'existence d'une « phase néanderthalienne » et celle de Présapiens, soutenue, entre autres, par le paléoanthropologue Vallois[41], s'affronteront jusqu'aux années 1960. Ces querelles attestent de la difficulté d'admettre une Humanité plurielle. Aujourd'hui, pour la plupart des chercheurs, les Néanderthaliens sont considérés comme appartenant à une lignée humaine éteinte.

Bien que certains paléoanthropologues, comme Boule dès 1920, optent pour un modèle évolutif buissonnant[42], la hiérarchisation des « races préhistoriques » se poursuivra jusqu'au milieu du XXe siècle. À partir d'un fossile humain découvert en Dordogne, Klaatsch construit une nouvelle théorie polygéniste particulièrement raciste. En 1909, Hauser, qui fouille la grotte de Combe-Capelle (Dordogne), trouve la sépulture d'un Homme moderne associée à des coquillages et à des outils aurignaciens. Klaatsch, avec qui il collabore, fait de ce spécimen une nouvelle espèce fossile : *Homo aurignacensis*. Pour lui, les races n'ayant pas toutes le même ancêtre, elles ne sont donc pas toutes issues de la même espèce et renvoient à différents ancêtres simiesques[43]. La souche caucasienne, la plus évoluée, est issue de ce fossile, lui-même originaire d'un migrant asiatique dont l'ancêtre ressemblait à l'orang-outan[44]. Cette hypothèse n'est toutefois pas retenue par la communauté scientifique, par ailleurs hostile à ces chercheurs « allemands[45] ».

Les découvertes de restes de Néanderthaliens se multiplient, et certains issus de fouilles anciennes sont même réétudiés. En 1907, la nouvelle analyse du crâne de Gibraltar découvert en 1848 confirme l'attribution à un Néanderthalien de Falconer en 1864. Un an plus tard, dans l'abri du Moustier (Dordogne), Hauser découvre en contexte sépulcral le squelette d'un adolescent reconnu par les savants allemands comme appartenant à un Néanderthalien. La même année, les abbés Bouyssonie et Bardon exhument l'Homme de La Chapelle-aux-Saints (Corrèze) enseveli intentionnellement. En 1909 et 1910, Peyrony et Capitan découvrent les premières sépultures néanderthaliennes de La Ferrassie (Dordogne) ; un an plus tard c'est au tour du squelette féminin de La Quina (Charente) par le Dr Henri-Martin. Parallèlement, la reconnaissance comme Hommes fossiles très anciens des Pithécanthropes de Java change la place des Néanderthaliens dans la lignée humaine : ils ne sont plus désormais placés entre le singe et l'Homme moderne, mais entre ce dernier et les Pithécanthropes. Dès lors, ils deviennent plus « acceptables ».

Suite aux découvertes d'Hominidés hors d'Europe, les recherches se déplacent sur d'autres continents. À partir de 1920, les savants se mettent en quête du berceau de l'humanité, d'abord, par référence à la Bible, en Asie[46], puis en Afrique[47]. Mais les présupposés ont la vie dure et influent sur les jugements des plus grands savants comme le paléoanthropologue Boule pour qui les Sinanthropes sont des « préhominiens[48] ». De même, dans son ouvrage de 1931, Verneau, un évolutionniste qui adhère à la théorie de l'existence d'une parenté entre l'humanité primitive et les singes, distingue comme « races », des plus anciennes aux plus récentes, celle de Heidelberg[49], celle de Néanderthal[50], celle de Grimaldi considérée comme négroïde et de « type humain inférieur[51] », celle de Cro-Magnon[52] et celle de Chancelade dont beaucoup d'Européens descendraient. À propos de la race de Grimaldi, il écrit : « Avec des traits néanderthaliens et même des singes anthropoïdes, la race de Grimaldi a légué de son sang aux générations qui lui ont succédé car on la rencontre encore aujourd'hui, cas isolés, en quelques points du bassin du Rhône, de l'Italie du Nord... » Quant à la « race de Cro-Magnon », qui ne mérite plus d'être qualifiée de primitive, elle aurait des descendants actuels dans certaines contrées comme l'Afrique du Nord[53]. Bien que fier de l'humilité de nos origines, Verneau pense que l'humanité est en constant progrès, suggérant ainsi l'infériorité des « races » les plus anciennes. La théorie d'une évolution unilinéaire et progressive persiste encore, le progrès étant perçu ici comme une loi de la nature, donc éternel. Par ailleurs, la vision adamique de l'origine de l'Homme n'a pas totalement disparu, comme l'atteste l'hypothèse de l'Ève africaine proposée en 1987 par le biologiste Allan Wilson de l'Université de Berkeley (Californie) et ses collaborateurs. Apparue en Afrique orientale, il y a 200 000 ou 150 000 ans, elle serait à l'origine de tous les Hommes anatomiquement modernes (fossiles comme actuels[54]).

Le changement
de paradigme préhistorique

Le XXe siècle naissant voit la remise en cause par certains préhistoriens de l'évolution unilinéaire et progressive des techniques, vision jusqu'alors dominante, et, par certains paléontologues, de l'évolution linéaire de l'Homme. En 1906, lors du 13e congrès de l'Association française pour l'avancement des sciences qui se tient à Monaco, le jeune Breuil, soutenu par Cartailhac et Piette, s'attaque à la chronologie de G. de Mortillet[55]. Pour Breuil, confirmant les intuitions de Dupont, l'Aurignacien existe bel et bien ; il avance pour preuve la stratigraphie de plusieurs grottes, dont celle des Cottés (Vienne) et le façonnage des pointes de sagaie en matière osseuse qui diffère de celui observé dans les couches postérieures, notamment magdaléniennes. Ce n'est pas un « Solutréen dégénéré », comme il avait été suggéré, mais bien une époque postérieure au Moustérien et antérieure au Solutréen. S'engage alors, entre lui et les défenseurs de la théorie de Mortillet, décédé en 1898, notamment son fils aîné Adrien[56] et le Dr préhistorien Girod, ce qui sera appelé plus tard « la bataille de l'Aurignacien ». Elle durera sept ans ; suite à une attaque provoquée par les insinuations de Breuil l'accusant de truquer les données, Girod en meurt. La parution en 1913 du célèbre article de Breuil ruine définitivement la chronologie de G. de Mortillet[57]. À son tour, le préhistorien Vayson de Pradenne, s'appuyant sur la complexité des industries, réfute le système de classification des industries de Mortillet[58]. On observe dès lors un changement de paradigme préhistorique, le principe de la loi du progrès linéaire est remis en question. La succession des cultures, matérielles, mais aussi des comportements sociaux et symboliques, remplace celles des époques. Cette période voit également la reconnaissance, notamment par Breuil et Peyrony[59], de la coexistence de cultures, hypothèse déjà envisagée par Dupont en 1874.

L'acceptation de la coexistence de types humains différents sera plus tardive que celle des cultures. En effet, jusque dans les années 1970, les deux types humains, les Néanderthaliens et les Hommes modernes, et leur culture respective concordaient. Venait s'ajouter une corrélation parfaite avec la chronologie, absolue et climatique, qui fournissait ainsi un cadre confortable. Mais les fouilles au Proche-Orient ont prouvé que les proto-Cro-Magnon avaient la même industrie (Moustérien) que les Néanderthaliens et que les outils ne sont donc pas systématiquement liés à une espèce. Après la Seconde Guerre mondiale, les chercheurs, en particulier nord-américains, vont réexaminer les fossiles et proposer, en tenant compte des variabilités intra-spécifiques, de nouvelles taxinomies simplifiées. Ainsi, le paléoanthropologue américain Howell ne conservera que deux genres : *Australopithecus* et *Homo*, et réduira le nombre d'espèces dans chacun d'entre eux[60]. À partir des années 1950, l'apparition de la génétique va, elle aussi, remettre en question l'évolution linéaire de l'Homme et la notion de « races[61] ». Le généticien américano-russe Dobzhansky et le biologiste allemand Mayr regroupent les Néanderthaliens *Homo rhodesiensis* et *Homo soloensis* (fossile de Ngandong) avec *Homo sapiens*[62]. Mais la notion d'espèce biologique est difficile à prouver pour les restes fossiles, difficulté liée notamment à la mauvaise conservation de l'ADN ancien. Quelques années plus tard, les généticiens mettent en évidence la dérive génétique qui explique les différences et les similitudes chez une même espèce, comme l'avait pressenti Howell dans sa classification de 1957 où il faisait évoluer les Néanderthaliens anciens vers les Néanderthaliens classiques. Dans les années 2000, l'éthologiste britannique Richard Dawkins[63] et surtout les généticiens Wilson[64] et Sykes de l'Université d'Oxford[65] tentent d'identifier les ancêtres communs à toute l'Humanité en travaillant sur des ADN mitochondriaux (ADNmt) transmis uniquement par la mère. Chez les Hommes actuels, tous les ADNmt semblent avoir une origine commune. C'est la naissance de la théorie de l'« Ève mitochondriale ».

D'après les calculs de la vitesse de mutation dans cet ADNmt[66], cette « Ève » aurait vécu il y a environ 150 000 ans et, d'après la phylogénie, en Afrique subsaharienne, d'où son surnom d'« Ève africaine ». En outre, elle aurait eu sept « filles », dont, selon cette théorie, chaque femme actuelle descendrait. Pour certains chercheurs, c'est la preuve de l'origine unique et africaine d'*Homo sapiens*. Cette hypothèse semble confirmée par la grande diversité des ADNmt chez les Africains actuels[67], mais elle demeure encore controversée. Par ailleurs, des recherches sur le chromosome Y (ADN nucléaire) auraient permis d'identifier un ancêtre masculin commun à tous les Hommes modernes. Cet « Adam » aurait vécu, lui aussi, en Afrique, mais il y a seulement 39 000 ans environ. Cette théorie d'une origine humaine unique rejoint la vision « adamique » de l'évolution qui a dominé durant plusieurs siècles. Cependant, comme pour les cultures, il n'y a pas un Homme préhistorique, mais des types humains divers et successifs, parfois contemporains. L'évolution, biologique et culturelle, n'est donc pas linéaire mais buissonnante.

Néanderthal victime d'une forme
de « racisme » rétrospectif

Premier Homme fossile, différent de l'Homme actuel, à être découvert, Néanderthal a joué un rôle fondamental dans l'histoire de la reconnaissance de l'ancienneté de l'Homme et de son évolution. Néanmoins, durant près d'un siècle, les hypothèses émises à son encontre ont plus reflété les préjugés du moment qu'elles n'ont fait progresser la science. Jusqu'à la seconde moitié du XXᵉ siècle, il aura été victime d'une sorte de racisme rétrospectif, lié probablement à l'image mentale que l'on se faisait des « races » humaines. Comme le Sauvage, l'Autre, Néanderthal a tantôt été méprisé, considéré comme inférieur, tantôt valorisé, mais il est toujours resté au centre des débats comme en attestent les nombreux ouvrages scientifiques ou de vulgarisation qui lui sont consacrés.

Avec son front bas, sa visière sus-orbitaire (due au fort développement de ses arcades sourcilières) et son gros crâne en forme de ballon de rugby, Néanderthal est d'abord considéré comme un Homme moderne pathologique ou dégénéré, comme un être intermédiaire entre l'Homme et les singes, puis il est rapproché de la « race de Cannstadt », avant d'être définitivement reconnu comme représentant d'une lignée humaine. Pour King, *Homo neanderthalensis* devait vivre dans des « ténèbres » morales[68]. Dans les années 1880, les premières figurations de Néanderthaliens, comme les dessins qui illustrent la page de garde de la 9ᵉ édition du livre de MacLean[69] ou ceux de Lohest[70], les représentent mi-hommes, mi-bêtes ou avec des caractères simiesques accentués. Seul celui de Shaaffhausen, qui s'appuie sur les caractéristiques anatomiques des fossiles connus à l'époque, se rapproche de la réalité[71]. En 1895, après avoir effectué une étude comparative des « races sauvages » (d'Inde, d'Australie, des îles Andaman) et des Néanderthaliens, le Britannique William Turner considère ces derniers comme des « sauvages aux genoux arqués[72] ». Au début du XXe siècle, ils sont toujours rapprochés des singes. Vus comme des êtres frustes et grossiers, ils sont représentés velus, voûtés, penchés en avant (en position semi-fléchie), avec un gros orteil vaguement préhensile. Le bâtiment de l'Institut de paléontologie humaine à Paris[73] en est une parfaite illustration. Sur la façade principale de ce bâtiment, au-dessus de la porte d'entrée sous le blason des Grimaldi, on peut voir la sculpture du crâne de La Chapelle-aux-Saints[74] et, du côté de la porte de service, située boulevard Saint-Marcel, au-dessus de représentations de grands singes, celle d'un Néanderthalien « bestialisé » recroquevillé dans sa grotte.

Avec la découverte des restes de Néanderthaliens à Krapina (Croatie) se renforce l'image d'êtres sauvages et, de surcroît, cannibales. Dans cette grotte, découverte en 1899 et fouillée jusqu'en 1905 par le paléontologue Gorjanovic-Kramberger, des restes osseux appartenant à plusieurs dizaines de Néanderthaliens, dont de nombreux jeunes, sont exhumés, associés à quelques outils et ossements d'animaux. La présence sur certains os humains de stries de découpe, de traces de calcination et leur fragmentation suscitent de nombreux débats, voire des controverses. Pour le fouilleur, les Néanderthaliens de Krapina étaient des cannibales. D'ailleurs, la pratique du cannibalisme durant la préhistoire avait déjà été discutée trente ans plus tôt, notamment à propos de la mandibule brisée de La Naulette, appartenant elle aussi à un Néanderthalien. Avec le développement de la phrénologie (étude des caractéristiques mentales), dans le contexte racialiste et colonial de l'époque, ces fossiles sont rapprochés des « types humains inférieurs ». Pour Klaatsch, les Néanderthaliens descendent d'un ancêtre ressemblant à un gorille[75] ! Selon lui, les parures découvertes sur des squelettes de Cro-Magnon, comme à Combe-Capelle, accentuent les différences psychologiques entre ces derniers et les Néanderthaliens. Leur mauvaise image est confortée par l'étude, réalisée par Boule, du squelette découvert en contexte sépulcral de La Chapelle-aux-Saints. Après sa reconstitution, Boule conclut que c'est un être intermédiaire entre les grands singes et l'Homme actuel qui ne possède pas totalement la maîtrise de la bipédie et n'a aucun lien avec *Homo sapiens*[76]. En outre, son psychisme rudimentaire ne lui permet pas d'avoir une technologie évoluée et des préoccupations esthétiques ou métaphysiques.

À partir de 1912, cette vision est remise en question par certains chercheurs. Dans un premier temps, Keith s'oppose non seulement aux idées de Boule, mais également aux reconstitutions précédemment réalisées, notamment à celle de Kupka[77]. En 1912, une commission réunissant les plus grands préhistoriens français de l'époque, dont les abbés Breuil, Bouyssonie et l'Allemand Obermaier, déclare que les sépultures de Néanderthaliens, notamment celles du Grand Abri de La Ferrassie en Dordogne[78], sont la preuve absolue que ces Hommes enterraient leurs morts. Ce constat secoue la communauté scientifique dans son ensemble et bouscule les préjugés, mais ceux-ci résistent encore. En collaboration étroite avec Rutot, alors conservateur au muséum de l'Institut royal des sciences naturelles de Belgique, le sculpteur belge Mascré réalise, entre 1909 et 1914, quinze bustes en plâtre, dont la *Femme de la race de Néandertal* et *L'Homme de Néandertal*. Se conformant aux idées de Rutot, qui les considère encore comme des « précurseurs de l'Homme », donc ayant une allure simiesque, et esclaves de l'Homme moderne, il représente l'homme soumis et la femme apeurée.

Les préjugés à l'encontre des Néanderthaliens vont persister après la Première Guerre mondiale. En 1923, Klaatsch, à propos de ceux de Krapina, suggère qu'appartenant à une « race inférieure » ils ont été tués et consommés par des Hommes modernes, « race supérieure » *(Homo aurignacensis[79]).* De même, l'anthropologue suisse Pittard écrit en 1924 : « Dans la race du Néanderthal, si la boîte crânienne est grande, la face est énorme... D'ailleurs, le grand crâne d'*Homo neanderthalensis* ne renfermait pas un cerveau aux circonvolutions pressées, telles qu'en présentent les cerveaux des Européens d'aujourd'hui. Cette masse cérébrale était moins bien organisée que la nôtre. Peut-être est-ce la raison pour laquelle cette race moustérienne n'a pas survécu ? Elle s'est trouvée inapte devant les conditions nouvelles imposées à l'existence des Hommes, vers la fin des temps moustériens, au commencement des temps aurignaciens[80]. » Il poursuit : « Si, devant la reconstitution de l'Homme de Néanderthal, nous éprouvons quelque répugnance à considérer ce type, à cause de sa bestialité, comme appartenant à notre lignée généalogique, cette répugnance ne se comprendrait pas devant *Homo sapiens* de la fin des temps quaternaires[81]. » Quant à l'anatomiste australien Elliot Smith, il décrit Néanderthal comme étant « un être peu gracieux, à la face vulgaire et aux poils hirsutes[82] » – donc, brutal et grossier ! De même, Verneau écrit en 1931 : « Plus nous remontons dans le passé et plus nous nous trouvons en présence d'un type bestial, offrant diverses particularités qui ne se rencontrent qu'exceptionnellement dans l'Humanité actuelle mais existent normalement chez les grands Singes anthropomorphes[83]. »

Ces descriptions tranchent avec celle qu'en donnera l'anthropologue américain Coon en 1939, où Néanderthal est représenté rasé de frais portant costume, cravate et chapeau[84]. Après la Seconde Guerre mondiale, où les atrocités perpétrées durant celle-ci au nom de la sauvegarde de la « race pure » marquèrent les esprits, grâce aux nombreuses découvertes et aux centaines d'études, l'image des Néanderthaliens commencera à se modifier : on les

« humanise ». Certains travaux scientifiques suggéreront même qu'ils appartiennent à l'espèce *Homo sapiens* et qu'ils sont capables de compassion et d'attention vis-à-vis de leurs congénères[85]. Dès lors, dans plusieurs ouvrages scientifiques ou de vulgarisation, certaines caractéristiques physiques, comme sa face simiesque, sa position voûtée ou sa bipédie imparfaite, vont être en partie corrigées, bien que, dans les années 1950, le grand artiste peintre morave Burian le représente toujours simiesque[86]. Néanmoins, leurs comportements seront encore perçus comme primitifs et inférieurs à ceux des premiers Hommes modernes. Sous la plume du préhistorien Pradel, on peut lire : l'homme de Néanderthal « devait disputer son gîte aux carnassiers, à l'ours atteint comme lui profondément par le rhumatisme... c'était un homme fort et musclé, certes, mais traqué par les fauves, harcelé par la faim, la fatigue et c'était aussi un homme malade, une race malade peut-on dire même, comme l'attestent les lésions ostéologiques[87] ». De même, dans le roman préhistorique *The Inheritors*, publié en 1955, Golding imagine la rencontre entre des Néanderthaliens aux savoir-faire rudimentaires et des Hommes modernes, évidemment, culturellement plus évolués. Du point de vue iconographique, le véritable changement aura lieu dans les années 1970 où les reconstitutions des Néanderthaliens s'appuieront sur l'anatomie des fossiles découverts et les scènes de vie, sur les écrits des ethnologues qui mènent des recherches sur les peuples chasseurs-cueilleurs. Il n'en demeure pas moins qu'à la fin du XXe siècle leurs nombreuses capacités cognitives ne seront toujours pas reconnues ; on les montre encore, contrairement aux premiers Hommes modernes, luttant mal armés pour leur survie, incapables de faire face aux changements de leur environnement[88]. D'ailleurs, ils ont disparu...

Aujourd'hui, grâce aux centaines d'ossements exhumés de sites archéologiques, l'anatomie des Néanderthaliens est mieux connue, et la reconstitution de leur appa-

rence physique, plus proche de la réalité (dermoplasties).
En outre, l'immense quantité de vestiges qu'ils ont laissés
a enrichi considérablement les informations relatives à
leurs comportements. Le regard porté sur eux a donc
changé. Cependant, leur place exacte dans notre arbre
généalogique et leur humanité font encore débat dans le
milieu scientifique, comme l'attestent en particulier certaines explications relatives à leur disparition. Pour certains, ils n'auraient pas été suffisamment intelligents ; pour
d'autres, ils n'auraient pas eu « la bosse du commerce » (c'est
ce que l'on peut lire dans une revue américaine d'écono-
mie), ils n'auraient pas résisté au changement climatique
(au refroidissement), ils auraient contracté des maladies
importées par les nouveaux arrivants, les Hommes
modernes, ou bien encore ils auraient été exterminés par
ces derniers. Toutes ces hypothèses ne reposent sur
aucune preuve archéologique ; alors que s'est-il passé ? Se
sont-ils mélangés aux Hommes modernes, et, étant moins
nombreux, ont-ils progressivement été absorbés génétiquement et culturellement ? Ont-ils été victimes d'une
chute démographique ? Ou bien, comme l'oncle Vania du
roman de Roy Lewis (*Pourquoi j'ai mangé mon père ?)* qui
refuse d'« aller de l'avant », ont-ils rejeté le progrès ?

Les Néanderthaliens ont perduré en Europe près de
300 000 ans grâce notamment à leurs capacités d'adaptation à leur environnement. Dans cette stabilité, ils n'ont
sans doute pas éprouvé le besoin d'inventer de nouvelles
techniques ou de changer de comportements sociaux.
Puis, soudain, cet équilibre est rompu par l'arrivée des
Hommes modernes. Confinés dans des traditions trans-
mises de génération en génération, les Néanderthaliens
n'ont peut-être pas su réagir suffisamment vite. Cependant, ils n'ont pas recours à la force pour expulser ces
intrus de leur territoire. Le progrès exige l'interrogation,
disait Malraux. La présence d'autres êtres humains a suscité cette interrogation, d'où peut-être l'accélération des

innovations constatées à la fin de la culture néanderthalienne. Mais il était sans doute trop tard. C'est peut-être
leur trop grande spécialisation, conjuguée à une faible
démographie, qui conduit les Néanderthaliens à leur
perte. Ils n'ont pas modifié leurs comportements techniques et sociaux alors que le monde changeait. Encore
aujourd'hui, certains scientifiques considèrent les Néanderthaliens comme biologiquement différents de nous
(bien que les dernières découvertes génétiques attestent
que le génome des Eurasiatiques actuels comporte entre
1 et 4 % de leurs gènes) et surtout, culturellement, inférieurs ; l'Homme ne serait apparu qu'avec les premiers
Homo sapiens. D'autres, dont je suis, voient en eux un être
humain différent et les intègrent à l'ensemble de l'Humanité. Ce nouveau regard témoigne du refus à considérer en
termes hiérarchiques la diversité de l'Humanité, passée et
présente, évitant ainsi les dérives racistes liées à la notion
de « races » inférieures et supérieures. Malheureusement
pour de nombreux peuples, la classification des « races »
initiée par Gobineau a fait autorité jusqu'à la première
moitié du xxᵉ siècle.

Persistance de la taxinomie raciale : darwinisme social et essor de l'eugénisme

À la fin du xixᵉ siècle, l'anthropologue américain
Ripley propose une théorie raciale tripartite de l'Europe,
avec une seule race subdivisée en groupes : les Teutons,
les Méditerranéens (dolichocéphales) et les Alpins (brachycéphale[89]). Un an plus tard, son adversaire scientifique
Deniker présente une nouvelle classification, considérée
par Vallois comme un grand progrès par rapport aux
taxonomies précédentes, notamment pour celle des peuples
européens. Pour ces derniers, Deniker distingue six

« races » principales (littorale, ibéro-insulaire, occidentale, adriatique, nordique, orientale) et quatre secondaires (sub-nordique, vistulienne, nord-occidentale, subadriatique[90]).

Dans son ouvrage de 1924, l'assistant à la faculté des sciences de Paris, Anglas, affirme : « La supériorité intellectuelle que la race blanche présente sur la race noire – dans sa moyenne – ne tient-elle pas à ce que l'adolescence y est plus longue et qu'elle prolonge la période d'acquisition ? » Il poursuit : « L'anthropophagie, cette chose contre nature, se rencontre encore çà et là, chez certains peuples très misérables, ou en voie de régression[91] », déniant ainsi le caractère rituel de l'endocannibalisme, rite funéraire pratiqué par plusieurs peuples à travers le monde jusqu'à récemment. La classification de l'humanité en « races » va se poursuivre jusqu'à la Seconde Guerre mondiale. Dans les années 1930, l'anthropologue franco-suisse Montandon divise l'« espèce humaine » en cinq « grand'races » (europoïde, mongoloïde, négroïde, vedd-australoïde, pygmoïde), elles-mêmes divisées en vingt « races » subdivisées en « sous-races[92] ». Il affirme que les Jaunes, les Noirs et les Blancs ne descendent pas de la même race de singes et, dans cette logique, construit une nouvelle doctrine anthropologique, l'ologenèse, ou mono-polygénisme, qui concilie, comme son nom l'indique, mono- et polygénisme. Ces anthropologues, tout en admettant un type unique originel, considèrent, d'une part, que l'espèce *Homo sapiens* a pris naissance simultanément sur une grande partie des terres habitables et, d'autre part, que les migrations seraient à l'origine des différentes « races ». En Allemagne, les principales classifications sont établies par les anthropologues Günther, célèbre raciologue du IIIe Reich, et Eickstedt, qui, en 1934, dans *Théorie de la race et l'histoire raciale de l'humanité*, distingue trois groupes géographiques (caucasien, mongoloïde et négroïde) qu'il subdivise en trente-six « races ». Dix ans plus tard, Vallois, alors directeur du musée de

l'Homme, établira, se fondant sur des caractères physiques héréditaires communs, une taxinomie raciale qui
distingue quatre groupes, Australoïdes (Primitifs),
Négroïdes (Noirs), Europoïdes (Blancs) et Mongoloïdes
(Jaunes) composés de vingt-sept « races » réparties en six
aires géographiques[93].

Cinq ans après la parution du livre de Darwin, dans
Survival of the Fittest in Principles of Biology de Spencer, la
sélection naturelle des espèces devient chez les êtres
humains la « survie du plus apte ». Selon le linguiste épis-
témologue Patrick Tort, spécialiste de l'œuvre de Darwin,
l'expression « darwinisme social » est apparue pour la première fois dans un tract intitulé *Le Darwinisme social*
publié en 1880 à Paris par le journaliste Émile Gautier, un
théoricien anarchiste. Cette théorie postule que la lutte
pour la vie, comme l'attestent les divers conflits, est l'état
naturel des relations sociales entre les Hommes. Cependant, Spencer est mal compris, car il pense aussi que tous
les êtres humains finiront par acquérir les capacités nécessaires à une bonne entente entre eux. Le « darwinisme
social » repose sur le présupposé que l'hérédité a un rôle
prépondérant dans l'évolution humaine, que les caractères
innés, hérités, l'emportent sur les caractères acquis par
l'éducation. Pour ses partisans, cette sélection naturelle
favorise le progrès à la fois de l'Homme biologique et des
sociétés humaines. Pour eux, il faut donc supprimer les
protections sociales qui empêchent la sélection naturelle
des plus aptes. Cette même explication biologique, reposant sur le paradigme d'une évolution humaine progressive et linéaire, expliquerait les disparités observées entre
les sociétés et l'existence de peuples « primitifs ».

Pourtant, le terme « darwinisme » associé à « social »
est impropre. Dans son ouvrage de 1871, Darwin a en effet
critiqué cette doctrine : pour lui, non seulement l'évolution résulte d'une sélection naturelle, donc plus ou moins
du hasard (ainsi, il s'oppose au créationnisme, doctrine

dominante à son époque), mais la lutte pour l'existence n'est pas l'aptitude la plus importante pour caractériser l'évolution de la nature de l'Homme. Il note : « Les qualités morales progressent, directement ou indirectement, beaucoup plus grâce aux effets de l'habitude, aux capacités de raisonnement, à l'instruction, à la religion, etc., que grâce à la Sélection Naturelle[94]... » Son ami Huxley et l'anthropologue politique allemand Woltmann sont, en revanche, fervents partisans du « darwinisme social[95] ». L'une des premières critiques de cette idéologie est due au prince et anarchiste russe Kropotkine, qui, dans son livre *L'Entraide. Un facteur d'évolution* (1902), répond tout particulièrement aux thèses de Huxley, en s'appuyant sur des exemples tirés du monde animal, des « Sauvages » et des « Barbares ». Kropotkine y suggère, d'une part, que les espèces les mieux adaptées ne sont pas nécessairement les plus agressives et, d'autre part, que la compétition ne constitue pas le seul facteur de l'évolution, la socialisation et l'entraide étant des facteurs plus importants.

Du milieu du XIXe siècle et au début du XXe, le « darwinisme social », légitimant l'existence de « races » ou d'individus « inférieurs » comme l'affirme le racialisme, va servir à justifier « scientifiquement » des politiques sociales fondées sur l'individualisme et la lutte pour l'existence : exploitation de la classe prolétarienne, esclavage, colonisation, eugénisme, extermination de certaines ethnies et conflits entre nations. Par exemple, après la Première Guerre mondiale, une majorité d'Allemands considèrent leur pays comme étant jeune et habité par des citoyens virils et porteurs de valeurs morales (mythe de la « race aryenne »), à la différence de « vielles nations décadentes », comme la France. Pourtant, dès 1882, l'écrivain et philosophe Ernest Renan a déclaré, lors d'une conférence à la Sorbonne intitulée *Qu'est-ce qu'une nation ?*, que la nation n'est pas une communauté biologique. La théorie dite du « darwinisme social » demeure cependant acceptée par un grand nombre de savants de la fin du XIXe siècle et du début du XXe.

Au tournant du XIXe siècle et du XXe, l'eugénisme, qui connaît un essor considérable, en Europe comme aux États-Unis, a revêtu plusieurs visages. En Europe, mais aussi aux États-Unis, les idées « racistes » comptent de nombreux partisans parmi les scientifiques. Au début du XXe siècle, où l'identité nationale est au cœur des préoccupations, on s'inquiète du taux élevé de fécondité chez les nouveaux migrants. Les thèses eugénistes du zoologue Davenport vont directement causer la stérilisation de 60 000 Américains[96] ! L'avocat Grant, en opposant à la « race nordique » la « race alpine » et la « race méditerranéenne » (qui, selon lui, souffre de métissages divers avec les peuples négroïdes), joue également un rôle actif dans le renforcement des restrictions législatives sur l'immigration et la politique de stérilisation aux États-Unis[97]. Quant au politologue et ethnologue Stoddard, colonialiste convaincu, en démontrant un taux de fécondité plus élevé chez les émigrés, il fournit des arguments à la mise en place d'une législation anti-immigration[98]. L'American Eugenics Society se dote en 1923 d'un Comité sur l'immigration sélective, notamment envers les migrants en provenance du sud et de l'est de l'Europe (en particulier Juifs, alimentant ainsi un antisémitisme latent[99]). L'Europe n'est pas en reste, comme l'attestent les écrits du physiologiste Richet, farouchement opposé au métissage : il faut, note celui-ci, « qu'une autorité conduise à l'élimination des races inférieures (la race jaune, et surtout la race noire), puis celle des "anormaux[100]" ».

En Allemagne, après leur défaite en 1918, la majorité de la population, qui se considère comme aryenne, est favorable à l'eugénisme et fortement hostile aux mélanges raciaux. En 1921, date où Hitler prend la tête du Nazionalsozialistische Deutsche Arbeitspartei, les théories de Haeckel sont glorifiées. Face à la *Schwarze Schande*

(Honte noire), les idéologues nazis sont à la base de la promulgation des lois de stérilisation des Noirs restés ou nés en Allemagne suite à l'occupation de la Rhénanie-du-Nord-Westphalie par les troupes coloniales françaises (en 1923), puis du programme d'élimination des « races inférieures ». En 1923, Klaatsch propose l'élimination des « inférieurs » par les « supérieurs » ; en outre, pour lui, la beauté féminine est le produit d'une longue évolution ayant abouti à des résultats différents selon les races et les peuples[101]. Cependant, certains savants, tels que le zoologiste Cuénot, après avoir constaté que les hybrides étaient plus résistants, prônent, eux, le métissage tant racial que social[102]. Loin d'être monolithique, le mouvement eugénique, en particulier anglais, est secoué de débats récurrents concernant les comportements sociaux des différentes populations et les moyens à employer pour la mise en application de la doctrine eugéniste : doit-elle relever de l'État (interventionnisme) ou de l'éducation des masses ? Selon Galton, pour avoir des effets durables, le programme eugénique doit s'appuyer sur la libre volonté des personnes, celles-ci devant être éduquées en ce sens. Puis il change d'opinion et soutient que l'intervention de l'État est indispensable, notamment dans les cas graves[103].

Parmi les eugénistes, l'historien des sciences américain Kevles distingue deux familles : les « classiques » ou « conservateurs[104] » et les « réformistes » ou « marxistes[105] ». Les « conservateurs » sont eux-mêmes divisés en deux écoles qui divergent sur les moyens à mettre en œuvre pour améliorer la lignée humaine : l'eugénisme « négatif », dont les partisans préconisent l'élimination des « mauvais » gènes par des mariages sélectifs, la stérilisation, voire l'euthanasie, et l'eugénisme « positif » qui veut favoriser la reproduction des individus dont le potentiel génétique leur apparaît le plus élevé[106]. Quant aux « réformistes », ils pensent, comme Galton, que l'éducation est le meilleur moyen de faire pénétrer les principes eugéniques dans les esprits. Ils militent pour la disparition des classes sociales, les individus « supérieurs » pouvant appartenir aussi bien à la classe dominante qu'au prolétariat[107]. L'eugénisme va également justifier les courants hygiénistes apparus au milieu du XIXe siècle et qui se développent aux États-Unis et en Europe au début du siècle suivant[108]. En Allemagne, l'hygiénisme traduit surtout l'obsession du « corps parfait » qui atteindra son paroxysme dans la doctrine nazie avec la construction du stéréotype national viril, l'Aryen, et qui conduira à l'élimination des handicapés[109].

En Europe, la doctrine eugénique s'est progressivement répandue en dehors de la communauté scientifique et elle devient populaire. Jusque dans les années 1930, plusieurs Premiers ministres britanniques vont ainsi soutenir l'eugénisme : Arthur James Balfour, qui prononce le discours d'ouverture du premier congrès international d'eugénisme qui se tient à Londres en 1912, Arthur Neville Chamberlain ou Winston Churchill[110]. Le manuel scolaire de Davenport a aussi fourni les bases idéologiques de l'Holocauste. *L'Homme, cet inconnu* (1935) d'Alexis Carrel, prix Nobel de médecine en 1912 et partisan de l'eugénisme tel qu'il était pratiqué aux États-Unis, connaît un énorme succès populaire mondial. L'impact de cette idéologie s'amplifie en même temps que se développe la génétique des populations[111]. Cependant, juste avant la Seconde Guerre mondiale, certains de ces spécialistes tels les Britanniques Ronald Fisher[112], Julian Sorell et John Haldane, bien qu'eugénistes « réformistes », prônent un eugénisme un peu moins radical. Quant au biologiste britannique Julian Sorell Huxley, qui fut le premier directeur de l'Unesco (de 1946 à 1948), il voit dans l'eugénisme un moyen d'éliminer les variantes néfastes au patrimoine génétique humain. Cependant, croyant à l'égalité des « races » (il préfère employer le terme de groupes ethniques) et des classes sociales, il critique fermement les formes extrémistes de l'eugénisme des années 1930-1940.

La politique eugénique et raciste nazie, mise en place dès 1933, promulgue un ensemble de décrets dont les objectifs sont, d'une part, de favoriser la fécondité des humains « supérieurs » et, d'autre part, de freiner (avortement), voire stopper (stérilisation, castration, euthanasie, extermination), la reproduction des « inférieurs », qu'ils soient handicapés, socialement indésirables (criminels, arriérés mentaux, homosexuels, alcooliques, asociaux) ou racialement « impurs » (Juifs, Tziganes, Noirs[113]). Durant la Seconde Guerre mondiale, Montandon, eugéniste antisémite, collaborera avec les Allemands[114]. Nommé en 1943 directeur de l'Institut d'études des questions juives et ethnoraciales, qui publie *Le Cahier jaune*[115], Montandon fera distribuer aux étudiants en médecine une traduction en français du *Manuel d'eugénique et hérédité humaine*[116] du médecin nazi von Verschuer. Dans *Le Cahier jaune* du 15 avril 1944, Montandon publiera, en collaboration avec le journaliste d'extrême droite antisémite Henri Coston, le malheureusement célèbre *Je vous hais*[117].

Aujourd'hui, l'eugénisme pose de sérieuses questions éthiques car il implique une sélection portant nécessairement une part de subjectivité et une part de contrainte. En France, la question est traitée par le Code pénal ; la pratique eugénique est punie d'emprisonnement et d'une forte amende[118]. Cependant, les progrès des techniques génétiques et de procréation ont ouvert de nouvelles possibilités médicales nourrissant des débats concernant la convergence des techniques biomédicales et des pratiques sélectives, donc eugéniques (visites prénatales obligatoires avec facilités légales à l'avortement d'un fœtus malformé[119]).

Ethnocentrisme, relativisme culturel et acculturation

L'historienne Marina Gorboff a étudié[120] la manière dont, au tournant des XIXe et XXe siècles, les ethnologues ont commencé à abandonner le confort de leur cabinet et leur travail sur le récit des autres pour tenter de vivre « en sauvage parmi les sauvages » au sein des peuples qualifiés de « primitifs », dont certains n'avaient jamais vu d'Homme blanc. Dans son livre, Gorboff élargit le sujet traité en évoquant l'étonnant voyage de Gide au Congo, la réaction des habitants de la Nouvelle-Guinée à la vue des Blancs. En effet, si le regard de l'Homme « civilisé » sur le Sauvage a souvent été décrit, celui de ce dernier sur le conquérant ou colonisateur est plus rarement narré. Pour la plupart des peuples, le Blanc est d'abord apparu comme le détenteur de pouvoirs surnaturels[121], puis porteur de malheurs.

La construction institutionnelle de l'ethnologie, ou anthropologie culturelle, coïncide avec la phase cardinale de la colonisation au XVIIIe siècle[122], ce qui va alimenter, dans les années 1970, une lourde suspicion contre la « science coloniale » que critique en particulier le sociologue Gérard Leclerc[123]. L'ethnologie se donne pour objet de connaître chaque société dans son originalité et de dégager les lois universelles du fonctionnement social. D'où la nécessité pour les spécialistes d'aller sur un terrain devenu accessible grâce à la colonisation. Les ethnologues ont-ils été dès lors instrumentalisés ? La question ne cessera plus d'être posée[124]. Avec l'essor de l'ethnologie et la décolonisation, les termes sauvages, primitifs, archaïques, Nègres sont bannis et remplacés par des euphémismes qui soulignent un certain embarras. « La pensée sauvage » est devenue, avec le grand ethnologue Lévi-Strauss, l'expression « d'une dialectique fondée sur des catégories symboliques inconnues de nos sociétés modernes » (1964).

Le terme « ethnocentrisme » a été introduit en 1907 par Sumner dans *Folkways : A Study of the Sociological Importance of Usages, Manners, Customs, Mores, and Morals*. L'ethnocentriste valorise, voire surestime, plus ou moins consciemment, la culture de son groupe social, de son groupe ethnique ou de son pays (ou nation) aux dépens d'autres cultures, d'autres peuples, engendrant souvent des préjugés, parfois d'ordre racial, qui nourrissent une intolérance pouvant mener à l'ethnocide ou au génocide. Il peut aussi, comme au XIXe siècle, reconnaître la diversité culturelle dès lors qu'elle est hiérarchisée. Universelle, cette autovalorisation, qui renvoie à l'appréciation d'une culture par une autre, conduit à un inévitable conflit de valeurs entre celles de l'observé et celles de l'observateur, ce qui rend nécessaire de replacer le premier dans son contexte d'usage afin d'introduire un relativisme culturel. Cependant, le relativisme culturel est souvent un relativisme moral ; dès lors, il est toujours soumis à la subjectivité, car un comportement « immoral » dans une société peut être considéré comme « moral » dans une autre. En effet, chacun crée sa propre morale en fonction des conventions sociales et de l'histoire du groupe auquel il appartient ; il n'existe pas de morale universelle.

Lors d'une démarche de comparatisme culturel, pour éviter l'écueil de l'ethnocentrisme, la plupart des ethnologues ne considèrent que les caractères culturels communs aux deux sociétés (celle de l'observée et celle de l'observatrice) ou, le plus souvent, les règles en vigueur dans celle étudiée. Le relativisme culturel ou moral s'appuie sur le présupposé que les coutumes et les valeurs morales sont intrinsèques à une société et aussi que, ses membres en étant les initiateurs, ils n'en subissent pas les effets. Il n'y a alors aucun jugement de valeur porté par l'observateur.

En cela Hérodote peut être considéré comme un des premiers adeptes du relativisme culturel lorsqu'il décrit les us et coutumes des peuples qu'il a rencontrés (*Histoires*). En Occident, les récits des premiers voyageurs ont suscité de nombreux débats entre ceux qui portaient un jugement négatif sur les civilisations nouvellement découvertes (par comparatisme avec la leur, supposée supérieure) et les « relativistes » qui souvent ne faisaient que dénoncer les travers de leur propre société (Montaigne, Montesquieu, Voltaire). En 1751, le philosophe écossais David Hume a énoncé des principes similaires à ceux du relativisme moral, lorsqu'il écrit que la morale ne repose pas seulement sur la raison[125]. Toutefois, le relativisme culturel ne se développe réellement qu'à partir de la fin du XIXe siècle, en même temps que l'ethnologie de terrain. Dès lors, la plupart des ethnologues cherchent à comprendre les cultures des Autres sans porter un jugement de valeur. Ils constatent la diversité comme un phénomène naturel, mais sans établir de hiérarchie : « Le barbare c'est d'abord l'homme qui croit à la barbarie[126]. » Par essence, la pensée relativiste s'oppose aux thèses des religions révélées qui proposent une morale absolue dictée par Dieu. Pour exemple, dans son discours d'avril 2005, le pape Benoît XVI s'en est pris au relativisme qui, selon lui, aurait comme « mesure ultime uniquement son propre *ego* et ses désirs ». Mais attention au « tout se vaut » et à la négation de toute idée d'évolution sociale et de progrès. Comme le souligne Todorov, « considérer que toutes les pratiques se valent revient, sous couvert de tolérance, à renoncer à l'unité de l'espèce et, en fin de compte, à juger les autres comme incapables ou indignes de bénéficier du même traitement que celui qui nous est réservé[127] ». Celui qui sera président de la République française de 1931 à 1932, Paul Doumer, dira, lui, dans l'un de ses discours : « [...] si vous sapez cette notion (de civilisation), au nom de quoi pourrions-nous justifier notre présence dans les colonies ? Il ne faut pas que dans le mot de "civilisation" vous fassiez passer la notion de "relativisme culturel", parce que nous ne pourrions plus justifier notre action, ou en Indochine, ou en Afrique noire[128]. » C'est d'ailleurs en se référant à ce concept de relativisme qu'aujourd'hui certains contestent la valeur universelle des Droits de l'homme, perçus comme une tentative d'ingérence occidentale (il s'agit, dans ce cas, d'un relativisme que l'on pourrait qualifier de radical), alors qu'*a contrario* d'autres, croyant à une morale universelle, préconisent pour des raisons humanitaires le droit d'ingérence.

L'ethnocentrisme et la colonisation ont aussi provoqué l'acculturation de nombreux peuples. Il est faux de croire que les peuples colonisés, même ceux de traditions orales, n'avaient pas de culture propre[129]. C'est bien souvent la colonisation qui a entraîné leur acculturation. Les anthropologues américains ont proposé ce terme en 1880, à partir de la racine latine *ad* qui exprime le rapprochement. Chargé des valeurs ethnocentriques coloniales, le terme « acculturation » est parfois remplacé par des mots moins connotés comme « *cultural change* », en particulier par l'ethnologue américain d'origine polonaise Malinowski, ou « transculturation », employé notamment par l'ethnologue et sociologue cubain Ortiz. Ces substituts traduisent le changement des sociétés dans lesquelles évoluent les ethnologues. Aujourd'hui, bien que non consensuel car trop flou, le terme « acculturation » s'est imposé notamment dans le milieu des ethnologues « culturalistes » des années 1950. Selon la définition donnée dans le *Dictionnaire de l'ethnologie et de l'anthropologie*, il désigne « les processus complexes de contact culturel au travers desquels des sociétés ou des groupes sociaux assimilent ou se voient imposer des traits ou des ensembles de traits provenant d'autres sociétés[130] ». L'anthropologue américain Herskovits, fondateur de l'« américanisme noir », a bien étudié les processus d'acculturation[131].

L'acculturation se produit lorsqu'il y a un contact direct prolongé et une interpénétration entre deux sociétés différentes. Les cultures agissent et réagissent l'une sur l'autre par divers processus : conflits, ajustement, syncrétisme, assimilation ou contre-acculturation. Cependant, l'évangélisation des « Sauvages » ou l'assimilation des Indigènes sont des exemples historiques qui attestent que l'acculturation a souvent été unilatérale. Parmi les divers types de processus acculturatifs, il existe des constances. Dans un premier temps, la culture native s'oppose à la culture conquérante, puis elle sélectionne certains de ses traits culturels et les intègre, créant ainsi une nouvelle culture. Parfois, comme cela s'est produit lors de certaines colonisations, des échanges entre les deux groupes peuvent aboutir à une culture syncrétique avec souvent métissage et apparition de traits culturels inédits (sorte de mutations[132]). Dans d'autres cas, l'assimilation peut engendrer la disparition d'une des deux cultures, souvent l'autochtone, par acceptation, de gré ou de force, des traits culturels de l'autre. Cependant, au cours de l'histoire, l'acculturation a aussi touché certains colons qui se sont « ensauvagés » au contact des Natifs comme en Amérique du Nord (c'est l'indianisation). Parfois, deux cultures peuvent coexister sans s'interpénétrer ou partager des savoirs ou des produits sans interférence. Cela a longtemps été le cas pour les Sans avec les peuples noirs d'Afrique australe, qui ont ainsi pu maintenir leurs valeurs culturelles originelles et éviter la déculturation[133]. De temps en temps, la culture minoritaire « assimilée » tente de restaurer son mode de vie ancestral, c'est la contre-acculturation. Alors s'engage une compétition d'ordre écologique (territoire), économique, sociale ou morale. On constate, comme l'attestent les faits historiques, que l'intensité de la résistance des peuples autochtones varie en fonction de leur conception du monde (certaines tribus indiennes face aux conquistadors espagnols). Il y a rarement eu d'acculturation « libre », lors des colonisations ; de contrôlée, elle est devenue planifiée et orientée. L'acculturation contrainte peut engendrer des effets pathologiques comme la thanatomanie (tristesse, perte de volonté, même d'exister), conduisant à des effets psychologiques (sentiments d'insécurité, anxiété, dépréciation de soi) et sociologiques (désorganisation sociale[134]). Il y a alors perte de la volonté de garder son mode de vie originel et déculturation. Cependant, il ne faut pas oublier qu'une culture est un processus en continuelle élaboration et réélaboration, garantissant ainsi sa pérennité. Par exemple, la prise de conscience de la perfectibilité de la nature a donné naissance à un nouveau type de société, fondé non plus sur la prédation (chasse et cueillette), mais sur la production (élevage agriculture) et ce par, probablement, un processus d'acculturation.

CHAPITRE 9

La « rencontre » du Sauvage
et du Préhistorique

Si l'idée que les « peuples extérieurs » (*orbis exterior*) témoignent du passé de la civilisation a été avancée par certains auteurs antiques comme Thucydide, dès le Moyen Âge, le Sauvage, issu de la dispersion des Hommes après le Déluge (à partir d'une souche commune), est considéré comme un contemporain « raté » et non comme un ancêtre. Durant longtemps, la possibilité que les ancêtres de l'Homme (occidental) soient des Sauvages armés de haches en pierre est inconcevable ou semble iconoclaste. On préfère s'en tenir à la conviction que l'humanité a reçu culture, outils et armes en fer le jour même de sa création par Dieu. Néanmoins, à partir de la seconde moitié du XIXᵉ siècle, la grande majorité des anthropologues et des préhistoriens vont, d'une part, s'appuyer sur la théorie de l'évolution pour interpréter les faits socioculturels et, d'autre part, en partant du postulat de l'unité de l'espèce humaine, utiliser la méthode comparative entre le Sauvage et le Préhistorique. Désormais, dans les esprits et les théories, le Préhistorique va se superposer au Sauvage. Bien que les peuples dits primitifs aient une longue histoire riche en innovations, on va donc les comparer, eux ou leurs productions, aux Préhistoriques. Suite à l'accroissement des découvertes d'Hommes fossiles associés à des outils, de nouvelles questions se posent, débattues au sein

des sociétés savantes de l'époque. Le Sauvage représente-
t-il le stade primitif et/ou originel du développement
humain ? Les Noirs, sauvages et, de surcroît, cannibales,
seraient-ils les représentants les plus anciens de l'espèce
humaine ? s'interroge ainsi David Livingstone[1].

Comparatisme ethnographique

Au début du XIXᵉ siècle, le discours des « Antiquaires »
demeure peu influencé par les connaissances des peuples
« sauvages ». Les vestiges préhistoriques étudiés demeurent attribués aux Gaulois, s'inscrivant ainsi dans une
perspective historique. Le comparatisme ethnographique,
bien qu'il s'enracine dans le XVIIIᵉ siècle, ne va être largement utilisé par les anthropologues et préhistoriens que
dans la seconde moitié du XIXᵉ siècle et au début du XXᵉ.
Majoritairement, conformément à une perception linéaire
de l'évolution qui leur permet d'expliquer l'Humanité telle
qu'elle était à l'époque, les « Sauvages » (les « non-civili-
sés ») sont alors perçus comme les derniers représentants
des premiers Hommes.

Après la parution des livres de Darwin, les anthropologues vont assimiler les peuples vivant en dehors de la
sphère occidentale aux Hommes préhistoriques. Le mot
primitif (et non plus sauvage) entre dans l'usage courant.
Si, au sens étymologique du mot, le Préhistorique peut
être considéré comme primitif, il en va tout autrement du
Sauvage qui, par sa longue histoire, ne peut aucunement
être assimilé à un ancêtre contemporain[2]. Dans la seconde
partie du XIXᵉ siècle, le critère de la plus ou moins grande
proximité des « Primitifs » avec les Hommes fossiles est
utilisé par les anthropologues pour différencier les « sauvages modernes » et les « sauvages anciens » : ainsi, ils
s'intègrent dans un schéma explicatif global de l'évolution

de l'humanité[3]. Les débats à propos du rôle des uns et des autres dans l'origine des peuples européens persistent dans le milieu scientifique jusque dans les années 1920. Dès 1857, Boucher de Perthes a rattaché les « races » humaines actuelles aux « races primitives ». Pour Fuhlrott, Huxley et Falconer, les Néanderthaliens sont proches du « type humain inférieur » (Aborigènes australiens, Hottentots, Bushmen). Dans leur publication de 1873, Hovelacque et G. de Mortillet ont placé le « précurseur de l'homme » entre la « race d'Homme inférieur » et le singe. Pour Keith, les Noirs sont des reliques du rameau néanderthalien[4]. Quant à la « race de Cannstadt », elle a été rapprochée, par Hamy et Quatrefages, des Néanderthaliens, mais aussi d'une « race humaine sauvage », proche de celle des « Nègres guinéens ». Par ailleurs, Keith assimile leur outillage, leur armement et leur nomadisme à ceux des Aborigènes australiens et des « Boschimans », et souligne qu'à la différence des « Nègres mélanésiens » ils n'ont pas enterré leurs morts, ni domestiqué les plantes ou les animaux. Pour lui, les Aborigènes de Port-Western (Australie) sont les descendants de cette prétendue « race de Cannstadt ».

L'infériorisation des peuples sauvages, en particulier des Aborigènes d'Australie, perdure au début du XXe siècle, comme l'attestent les écrits de Pittard (« Et cette puissante face devait donner à l'homme de l'époque moustérienne un aspect de bestialité qu'aucune race actuellement vivante, pas même les Australiens, ne peut approcher[5] »). Pour les savants, s'appuyant sur la théorie de l'évolution unilinéaire du progrès (comme le naturaliste suédois Sven Nilsson) ou sur celle de l'actualisme[6], notamment les préhistoriens, l'« Homme naturel » (le Sauvage) illustre désormais le passé le plus lointain de l'« Homme civilisé ». Lubbock, afin de compléter les données archéologiques, se sert des sources ethnographiques. Il écrit dans son chapitre consacré à l'homme des cavernes : « Les preuves que nous avons entre les mains nous autorisent à penser que cette race d'hommes vivait comme quelques esquimaux vivent actuellement et comme vivaient les Lapons il y a quelques centaines d'années[7]. » Comme Lubbock, les ethnographes Tylor et Morgan suggèrent que le mode de vie des populations « primitives » doit être proche de celui de nos ancêtres. En 1870, Hamy n'hésite pas à écrire : « Par leurs mœurs et par leurs usages, ainsi que par leur matériel industriel et artistique, les Hyperboréens actuels paraissent donc voisins des Troglodytes de notre pays[8]. » Dans son livre de 1871, Darwin soutient qu'au cours du temps les races civilisées remplacent les races sauvages grâce surtout aux arts produits par leur intelligence[9]. Pour Wallace, en revanche, les facultés intellectuelles et morales existent chez le Sauvage à l'état latent et ne résultent pas de la sélection naturelle[10]. Quant au paléontologue Gaudry, il rapproche le Dryopithèque (singe fossile) des Aborigènes d'Australie[11]. En 1883, Quatrefages réunit onze *Études d'anthropologie* dans un ouvrage intitulé *Hommes fossiles et Hommes sauvages*[12]. Contrairement à d'autres savants, il y exprime un vrai respect pour ces peuples « exotiques » (essentiellement Océaniens). Cet anthropologue se réfère aux populations « Sauvages » pour expliciter les causes d'hiatus entre les Hommes du Paléolithique et ceux du Néolithique, et aucunement pour les hiérarchiser. Il s'opposa aux thèses de Gobineau, en particulier à celle relative à l'aspect néfaste du métissage ; pour lui, au contraire, celui-ci peut être un moyen de survie. Son ouvrage, singulier en cette fin de siècle, met en évidence l'unité humaine dans sa diversité, tant biologique que culturelle. La comparaison entre le Sauvage et le Préhistorique se retrouve aussi dans certains ouvrages populaires. Dans un livre de la fin XIXe siècle (non daté, mais probablement postérieur à 1876), on peut lire au sujet des Aborigènes d'Australie : « Ils nous font, pour ainsi dire, assister aux premières époques de l'espèce humaine et comme tels, ce sont des "primitifs" de haute importance et de grand intérêt, qui nous donnent comme une série de lueurs sur la période préhistorique de l'humanité[13]. »

Cette perception du Sauvage comme étant proche du Préhistorique persistera jusqu'à la fin de la première moitié du XXᵉ siècle. Pour interpréter l'art pariétal, certains préhistoriens, dont Breuil et Cartailhac, s'appuient sur les données ethnographiques. Dans *The Native Tribes of Central Australia* (1899), Baldwin Spencer et Gillen proposent une étude très approfondie de peuplades aborigènes d'Australie qu'ils considèrent comme étant au stade paléolithique. En 1910, le polygéniste Klaatsch soutient que la souche négroïde remonterait aux Néanderthaliens[14] et, en 1911, le géologue anglais Sollas voit dans les Aborigènes australiens des Moustériens (donc des Néanderthaliens) et dans les San (Bushmen) d'Afrique australe des Solutréens (des Cro-Magnon). Dans son ouvrage de 1931, Verneau commence sa classification des groupes humains[15] par ce qu'il appelle « les primitifs actuels », ceux qui sont selon lui les plus proches des vieux ancêtres de l'humanité : Pygmées[16] d'Afrique, d'Océanie et d'Asie, Aborigènes[17], mais aussi Esquimaux, Fuégiens (habitants de la Terre de Feu) et certaines tribus d'Amérique du Sud. Il décrit leur physique et leurs comportements et rappelle que Buffon ne croyait pas à l'existence des Pygmées et que, pour ce dernier, les voyageurs les avaient confondus avec des singes. Néanmoins, dès la fin du XIXᵉ siècle, pour certains préhistoriens, le comparatisme ethnographique n'est pas pertinent. Cartailhac écrivait ainsi en 1889 que « les misérables tribus qui vivent aujourd'hui dans les climats les plus rudes et dans les parages les plus désolés » ne peuvent être comparées valablement à nos ancêtres[18].

Les illustrations qui accompagnent les récits de voyages et les rapports d'expédition sont reprises dans les livres de préhistoire européenne pour en renforcer le discours comparatif. La légende du frontispice de l'ouvrage de Lyell paru en 1859 précise : « Village bâti sur pilotis dans un lac de Suisse. Restauration par le Dr Keller, faite en partie d'après un dessin de Dumont d'Urville représentant des habitations analogues à la Nouvelle-Guinée. » De même, un dessin de Baines dans l'ouvrage de Lubbock, *L'Homme préhistorique* édition de 1876, représente des Australiens en train de tailler des silex. Toutefois, pour cet adepte de l'évolutionnisme culturel, contrairement aux idées en cours, les populations sauvages ne sont ni des populations civilisées déchues ni des populations demeurées stationnaires : leur situation résulte des conditions extérieures agissant à la longue sur les générations[19]. Cependant, il hiérarchise les « races sauvages » en recherchant celle qui occupe le dernier degré dans l'échelle de la civilisation. Cette construction théorique a été également utilisée pour classer chronologiquement les civilisations préhistoriques d'après les industries : des moins évoluées au plus évoluées. Ces deux classifications relèvent de la théorie du transformisme.

L'Homme sauvage

Très populaire, surtout en Europe, la croyance en l'existence d'êtres vivant à l'état sauvage, parfois hybrides, remonte à la nuit des temps. Dès l'Antiquité, des créatures mi-homme mi-animal hantent les contes, les mythes et les légendes – géants, cyclopes, cynocéphales, acéphales, antipodes (aux pieds disposés à l'envers), mais aussi hommes sauvages munis de queue, Pygmées, Bigfoot ou autre yeti. Au XVe siècle, les récits des voyageurs sur les habitants des contrées sauvages renforcent cette croyance. L'iconographie s'en empare, comme on peut le voir dans la miniature du *Livre des merveilles* de Marco Polo, *Habitants monstrueux de l'Orient* (début du XVe siècle), où se côtoient un Blemmie ou sternocéphale (la tête et le tronc se confondent), un sciapode (être à une seule jambe) et un cyclope armé d'une massue. Tour à tour considérées comme descendantes d'Adam et Ève ou créatures du Diable, elles reflètent surtout l'étendue de l'imaginaire humain.

La croyance en l'existence « d'Hommes sauvages » est universelle et intemporelle. Elle se confond parfois avec le mythe de l'existence de Géants ayant antérieurement peuplé la Terre. Créatures réelles (*Homo ferus*) ou légendaires (*Pilosus* armé d'un gourdin, Almasty du Caucase, yeti du Tibet, Bigfoot d'Amérique du Nord ou Yowie d'Australie), elles traduisent un imaginaire qui s'exprime encore aujourd'hui à travers un certain nombre de motifs, iconographiques ou narratifs. Ces êtres singuliers apparaissent dans le cinéma, la bande dessinée (*Tintin au Tibet*, *Mandrake le magicien*, extraterrestres à l'apparence humaine), la littérature (Howrd Phillips Lovecraft, Nicholas Luard), les jeux (*Yetisports* de Chris Hilgert), les chants. Qui sont-ils ? Pour certains, des Hommes préhistoriques, en particulier des Néanderthaliens ; pour d'autres, des singes fossiles, proches de l'orang-outan (gigantopithèques), ou leurs descendants. Selon le sociologue Jean-Bruno Renard, les motifs iconographiques peuvent être divisés en deux groupes, selon qu'ils figurent un Homme sauvage ou bien la comparaison, voire la confrontation entre l'Homme sauvage et l'Homme civilisé[20].

Ces Hommes sauvages sont en lien avec la mythologie gréco-romaine et ses divinités champêtres (Pan, satyres, silènes, sylvains, Orcus). Ils matérialisent la frontière floue entre l'humain et le non-humain, animal ou être surnaturel. L'Homme sauvage est aussi l'antithèse du civilisé, bien qu'on le croie parfois détenteur de sagesse (ermite) ou de pouvoirs prophétiques. Le premier archétype est Enkidou dans *L'Épopée de Gilgamesh* (récit légendaire de

Mésopotamie). Ce double de Gilgamesh (son côté obscur) a le corps recouvert de poils et vit parmi les animaux jusqu'à ce qu'il rencontre une femme qui va le séduire et le « rendre » à la civilisation. Le christianisme aussi a transformé ces figures mythologiques en démons, attestant ainsi de leur existence. Figures très présentes dans l'Europe médiévale, les hommes sauvages habitent la forêt ou un pays lointain, vont nus et sont très velus. Héritage des auteurs antiques, ils relèvent souvent d'une description déformée de singes (Pline l'Ancien dans son *Histoire naturelle* décrit une « race » silvestre, qui est en réalité le gibbon). Fous ou brutes sans morale, armés de massues, ils sont l'antithèse du chevalier – au musée de la Renaissance d'Écouen, on peut admirer un vitrail du XVIᵉ siècle représentant un vieil « homme des bois » le front et la taille ceints d'un volumineux feuillage et armé d'un gourdin, plongé dans l'eau jusqu'à mi-cuisse. Leur physique repoussant les fait parfois considérer comme les produits d'un accouplement coupable entre un Homme et un animal. Très vite, les premiers récits de voyageurs renforcent l'assimilation du Sauvage à l'« Homme des bois ». De nouvelles figures apparaissent : amazones (d'où le nom d'Amazonie donné en 1540 par le navigateur espagnol Francisco de Orellana), cynocéphales, hommes à queue ou marins (Benoît de Maillet, Gessner). On retrouve cette ambivalence de l'Homme sauvage dans l'iconographie picturale ; celui-ci est assimilé tantôt à des forces chtoniennes bestiales, tantôt à des êtres « purs » (comme sur les volets latéraux du *Portrait d'Oswolt Krel* de Dürer, 1499). Pour certains philosophes aussi, ces Sauvages ou « Hommes des bois » symbolisent la liberté et la vie heureuse d'avant la Chute ou la civilisation. En harmonie avec la Nature (sorte de jardin d'Éden), ils sont les dépositaires de secrets ; on vient même les consulter (comme les ermites en Europe). Dans ce contexte, la découverte en Europe d'hommes ensauvagés (enfant-loup) et dans les pays « exotiques » d'anthropoïdes provoque des émois dans les milieux populaires et des controverses parmi les savants.

Franck Tinland, professeur de philosophie, distingue deux catégories d'Hommes sauvages : *Homo ferus* (nom donné par Linné à une variété d'*Homo sapiens)* et *Homo sylvestris* (troglodytes de la seconde espèce du genre *Homo* selon Linné, 10ᵉ édition de *Systema naturae*). Le premier est un homme ensauvagé, qui est retourné à la sauvagerie primitive par perte de son identité humaine. Le second, l'« Homme des bois » ou orang-outan, représente l'émergence de l'Homme à partir de l'animalité (c'est Tyson qui a forgé, en 1699, l'idée de la proximité entre l'orang-outan – en réalité un chimpanzé – et l'Homme). Les deux catégories sont dénuées de langage articulé[21]. Au début du XIXᵉ siècle, *Homo sylvestris* sert de curseur dans l'échelle des Êtres ; la proximité entre le Noir, surtout l'Hottentot, et l'orang-outan est admise par un grand nombre de naturalistes (Cuvier, Virey), hypothèse qui est ardemment combattue par le professeur d'anatomie allemand Tiedemann (*Physiologie de l'homme*, 1830). Après la publication de 1859 de Darwin, le degré de proximité avec les singes est utilisé pour les Hommes fossiles. La quête du chaînon manquant, un être intermédiaire entre le singe et l'Homme, fausse alors l'interprétation de leurs restes. En 1859, l'explorateur du Chaillu prétend avoir vu en Afrique équatoriale de « grands hommes sauvages » (en réalité des gorilles) qu'il décrit comme des singes géants, identiques aux « sauvages velus, les *gorillas* », vus vers 450 av. J.-C., près des côtes occidentales africaines par le navigateur carthaginois Hannon. Les représentations du Préhistorique sont, dès lors, entachées de traits simiesques, comme la statue sur l'esplanade du musée national de Préhistoire des Eyzies de Tayac qui le représente, entre autres, avec un gros orteil semi-opposable et en posture semi-fléchie. Malgré ces confusions, l'Homme sauvage va inciter les savants à définir les critères qui permettent de distinguer l'Homme de l'animal, du singe en particulier. Bipédie permanente, langage, perfectibilité, artisan d'outils, vont tour à tour être utilisés par les anthropologues et les préhistoriens.

Le mythe de l'Homme sauvage a donné lieu à de nombreuses lectures psychanalytiques et à des hypothèses concernant les Préhistoriques (survivance d'Hommes « primitifs » ou de leur mode de vie), comme l'atteste l'analogie iconographique entre eux et les « Hommes des bois ». Tantôt attractive, tantôt répulsive, sa figure s'est métamorphosée au fil du temps en fonction de l'idée dominante de l'époque : tantôt idéal originel convoité, tantôt image exécrée, car reflet de la peur de l'Homme de perdre son identité ou de la négation de son appartenance au règne animal. Selon Renard, l'imagerie moderne de l'homme sauvage confirme le principe énoncé par le philologue Georges Dumézil qui veut qu'une figure mythologique soit stable dans la forme (morphologie et attributs de l'Homme sauvage) mais changeante sur le fond (signification)[22]. C'est ainsi qu'à la fin du XXe siècle, marqué par notre rapport ambivalent à la nature, « l'Homme sauvage » se fera même écologiste (Tarzan dans *Greystocke* de Hugh Hudson, 1984).

SECONDE PARTIE

IMAGES DE L'AUTRE DANS LE TEMPS (LE PRÉHISTORIQUE) ET L'ESPACE (LE SAUVAGE)

La construction des images de l'Autre, dans le temps (le Préhistorique) et dans l'espace (le Sauvage), s'est forgée au fil du temps, mais surtout au cours du XIXe siècle. Entre XVIe siècle et le XVIIIe, dans les récits ou les interprétations qui en sont faites, on retrouve évoqués soit le mythe de l'âge d'or (du Paradis, de l'Eldorado), soit le développement progressif de l'humanité, soit l'idée d'un relativisme culturel[1]. Les explorateurs et les colonisateurs sont confrontés, avec le Sauvage, comme plus tard avec l'Indigène ou le Colonisé, à des divergences physiques, des différences de technologies, des écarts de mœurs : leur perception oscille alors entre celle d'un être inférieur et celle d'un Autre idéal, parfois sous un couvert humaniste entaché de paternalisme. Le thème des « races » humaines apparaît dès le XVIe siècle dans l'iconographie des fils de Noé, des Rois mages et, avec les récits de voyages, dans celle des continents. À partir du milieu du XVIIIe siècle, période pendant laquelle les savants hiérarchisent les « races », le Sauvage et sa mise en esclavage inspirent de nombreux philosophes et artistes. Dès la fin du XIXe siècle, des romanciers, puis des ethnologues se passionnent pour les mœurs, l'art ou l'artisanat des peuples « primitifs », de la cosmogonie des Dogons du Mali (mission Dakar-Djiboudi, 1931-1933, dirigée par l'ethnologue Marcel Griaule) aux

Hommes bleus du désert (Touaregs), en passant par les Massaï de l'Afrique de l'Est et leur beauté devenue légendaire.

Durant l'Antiquité, la reconstitution des différentes étapes de l'évolution humaine (sociologique et technique) n'a reposé sur aucun fait archéologique, bien que la collecte de silex taillés et de haches polies (les céraunies) ait été pratiquée. Selon Noël Coye, cette reconstitution procède du mythe ou d'une construction de la raison. On observe deux conceptions différentes, voire antagonistes, mais qui convergent vers une même vision mythique². La première perçoit l'histoire de l'humanité en termes de perversion et de dégénérescence. Initiée par le poète grec Hésiode avec le mythe des cinq races (*Les Travaux et les Jours*), on la retrouve chez le tragique grec Eschyle, les philosophes grecs Empédocle d'Agrigente et Platon, et surtout chez Ovide. Reprenant le mythe hésiodique, ce poète latin distingue quatre âges par lesquels seraient passés les êtres humains : les âges d'or, d'argent, d'airain (ou bronze) et du fer (*Métamorphoses*, Livre I), mais il ne cite pas la race des héros, « plus juste et plus brave », présente dans le livre d'Hésiode. Selon ce mythe des origines, l'existence humaine s'est dégradée progressivement. Durant l'âge d'or, l'Homme est heureux dans une Nature généreuse (dans la Bible, cette période correspond au Paradis) ; à l'âge d'argent, le bonheur devient relatif, car l'Homme, coupable de démesure (*hybris*), doit creuser la terre pour se nourrir (début de l'agriculture) ; l'âge d'airain correspond à l'éclosion de l'injustice, du pillage et des guerres (la race d'airain finit par s'anéantir elle-même) ; enfin, à l'âge du fer (actuel), dans une nature devenue ingrate, on observe un affaiblissement des valeurs morales, ce qui engendre bien des maux. C'est une vision pessimiste où le progrès, caractérisé par les matériaux utilisés, s'accompagne de souffrances. Pour ces philosophes antiques, durant l'âge « primitif », l'Homme est vertueux et, étant en harmonie avec la nature fournisseuse de bienfaits, éloigné des maux. On note la grande similitude de ce mythe avec le récit biblique de la Genèse, où l'Homme, après avoir vécu heureux dans le jardin d'Éden, en est exclu par sa faute (sanctionnée par le Déluge) et doit désormais subvenir à ses besoins par un dur labeur : il est contraint d'inventer des techniques. Cette vision des « hommes anciens » perdura jusqu'au XVIIIe siècle.

Contrairement à celle du Sauvage, l'image du Préhistorique semble n'être arrivée que très tardivement à s'extraire du milieu scientifique. Au XIXe siècle, le débat philosophique sur la recherche des origines, avec la contestation de plus en plus fréquente du récit fondateur chrétien qui a débuté au siècle précédent, et l'idée d'une histoire naturelle de l'Homme ne sont, en effet, que faiblement relayés en dehors des cercles spécialisés. Ce n'est que progressivement que la préhistoire va entrer dans le paysage médiatique, littéraire, grâce en particulier à la fiction, et finalement scolaire. Notons aussi que, jusqu'au début du XXe siècle, le Préhistorique, à l'inverse du Sauvage, restera uniquement européen.

CHAPITRE 1

L'Autre :
entre émerveillement du voyageur et esclavage organisé

Jusqu'au début du XIXe siècle, les documents relatifs aux peuples non européens sont les récits de voyages rapportés par les missionnaires, les commerciaux, les ambassadeurs, les conquérants/explorateurs ou les premiers administrateurs des « Nouveaux Mondes ». La découverte de l'Amérique révolutionne la manière de voir le monde et fabrique des mythes. Cependant, bien que relativement nombreux[1], ces récits ont peu de lecteurs. Seules les versions vulgarisées, et très souvent déformées, sont connues du public « populaire ». Par contre, l'impact sur ce dernier des illustrations qui accompagnent les récits de voyages (d'abord des gravures sur bois de dessins « pris sur le vif ») est très important du XVIe siècle au XIXe, période durant laquelle la colonisation et son corollaire, l'esclavage, se développent. Le continent noir et ses habitants y apparaissent à la fois terrifiants et séduisants. L'iconographie vient renforcer la subjectivité des analyses, forgeant ainsi l'image du Sauvage dont les attributs, la nudité et l'animalité seront longtemps incontestés. Antithèse du chevalier, celui-ci est représenté soutenant les armoiries de la noblesse de la Renaissance ou, paré de plumes, sur des panneaux d'armoire. Les premières peintures « ethnographiques » seraient celles du Néerlandais Eckhout, suite à un voyage au Brésil (XVIIe siècle) : il s'agit de quatre paires de portraits en pied de couples noirs et indiens. Viennent ensuite, un siècle plus tard, les dessins réalisés par les artistes anglais Hodges et Webber, lors respectivement du deuxième et du troisième voyage de Cook dans l'océan Pacifique. Le mythe du « bon Sauvage » se propage à partir du siècle des Lumières à travers certains récits de voyages et de textes fondateurs d'écrivains (Diderot, Voltaire ou Rousseau). Comme, jusqu'au début du XIXe siècle, le paradigme diluvien et l'échelle des Êtres dominent dans le milieu des érudits ; la plupart des savants placent l'Homme blanc, en particulier l'Européen, au sommet et le Sauvage, en bas.

Les récits de voyages

L'édition de Bologne de 1477 (huit volumes illustrés de vingt-sept cartes) de la *Géographie* de l'astronome grec Ptolémée a été une véritable « Bible » pour les navigateurs de la Renaissance. La plupart rédigent eux aussi des documents relatifs à leurs voyages. Ces récits vont jouir d'une grande popularité dans le milieu érudit, mais souvent les lecteurs ne différencient pas les voyages réels des voyages imaginaires. En outre, tout comme la fiction romanesque, la retranscription littéraire n'est jamais objective ; souvent ethnocentrique, elle traduit surtout le ressenti du narrateur. Sans aucun doute les récits de voyages ont construit l'image du Sauvage[2] : « Parce qu'ils sont le lieu-miroir des représentations de soi et de l'autre, [ils] sont des matériaux fondamentaux pour la compréhension de l'évolution des conceptions de l'altérité, de sa construction et de son évolution à travers l'histoire respective des pays, peuples, nations et communautés[3]. » Les explorateurs qui partent pour des terres inconnues ont dans la tête les descriptions de créatures fabuleuses, comme les géants sans tête[4], ou d'êtres étranges, mi-homme mi-animal, qu'ils ont vues dans l'*Imago mundi* (1410) de l'universitaire cardinal d'Ailly ou sur des gravures sur bois au début du *Liber chronicarum* (1493) de l'humaniste allemand Schedel.

Au XIIIe siècle, les quelques récits de voyages concernent essentiellement l'Asie, les peuples d'Europe orientale et la Perse. Parmi les plus remarquables, on trouve ceux de l'historien italien du Plan-Carpin, ambassadeur du pape chez les Mongols, et de l'ambassadeur de Louis IX en Asie centrale et occidentale, le franciscain flamand de Ruysbroeck. Durant la Renaissance, la vérification de la réalité des mythes populaires motive bon nombre de voyages. Les pays lointains sont alors perçus comme recélant non seulement des richesses, mais aussi des merveilles. Sous l'influence du christianisme, les explorateurs partent à la recherche du Paradis perdu. Le XVe siècle, qui voit l'accroissement du nombre des grandes explorations aux Indes, en Afrique et en Amérique, demeure le siècle des encyclopédies et des compilations, à quelques exceptions près, comme le journal de bord de Colomb où le navigateur relate notamment sa rencontre, lors de son arrivée sur la côte nord de Cuba en novembre 1492, avec des Hommes à tête de chien (des cynocéphales) toujours suivis par un être craint par les habitants de l'île, le Cannibale, figure qu'il associe toujours au cyclope[5]. De même, à partir de 1477, les éditions en langue vulgaire du *Livre des merveilles* du Vénitien Marco Polo se multiplient. Durant les trois siècles suivants, le corpus des témoignages sur les « peuples d'ailleurs » va ainsi continuer de s'enrichir.

Le XVIe siècle voit aussi la parution des premiers ouvrages relatifs aux cultures précolombiennes qui fournissent parfois une sombre analyse des conséquences de la conquête espagnole sur ces peuples (comme celui de Las Casas[6] ou de l'historien italien Benzoni[7]). Portant un regard bienveillant quoique moralisateur sur les Tupinambous, Jean de Léry, dans son *Histoire d'un voyage fait*

en Terre de Brésil (1578), réfute les propos de l'écrivain
géographe Thévet[8], cosmographe et historiographe
d'Henri II, leur préférant le témoignage de Staden[9], un
aventurier allemand au service du Portugal. Les récits des
exploits des conquistadors apparaissent aussi. Castillo,
lieutenant de Cortés, rédige un document très détaillé de
la civilisation aztèque[10] et de la conquête du Mexique.
L'historien espagnol Gomara dans *Historia de las Indias*
(1552) donne, quant à lui, une vision héroïque des
conquêtes de ce conquistador. C'est aussi durant ce siècle
que le théoricien Bodin développe, bien avant Montesquieu, la « théorie des climats » en montrant que la situation géographique des États conditionne leurs institutions
et forge le caractère et les mœurs de leurs habitants[11]. À la
même époque apparaissent les premières encyclopédies
consacrées au Nouveau Monde ; cependant, elles demeurent lacunaires, en particulier sur les mœurs des peuples[12],
à quelques exceptions près, comme celle d'Oviedo, historiographe de la couronne d'Espagne, qui, dans son *Historia général y natural de las Indias* (1535), fournit de très
nombreuses informations sur les Indiens du Mexique et
du Pérou. Quant à celle du père jésuite Acosta, *Historia
natural y moral de las Indias* (1590) traduite elle aussi dans
toutes les langues européennes, elle sera abondamment
lue jusqu'au siècle des Lumières.

Les récits de voyages en Amérique n'inspirent guère les
artistes européens du XVIe siècle. Seuls quelques tableaux
ou gravures représentent le « Sauvage » amérindien, tantôt sous un jour positif, comme dans l'*Adoration des mages*
de l'École portugaise (vers 1505) où l'on voit pour la première fois un Indien vêtu à l'européenne, mais portant une
coiffe en plumes et une flèche tupinamba (archétype du
« bon Sauvage »), tantôt sous un jour négatif, comme
dans un tableau attribué à l'École portugaise (peut-être
de Jorge Afonso) dans lequel les Indiens incarnent des
démons et même le Diable (*L'Enfer*, vers 1550). Cette der-

nière toile peut d'ailleurs être rapprochée de la description que le navigateur Vespucci fait dans une *Lettre adressée à Soderini* de sa rencontre avec des Indiens insulaires (lettre publiée à Florence en 1506). Sur la gravure *Vespucci découvre l'Amérique* du graveur flamand Galle, d'après le dessin du peintre flamand Stradano (fin du XVIᵉ siècle), est représenté, en arrière-plan, un groupe de Cannibales festoyant. En revanche, les artistes de la Renaissance manifestent un intérêt tout particulier pour les Noirs. Ceux-ci figurent dans le thème des trois Rois mages, très en vogue à l'époque, car nappé de l'exotisme des découvertes lointaines. Ils représentent les trois « races humaines » descendantes des fils de Noé : l'européenne, avec Melchior (par assimilation à Japhet) le plus âgé qui apporte l'or, l'asiatique avec Balthazar (Sem) qui offre la myrrhe, enfin l'africaine avec Gaspard (Cham), le plus jeune, aussi richement vêtu que les deux autres, et qui présente l'encens[13]. Pour les peintres, représenter un Noir devient un exercice de style – effets de contraste (noir et blanc)[14] et antithèses rhétoriques (Véronèse, *Judith et Holopherne*, vers 1580)[15]. Parfois perçu comme un être intermédiaire entre un grand singe et un « Homme sauvage », le Noir est ailleurs bestialisé, voire diabolisé (Passerotti, *Joyeuse Compagnie*, seconde moitié du XVIᵉ siècle). C'est à cette époque que le Noir, en particulier son visage, devient un motif à part entière dans l'imaginaire populaire[16].

Au XVIIᵉ siècle, l'écrivain métis de langue espagnole De la Vega publie des témoignages sur les Incas[17] et De Laet, son énorme *Histoire du Nouveau Monde ou Description des Indes occidentales* (1640). Le mythe du Sauvage cannibale apparaît dans l'iconographie picturale (Eckhout, *Femme Tarairiu*, 1641). Dans ce tableau, une Indienne brésilienne quasi nue tient dans sa main un bras humain ; on note également la présence à ses pieds d'un chien, qui n'est pas sans rappeler le peuple cynocéphale, « primitif » et cannibale, des îles Andaman décrit par Marco Polo ou de Cuba rapporté par Colomb. C'est à partir des années 1640 que les récits relatifs à l'Océanie, rares jusqu'alors, paraissent ; parmi eux celui du navigateur néerlandais Tasman[18] et celui du cartographe anglais Dampier qui fournit la première description des Aborigènes du nord-ouest de l'Australie[19]. Quant à l'Asie, les documents les plus anciens émanent des relations des commerçants portugais et hollandais ; les premiers récits de voyages sont ceux de Chardin[20] et Tavernier[21]. C'est à cette époque qu'une vision positive de la civilisation chinoise est rapportée en Europe, en particulier à travers des textes de jésuites. Enfin, on doit à l'humaniste néerlandais Dapper la première compilation sur l'Afrique (1668), lui qui, au demeurant, n'y est jamais allé[22]. Le XVIIe siècle voit l'apparition de la représentation du domestique et du page de couleur, tous les deux esclaves (Velázquez, *La Mulâtresse*, vers 1620). Dans l'iconographie, il n'est souvent que le faire-valoir de son maître (Van Dyck, *Elena Grimaldi Cattaneo*, vers 1623) ou la « note exotique » très prisée à l'époque (Guido Reni, *L'Enlèvement d'Hélène*, 1631). Plus de deux siècles plus tard, Manet reprendra le thème de la servante noire dans *Olympia* (1863).

Dans la seconde moitié du XVIIIe siècle, la production éditoriale des récits de voyages va considérablement se développer. Dans le monde, quelque 3 400 ouvrages sont consacrés aux grandes expéditions exploratoires qui transforment la connaissance de la Terre et de ses occupants[23]. Si la majorité des récits donnent une vision d'un Sauvage à la vie « misérable », d'autres alimentent le mythe du « bon Sauvage ». Parmi les textes classiques de voyageurs, on peut citer ceux de Cook et de La Condamine[24], sur l'Afrique australe, ceux de l'ornithologue Levaillant[25], du naturaliste allemand Kolbe[26] et de l'Anglais Barrow[27]. Quant au récit de Samuel, chirurgien sur la *Discovery* (un des deux navires de Cook), il est demeuré célèbre, car il relate la mort de Cook lors d'une échauffourée avec les autochtones de l'île

Hawaii le 14 février 1779. De même, dans *Voyage autour du monde*, paru en 1797, La Pérouse dément le mythe du « bon Sauvage » : « Mais je suis obligé de convenir que je n'ai pas eu la sagacité de les (les vertus) apercevoir : toujours en querelle entre eux, indifférents pour leurs enfants, vrais tyrans pour leurs femmes, qui sont condamnées sans cesse aux travaux les plus pénibles ; je n'ai rien observé chez ce peuple (les Indiens) qui m'ait permis d'adoucir les couleurs de ce tableau... » C'est une vision très différente qui sera rapportée sur les Esquimaux par Dumont d'Urville (*Voyage pittoresque autour du monde*, 1822, illustré de remarquables portraits) et le capitaine Beechey commandant du *Blossom* (*The North Pole*, 1848). Elle inaugure celle qu'auront, au tournant du siècle, Amundsen et surtout Peary (qui atteindra le premier le pôle Nord le 6 avril 1909) qui s'attachera à comprendre leur culture en vivant avec eux.

Tahiti ou le Jardin d'Éden (1771) de Bougainville est un texte capital dans la construction d'un imaginaire du Sauvage et de son univers. La distanciation est un mécanisme d'élaboration de mythe, ici celui du Paradis perdu. Sa référence au Jardin d'Éden, monde qui se situe dans la légende chrétienne avant le péché originel, explique que son livre ait été largement érotisé (peuple symbole de l'amour libre) – registre que l'on retrouvera dans les premiers romans de l'Américain Melville[28]. Serge Tcherkézoff a bien montré qu'il y a une véritable mystification, la prétendue mise à disposition des voyageurs de jeunes filles, loin d'être le signe d'une sexualité débridée en vigueur dans ces îles réputées paradisiaques, relevant d'une stratégie du pouvoir local face aux envahisseurs[29]. Pour autant, ce mythe d'un Éden, royaume de l'amour libre, qui sera repris par certains libertaires dans les années 1920-1930, revient régulièrement dans la littérature depuis la rencontre du navigateur espagnol Mendana avec les habitants des îles Marquises, rencontre, qui, selon lui, serait la première entre Européens et Polynésiens. Cette légende « polynésienne », qui servira à justifier le positivisme colonial, sera reprise par des anthropologues célèbres, au premier rang desquels figure l'Américaine Margaret Mead[30].

En revanche, durant le XVIIIe siècle, l'iconographie picturale relative aux « Sauvages » reste relativement modeste. Quelques artistes anglais et américains peignent des Indiens d'Amérique du Nord (West, *La Mort du général Wolfe*, 1770, et *Portrait du colonel Guy Johnson*, 1776 ; Wright of Derby, *Veuve indienne*, 1786). En revanche, le Noir est, lui, quasi absent, comme si l'Europe ne voulait pas voir les conséquences désastreuses de l'esclavage et de la traite négrière sur les peuples colonisés, conséquences pourtant dénoncées par les philosophes des Lumières[31]. Il faudra attendre les années 1840 pour que le public puisse contempler la profonde barbarie de cette pratique (Turner, *Marchands d'esclaves jetant à la mer les morts et les mourants. Le typhon s'approche (Le navire négrier)*, 1839-1840 ; Biard, *Esclaves sur la côte ouest-africaine*, 1840).

Au fil du temps, tous ces récits façonnent l'image de l'Autre et, quand vient la fin du XVIIIe siècle, période de rejet du progrès et de « retour à la nature », le Sauvage est désormais perçu comme un être « naturel », vivant dans une sorte de jardin d'Éden, qui n'a pas été confronté aux problèmes que rencontre le Civilisé occidental. Le mythe du « bon Sauvage », avec une résurgence de l'« Âge d'or », se popularise. Les récits de voyages, surtout anglais et français, sont traduits pour le grand public. Souvent, ces traductions ne sont pas littérales, mais adaptées au goût du lectorat ciblé en fonction des enjeux sociopolitiques, nationaux et internationaux de l'époque. Comme l'a si bien écrit Magali Pettiti, « le matériau littéraire est un médiateur dans la rencontre et la découverte de l'altérité[32] ». Les récits, selon cet auteur, se parent d'exotisme ou de drames pour attester que ces voyages, réels ou imaginaires, à la découverte d'un ailleurs sont des parcours initiatiques qui mènent non à l'Autre, mais à soi. Par ces regards croisés, révélateurs des travers de nos sociétés et de nos propres défauts, c'est la quête de sens, d'identité ou d'origines qui est la motivation profonde de la démarche vers l'Autre.

Le Sauvage dans le roman : *effet miroir*[33]

Le Sauvage du Nouveau Monde est quasi absent de la littérature de la Renaissance. Parmi les rares textes, ceux de Montaigne se singularisent. Il y défend la « sauvagerie », dénonce la colonisation et soutient que l'Europe doit apprendre et accepter les sociétés de l'Autre[34]. Son grand ami Étienne de La Boétie dénonce la servitude (autrement dit, l'esclavage) contraire aux lois naturelles (*Discours de la servitude volontaire*, 1549). Jusqu'au XVIIIᵉ siècle, l'idée que l'Homme occidental ait été un Sauvage par le passé est impensable. Seuls quelques savants, dont Mercati et Aldrovandi, l'envisagent. Dans son ouvrage *Metallotheca*, qui ne sera publié qu'après sa mort (en 1717), Mercati ose interpréter les pierres taillées (céraunies) découvertes en Europe en les comparant à des objets usuels de « Primitifs » contemporains. Quant à Aldrovandi, pour lui, l'Humanité a jadis connu une civilisation de la pierre semblable à celle qu'on rencontre encore dans les forêts vierges d'Afrique ou d'Amérique. Dans la littérature du XVIIᵉ siècle, l'imaginaire prend le pas sur la réalité, les peuples lointains servent à dénoncer les défauts de la société occidentale. Certains auteurs, de la fin de cette période, comme Foigny[35], Veiras[36] ou Gilbert[37], décrivent des voyages fictifs dans des sociétés imaginaires et idéales, fondées sur la liberté naturelle, dans lesquelles la propriété privée, la hiérarchie et les inégalités ont disparu.

Cette opposition entre Homme naturel et Homme civilisé, déjà décrite par Montaigne, se retrouve dans plusieurs écrits du XVIIIe siècle quand les pays « exotiques » et leurs habitants deviennent à la mode. S'appuyant sur la société des Hurons, le baron de Lahontan prône ainsi l'abolition de la propriété privée en Europe[38]. Montesquieu dans les *Lettres persanes* (1721) trace un tableau idyllique de la vie des troglodytes, êtres heureux, vertueux et égalitaires. En 1723, le naturaliste Jussieu ose, en comparant les vestiges archéologiques et les objets indiens rapportés du Canada et des Caraïbes, émettre l'hypothèse que l'Europe a jadis été peuplée par des « sauvages » proches de ceux du Nouveau Monde[39]. Le père Lafitau dans son ouvrage de 1724[40] compare les mœurs des Indiens d'Amérique, dont il vante les qualités naturelles (innocence, bonté, ignorance, simplicité), à celles des « premiers temps » ; son discours illustré de quarante et une planches soulève la risée de ses contemporains, en particulier de Voltaire. Quant à Buffon (*Époques de la nature*) et Rousseau (*Discours sur l'origine des inégalités*), ils équipent ou parent les premiers Hommes des outils, des armes et des attributs vestimentaires et ornementaux des « Sauvages ». Par ces comparaisons audacieuses, ces érudits marquent une rupture avec le discours traditionnel. En effet, au XVIIIe siècle, à cause de la vision ambivalente de l'Autre tantôt « bon Sauvage », tantôt « Cannibale », le discours sur les origines ne prend que très peu en compte les sources ethnographiques, même si, pour l'avocat historien Goguet, l'Homme primordial et Homme sauvage sont intimement mêlés[41]. Ce point de vue résulte du dogme biblique, monogéniste et diffusionniste, dominant à l'époque. Par ailleurs, de grands écrivains s'interrogent soit, comme Diderot[42] et Rousseau[43], sur la nécessité et la légitimité de la colonisation des « Sauvages », soit sur l'esclavage, en particulier des Noirs, comme Condorcet (*Réflexions sur l'esclavage des Nègres*, 1781), Marivaux

(dans sa comédie en un acte : *L'Île aux esclaves*, 1725),
l'abbé Raynal (dans son long pamphlet anticolonialiste :
*Histoire philosophique et politique des établissements et du
commerce des Européens dans les deux Indes*, 1770) ou
Montesquieu. Tandis que ce dernier, dans *De l'esprit des
lois* (1748), démonte avec ironie les arguments des
esclavagistes[44], Saint-Lambert, dans *Sara et Ziméo* (1769),
n'hésite pas, pour montrer son opposition à l'esclavage, à
faire tuer des « Blancs », dans son conte philosophique
qui raconte une révolte d'esclaves dans les colonies britanniques, les esclaves vainqueurs massacrent en effet les
mauvais maîtres, laissant la vie aux bons.

La nostalgie du Paradis perdu se retrouve dans *Adventures of Robinson Crusoe of York Mariner* (1719) de l'écrivain anglais Defoe et dans *Paul et Virginie* (1788) de Bernardin de Saint-Pierre, qui remportent tous deux un
énorme succès. Defoe, qui a trouvé le thème de son récit
dans un fait divers (l'histoire d'un pirate écossais, Alexander Selkirk, qui a vécu, de 1704 à 1709, sur une île déserte
du Pacifique), décrit un Vendredi bon et beau, contrairement aux autres « Sauvages » naturellement méchants[45].
Quant au roman *Paul et Virginie*, il reflète l'ambiguïté du
mythe du « bon Sauvage » (ici les Noirs de la Réunion et
de l'île Maurice) : si la vie « naturelle », qui conduit au
bonheur, est idéalisée, l'auteur y fait néanmoins mourir
Virginie ! En véhiculant le modèle du bon comportement
du colonisateur, ce livre sera utilisé comme organe de propagande au début du XXᵉ siècle. De même, les grands
textes français et anglais du XVIIIᵉ siècle qui ont construit
le mythe du « bon Sauvage » comme les *Lettres persanes*,
Candide (1752, où Voltaire fustige les inquisiteurs de
Lisbonne brûleurs de Juifs et les tyrans du Nègre de
Surinam), *Émile ou De l'éducation* (Rousseau, 1762), *Le
Supplément au voyage de Bougainville* (Diderot, 1772),
seront relayés dans les écoles. Certaines gravures, images
emblématiques de la perception du Sauvage, seront

également maintes fois reprises et remaniées au XIXᵉ siècle, telles celles sur les Amérindiens du Brésil des naturalistes allemands Spix et Martius[46].

Au tournant du XVIIIᵉ siècle et du XIXᵉ, début de l'apologie du progrès en particulier de l'esprit humain, le mythe du « bon Sauvage » commence pourtant à vaciller. En témoignent certains écrits, dont celui de Condorcet (*Esquisse d'un tableau historique des progrès de l'esprit humain*, 1793) qui suit le philosophe anglais Thomas Hobbes pour qui seul le progrès permet à l'Homme de s'émanciper de la nature et d'évoluer (*Leviathan*, 1651). La vision européocentriste, qui soutient que la civilisation occidentale est un modèle universel, va devenir dominante au XIXᵉ siècle. Le Sauvage sert parfois de thérapeutique au « mal du siècle », comme chez Chateaubriand. Imprégné de l'exotisme de Bernardin de Saint-Pierre et de ses voyages de jeunesse le long de l'Ohio et du Mississippi. Si ce grand écrivain perçoit l'Amérique comme un Éden qui laisse entrevoir la présence de Dieu (*Voyages en Amérique et en Italie*, 1827), contrairement à Rousseau, pour lui, ce sont les missionnaires, et non les Sauvages, qui sont les « sages » de l'histoire (*Atala* 1801 ; *Les Natchez*, 1826). Les « Peaux rouges », étant des âmes pures persécutées, il y a donc obligation de les christianiser. Delacroix, entre 1823 et 1835, s'inspira du livre *Les Natchez* pour réaliser son tableau qui porte le même nom que le roman de Chateaubriand. Dans *Journal d'un voyage à Temboctou et à Jenné dans l'Afrique centrale* (1830), l'explorateur René Caillié montre, quant à lui, un grand respect pour les habitants et leurs sociétés, et dénonce l'esclavage et la maltraitance des femmes. De l'autre côté de l'Atlantique, la naissance des États-Unis suscite un questionnement sur la disparition des Indiens. Il est au cœur d'un livre qui deviendra un « best-seller », *Le Dernier des Mohicans*[47] (1826) de l'écrivain américain James Cooper.

Le XIXe siècle est également obsédé par la classification et la hiérarchisation des êtres vivants, en particulier
des humains. Les questions de « races », de leur filiation et
de leur origine (mono- ou polygénisme), qui sont au centre
des préoccupations des anthropologues, sont débattues
dans le milieu tant scientifique que littéraire. Victor Hugo
dans *Océan-Prose-Tas de Pierres-Science*[48] se réfère aux
critères anthropologiques (conformation du crâne,
craniométrie[49]). Il y fait également plusieurs fois référence dans ses livres et ses poèmes et s'en inspire pour
ses portraits ou caricatures Pour lui, l'énormité d'un
crâne, où loge le cerveau, siège de l'intelligence et de la
pensée, en particulier du front (comme le sien), est la
marque du génie. Il soutient également la théorie
d'Étienne Geoffroy Saint-Hilaire sur l'« unité de composition » (opposée à celle de Cuvier, débat des années 1830)
et de notre proximité avec les animaux, suivant les idées
de Lamarck (Balzac ira encore plus loin dans *La Comédie
humaine*, 1822-1825). Dans *Bug Jargal* (version de 1826),
roman de jeunesse qui relate la révolte d'esclaves noirs à
Saint-Domingue, Hugo distingue différentes « races »
humaines, autre grand débat de son époque, reprenant la
classification raciste (fondée sur la couleur de peau) de
Moreau de Saint Méry[50]. Cette position qui paraît
aujourd'hui relever d'un certain racisme se retrouve chez
d'autres écrivains comme Mérimée avec *Tamango*, récit
d'une mutinerie à bord d'un négrier (1829). Ces textes ne
font cependant que refléter l'idéologie qui prédomine à
l'époque. D'ailleurs, quelques années plus tard, à travers
deux lettres, datées de 1859 et 1860, destinées aux États-
Unis et publiées dans divers journaux, Hugo prendra,
comme l'essayiste américain Thoreau, la défense des
Noirs américains lors de l'affaire John Brown, dont il
demande la suspension de l'exécution. La question raciale
est aussi figurée dans *Le Radeau de la « Méduse »*, tableau
monumental de Théodore Géricault. Commencé en 1817,

celui-ci est exposé au Salon de 1819 sous le titre, moins provocateur, de *Scène de naufrage*. Le personnage clé, celui qui brandit le tissu salvateur, est un mulâtre, et on mesure là l'audace du peintre à un moment où l'esclavage est rétabli en France. Selon Bruno Chenique, cette toile serait une allégorie politique où le héros, fruit de l'union de deux « races », symbolise, en plus de l'espoir, la nécessaire abolition de l'esclavage[51].

L'affaire Baartman :
le sauvage disséqué

Dès les premières conquêtes, et bien avant les « zoos humains », des Indiens, en particulier des Aztèques, ont été ramenés en Europe par Colomb et Cortés. En 1550 des Indiens Tupi ont même été présentés au roi de France. En Angleterre, lors de son deuxième voyage, en 1577, Martin Frobisher ramène avec lui une famille d'Esquimaux qui est reçue par la reine Elisabeth Ire qui leur accorde un privilège exceptionnel, celui de chasser les cygnes sur la Tamise. Malheureusement, l'humidité du climat anglais leur est fatale, et tous meurent en quelques mois. En 1769, c'est Bougainville qui rentre en France avec un Tahitien. L'exhibition d'êtres humains va se poursuivre au XIXe siècle : en France, c'est l'affaire Baartman qui marque les esprits[52].

Le 29 décembre 1815 meurt à Paris (probablement des suites d'une pneumonie couplée à une maladie vénérienne) Saartjie (baptisée Sarah en 1811) Baartman, la tristement célèbre « Vénus hottentote ». Née esclave, cette Koïsan, originaire de la colonie du cap de Bonne-Espérance (alors colonie hollandaise) en Afrique australe, est arrivée à Londres en 1810, en compagnie de son maître le fermier Hendrick Caezar qui tente de la vendre au

Liverpool Museum de Picadilly. Sans succès. Il loue alors une salle dans Picadilly Street, quartier des spectacles et des exhibitions de « curiosités », où il l'exhibe. Là, le succès est au rendez-vous. Devenue bête de foire, elle attire une foule qui se presse pour la voir, enfermée dans une cage, et la toucher. Malgré elle, elle devient l'héroïne de ballades (*La Ballade de la dame hottentote*) et de vaude-villes où on la caricature, car elle possède une caractéristique physique originale pour les Occidentaux : un amas graisseux sur les fesses et le haut des cuisses (stéatopygie). Cependant, ce « spectacle » soulève la réprobation de certains journalistes et de personnalités, en particulier de trois membres de l'African Society qui déposent une plainte contre Caezar pour esclavagisme (la traite négrière est interdite en Grande-Bretagne depuis 1807). Ils sont déboutés, à cause des propos formulés, hors de la cour et probablement sous la contrainte, par Saartjie qui aurait déclaré « être heureuse de sa présente situation ». Après le procès, Caezar décide de l'exhiber dans d'autres villes du nord de l'Angleterre et d'Irlande. Débarquée à Paris en 1814, elle « séduit » un nouveau public, celui des salons de la haute société parisienne, friande d'« exotisme », où elle en devient la « star » (un opéra-comique lui est même consacré, *La Vénus hottentote ou Haine aux Françaises*). Saartjie suscite également l'intérêt des savants du Muséum du Jardin des Plantes, Cuvier, Blainville et Étienne Geoffroy Saint-Hilaire. En mars 1815, ils l'examinent sous toutes les coutures, la dessinent et rédigent plusieurs articles à son sujet. Lors de ces examens, ils découvrent qu'elle présente bien une élongation des lèvres inférieures, le fameux « tablier hottentot[53] » déjà mentionné par plusieurs voyageurs. À sa mort, le corps de Saartjie Baartman est moulé, puis disséqué par Cuvier en 1816 (qui reconstituera son squelette os par os). Son cerveau et ses organes génitaux sont conservés dans des bocaux remplis de formol, son squelette et le moulage de son

corps, exposés au musée de l'Homme jusqu'en 1976, puis
relégués dans les réserves. En 1895, Piette, spécialiste de
l'art mobilier préhistorique, rapprochera les statuettes
féminines obèses (stéatopyges) exhumées lors des fouilles
archéologiques de la race hottentote[54]. Le cas de Saartjie
n'est pas isolé. Jusqu'au début du XIXᵉ siècle, de nombreux
Africains, mais aussi des Esquimaux, vont être ramenés
en Europe par des missionnaires, des organisateurs de
spectacles vivants ou d'anciens colons, pour y être servi-
teurs (souvent esclaves) ou montrés au public lors de
foires ou dans des cirques[55]. Les scientifiques, eux aussi,
les réclament, morts ou vifs, pour parfaire leurs connaissances anthropologiques.

Mais pourquoi y a-t-il eu au XIXᵉ siècle un tel
engouement pour cette Hottentote ? Selon plusieurs
auteurs[56], l'hyperdéveloppement de ses attributs sexuels
(corrélé à la bestialité), combiné à son appartenance à
une « race » considérée à l'époque comme inférieure, en
serait la raison. En outre, l'intérêt pour les peuples
d'Afrique australe remonte avant l'affaire Baartman. À
l'instigation de l'Académie des sciences, le zoologiste du
Muséum de Paris, Péron, a ainsi participé à « l'Expédition de découvertes australes » (1800-1804) de Baudin.
C'est à cette occasion que le linguiste de Gérando,
membre de la Société des observateurs de l'homme
(créée en 1799 à Paris et disparue en 1804[57]), écrit en
1800 le premier guide d'enquêtes ethnographiques, intitulé : *Considérations sur les diverses méthodes à suivre
dans l'observation des peuples sauvages*, recueil qui véhicule le mythe du « bon Sauvage ». Péron veut, entre
autres, vérifier la véracité de l'existence du « tablier hottentot ». Lors de son séjour en Afrique du Sud, il lui est
permis de l'observer, il en fait une description détaillée
illustrée de dessins et l'attribue exclusivement aux
femmes San (Bushmen) et non aux Hottentotes[58]. Cuvier,
après la dissection du corps de Saartjie Baartman,

confirmera ses dires et la classera définitivement dans la catégorie des « races inférieures[59] ». Durant tout le XIXe siècle, en France, en Angleterre et en Allemagne, le « tablier hottentot » fera couler beaucoup d'encre. Il sera l'un des critères retenus lors des débats relatifs aux « races » et à leur hiérarchisation qui marquent la seconde moitié de ce siècle.

Dans les années 1840-1850, devant la difficulté de se procurer des sujets vivants, les naturalistes s'approvisionnent en ossements, et la craniologie se développe sous l'impulsion de Morton de l'Académie des sciences de Philadelphie. Les études de ce dernier le conduisent à conclure à l'infériorité des Hottentots-San sur les autres peuples noirs ; il est soutenu par Agassiz, Nott et Gliddon qui rapprocheront les San de l'orang-outan sur le plan tant physique que moral[60] ! Placés entre le singe et l'Homme, San et Hottentots seront utilisés dans les classifications racialistes du XIXe siècle, puis, comme d'autres peuples dits sauvages, ils serviront d'éléments comparatifs pour déterminer le degré d'évolution des Hommes préhistoriques et de leurs cultures.

Les voyages d'exploration se multiplient tout au long de la première moitié du XIXe siècle, et les récits, qui continuent d'enrichir le corpus des témoignages sur les peuples autochtones, sont popularisés dans des magazines illustrés. Parmi les récits de voyages qui marquent les esprits de cette époque, on trouve celui de Barrow[61] et surtout celui du navigateur Peter Dillon qui recueille les premiers indices du naufrage de La Pérouse. Dillon y raconte, entre autres, sa rencontre avec des « Cannibales » dans la baie de Nilear (îles Fidji)[62]. Durant cette même période se développent les premières explorations des régions polaires avec, en particulier, l'Anglais Scott[63] et Nicolas Baudin en terres australes (1800-1804). Le discours des « Antiquaires » demeure, toutefois, peu influencé par les connaissances des peuples « sauvages ». Les vestiges préhistoriques étudiés continuent à être attribués aux Gaulois, donc à une période historique. Cependant, dès le début des années 1830, une nouvelle configuration politique et culturelle, capitale dans la possibilité de transmettre des connaissances et des informations à un public considérablement élargi, apparaît en Grande-Bretagne, puis en France.

La France coloniale
et « préhistorienne »

Les années 1830 constituent, de fait, un tournant en Grande-Bretagne comme en France. On y assiste à l'avancée de la liberté religieuse avec l'émancipation des catholiques britanniques et la naissance du catholicisme libéral français, ainsi que la libéralisation des régimes politiques[1] et la généralisation de l'école primaire, en particulier avec les lois Guizot de 1833. L'année 1830, année de la conquête de l'Algérie, marque aussi un nouveau départ du colonialisme européen (l'Angleterre en étant le *leadership*) avec le partage progressif de l'Afrique et d'une partie de l'Asie, et la fin d'une logique coloniale ancienne fondée pour partie sur l'esclavage. La révolte des Antilles en 1830 et l'abolition de la traite des Noirs en 1834 s'inscrivent dans ce moment de basculement. C'est également durant ces mêmes années que, selon Arnaud Hurel, « la France préhistorienne » trouve son assise, essentiellement autour de l'activité de personnes privées, de passionnés. On passe de la logique des cabinets de curiosités et des Antiquaires à celle de l'archéologie. Toutefois, cette évolution sera lente, puisqu'il faudra attendre 1941 pour qu'un pas décisif soit franchi avec la prise en compte par l'État des recherches et des découvertes archéologiques[2].

Premiers magazines illustrés :
voyages pittoresques

Durant les années 1830 sont publiés les premiers magazines bon marché illustrés de gravures sur bois, comme *Le Magasin pittoresque* (de 1833 à 1938), déclinaison du *Penny Magazine* londonien (1832). Hebdomadaire, puis mensuel et bihebdomadaire, cette sorte d'encyclopédie populaire traite de tous les sujets : sciences, histoire, archéologie, art, voyages, mais aussi morale et découvertes techniques. Son fondateur et directeur jusqu'en 1888, l'ancien saint-simonien Édouard Charton, s'attache à compléter les textes, rédigés par plusieurs collaborateurs, par de nombreuses illustrations. Ce qui entraîne le succès populaire immédiat du magazine. Parallèlement au développement des connaissances scientifiques, on note la montée en puissance du roman. Durant cette période, le dispositif éditorial s'est très rapidement renforcé et étendu à d'autres pays d'Europe sur le mode d'un encyclopédisme séquencé en semaines ou en mois, appuyé par l'édition d'encyclopédies populaires comme celle des *Voyages pittoresques dans les quatre parties du monde* du Canadien Grasset de Saint-Sauveur qui fournit de multiples renseignements géographiques et ethnographiques. Cet éditeur, écrivain, graveur, et peut-être diplomate, part pour la France en 1764 où il publie, entre 1784 et 1812, une vingtaine d'ouvrages fort divers dont sa fameuse encyclopédie[3]. Républicain convaincu, il diffuse les idées subversives des Lumières, puis la pensée révolutionnaire. Quant à l'explorateur Dumont d'Urville, dans *Voyage pittoresque autour du monde* (1833-1844), il résume les voyages et les découvertes des grands navigateurs (La Pérouse, Cook, Bougainville, Tasman).

À partir des années 1840, différents magazines illustrés (*The Illustrated London New*s en 1842 et *L'Illustration,* 1843) se chargent de rendre compte de l'actualité. L'offre de presse illustrée devient propre à rendre compte non seulement des connaissances installées et pour partie relayées par l'école, mais aussi des événements et des découvertes[4]. En France, le plus célèbre des éditeurs de ce nouveau marché est l'écrivain d'origine alsacienne et protestante Hetzel. À côté de son périodique *Le Nouveau Magasin des enfants* (1843), il publie en collection illustrée l'œuvre de Jules Verne qu'il a récupérée du *Musée des familles*. Ces magazines illustrés rencontrent en effet un vif succès populaire, en particulier auprès des jeunes ; en 1857, Hachette sort la collection « La semaine des enfants » et en 1864 « Magasin d'éducation et de récréation ». Dix ans plus tard paraît le premier numéro de la revue illustrée anglaise : *The London Sketch*. Après la disparition de la collection Hachette, la librairie Flammarion créera la *Bibliothèque scientifique populaire* à la fin de l'année 1886. Aux États-Unis, parmi les livres populaires parus avant le début de la guerre de Sécession, période où la question de l'esclavage est au cœur du conflit, *La Case de l'oncle Tom*[5] de Beecher-Stowe, fille de pasteur, connaîtra un énorme succès, probablement parce qu'il souligne les contradictions entre la foi chrétienne (très répandue alors) et l'esclavage (considéré comme immoral). Trois ans plus tard, bien que la traite des Noirs soit alors officiellement interdite, Théodore Canot, dans *Confessions d'un négrier*, n'éprouvera néanmoins aucun repentir[6].

L'Homme originel : un être faible dans une nature hostile !

Contrairement aux récits de voyages, la préhistoire ne sera vulgarisée, même en France où elle est particulièrement active, que fort tardivement. Elle reste longtemps absente des manuels scolaires, d'histoire en particulier, négligence qui durera un bon siècle comme l'a montré Marc Guillaumie[7]. Il nous a été possible de vérifier, grâce à la mise en mémoire électronique des deux titres phares dirigés par Charton (*Le Magasin pittoresque* et *Le Tour du monde*, 1860-1899) et l'aide de leur promoteur, qu'en deux tiers de siècle le magazine hebdomadaire illustré n'avait traité de la préhistoire qu'en une seule occurrence. C'est pourtant l'époque où elle se construit comme science.

Jusqu'à la parution des livres de Darwin, les représentations des premiers humains sont tirées de la Bible et montrent des Hommes qui n'ont rien de préhistorique : Adam, Ève, Noé et ses descendants sont physiquement des Hommes modernes. « Dans une époque imprégnée des Écritures, l'image de l'homme originel devient à la fin du XIXe siècle celle de Caïn », note précisément Philippe Dagen, professeur d'histoire de l'art[8]. Ainsi, Cormon, dans son immense tableau intitulé *Caïn* (1880), fait planer la malédiction de Caïn qui, à cause de sa méchanceté, est devenu le père d'une race inférieure (Gn IV, 11-12). Il met en scène, dans un paysage aride, un groupe d'hommes, de femmes et d'enfants, à l'air épuisé, qui se dirigent, certains d'un pas pesant, comme des fugitifs ou des errants vers un but invisible. Les Hommes préhistoriques les plus récents (*Homo sapiens)* sont parfois figurés sous les traits d'Adam, de ses descendants, ou sous ceux d'un héros mythique (plâtre de Paul Richer, *L'Homme préhistorique*). Jusque dans les années 1880, il est impossible de reproduire des photographies ; la gravure sur bois domine avec la marge d'interprétation du dessinateur ou du graveur. Selon Blanckaert[9], la première représentation d'un homme fossile serait celle du graveur allemand Susemihl parue en 1838 dans le *Magasin universel* ; elle illustrait un article de Pierre Boitard, botaniste géologue opposé à la théorie fixiste de Cuvier[10]. Cette image d'un bipède troglodyte, à l'apparence à la fois de singe et d'Éthiopien, s'appuyant sur une hache, sera maintes fois reproduite et alimentera l'imaginaire populaire, mais également celui des scientifiques durant tout le XIXe siècle. Se référant pour sa réalisation à des gravures ethnographiques, Boitard adhère aux thèses racialistes de son époque, comme celles des polygénistes Virey[11] ou Bory de Saint-Vincent[12].

Dans l'Europe chrétienne, la vie des Hommes anciens a évidemment été assimilée d'abord à celle d'Adam au jardin d'Éden, puis à celle de ses descendants jusqu'au Déluge où la quasi-totalité des humains ont disparu. Seul Aldrovandi propose une autre vision de l'Humanité primordiale. Considéré comme un hérétique, il est emprisonné en 1549 et, durant ses dix mois de semi-captivité, étudie les sciences naturelles. Ce grand botaniste de la Renaissance affirme déjà que l'Humanité tout entière a connu jadis une civilisation de la pierre. Au milieu du XVIIIe siècle, le thème de l'« âge d'or » originel, décrit par certains auteurs antiques, est réactualisé. Pour Rousseau, l'Homme primitif, être libre et perfectible, menait une vie heureuse ; c'est la société qui l'a rendu méchant et esclave[13]. Cependant, comme la notion de progrès est centrale dans la philosophie des Lumières, l'histoire de l'espèce humaine est perçue comme linéaire avec un passage de la sauvagerie à la civilisation par changements techniques successifs. C'est durant ce siècle que les premiers outils fabriqués par des « Hommes anciens » sont découverts et parfois reconnus comme tels. Pour plusieurs philosophes et savants, dont le grand Buffon, nos ancêtres, perçus comme physiquement faibles et démunis face à une nature hostile, ont dû pour survivre « inventer » la culture et, même si certains le regrettent (dont Voltaire), la religion. Pour retrouver le « Paradis perdu », quitter cette vie misérable et accéder à la civilisation, il faut que l'Homme travaille, invente des techniques libératrices, s'organise socialement et ait une vie spirituelle.

Cette perception misérabiliste du mode de vie originel est présente dès l'Antiquité (centrée autour du Ⅰᵉʳ siècle ap. J.-C.) chez Lucrèce, le poète latin Horace et l'historien grec Diodore de Sicile[14]. Leur vision de l'humanité première est peu idyllique. « Les humains primitifs formaient un troupeau muet et hideux qui combattait pour se procurer du gland et des tanières », écrit ainsi Horace dans ses *Satires*. Pour Lucrèce[15], l'Homme primitif, profondément attaché à la terre dont il est fait, a dû mener une vie errante, comme les bêtes sauvages dont il possède toutes les caractéristiques biologiques. Cet état originel, proche de celui de l'animal, sans organisation sociale ni lois, repose sur l'individualisme et l'usage de la force. Chasseur d'un grand nombre d'espèces, l'Homme peut aussi devenir gibier face à d'autres. En butte à l'hostilité de son environnement, il cherche refuge dans des cavernes – on retrouve ce mythe de l'habitat troglodytique dans de nombreuses cosmogonies de peuples à traditions orales. Au contraire, pour Diodore de Sicile[16], face au danger de la Nature, notamment des bêtes féroces, les Hommes ont appris à se regrouper, puis à parler, développant les prémices d'une vie sociale. Si, pour cet historien, c'est le besoin qui a révélé à l'Homme l'usage de ses capacités, manuelles et intellectuelles, pour Horace, c'est l'expérience qui a permis l'amélioration des armes de défense et d'attaque (*Satires*). Dans cette seconde conception, l'histoire de l'Homme suit la voie ascendante du progrès, qui n'est pas forcément, selon Lucrèce, synonyme de bonheur.

Cette vision pitoyable des origines (l'Homme comme être démuni et faible face à une nature hostile) va dominer parmi les anthropologues et les préhistoriens de la seconde moitié du XIXᵉ siècle pour qui le progrès technique rend l'Homme plus heureux (Morgan, Spencer, MacLennan, Lubbock, Tylor ou Engels), mais aussi dans la littérature (Hugo[17] avec *Han d'Islande*, 1823, chapitre 6). On la retrouvera jusqu'au milieu de la seconde partie du XXe siècle[18], dans les manuels scolaires et dans les écrits de certains préhistoriens. On peut ainsi lire sous la plume d'Anglas, qui qualifie cette période de « temps de misères » : « L'homme primitif – le préhomme, pour mieux dire – devait être bien misérable : les éléments déchaînés l'accablaient et il était entouré d'ennemis redoutables[19]. » À l'opposé de la vision proposée par la Bible, la vision misérabiliste repose, selon Wiktor Stoczkowski professeur à l'université de Lille, sur quatre présupposés relevant d'un déterminisme biologique et écologique et qui fournissent les bases d'une démarche déductive : le déterminisme environnemental (stimuli), le matérialisme (l'intellect et la conscience n'auraient pas pris part à la genèse de la culture), l'utilitarisme (réponses à des besoins élémentaires), l'individualisme (effacement de la dimension sociale de la culture)[20]. Cette vision, misérabiliste, sera popularisée par les artistes et les écrivains.

Dans l'introduction de son livre[21], Nathalie Richard affirme que l'année 1859 a été marquée par une véritable rupture épistémologique, même si le texte fondamental de Darwin n'est traduit par Clémence Royer qu'en 1862. Dès que l'existence d'Hommes très anciens, habiles artisans et artistes, est reconnue, la « palethnologie », terme alors préféré à celui de « préhistoire »[22], s'installe comme discipline, appuyée sur des découvertes qui se font en France comme en Angleterre, par l'association de passionnés qui peuvent être membre de sociétés érudites locales et, en France, par l'Académie des sciences. Durant ces années, les premiers livres populaires sur la préhistoire voient le jour. Alors que les théories de Darwin ont à peine pénétré la communauté scientifique française, le journaliste biologiste Henry de Varigny va tenter pendant plus de quarante ans de les populariser à travers ses ouvrages, ses traductions et surtout les articles qu'il fait paraître dans des revues et des quotidiens populaires. Cependant, durant toute la seconde moitié du XIXe siècle, marquée par l'histoire naturelle de l'Homme, la littérature de vulgarisation scientifique correspond à une volonté de diffusion des savants, sans qu'elle soit pour autant une émanation de ces derniers, en particulier en France[23].

CHAPITRE 3

Le Préhistorique
entre en scène

Quand paraît *De l'origine des espèces* de Darwin, le dispositif éditorial illustré est bien en place en Grande-Bretagne comme en France. En outre, les premiers manuels scolaires ont fait leur apparition. En mai 1861, le magazine satirique anglais *Punch* publie ainsi plusieurs caricatures de la théorie de l'évolution. Plus que les travaux des scientifiques, ce sont les œuvres d'artistes[1] et les ouvrages, surtout leurs illustrations, qui vont forger la représentation des Préhistoriques dans l'imaginaire populaire. L'iconographie tient une place importante aussi bien dans la presse que dans le livre ; toujours subjectives, les représentations du Préhistorique sont imprégnées des idées dominantes de l'époque. La plupart des magazines et des livres populaires vont ainsi véhiculer une image négative du Préhistorique et de son mode de vie, de même que les peintres, graveurs et sculpteurs, selon qu'ils l'inscrivent ou non dans l'Humanité. Certains vestiges préhistoriques découverts au XIXᵉ siècle – des faux (taillés au XIXᵉ siècle) ou des objets mal interprétés (pierres naturelles ou pierres-figures) – sont même repris par des artistes[2].

Néanmoins, le positivisme et la science triomphante commencent à être remis en question. Flaubert, par exemple, dénonce les idées reçues en cours, les « vérités scientifiques » érigées en dogmes. Il demeure perplexe devant l'instabilité des idées et des nomenclatures scientifiques au cours de leur histoire ; les classifications et les dénominations sont-elles réelles ou abstraites, voire arbitraires ? Contrairement à la conception de Hegel, l'Histoire est, pour lui, un éternel recommencement. Flaubert décrit dans son *Dictionnaire des idées reçues*, commencé en 1850[3], les aphorismes et les présupposés de la société française de son époque. Dans *Bouvard et Pécuchet*, il dénonce l'absence de méthodes et de rigueur scientifique de ces « faux savants » naïfs qui ne font que colporter des poncifs et des idées reçues. Bouvard et Pécuchet, copistes retraités à Chavignolles en Normandie, jouent les savants amateurs. Ils créent un laboratoire de chimie, ouvrent, comme les collectionneurs, puis les « Antiquaires » de la Renaissance au début du XIXᵉ siècle, un « Muséum » (« cabinet de curiosités ») pour y conserver des spécimens de géologie et d'archéologie récoltés lors d'expéditions de terrain ; ils entretiennent des correspondances et des échanges avec d'autres « savants » et les notables de la région. Incapables de comprendre les sciences qu'ils abordent, ils vont d'échec en échec, ce qui les conduit à abandonner la science.

Mi-Homme, mi-singe !

Les reconstitutions du Préhistorique, comme celles de son mode de vie, ne sont jamais neutres. Elles n'ont pour la plupart aucun fondement scientifique, à cause de la relative pauvreté des matériels archéologiques souvent culturellement mal identifiés, mais surtout du paradigme dominant au XIXᵉ siècle qu'est le progrès linéaire de l'évolution humaine. L'image a pour vocation à appuyer une construction argumentative[4]. Deux ouvrages reflètent bien cette idéologie, celui de Louis Figuier, *L'Homme primitif* (1870), et celui de l'écrivain scientifique Victor Meunier, *Les Ancêtres d'Adam, histoire de l'homme fossile*[5] (1875).

Dès l'acceptation de l'existence d'Hommes anciens (tertiaires) et la parution du livre de Darwin sur la filiation de l'Homme (1871), les représentations du Préhistorique deviennent caricaturales et, la plupart du temps, simiesques. Frappé à la fois par les ressemblances et les différences qui existent entre les Hommes et les grands singes, Haeckel estime qu'il a dû exister entre eux un être intermédiaire auquel il donne en 1868 le nom de Pithécanthrope[6], singe-homme. Dès lors, on figure ou décrit des « Hommes-singes », brutes poilues et voûtées. La notion de « race » est aussi prise en compte dans les représentations des Préhistoriques et de leur mode de vie[7] comme on le voit chez Figuier. Sous sa direction, la Librairie Hachette publie *L'Homme primitif*[8] dans sa collection pour la jeunesse : « Tableau de la nature[9] ». Les représentations mettent en scène l'Homme préhistorique et des animaux pour la plupart disparus (ours des cavernes, mammouth). Réalisées à partir des documents scientifiques (en particulier les classifications de Lartet et de Dupont), elles ont cependant un caractère romanesque avec une vision de l'Homme originel idéal ou conforme aux idéologies dominantes de la seconde moitié du XIXe siècle (évolutionnisme, polygénisme et racialisme). Par exemple, face aux critiques de certains préhistoriens et anthropologues, dans la seconde édition de 1870, Figuier fait modifier l'illustration relative à l'époque du mammouth et du renne ; le Préhistorique, figuré sous les traits d'un Européen moderne, est remplacé par un type mongoloïde, suivant ainsi la thèse de l'anthropologue monogéniste Pruner-Bey ; il l'arme également d'un arc identique à celui présent sur l'illustration de l'Âge de la pierre polie.

Silex et os taillés en vitrines

À la fin des années 1860, les objets préhistoriques sont montrés au public lors d'expositions temporaires ou dans des musées permanents qui leur sont entièrement consacrés.

Les outils, les armes et les objets « artistiques » façonnés par le Préhistorique sont ainsi exposés lors des Expositions universelles. À l'occasion de la première manifestation de ce genre à Paris, en 1867, placé dans la section intitulée « L'histoire du travail » (organisée par G. de Mortillet sous la direction de Lartet), le mammouth gravé sur une défense de mammouth exhumé du site de La Madeleine (Dordogne) est le clou de l'exhibition. D'autres objets, des outils en pierre taillée[10] et des pièces d'art mobilier, sont présentés au public dont un galet de schiste gravé d'un ours et de signes[11], un fragment de bois de renne gravé représentant la « Femme au renne[12] », un poignard sculpté en bas relief de deux rennes et un propulseur au mammouth[13]. Un public nombreux vient les admirer et s'étonne que ces « primitifs » aient pu faire de si belles choses ! Dans l'Exposition universelle de 1878, quelque quatre-vingts vitrines seront réservées aux objets préhistoriques, en particulier aux haches du Néolithique et de l'Âge du bronze.

Quelques années plus tôt, par un décret daté du 8 mars 1862, Napoléon III, féru d'antiquités gallo-romaines, a fondé un musée permanent qui leur est consacré dans le château de François Ier, à Saint-Germain-en-Laye[14]. À l'origine, il ne présentait que des objets archéologiques de l'époque gallo-romaine jusqu'au Moyen Âge, puis des objets préhistoriques y font leur entrée. Devenu entre-temps musée des Antiquités nationales, il est inauguré en 1867. Mortillet en devient le conservateur en 1868, poste qu'il occupera jusqu'en 1885. À cette époque, deux salles sont consacrées aux vestiges préhistoriques provenant d'une collection danoise offerte à Napoléon III en 1861 par Frédéric VII, roi du Danemark (des pièces de l'Âge de pierre à l'Âge du fer), et des outils lithiques exhumés des fouilles menées en Picardie par Boucher de Perthes. Comme dans le Musée national du Danemark à Copenhague, créé à l'initiative de Thomsen, mais quarante ans plus tard et pour la première fois en France, le « grand public » peut dorénavant venir contempler les objets préhistoriques découverts lors des fouilles successives menées en France. Les outils en pierre taillée exposés au regard de tous attestent de la reconnaissance, d'une part, des travaux menés sur une période antérieure à l'Antiquité et, d'autre part, de l'existence de ses artisans, les Préhistoriques.

Préhistoire et nationalisme

En France, au fil des décennies, les éléments de démocratisation et de sécularisation des sociétés se sont accentués, malgré des allers-retours. Les années 1840-1870 voient l'abolition de l'esclavage (1848), mais aussi la première Exposition universelle à Paris (1867). Sous le Second Empire et au début de la IIIe République, on assiste également au renforcement des conceptions nationalistes. Le Préhistorique devient dès lors un enjeu national. Pour convaincre le public de l'existence d'Hommes anciens, Boucher de Perthes explique, dans le deuxième volume des *Antiquités celtiques et antédiluviennes* de 1857, que la race gauloise est vieille et que, déjà à l'ère Tertiaire, les « aïeux d'Adam » chassaient de gros éléphants sur le sol français, notamment en terre picarde, berceau de la civilisation humaine. La récupération la plus spectaculaire des Préhistoriques est, toutefois, celle liée à la découverte, en 1854, des palafittes (constructions sur pilotis) à Meilen au bord du lac de Zurich (Suisse) et leur reconstitution par l'archéologue suisse Ferdinand Keller dans *Pfahlbauten* (1854). Ces quatre habitations réunies sur une plate-forme unique et reliées au rivage par deux passerelles rappellent celles de villages de Nouvelle-Guinée. Bien que plusieurs autres reconstitutions soient proposées, entre autres par l'archéologue vaudois Frédéric Troyon et Keller lui-même, celle-ci va demeurer pendant plus de soixante ans l'archétype de la « cité lacustre » (reproduite dans de nombreux ouvrages et livres scolaires).

Dès leur découverte, les palafittes provoquent une véritable « fièvre » parmi les scientifiques et les notables qui se mettent à collectionner les objets archéologiques : le mythe de l'existence d'un peuple lacustre est né. Les érudits de l'époque comparent leur mode de vie reconstitué par les archéologues à une société idéale (à un « paradis » perdu). Leur présentation à Paris, lors de l'Exposition universelle de 1867, confère à ces découvertes suisses une renommée internationale. Une immense maquette représentant une cité lacustre est confectionnée à l'occasion de l'inauguration du Musée national suisse, en 1898. Sorte d'âge d'or, la civilisation lacustre investit les arts. De nombreuses peintures sont réalisées, entre autres, par Cuno et le Suisse Anker (*Femme lacustre*, 1873, *Homme lacustre*, 1886). La littérature (des romans lacustres aux fantasmes érotiques) et le théâtre ne sont pas en reste. Le public est enchanté, les esprits, transportés. Les « Lacustres » sont présentés dans les manuels scolaires comme étant les premiers Helvètes (ancêtres d'une nation). Lié à la révolution radicale de 1848, selon Marc-Antoine Kaeser, le « mythe lacustre » vit de la contradiction entre la mélancolie du passé et le bonheur du progrès, obtenu par le travail qui seul permet de s'affranchir de la Nature[15]. Dans les années 1920, certains archéologues allemands remettront en cause le modèle de l'habitat lacustre, qui serait, pour eux, plus littoral, voire terrestre. Puis, après la Seconde Guerre mondiale, le « mythe lacustre » s'effondrera totalement.

En France, publié en 1876 après la défaite de 1870, à une période où les besoins d'alphabétisation sont grands, *Le Tour de la France par deux enfants* de G. Bruno[16] couvre toutes les disciplines scolaires. Cet ouvrage didactique et paternaliste, mais aussi patriotique, véhicule des idées reçues comme le partage du monde en quatre « races » avec évidemment la supériorité de la race blanche (« la plus parfaite des races humaines »). Cependant, au fil du temps, ce livre s'adaptera aux nouvelles idéologies (quatre cents éditions) et, par exemple, se « laïcisera » à partir des éditions de 1904.

CHAPITRE 4

De l'Homme-singe au Héros, du Sauvage à l'Indigène

À partir des années 1880, la préhistoire stimule l'imaginaire populaire en particulier des artistes et des écrivains, mais demeure absente des livres scolaires qui débutent par « La Gaule ». Parce qu'elle tente de répondre à la question des origines, elle véhicule à la fois des idées progressives et des idées conservatrices. Par ailleurs, le colonialisme français s'étendant[1], on observe une transformation radicale du mythe du « bon Sauvage ». Celui-ci devient un guerrier redoutable aux coutumes barbares et aux rites incompréhensibles et, souvent, comme le cannibalisme, incompatibles avec la foi chrétienne. Le statut de la Nature change aussi, celle-ci est dorénavant considérée comme une ennemie de l'Homme. Dès lors, le Sauvage, le « Naturel », assimilé à un animal sauvage, va représenter l'antithèse du Civilisé, justifiant ainsi la colonisation.

Les productions artistiques ou littéraires des deux derniers siècles ont créé dans l'imaginaire collectif des archétypes plus ou moins proches de la réalité, mais également des mythes. À la fin du XIXe siècle, pour reconstituer l'apparence et les mœurs des Préhistoriques, les artistes s'inspirent des vestiges préhistoriques, des descriptions dans les livres de préhistoire ou ethnographiques (Cormon[2]) et, pour certains, de leurs échanges avec des préhistoriens (Jamin avec Capitan). La toile de Jamin,

Peintre décorateur à l'Âge de pierre, présentée au Salon de 1903, atteste de la reconnaissance de l'art préhistorique qui a eu lieu en 1902 lors du congrès de préhistoire de Montauban. Mais ces œuvres transmettent également l'idéologie dominante de la société dans laquelle ils vivent. En cela, elles traduisent l'avancée des connaissances et des découvertes, mais aussi les partis pris idéologiques en vogue à la fin du XIXe siècle et au début du XXe. Ainsi, les groupes humains, selon Rutot et Mascré, sont hiérarchisés (précurseurs, descendants des précurseurs), hiérarchie qui aboutit à la domination de certains (descendants des précurseurs) par d'autres (l'Homme de Galley-Hill) ou à l'esclavage. Pour Rutot, l'Homme de Néanderthal n'est pas l'artisan de l'industrie moustérienne, mais l'esclave des populations chelléennes et acheuléennes, tandis que les changements culturels constatés sont dus à l'arrivée de nouvelles populations, guerrières et plus évoluées (théorie du diffusionnisme).

L'Homme-singe devient artiste

À la fin du XIXe siècle, le Préhistorique est toujours perçu comme physiquement simiesque et culturellement inférieur – idées qui s'accordent parfaitement avec la racialisation des groupes humains et leur hiérarchisation. Qu'elles figurent des hommes ou des bêtes, les représentations de nos ancêtres témoignent du combat incessant, et souvent inconscient, de l'Homme oscillant entre nature (animalité) et culture. À la différence de Figuier, Henri du Cleuziou dans *Les Premiers Hommes* (1887[3]) prend surtout en compte, plus que la « race » ou les modèles ethnographiques, les outils découverts dans les sites préhistoriques et introduit la figure du héros antique. Ce faisant, il adhère aux thèses de G. de Mortillet pour qui l'outil caractérise la culture et le progrès technique entraîne l'évolution culturelle. Le Préhistorique se différencie dès lors de l'Homme actuel par ses productions industrielles, lesquelles permettent également de distinguer les Hommes des différentes périodes de l'Âge de la pierre.

Les reconstitutions d'Hommes préhistoriques n'ont toujours aucun fondement scientifique, à cause de la représentation mentale du Préhistorique (un singe anthropomorphe), qui a été façonnée par la théorie évolutionniste. Les artistes puisent leur inspiration dans cette vision, souvent celle d'une sorte de gorille, considéré comme particulièrement sauvage et lubrique, armé d'un gourdin ou d'une sorte de « coup-de-poing ». Les sculptures de Frémiet, le *Gorille enlevant une Négresse* (1859), puis le *Gorille enlevant une femme* (1887), font scandales. Dans l'Exposition universelle de 1889, elles sont présentées pour la première fois au public dans la section Anthropologie, ethnographie (*Rétrospective du travail et des sciences anthropologiques*). Outre deux sculptures en bronze de Frémiet[4], deux reconstitutions d'Hommes préhistoriques (Néanderthal et Cannstadt[5]) et des scènes préhistoriques[6] sont exposées. Lors de celle de 1900, c'est la reconstitution du Pithécanthrope, considéré comme un être intermédiaire entre l'Homme et le singe (le « chaînon manquant »), qui est mise à l'honneur. Quant aux peintres de l'époque, si certains entretiennent d'étroites relations avec les préhistoriens (Jamin, Cormon), la plupart ne tiennent compte ni des données anthropologiques (ils utilisent la convention classique du nu comme Benner[7]), ni des données archéologiques (souvent ils mélangent les cultures comme Cormon[8]).

Au début du XXe siècle, l'image du Préhistorique reste plus ou moins simiesque et se rapproche encore le plus souvent du gorille[9]. En 1909, dans la revue *L'Illustration*, le peintre tchèque Kupka, pour représenter le Néanderthalien de La Chapelle-aux-Saints, dessinera encore un homme velu, semi-fléchi, à l'air agressif sortant d'une grotte. Cependant, l'idée de donner au Préhistorique un visage plus proche de la réalité en utilisant des données scientifiques fait son chemin. Certains sculpteurs travaillent à partir de moulages de crânes fossiles et d'objets archéologiques. En 1909, à la demande de l'anthropologue criminologue italien Lombroso, le sculpteur Montecucco reconstitue la tête du Néanderthalien de La Chapelle-aux-Saints, mais lui donne toujours un aspect simiesque et un air agressif[10]. Douze ans plus tard, pour éviter le problème de l'expressivité, l'anthropologue Boule et le sculpteur Joanny Durand ne mettront ni yeux, ni peau, ni cheveux au buste en plâtre censé le représenter. En 1913, le préhistorien Henri-Martin et le sculpteur Charles Bousquet redonnent son apparence à la Néanderthalienne de La Quina découverte en Charente, en lui modèlant des yeux, un nez et des oreilles proches de ceux des chimpanzés, mais en plaçant, dans son regard, selon les écrits d'Henri-Martin lui-même, le reflet d'une pensée. Entre 1909 et 1914, en étroite collaboration avec Rutot, alors conservateur au muséum de l'Institut royal des sciences naturelles de Belgique, Mascré modèlera quinze bustes polychromes en plâtre, associant à chacun un outil représentant la culture à laquelle il appartient[11]. Les photographes vont également s'intéresser aux Hommes fossiles. Par exemple, vers 1923, Maurice Faure et la sculptrice Yvonne Parvillée réalisent des figurines en plâtre de l'Homme de Néanderthal qu'ils disposent dans des décors naturels et photographient. Ces photos seront ensuite diffusées sous forme de cartes postales. Mais le Préhistorique a toujours mauvaise presse. Sous la plume d'Anglas[12] de la faculté des sciences de Paris, on lit : « On peut se représenter ces premiers Hommes comme des sortes de monstres, mal assurés encore dans la station verticale, et gênés par leur énorme tête. » Tout aussi caricatural, Verneau écrit : « Plus nous remontons dans le passé et plus nous nous trouvons en présence d'un type bestial, offrant diverses particularités qui ne se rencontrent qu'exceptionnellement dans l'Humanité actuelle, mais existent normalement chez les grands Singes anthropomorphes[13]. » Malgré certaines représentations, comme celle de Coon en 1939 dans laquelle Néanderthal est vêtu à l'occidentale, l'image du Préhistorique simiesque est donc enracinée dans l'imaginaire populaire. Dans les manuels scolaires, pour certains jusqu'à la fin du XXᵉ siècle, les dessins des différents Hominidés fossiles montrent leur redressement progressif, la bipédie n'étant réservée qu'aux Hommes modernes (« cette marche de l'Homme », de l'illustrateur Rudolph Zallinger, est tirée de *The Early Man* de Clark Howell, 1965). Il faudra attendre la fin des années 1960 pour qu'un changement ait lieu (peintures plus « réalistes » de Burian en Tchécoslovaquie et de Matterns aux États-Unis).

Dans la seconde moitié du XIXᵉ siècle domine l'idée que, pour survivre et évoluer jusqu'au statut de civilisé, l'Homme originel a dû dominer ses instincts primitifs et la Nature. Il a donc été contraint à la violence pour ne pas disparaître (perception influencée par la théorie de l'évolution par sélection sexuelle). On le représente maniant des armes contondantes comme le gourdin ou le « coup-de-poing[14] ». Cette idée d'une violence originelle, voire intrinsèque à l'Homme, est d'ailleurs invoquée, en particulier, par les positivistes, pour expliquer les conflits récurrents qui jalonnent l'histoire. Considérés comme proches de ceux d'un prédateur, les comportements du Préhistorique ne pouvaient qu'être qu'instinctifs et violents (peintures de Cormon, de Benner, du Suisse Anker et bronze de Mascré)[15]. En outre, confrontée à une Nature jugée hostile et peuplée de grands carnivores, sa vie est perçue comme misérable (voir *Homme à l'Âge de pierre aux prises avec son ours* de Frémiet). Sans comportements sociaux civilisés ou religieux, « ces Sauvages » s'adonnaient au meurtre, voire au cannibalisme (peinture de Faivre, *L'Envahisseur*,

1884). Les scènes figurées appartiennent souvent au genre héroïque, comme la toile de Faivre où une femme armée d'un casse-tête défend ses deux enfants (*Deux Mères*, 1888) ou bien encore les peintures de Jamin (*Âge de pierre*, 1899) et, plus tard, de Porcheron (*Scène préhistorique*, 1930). La femme est la victime, la « proie » ou l'esclave sexuelle et domestique des hommes (peintures de Jamin, de Cormon, de Berthoud, d'Anker et de Delassale)[16]. Cette même vision est présente dans la littérature. Dans l'avant-propos d'un livre populaire paru à la fin du XIXe siècle (après 1876), on peut lire : « C'est à peine si les voiles du mystère se sont ouverts sur une silhouette préhistorique que l'Être massif, hirsute, vêtu des lianes dont était tressé son berceau[17]... » Vision que l'on retrouve chez Anglas (1924) : « [...] tel un enfant abandonné qui, n'ayant plus tous les instincts hérités de l'animal, ne serait pas encore en possession de ses moyens humains... Les dangers constants, les difficultés et la peur, furent des stimulants et des éducateurs ; leurs leçons ne furent pas perdues et elles permirent à notre ancêtre de franchir le stade critique[18]. » Quelques lignes plus loin, Anglas poursuit : « Devenu mangeur de viande, l'homme en a gardé un fond de férocité. [...] L'extrême disette a pu provoquer aussi cette chose contre nature : l'anthropophagie. » Au début du XXe siècle, si l'Homme préhistorique, en particulier Cro-Magnon, est jugé ingénieux et respectueux de ses morts, l'image de la brute primitive persiste ; la leçon inaugurale de Breuil au Collège de France en 1937 le prouve. Cette vision, bien qu'obsolète à partir des années 1960, persistera chez certains auteurs, comme Pradel qui assène en 1971 : « Ce mode de pensée très fruste, illogique et superstitieux, explique la lenteur de l'ascension de l'humanité pendant le Paléolithique[19]. » L'écrivain américain Robert Ardrey marquera également les esprits de son temps avec *Les Enfants de Caïn* (édition originale en 1961), livre qui connaît un immense succès populaire et où il défend la thèse que notre ancêtre était un tueur : « L'union du carnivore et du grand cerveau a donné l'*homme*. [...] Ses mœurs de tueur, voilà ce qu'il y a de plus sûr dans notre héritage[20]. » En outre, c'est à force de réfléchir qu'il a développé le cerveau qui lui a permis d'inventer et de perfectionner les armes, « innovation qui fut le propre des premiers balbutiements de la culture du primate[21] ». Pour Ardrey, « seule la symbiose Esprit-Instinct résoudra notre destin ; notre avenir dépend de ce que nous ferons de la réussite de cette symbiose[22] ». Cette vision se retrouve dans plusieurs scénarios de l'hominisation proposés par les scientifiques (régime carné, prépondérance de l'outil-arme et de la chasse, sélection sexuelle des plus forts). Le cinéma n'est pas en reste comme l'attestent plusieurs films de série B dont *The Neanderthal Man* (1953) à l'affiche terrifiante sur laquelle un Homme-singe agresse des femmes « modernes » hurlant de terreur[23].

Au début du XXe siècle, le Préhistorique apparaît également sous un autre visage, celui de l'artiste réaliste et naturaliste, précurseur de Raphaël et de Michel-Ange, comme l'indique la légende de la gravure d'Émile Bayard qui accompagne le chapitre consacré au renne sculpté découvert à Laugerie-Basse par Lartet et Christy (Figuier, 1870[24]). Toutefois, de même qu'il est inconcevable d'imaginer un tailleur de pierre ou un artiste de sexe féminin, l'idée que cet artiste (ou son modèle) puisse être noir est impensable ; elle n'effleure même pas les esprits avant la découverte de 1911 par le Dr Lalanne de la Vénus de Laussel (Dordogne). Cette dernière présente, dans la vision de l'époque, toutes les caractéristiques physiques d'une Noire, d'une Hottentote même ! Mascré la sculpte une corne à la main (*La Femme négroïde de Laussel*) et lui donne même un compagnon (*Négroïde de Menton*) qui a les traits d'un San et porte le même ornement de tête qu'un des squelettes fossiles découverts à Menton. En effet, en 1901, deux squelettes avaient été découverts en contexte sépulcral dans la grotte des Enfants à Grimaldi

(Menton). Leurs caractères anatomiques leur avaient valu l'attribution par les anthropologues d'ancêtres de la « race noire ». Comme Mascré, Constant Roux reprendra l'hypothèse de l'artiste négroïde lorsqu'il réalisera, vers 1911, l'une des frises extérieures de l'Institut de paléontologie humaine à Paris, intitulée *Homme aurignacien (type négroïde de Grimaldi) sculptant la Vénus hottentote découverte à Laussel (Dordogne) par le Dr Lalanne*. Cette période coïncide avec le nouvel intérêt porté par certains poètes (Apollinaire, Salmon) et artistes (Derain, Picasso) aux objets d'Afrique et d'Océanie rapportés en grand nombre des colonies et jusque-là considérés comme de simples objets de curiosité et non comme des œuvres d'art, l'Occident ayant longtemps dénié aux peuples « sauvages » toute aptitude artistique. Pourtant, quinze ans avant la découverte de Laussel, du Cleuziou avait déjà fait figurer, par comparatisme ethnographique, des gravures de sculptures africaines dans son ouvrage de 1887...

Si l'idée de l'existence d'artistes noirs, passés ou présents, fait son chemin en Europe, il n'en va pas de même aux États-Unis, où Hrdlicka, conservateur du musée de San Diego, refuse lors de l'acquisition des bustes de Mascré ceux de *La Femme de Laussel* et de *L'Homme de Menton*. Il accepte d'exposer la sculpture de la Vénus de Willendorf, mais précise en légende qu'elle a été sculptée par un artiste de la « race de Cro-Magnon » (donc un Blanc). Les représentations des Hommes préhistoriques et de leurs modes de vie sont toujours le reflet des structures sociales. Ce qui vaut pour les Noirs vaut aussi pour les femmes considérées à l'époque comme faibles, inférieures aux hommes et qui sont reléguées aux tâches reproductrices, maternelles et domestiques[25]. On constate, de fait, que, dans les représentations des Hommes préhistoriques, les chasseurs, les tailleurs d'outils et les premiers artistes sont quasiment toujours masculins (sculpture de Mascré, peintures de Richer et de Jamin[26]). Comme si la femme n'avait joué aucun rôle dans l'évolution culturelle, ce qui reflète le statut qu'elles ont encore dans la société à la fin du XIXe siècle et au début du XXe. Dans les représentations de cette période, comme dans les textes consacrés à la préhistoire, le héros est bien évidemment masculin.

Romans et films préhistoriques

Durant la seconde moitié du XIXe siècle se développe dans divers pays européens un nouveau genre littéraire, le roman préhistorique dans lequel le romantisme prend le pas sur la réalité archéologique (*Le Monde inconnu*, Berthet, 1876[27]), car la science préhistorique avait été, jusque-là, ignorée dans le milieu tant cultivé que populaire[28]. Le contexte d'alors est marqué par un regain de nationalisme, suite à la défaite contre l'Allemagne et la capitulation de Napoléon III à Sedan en septembre 1870 ; l'instabilité politique[29] se mêle à la peur de la dégénérescence et de la décadence (essor de l'eugénisme). Au tournant du siècle, l'horreur de l'incendie du bazar de la Charité le 4 mai 1897[30], le terrorisme anarchiste (nombreux attentats à la bombe) et la lutte des classes, avec son corollaire, la répression féroce, font resurgir l'idée de l'existence en l'Homme d'une violence primitive[31]. Face aux nouvelles théories scientifiques et à la laïcisation de l'État, l'Église catholique mène une contre-offensive en dénonçant, entre autres, les erreurs d'interprétation des préhistoriens et les canulars (pierres-figures de Boucher de Perthes, crâne de Piltdown). Les cléricaux libéraux ou concordistes s'appuient, eux, sur les découvertes préhistoriques pour conforter les textes religieux. De nombreux abbés entreprennent des fouilles, et certains exhument des squelettes humains en contexte funéraire. Ils en déduisent que la foi est intrinsèque à l'Homme. Ils seront soutenus par certains vulgarisateurs, comme Figuier, adversaire de la théorie du transformisme, pour qui les recherches préhistoriques attestent de la véracité de la Bible. Autant dire que, dans le contexte de l'époque, « le fait d'écrire un roman préhistorique est un acte d'athée militant[32] ».

C'est à la famille Boitard que l'on doit la publication, après la mort de l'auteur en 1861, des premières fictions préhistoriques comme *Études antédiluviennes, Paris avant les hommes* écrit en 1859, *L'Homme fossile*[33]. Le succès est au rendez-vous, et, à partir de 1865, en Europe, c'est au rythme approximatif d'un ouvrage tous les deux ans que paraissent les romans préhistoriques. Vers 1890 (date à laquelle la majorité des textes sont d'origine française), le rythme de parution des romans préhistoriques double, puis progresse de manière quasi exponentielle, alors que se diversifiaient les pays producteurs ; leur nombre est estimé aujourd'hui à un bon millier, dont deux tiers en langue anglaise[34]. Pour plus de détails sur les principales caractéristiques des romans préhistoriques, en particulier ceux parus après 1930, nous renvoyons notre lecteur aux livres de Marc Guillaumie[35] et du Dr Jean-Georges Rozoy[36].

Selon Guillaumie, l'auteur de romans préhistoriques n'est pas un « simple vulgarisateur », un passeur de connaissances, car son but est avant tout de satisfaire le désir supposé du lecteur. Ce dernier aurait besoin de lire un roman, donc une fiction (et non une synthèse des données scientifiques de l'époque) où se mêlent réalité et mythes sur les origines, souvenirs enfouis au plus profond de lui, teintés de nostalgie d'un monde perdu et de romantisme (épopée héroïque). C'est ce que l'écrivain américain Jack London nomme « mémoire de l'espèce » dans *Before Adam* (1907) ; en outre, pour lui, l'avenir de l'Homme dépendra de ses comportements socioculturels (solidarité et union). Ce qui intéresse l'écrivain de romans préhistoriques, c'est la possibilité de placer l'action de son livre dans un monde lointain et quasi inconnu, à la fois fascinant et effrayant. Par contre, souvent sans le vouloir, il véhicule les idéologies et présupposés de son époque et s'inscrit, malgré lui, dans les débats philosophico-politiques contemporains. Il arrive parfois que les différentes visions du Préhistorique des « vulgarisateurs » de la préhistoire s'inspirent des travaux des scientifiques. En effet, certains romans contribuent à diffuser les théories des savants, comme Berthet celles de G. de Mortillet dans *Un rêve*, ouvrage rédigé en 1883 dans lequel l'auteur présente le Préhistorique comme un Homme-singe, image que rejettent Figuier et les concordistes, dont l'abbé François Moigno dans la revue *Cosmos,* puis dans *Les Mondes, revues hebdomadaires des sciences et de leurs applications*[37]. En reconstituant la présupposée vie quotidienne du Préhistorique, ces récits proposent un voyage dans le passé, mais souvent ils interrogent le lecteur sur l'avenir de l'humanité[38].

Depuis le XIXᵉ siècle, dans la littérature, puis dans les films populaires, la nostalgie des origines d'un âge d'or révolu et désormais inaccessible autrement que par l'imaginaire se traduit par une continuelle réactualisation du « Paradis perdu » qui, en perpétuant des mythes, permet de réenchanter le monde – le grand parc à dinosaures, le Crystal Palace, inauguré en 1854 dans la banlieue de Londres a la même fonction. Le roman préhistorique présente en effet des stéréotypes liés aux mythes du « Monde perdu », de l'« âge d'or », de l'« Homme-singe », du « bon Sauvage » ou de l'« enfant sauvage ». Ce dernier élevé par des animaux sauvages présente une similitude avec les héros de la mythologie gréco-romaine : ce sera le cas de Tarzan, du romancier américain Edgar Rice Burroughs (de 1912 à 1944), ou de Mowgli, l'enfant-loup dans *The Jungle Book* du Britannique Rudyard Kipling (1894[39]). Grâce aux avancées paléontologiques, qui mettent en lumière l'existence de « fossiles vivants » (terme darwinien), et aux découvertes en

Sibérie de mammouths congelés, la littérature « préhistorique » s'empare de ces monstres qui peuvent donc exister (Jules Verne, *Voyage au centre de la Terre*, 1864). Le roman préhistorique traduit l'angoisse de la survivance de « races » préhistoriques qui devraient avoir « normalement » disparu. Cette survivance suscite émerveillement ou horreur, car l'Occident, qui veut occulter ses racines simiesques récemment mises en évidence en particulier avec le livre de Darwin de 1871, redoute également la dégénérescence et le retour à l'animalité (évolution régressive) à l'image des « Sauvages » qui sont décrits dans les récits de voyageurs ou de colons (H. G. Wells, *La Machine à explorer le temps*, 1895). Dans la plupart des livres des années de cette période, les Préhistoriques ont l'apparence d'Hommes-singes aux comportements violents qui vivent dans un milieu hostile (Gozlan, Berthoud, Berthet, Verne[40]). Flaubert se moquera de tous ces présupposés dans le *Sottisier de Bouvard et Pécuchet*, qu'il compose en 1880. L'un des premiers ouvrages en langue anglaise consacré à l'« Homme des cavernes » sera celui de Waterloo, intitulé *The Story of Ab : A Tale of the Time of the Caveman* (1897). Dans les romans ou les films du début du XXᵉ siècle, les mondes perdus et les Hommes-singes apparaissent tantôt attirants, tantôt répulsifs. S'installe souvent un conflit entre Nature (innocence, paradis perdu) et Civilisation aux valeurs ambivalentes (Burroughs[41]). Dans certains romans, les Hommes-singes sont massacrés (*Le Monde perdu* de l'Écossais Arthur Conan Doyle, 1912), dans d'autres, ils sont assimilés aux Noirs comme dans *The Crystal Scepter* de Mighels (1901) où les héros civilisés soutiennent les « Red links » dans leur combat contre les « Black links ». Plus tard, les Néanderthaliens seront substitués aux Hommes-singes (Marshall, Mitchell[42]). Dans le film de 1933 du producteur et réalisateur américain Merian C. Cooper, King Kong, le dernier survivant d'une « race » disparue, représente la revanche des mondes perdus ;

anachronique par rapport à l'évolution, il devient bouc émissaire et doit expier sa faute en mourant[43].

Toutefois, à partir de 1887, des évolutions sont perceptibles. La description de l'Homme originel et de ses comportements change comme dans les livres d'Hervilly[44], de Gros[45], d'Haraucourt et de J.-H. Rosny Aîné, où le Préhistorique devient un Héros. Pour paraître plus réaliste, dans plusieurs ouvrages, comme celui du préhistorien Adrien Arcelin, l'intrigue se situe dans un gisement préhistorique célèbre (*Le Poignard de silex, études de mœurs préhistoriques* du Belge Hagemans, 1889 ou Les *Bisons d'argile* du préhistorien ariégeois Max Bégouën, 1925). Dans *Mauer*, film de 1937, le scénariste Gérard de Lacaze-Duthiers situera son action autour de l'Homme fossile de Mauer[46]. Militant anarchiste, il tentera de démontrer que cet homme, parce que vivant dans une société idéale (sorte d'« âge d'or »), était supérieur à nous. S'il y a des précurseurs, notamment Arcelin qui publie, sous le pseudonyme d'Adrien Cranile, *Solutré ou les Chasseurs de rennes de la France centrale*[47], ce n'est toutefois qu'à la fin du XIXᵉ siècle que le genre du roman préhistorique se renouvelle véritablement, avec *Vamireh. Roman des temps primitifs* publié en 1892 par J.-H. Rosny, ouvrage que l'on peut qualifier de premier véritable roman préhistorique[48]. Après *Eyrimah* et *Nomaï*[49], le très célèbre *Guerre du feu* sort d'abord en feuilleton dans la revue illustrée *Je sais tout* (1909), puis en un volume en 1911. Il sera suivi de *Le Félin géant. Roman des âges farouches* (1918). De son côté, en Angleterre, H. G. Wells, auteur de science-fiction à succès, publie *A Story of the Stone Age, Tales of Time and Space* en 1897.

La plupart des romans préhistoriques sont des épopées lyriques imprégnées des mythes antiques, teintés parfois de romantisme, mais souvent violentes, à quelques exceptions près comme ceux de l'ambigu d'Haraucourt (*Daâh, le premier homme*, 1914) ou d'Anet[50] (*La Fin d'un monde,* 1925) qui s'attachent tous deux à retrouver les sensations, les pensées et les sentiments que pouvaient éprouver les premiers Hommes. Néanmoins, les romans préhistoriques montrent surtout une évolution linéaire de l'humanité ; plus le Préhistorique est primitif, plus il est brutal, lubrique, dénoué de savoirs et de savoir-faire. La civilisation s'acquiert lentement, étape par étape (comme celles définies par Morgan : sauvagerie, puis barbarie et, enfin, civilisation). En cela, ils reposent plus sur le transformisme de Lamarck (influence du milieu et transmission des caractères acquis[51]) et le « darwinisme social » (survie du plus apte) que sur l'évolutionnisme biologique de Darwin[52]. Ils ont également forgé dans l'imaginaire populaire un archétype du Préhistorique, héros masculin, viril, armé (massue) et vêtu d'une peau de bête qui vit dans une caverne où il taille des outils en pierre. Révolté, il mène des actions violentes pour conquérir le feu (symbole de l'humain), une femme ou pour venger un être cher. Il est confronté à des animaux gros (mammouth) ou féroces (tigre à dents de sabre).

Les romans préhistoriques sont souvent racialistes, voire racistes, comme ceux du journaliste belge Ray Nyst (*Notre père des bois,* 1899 et *La Forêt nuptiale,* 1900) : le héros, beau, glabre et à peau claire, combat des laids, velus et au teint sombre. Les conflits sont omniprésents, comme si la guerre était inexorable (présupposé d'une violence intrinsèque à l'Homme), en particulier entre « races » différentes et imperméables dont les types ont été pris dans les récits des explorateurs (Esquimaux, peuples océaniens, Aborigènes, Tasmaniens, Andamanais, Pygmées, San et Hottentots). Enfin, ces romans sont le plus souvent sexistes. La femme préhistorique est soit sexuellement convoitée (prétexte à la description de passages érotiques, *Nomaï*), soit confinée à des tâches précises : cueillette, cuisine, reproduction ; parfois, lorsqu'elle est vieille, elle peut être une « sage » que l'on vient consulter. Mais, si elle s'écarte de la voie que l'homme lui a tracée, elle est sanctionnée, souvent par la stérilité ou la mort. Ce n'est qu'à partir des années 1970 que cette image se modifiera, la Préhistorique devenant même et à son tour héroïne (saga de l'Américaine Jean Auel, *Ayla, l'enfant de la Terre*).

Dans la seconde moitié du XXe siècle, plusieurs auteurs de romans préhistoriques seront des préhistoriens, dont François Bordes sous le pseudonyme de Francis Carsac et Jean Courtin. La préhistoire devient également prétexte à des interrogations sur l'avenir des hommes et sur la valeur positive du « tout progrès » (Vercors, *Les Animaux dénaturés*, 1952 ; Roy Lewis, *Pourquoi j'ai mangé mon père ?, 1960)*.

Le Sauvage exposé

À partir de la seconde moitié du XIXe siècle, pour, entre autres, justifier la colonisation, des représentants des peuples colonisés sont exhibés : l'Indigène devient une « bête de foire » ; dans les cirques, il prend place à côté des prétendus « monstres » ou se substitue à eux. Jusqu'en 1914, des « Sauvages » vont ainsi être déplacés de ville en ville à travers toute l'Europe et les États-Unis ou être parqués dans des enclos. Le succès de ces exhibitions est phénoménal : au mieux goguenards, des millions d'Occidentaux se pressèrent pour les observer. Dans les années 1850 déjà, le Dr Alphonse Kahn, dans sa « Galerie de toutes les nations », avait exhibé les Niam-Niams comme des Cannibales pourvus d'une queue (en réalité, une ceinture disposée de manière à simuler une queue). Cette présentation s'inspirait du récit de Louis Du Couret : *Voyage au pays des Niam-Niams* (1854) dont une critique avait été largement développée dans la *Literary Gazette*. Dès lors, dans l'esprit des visiteurs, la nature humaine des Africains était devenue douteuse.

L'intérêt du public pour le Sauvage, en particulier africain, se poursuit au début du XXe siècle. En 1906, l'avocat raciste Grant présente le Pygmée congolais Ota Benga (1883-1916) dans l'enclos à singes du zoo du Bronx. Sur l'écriteau, on peut lire : « le chaînon manquant » ! Un moment crucial du rapport au Sauvage est sans conteste la constitution de « zoos humains » qui vont populariser le discours racialiste en vigueur au XIXe siècle et justifier le colonialisme en construisant un imaginaire de l'Autre fondé sur son infériorisation. La plupart des anthropologues adhèrent à ce type de démonstration, car elles leur permettent d'étudier ces « races » vouées à disparaître[53]. Ce sont ces exhibitions de « spécimens exotiques » qui amènent aux « masses populaires » le concept de « races » et l'européocentrisme cantonné jusque-là aux mondes scientifique et politique. Les « zoos humains » – expression popularisée par la publication en 2002 d'un l'ouvrage rédigé par plusieurs historiens français spécialistes du phénomène colonial et intitulé *Zoos humains. De la vénus hottentote aux reality show*[54] – se développent à cette période, en particulier sous la IIIe République, qui voit aussi, paradoxalement, un grand nombre de discours humanistes. On les dit faits pour distraire, informer et éduquer. Ils permettent surtout de marquer la différence entre le Sauvage, puis l'Indigène, donc le colonisé, et le civilisé – comprendre le colonisateur.

Durant la seconde moitié du XIXe siècle, on va les voir comme on va se promener au zoo pour admirer les « bêtes sauvages » ; ils en sont si proches, pense-t-on à l'époque. En 1874, six Lapons accompagnés d'une trentaine de rennes débarquent à Hambourg pour le compte de l'entreprise de Carl Hagenbeck, dans le but d'animer un « spectacle ethnographique » (*Völkerschau*). En Europe, mais aussi aux États-Unis (notamment avec le cirque Barnum, puis les expositions internationales), ces exhibitions d'êtres humains dureront plus de cinquante ans. En

France, les premières apparaissent pour la première fois en 1877 au jardin zoologique d'Acclimatation de Paris dirigé alors par Albert Geoffroy Saint-Hilaire, petit-fils d'Étienne, avec d'abord des Africains, les célèbres « Nubiens ». Le succès est immédiat. De nombreuses autres lui succèdent comme celle de juillet 1888, où treize Hottentots sont exhibés dans un enclos à côté d'autres renfermant des animaux « exotiques ». Puis, en 1892, ce sera le tour de trente Indiens Kalina (ou Gallibis) de Guyane française. Partis joyeux de leur village du Maroni, trois trouveront la mort à la suite de maladies, les autres rentreront chez eux la tête pleine d'affreux souvenirs. Au cours des années 1880, des expositions ethnographiques d'Afrique occidentale vont, en soutien à la politique coloniale, se tenir dans le Jardin. La figure de « l'Africain sauvage » cristallise lors de ces occasions les fantasmes créés autour de cet Autre, lointain et primitif : l'homme, être sexuellement puissant, et la femme, créature sexuellement très tolérante, sont deux nécessiteux : les spectateurs leur lancent des sous, comme aux singes des cacahuètes ! Certes, dans cette période, certains peuples sont « valorisés », comme les « Amazones », farouches guerrières des îles Samoa ou du Dahomey, ou les Indiens nord-américains, mais, dans l'ensemble, tous ces Indigènes jouent le rôle de « sauvages », provoquant chez le spectateur étonnement, fascination et dégoût souvent accompagnés de quolibets racistes. Toutes ces « exhibitions » confortent le bien-fondé de la colonisation qui permet au Sauvage de rentrer dans la civilisation grâce au progrès.

Pour la plupart des esprits, en ce début du xxe siècle, la colonisation est vue comme source de bienfaits pour les Indigènes. Durant le xixe siècle[55] et la première moitié du xxe[56], afin de montrer aux habitants des métropoles les richesses des colonies, plusieurs expositions coloniales sont organisées. Elles présentent des Indigènes dans des reconstitutions spectaculaires de leur environnement naturel, ainsi que des monuments d'Asie, d'Afrique et d'Océanie. Quatre se tiennent en France, deux à Marseille (celle de 1906, initiée par Jules Charles-Roux, et celle de 1922, intitulée « Marseille, porte de l'Orient ») et deux à Paris (en 1907 et 1931). La première exposition parisienne consacrée aux colonies françaises a lieu, selon la volonté de la Société française de colonisation, au Jardin tropical dans le bois de Vincennes.

Après la Première Guerre mondiale, l'Africain, présent dans les tranchées, perd de sa « sauvagerie », contrairement à d'autres peuples comme les Canaques (Néo-Calédoniens), encore assimilés à des Cannibales polygames. Dès l'exposition de Marseille, en 1922, il est montré comme un soldat, mais perçu comme un « grand enfant ». La réactualisation du Cannibale a lieu lors de l'Exposition coloniale internationale de 1931 avec l'exhibition des Canaques considérés par l'ethnologue suisse Fritz Sarasin comme plus proches de la souche prénéanderthaloïde que de celle des races humaines supérieures. Située également dans le bois de Vincennes, cette exposition, organisée par le maréchal Lyautey qui veut lui donner une dimension instructive (d'où les nombreuses mises en scène de la diversité des peuples), met à l'honneur l'outre-mer. Dans tous les journaux, le lecteur trouve des publicités pour s'y rendre, car elle est le reflet de la puissance coloniale de la France ; elle accueillera trente-quatre millions de visiteurs en six mois. Dans tous les pavillons (représentant les principales régions colonisées), de nombreuses animations et différents spectacles sont proposés aux visiteurs. Dans des villages reconstitués, des Indigènes travaillent diverses matières premières sous les yeux du public et vendent leurs productions comme « souvenirs ». Chaque pavillon présente un spectacle ou des danses folkloriques (Annamites, Indiens, Balinais, Foulahs – pasteurs de l'Afrique occidentale). Devant le refus de Lyautey d'inclure toute exhibition à caractère racial, celle d'une centaine de Canaques se tient, à l'initiative de la Fédération française des anciens coloniaux, dans le jardin d'Acclimatation du bois de Boulogne. Elle emporte un vif succès, ce qui incite les organisateurs à envoyer en Allemagne une partie des Canaques, qui reviennent ensuite à Paris le 11 novembre 1931, pour regagner leur île *via* Marseille. Quelques voix s'élèvent contre l'exhibition des Canaques, en particulier celle d'anciens coloniaux de Nouvelle-Calédonie qui jugent le spectacle mensonger. C'est aussi durant cette exposition que le nouveau palais de la Porte-Dorée accueille le musée permanent des Colonies, véritable temple dédié à la glorification de la colonisation, qui abrite l'exposition de préhistoire et d'ethnographie coloniale. La revue scientifique *L'Anthropologie : matériaux pour l'étude de l'homme,* dirigée par l'anthropologue Henri Vallois, lui consacre un long article. Si, à l'occasion de cette Exposition coloniale, le Parti communiste français et la CGTU (Confédération générale du travail unitaire, syndicat de 1921 à 1936), sur injonction de l'Internationale communiste (Komintern), a bien organisé une contre-exposition intitulée « La vérité sur les colonies », celle-ci n'a attiré qu'environ cinq mille visiteurs en huit mois.

En ce début de XXᵉ siècle, l'européocentrisme continue de sévir malgré la progressive reconnaissance des arts des peuples colonisés par les artistes et les écrivains (les surréalistes se sont d'ailleurs insurgés dans le manifeste intitulé *Ne visitez pas l'Exposition coloniale*). L'Autre lointain reste caricaturé, comme en atteste la couverture du guide du jardin d'Acclimatation de l'exposition de 1931 : *L'Afrique mystérieuse.* La civilisation, synonyme de progrès et de développement, doit être apportée aux colonisés, la colonisation fait œuvre salvatrice : colons et cadres administratifs coloniaux doivent donc être préparés afin d'accomplir cette mission. L'École coloniale de la France d'outre-mer (fondée en 1889, avant même le ministère des

Colonies créé en 1894), va, à partir de 1893, leur dispenser un enseignement approprié. Cette vision salvatrice de la colonisation a déjà été popularisée par certains écrivains, comme Dickens dans son conte *Noble Savage* paru en 1853 (« ma position est que, si nous avons quelque chose à apprendre du Noble Savage, il est ce qu'il faut éviter. Ses vertus sont une fable, son bonheur est une illusion, sa noblesse, un non-sens ») ou dans son magazine hebdomadaire *Household Words* (années 1850). Si plusieurs explorateurs rapportent des témoignages précieux, bien que souvent subjectifs, sur les différents peuples rencontrés, si certains ethnologues parlent de « civilisations », comme Frobenius à propos de l'Afrique noire *(Die Masken und Gheimbunde,* 1898), les deux paradigmes de l'inégalité des « races » et du progrès linéaire de l'humanité restent prégnants ; ils nourrissent le racialisme qui s'affiche lors des Expositions universelles ou coloniales, qui se popularise dans les livres et les illustrations et qui entre à l'école à travers les manuels scolaires.

Le Sauvage et l'Indigène
dans la littérature et la publicité

Parmi les plus célèbres récits de voyageurs de la seconde moitié du XIXe siècle, on peut citer ceux de Francis Garnier, des Anglais Livingstone, Stanley et Burchell, et celui de l'Allemand Fritsch[57]. De retour de son voyage à Madagascar (1865-1870), le naturaliste Grandidier fait paraître plusieurs articles sur les peuples autochtones malgaches demeurés inconnus jusqu'alors. Dans les récits de voyages, les illustrations deviennent abondantes, toujours situées au fil du texte. En montrant les différents degrés d'intégration à la civilisation des conquérants, elles servent la politique de conquête puis de colonisation. Les magazines illustrés s'intéressent toujours autant aux récits de voyages (*L'Illustration, Le Monde illustré, Le Tour du monde*). Ils continuent, eux aussi, à véhiculer des images négatives du Sauvage. Et ils le feront encore longtemps puisque, sur la couverture du numéro daté du 26 mai 1927 de *Sciences et Voyages,* on peut voir une photographie qui montre un « vieux chasseur de têtes des mers du Sud entouré de trophées ». De la même manière, la Croisière noire, ou « Expédition Citroën Centre Afrique », qui se déroula du 28 octobre 1924 au 26 juin 1925, si elle relève en partie du raid automobile et de l'opération publicitaire, contribuera, comme l'Exposition coloniale de 1931, à renforcer les préjugés liés à l'aventure coloniale, suscitant, selon les termes de Raoul Girardet, « l'intérêt passionné d'un très large public, épris à la fois de technique, de record et d'exotisme[58] ».

Les récits des expéditions colonisatrices sont également rapportés dans des livres populaires. La perception négative de l'Autre y persiste, comme en atteste l'avant-propos d'un ouvrage paru à la fin du XIXe siècle[59] : « La Race blanche, au profil harmonieux, régulier, progresse dans une activité fiévreuse, triomphe dans la science après avoir excellé dans les arts, s'efforce de plus en plus vers un idéal mesuré, raisonnable, pratique. La Race jaune, épuisée sans doute d'avoir engendré une des premières civilisations et les plus anciennes philosophies, réagit partiellement contre un passé qui l'écrase, et, hostile aux conceptions modernes, passe dans ses villes murées des jours gris, ombre diaphane, d'aspect fragile, aux yeux bridés, au nez épaté, qui semble vouloir se volatiliser parmi l'âcre fumée de l'opium. [...] La Race rouge, sauvage à la façon des grands oiseaux de nuit que la lumière du jour éblouit, disparaît peu à peu d'un monde où la forêt vierge, où la place elle-même lui est de plus en plus mesurée. La Race noire, enfin – la plus proche de la nature –, brutale, solide dans sa taille bien prise, la face et le crâne en bélier, le nez écrasé, l'œil bestial et la chevelure crépue, dispute à l'invasion blanche ses villages, ses chasses, ses libertés. » Et aussi : « Ainsi, entre les quatre races qui peuplent la Terre, des différences profondes, physiques et morales, existent, insondables. » Et enfin : « [...] les Races humaines, où voisinent tous les types de l'humanité : du Nègre bestial à la Blanche délicate, du monstre informe à la plus esthétique beauté... » Tout au long de cet ouvrage, l'auteur, ou les auteurs, attribue des qualificatifs plus ou moins positifs aux différents peuples ; par exemple, au sujet des Aborigènes d'Australie, il écrit : « Les animaux sauvages de l'Australie... sont d'espèces bien particulières et de type inférieur ; ses noirs habitants aussi. Leurs traits sont grossiers, répulsifs. [...] Ils sont tous au bas des premiers degrés de l'échelle humaine et ne ressemblent point aux insulaires des archipels du voisinage. » Il poursuit à propos des Aborigènes du Queensland : « [...] d'intelligence obtuse, [ils] appartiennent au type inférieur de l'humanité, déprimés encore par les vices et les maladies d'importation européenne. » Des Négritos de la presqu'île malaise : « [...] d'intelligence médiocre [ils] grimpent aux arbres comme des singes et des Veddas : remarquables débris d'une race antique, [ils] ont conservé pendant 2 000 ans les coutumes et le langage de leurs ancêtres. » Par ailleurs, l'auteur, ou les auteurs, encense l'action « bienfaitrice » de notre civilisation chez les peuples de ces contrées lointaines : « Aujourd'hui grâce aux missionnaires qui ont admirablement réussi dans leur œuvre de civilisation, presque tous les Tonganai (Polynésiens) sont chrétiens et savent lire. »

Même pour le grand astronome Camille Flammarion, frère du fondateur de la librairie Flammarion, les peuples sauvages ne sont pas civilisés, étant sans écriture, il les exclut de l'Humanité[60]. Dans son livre très populaire à l'époque, *Le Monde avant la création de l'Homme. Origines de la Terre-Origines de la Vie-Origines de l'Humanité* (1886), on peut lire : « [...] insensiblement l'humanité est devenue ce qu'elle est. Encore devrions-nous dire l'humanité civilisée, car il existe sur notre planète, notamment dans l'Afrique centrale, au sud de l'Amérique et dans les îles de l'océan Pacifique bien des groupes d'êtres nommés humains et qui n'en ont guère que la forme. [...] Ces sauvages primitifs, incapables de toute conception intellectuelle, moins intelligents que plusieurs de nos animaux domestiques, [...] brutes et barbares dans tous leurs actes, [...] ces êtres primitifs ne doivent assurément pas encore être inscrits dans les rangs de l'humanité... » (p. 764-765). Trois pages plus loin, il poursuit : « [...] entre le singe et l'Homme non civilisé il n'y a qu'une différence de degré. » Pour Flammarion, le Sauvage établit une transition physique et intellectuelle entre les singes anthropoïdes et les races européennes. En outre, pour lui, l'Homme ne s'est dégagé que lentement, insensiblement, de sa « grossièreté primitive » et « à la différence de l'Homme fossile, l'Homme actuel est un être pensant » (respectivement p. 811 et p. 821). Les illustrations renforcent l'image négative du Sauvage, telles celles de la « Boucherie humaine dans l'Afrique centrale, en 1598 d'après le voyage de Pigafetta » et « Anthropophages de l'Afrique centrale, en 1870, d'après le voyage de Schwein-furth chez les Niam-Niams » (respectivement figures 409 et 410).

Cette vision négative du Sauvage se retrouvera encore au début du XXe siècle. Dans le Larousse universel en deux volumes (sous la direction de Claude Augé) intitulé *Nouveau Dictionnaire encyclopédique* de 1923, on peut lire à l'entrée Sauvage : « Qui ne vit pas en société civilisée et n'a pas d'art civilisé. » Cependant, certains écrivains dressent de ces peuples un autre portrait, qui, bien qu'idéalisé, est malgré tout plus « réaliste ». Ainsi Pierre Loti rapporte-t-il une image exotique et teintée d'érotisme de ses voyages en Turquie (*Aziadé*, 1879 ; *Fantôme d'Orient*, 1892), au Sénégal (*Le Roman d'un spahi*, 1881) et à Tahiti (*Le*

Mariage de Loti [Rarahu], 1882). Avant lui, Melville a été attiré par les peuples d'Océanie. Après avoir, en 1842, participé à une mutinerie sur le *Lucy Ann,* baleinier sur lequel il s'était enrôlé, il a même songé à vivre au milieu d'eux (*Taïpi ; Omoo*). Le début du XXᵉ siècle est marqué par la figure de Tarzan, le seigneur de la jungle, personnage créé par Burroughs. Évolutionniste eugéniste, parfois paternaliste, son héros est situé au croisement de deux visions de l'Autre, d'une part, du Sauvage noir et, d'autre part, du Civilisé blanc avec leurs défauts et leurs qualités respectives. Ni bon sauvage (par son origine aristocratique, sa perfectibilité), ni civilisé (il mange de la viande crue, est épris de liberté et proche des animaux), il représente l'« Homme premier », le type humain le plus élevé (pur, car naturel).

À la fin du XIXᵉ siècle, principalement en France et en Angleterre, apparaît un nouveau mouvement littéraire : le roman colonial. Il relève de l'esthétique réaliste et naturaliste, mais aussi idéaliste. Selon Jean Sévry, spécialiste des littératures et cultures de l'Afrique australe, la littérature coloniale plonge ses racines à la fois dans les récits et documents liés à l'exploration de nouveaux territoires, qui, la plupart du temps, se caractérisent par un européocentrisme, et dans le « roman exotique[61] ». Dans ce type de littérature, l'intrigue se situe dans une colonie (comme dans *Civilisés* du prix Goncourt Claude Farrère, 1905) ; parfois l'auteur est lui-même un colon. La supériorité de l'Homme blanc et les bienfaits pour les peuples autochtones de la colonisation y sont souvent exaltés comme dans les romans des deux cousins réunionnais Marius-Ary Leblond[62] qui obtiennent le prix Goncourt en 1909 pour *En France.* Souvent paternalistes (*Le Zézère*, 1903) ou témoins amusés (*La Sarabande,* 1904, devenue *La Kermesse noire* dans la réédition de 1934), en dénonçant les « travers » des autochtones réunionnais, en particulier les pratiques de sorcellerie, ces auteurs militent en faveur de la colonisation et de l'évangélisation (*Ulysse, Cafre ou l'Histoire dorée d'un Noir*, 1924). Dans leur manifeste de 1926, ils défendent le roman colonial qui, selon eux, tout en affirmant la primauté de la France, « révèle l'intimité des races et des âmes des colons ou des indigènes » (*Après l'exotisme de Loti, Le Roman colonial*) et revendiquent la même reconnaissance qu'ont les grands romans de métropole. *A contrario* du roman colonial, dans la première moitié du XXe siècle, plusieurs écrivains mettent en valeur l'Autre, le colonisé, comme Charles Renel dans *Le Décivilisé (*1923), ou dénoncent les crimes des régimes coloniaux de l'Angleterre, comme Joseph Conrad dans *Heart of Darkness* (1902), ou de la France, comme André Gide (*Congo* et *Retour du Tchad*, 1925) et le journaliste Albert Londres. En 1929, avec *Terre d'ébène* (livre reportage sur son séjour de quatre mois en Afrique), ce dernier provoquera l'ire de la presse coloniale et l'organisation par le gouverneur général de l'AOF d'un voyage de presse pour des journalistes et des parlementaires dans le but de combattre l'image désastreuse rapportée par Londres. Pour autant, l'heure n'est pas encore à la remise en question de la colonisation, comme le prouve le deuxième album des Aventures de Tintin d'Hergé, *Tintin au Congo*, initialement intitulé *Les Aventures de Tintin, reporter du « Petit Vingtième », au Congo*, qui paraît en noir et blanc dans *Le Petit Vingtième*, supplément du journal *Le Vingtième Siècle* (de 1930 à 1931). Il ne sera publié en couleurs qu'en 1946. Édité en pleine période coloniale belge, il est rempli des stéréotypes en cours à l'époque dont, par exemple, la syntaxe approximative des protagonistes noirs.

Par l'intermédiaire des manuels scolaires, le concept de l'existence de races d'inégales valeurs entre dans la tête des écoliers. Celui de Langlebert (*Histoire naturelle*, 1885) destiné à l'enseignement secondaire est parmi les plus célèbres. On peut y lire à propos de la race blanche ou caucasique : « Remarquable par la puissance de son intelligence, c'est à elle qu'appartiennent les peuples qui ont atteint le plus haut degré de civilisation. » Quant à Viator, il commence l'introduction de son *Histoire de France*[63] par : « On distingue trois races humaines : la race noire (descendants de Cham) peupla l'Afrique, où elle végète encore ; la race jaune (descendants de Sem) se développa dans l'Asie orientale, et les Chinois, ses plus nombreux représentants, gens d'esprit positif, adonnés aux arts utiles, mais peu soucieux d'idéal, ont atteint une civilisation relative où ils se sont depuis longtemps immobilisés ; la race blanche, qu'il nous importe spécialement de connaître, a dominé et domine encore le monde. » Entre les deux guerres, le ton de ces manuels changera, il prendra des accents paternalistes, comme en témoignent les écrits de Bonne, ancien instituteur et inspecteur d'Académie : « De nos jours on a compris que les peuples possédant des colonies doivent se conduire, à l'égard des indigènes, comme des grands frères qui aideraient leurs plus jeunes frères à devenir mieux portants, plus instruits, et qui leur apprendraient à travailler[64] ! »

Par ailleurs, certains indigènes, en particulier d'Afrique noire, sont caricaturés, comme l'attestent les réclames de produits occidentaux aux stéréotypes racistes : chocolat des Gourmets, biscuits Pernot, bouillon cube Oxo. Le savon Dirtoff, qui montre un Noir lavant du linge, a comme slogan : « Le savon Dirtoff me blanchit » ! La pub des années 1930, comme celle de Banania, utilise l'image des tirailleurs sénégalais qui deviendra, à partir de 1970, le « bon Nègre », archétype du grand enfant, à la large bouche rieuse, qui parle mal le français : *Y'a bon Banania*[65] ! Autre image classique : celle de l'indigène « cannibale ». Elle sera encore présente dans les années 1960, comme le montre l'affiche publicitaire pour un extincteur, datée de 1965 : un méchant sorcier africain cannibale, très caricaturé, tente de faire cuire un gentil et beau Blanc, qui sort indemne de cette mésaventure grâce à son extincteur. Dans l'imaginaire occidental, la femme noire est soit une domestique, soit une lascive offerte au désir de l'homme – blanc. Au fil du temps, on passe de l'une à l'autre, comme le montre la transformation de l'Antillaise du rhum *La Negrita* (« la petite Négresse ») où la soubrette offrant la bouteille de rhum de 1892 devient, en 1976, une femme nue et sensuelle (dessin de Villemot). Il est à noter que la femme blanche est souvent tout aussi mal traitée par les publicitaires : ménagère ou vampe dispendieuse... Depuis les années 1980, dans la publicité, le Préhistorique s'est substitué au Sauvage.

Des cabinets de curiosités aux musées ethnographiques

Déjà collectionnés au Moyen Âge, les objets exotiques ont trouvé une place de choix dans les cabinets de curiosités qui fleurissent en Europe à la Renaissance. Le contenu des cargaisons rapportées des Amériques suscite curiosité et émerveillement, comme l'indique le journal de Dürer (rédigé entre 1520 et 1531) à propos du premier envoi de Cortés à Charles-Quint. Les objets fabriqués par les peuples lointains prennent une place centrale dans ces « cabinets » ; en témoigne le premier manuel de muséologie (*Les Inscriptions du très vaste théâtre*) rédigé en 1565 par le médecin flamand Quiccheberg pour le grand-duc de Bavière Albert V. Trois siècles plus tard, les objets rapportés par les explorateurs et les colonisateurs sont regroupés et exposés dans des musées.

Du XVᵉ au XVIIᵉ siècle, les objets fabriqués par les Sauvages suscitent curiosité, émerveillement ou préjugés. Ils servent d'échanges (trocs) ou de présents et sont parfois réalisés sur commande. Lors des conquêtes et de l'expansion coloniale, sacrés ou non, les objets, en particulier en or ou avec incrustations de pierres précieuses, sont pillés sans vergogne. Au XVᵉ siècle, les Espagnols dépouillent ainsi les Taïno des actuels Bahamas, de Saint-Domingue, d'Haïti (Hispaniola) et de Cuba. Arrivés en Europe, la plupart de ces objets sont fondus et les pierres, desserties pour créer de nouveaux bijoux destinés à la noblesse espagnole. Certains entrent dans les « Cabinets de curiosités ».

En 1520, les trésors de l'empereur aztèque Moctezuma sont exposés à Madrid, Valladolid et Bruxelles. Les visiteurs s'extasient tout particulièrement devant les parures en plumes de couleurs fines (qui forment un ensemble de mosaïques), notamment les ornements de tête. Dürer, lors de sa visite à l'exposition de Bruxelles, s'émerveille du savoir-faire de leurs artisans. À partir de 1560, les rois et les empereurs européens possèdent quasiment tous un cabinet de curiosités : « Chambre des merveilles » de l'archiduc Ferdinand de Habsbourg, « Cabinet des curiosités du Roy » d'Henri II... La particularité de ces cabinets réside dans le rapprochement de productions de la nature et de productions de l'Homme. Par ailleurs, ces objets éclectiques (antiques, historiques, exotiques) servent à illustrer les traités historiques : témoins matériels, ils en accentuent l'authenticité. Comme les rois et les princes, les grandes villes, notamment universitaires, elles aussi accueillent ces objets exotiques qui, dès lors, côtoient les œuvres antiques. Véritables « encyclopédies », ces collections alimentent pendant tout le XVIᵉ siècle les débats philosophiques sur la question des origines des techniques et de leur évolution[66]. Elles sont surtout collectées pour démontrer la « sauvagerie » de leurs artisans et ainsi justifier leur colonisation et leur conversion à la foi chrétienne et au progrès. On classe, on compare ces productions humaines qui attestent de la pluralité des cultures et provoquent un certain scepticisme religieux[67]. Devant l'engouement pour les objets en plumes, les missionnaires demandent aux Indigènes d'Amérique du Sud de reproduire des images de saints ou de prêtres sur des tableaux en plumes et créent des « écoles » de plumasserie pour les jeunes Indiennes, créant ainsi un art « métis ». Selon la fonction des objets, usuels ou rituels, l'attitude des conquérants n'est pas la même. Ainsi, et bien qu'admiratifs de l'esthétique des objets aztèques et mayas, les conquistadors, dont Cortés en 1521, ordonnent la destruction des idoles qui sont souvent liées aux sacrifices humains. En Afrique, à partir de 1486, les Portugais, qui commercent l'or et les épices, s'intéressent aux pièces en ivoire qui, dès lors, ornent les tables royales européennes et enrichissent les cabinets de curiosités. La Renaissance voit la naissance d'ivoires « afro-portugais », métissage entre traditions indigènes et inspiration européenne[68]. Le sort est tout autre pour la statuaire en bois qui est brûlée par les missionnaires portugais, afin de lutter contre les croyances « païennes ». Et il en sera de même dans toutes les contrées colonisées ; les idoles indigènes doivent être détruites ! Au XVIIe siècle, les objets rapportés d'Amérique du Nord remportent un moins grand succès que ceux d'Amérique centrale, excepté les robes peintes en peau de bison et surtout les manteaux de plumes tissés par les Algonquins de Virginie.

Au XVIIIe siècle, comme les sciences naturelles se développent, les « objets de curiosités » commencent à quitter les « cabinets » pour entrer dans les musées. Certains savants essaient d'interpréter la fonction de ces objets produits par les peuples lointains afin, en évaluant leur niveau de technicité, de positionner leurs artisans sur l'échelle des Êtres et de déterminer leur degré de civilisation. Rapportés par les explorateurs et les missionnaires, ils vont constituer le fonds des premiers musées ethnographiques. Fondée en 1727 à Herrnhut, non loin de Dresde, la confrérie chrétienne de Herrnhut envoie, dès les années 1730, des missionnaires dans plusieurs régions du monde (Inde occidentale, Amérique, Groënland et surtout Afrique). Les archives et les collections ethnographiques rapportées sont aujourd'hui gérées par la congrégation de Herrnhut, le musée d'ethnographie de Herrnhut, et par le *Staatliches Museum für Völkerkunde* de Dresde. Ces collections représentent une source documentaire importante sur la culture et la vie quotidienne, notamment en Afrique orientale et méridionale.

À la fin du XVIIIe siècle, le « Sauvage » devient le « Primitif » et le demeurera tout le long du siècle suivant. Dispersés au cours du XIXe siècle, les objets « primitifs » viennent enrichir les premiers musées qui fleurissent, en particulier en Italie (Rome), en Allemagne et en France. Considérés comme des témoins de l'avancement des cultures et classés par origine géographique, ils ont changé de statut, passant d'objets de curiosité à spécimens scientifiques qui doivent être conservés à part. Provenant de cultures amenées à disparaître, ils sont collectés et ce malgré l'opposition parfois vive des populations. Acheté par l'État en 1826, un lot de pièces ethnographiques des Amériques, d'Afrique et d'Océanie, provenant des collections du cabinet de curiosités de Denon, rejoint ainsi les collections d'art du musée de la Marine. En 1850, devant l'encombrement des salles par les collections ethnographiques, une annexe est créée par le directeur de l'époque, le peintre Morel-Fatio, et un premier inventaire des objets, réalisé. Quarante-huit ans plus tard, cette annexe occupera six salles sur les dix-neuf dévolues au musée naval, car l'expansion des empires coloniaux bénéficie largement aux musées, en particulier au Muséum national d'histoire naturelle (Jardin des Plantes à Paris[69]).

Dès la fin des années 1830, certains savants, comme le géographe Jomard, alors conservateur de la Bibliothèque royale à Paris, ont milité en faveur de la création de musées ethnographiques. Jomard est le père du premier système de classification « méthodique » (et non plus géographique) des objets, basée sur leur fonction, utilitaire, sociale, politique ou religieuse[70] ; son objectif premier est, à partir de la comparaison des différentes productions matérielles, de pouvoir mieux évaluer le degré de développement des peuples sans écriture. Afin d'alimenter les musées qui fleurissent en Europe va s'instituer la collecte systématique de pièces ethnographiques. Un des plus anciens musées ethnographiques est le Musée africain de Lyon. Établissement privé, il est créé en 1861 à l'initiative de la Société des missions africaines et de son fondateur, Mgr Marion de Brésillac (en 1856). Les objets, usuels et religieux, conservés et exposés, sont rapportés par des missionnaires chargés d'évangéliser les peuples d'Afrique occidentale.

Le fonds originel de plusieurs musées ethnographiques émane aussi des « cabinets de curiosités », comme ceux de Berlin et d'Oxford. Les collections du « Cabinet des curiosités royal prussien », qui remontent au XVe siècle, comprennent de nombreux objets et documents sur les peuples conquis. Réunies en 1829 dans le cadre d'une « Collection ethnographique », elles constituent aujourd'hui le noyau du musée d'Ethnographie de Berlin (Museum für Völkerkunde) fondé en 1873 par Bastian et réaménagé en 1886 dans un bâtiment situé au centre de Berlin. L'essentiel de ses collections s'est constitué dans le sillage des expéditions coloniales allemandes, en Afrique et en Océanie. En Grande-Bretagne, la création du Pitt Rivers Museum remonte à 1677 lorsque les objets du cabinet de curiosités des Tradescant père et fils, jardiniers du roi d'Angleterre, sont donnés à l'Université d'Oxford par Elias Ashmole qui en a hérité. Un bâtiment est construit pour les accueillir ; l'Ashmolean Museum ouvre ses portes au public en 1683. Pour la première fois, tout le monde, et non plus seulement des privilégiés, peut le visiter en payant un droit d'entrée. Au XVIIIe siècle, il s'enrichit des objets récoltés lors du voyage dans le Pacifique de James Cook. Au début du siècle suivant, les collections du musée sont dispersées, seules sont gardées les pièces antiques et artistiques. Puis, en 1884, le lieutenant-général Pitt Rivers, célèbre par ses fouilles archéologiques et son intérêt pour l'anthropologie sociale, cède ses collections (près de 20 000 objets) à l'Université d'Oxford à la condition qu'elles soient conservées dans un nouveau bâtiment et qu'un poste d'enseignant soit créé pour l'anthropologie ; celui-ci sera attribué à Edward Tylor, l'un des pères fondateurs de l'anthropologie sociale. Accolé à l'ancien musée, le musée d'Ethnographie est né. Les collections, augmentées par des dons d'ethnologues et d'explorateurs, sont composées d'environ trois cent mille objets et documents venant de tous les continents.

Réminiscence des « Cabinets de curiosités », notamment aux États-Unis, les musées d'ethnographie sont implantés dans les musées d'histoire naturelle. D'ailleurs, certains conservateurs, comme Hamy au musée d'Ethnographie du Trocadéro, présentent les objets ethnographiques selon la classification naturaliste évolutionniste. Ces musées suscitent un certain engouement populaire pour les artisans et leurs productions. En 1893, le comte Rodolphe Festetics de Tolna s'embarque à la découverte de l'Océanie et de ses habitants. Durant tout son voyage, il envoie régulièrement des articles aux journaux de métropole. En outre, lors de ses escales en Polynésie et surtout en Mélanésie, alors peu colonisée, il collecte de nombreux objets dont plus de cinq cents seront légués en 1930 au musée du Trocadéro qui les présentera au public. Quant aux milliers d'objets rapportés d'Afrique par Frobenius, ils viennent enrichir les musées allemands. Figure fondatrice de l'ethnologie allemande, Frobenius publiera ses vingt-cinq ans de recherches sur les cultures matérielles africaines et leurs mythes dans deux ouvrages demeurés célèbres : *Atlas Africanus* (1929) et *Histoire de la civilisation africaine* (1938, éditée en français en 1952). Afin de faciliter la collecte des objets, Griaule et Michel

Leiris rédigent en 1931 des *Instructions sommaires pour les collections ethnographiques* destinées aux administrateurs coloniaux. Selon l'anthropologue Benoît de L'Estoile, il existe durant la première moitié du XXe siècle trois grandes catégories de musées de l'Autre : les musées des cultures (musée ethnographique variante du musée d'histoire naturelle), les musées de la colonisation (historique et légitimiste) et les musées d'art primitif[71].

À la fin des années 1880, la vision linéaire et progressive des cultures, dominante jusqu'alors, est critiquée en particulier par Franz Boas, le père de l'anthropologie culturelle américaine. Afin de comprendre l'origine et l'histoire des premiers habitants du Nouveau Monde, Boas dirige la Jesup North Pacific Expedition (1897-1902). Cette expédition scientifique collecte des milliers de spécimens tant ethnographiques qu'archéologiques ou naturels, et rapporte des descriptions, mêmes sonores, qui donnent lieu à la rédaction de onze volumes publiés entre 1898 et 1930. Boas y défend, comme l'anthropologue allemand Grosse avant lui à propos de l'art des peuples sans écriture (*The Beginnings of Art*, 1897), l'idée qu'un objet ethnographique n'a de signification que replacé dans le contexte culturel qu'il l'a produit. En Belgique, depuis la colonisation du Congo, le roi Léopold II souhaite aménager une sorte de musée en mettant en scène les objets originaux afin, en particulier, de montrer le potentiel économique de ce pays. À l'occasion de l'Exposition universelle de 1897, il fait construire, dans le domaine royal de Tervuren, le Palais des Colonies. Le succès de l'exposition temporaire et l'intérêt des scientifiques sont tels qu'il décide de la rendre permanente. Trop petit, le bâtiment est agrandi, puis inauguré en 1910. Aujourd'hui, le musée royal de l'Afrique centrale de Tervuren abrite de riches collections (plus de cent quatre-vingt mille objets) et possède des archives historiques, dont celles complètes de l'explorateur britannique Stanley qui avait acquis le Congo pour le roi Léopold II. Malheureusement, les objets collectés durant la période coloniale résultent le plus souvent de véritables pillages, et seule leur provenance géographique est connue, leur fonction sociale est ainsi à jamais perdue.

En France, les productions « artisanales » des peuples « sauvages » ou colonisés non seulement nourrissent l'imaginaire, mais confortent l'idée d'une colonisation salvatrice, car porteuse de progrès technologiques, comme en atteste le musée des Colonies. En 1931, dans le cadre de l'Exposition coloniale, les architectes Albert Laprade, Léon Bazin et Léon Jaussely achèvent la construction du palais de la Porte-Dorée. En 1933, celui-ci abrite le musée permanent des Colonies qui a pour mission de mettre en valeur les bienfaits de la colonisation. Sur la façade du Palais, des bas-reliefs du sculpteur Alfred Janniot glorifient la richesse économique des colonies. À l'intérieur, la salle des fêtes est ornée d'une grande fresque, de six cents mètres carrés, peinte par Ducos de La Haille, aidé des élèves de l'École des beaux-arts. Deux salons ovales aux murs décorés de fresques et richement meublés, qui serviront de salles de réceptions lors des grandes expositions, sont présents de part et d'autre de l'entrée du bâtiment[72]. Dans ces décors, censés symboliser la contribution intellectuelle et artistique de l'Afrique et de l'Asie à la France, il y a peu d'espace pour exposer les objets ethnographiques, par ailleurs disparates, envoyés par les administrateurs coloniaux. En 1935, Ary Leblond le transforme en musée de la France d'outre-mer et consacre une partie du musée à la littérature (avec, notamment, les éditions de *Paul et Virginie*) et à l'art (dessins de Gauguin). Après la décolonisation, en 1962, sous l'autorité de Malraux, alors ministre de la Culture, le musée sera réaménagé et rebaptisé, musée des Arts africains et océaniens (MAAO). L'écrivain-ministre, soutenu par quelques ethnologues, dont Lévi-Strauss et Leiris, ainsi que le sculpteur Pierre

Meauzé alors conservateur des collections africaines, souhaite en faire un « musée d'Art ». Ce qui ne sera pas le cas faute d'une ligne directrice claire, sa muséographie oscillant entre objets « esthétiques » et objets ethnographiques. Dans les années 1960-1970, le musée s'enrichira de plusieurs objets, en particulier d'Océanie, rapportés par des ethnologues, dont Jean Guiart, ou provenant de collections privées comme celles de l'artiste tchèque Karel Kupka (241 peintures sur écorce réalisées par des Aborigènes d'Australie) ou d'Alexander Ignatieff (578 poids baoulé et ashanti pour peser la poudre d'or). Kupka souligne que c'est l'acte même de la création qui compte pour les Aborigènes[73]. Rattaché en 1971 à la direction des Musées de France (DMF), le musée se verra pourtant encore refuser l'argent nécessaire à de nouvelles acquisitions, l'art qu'il présente étant considéré comme un art de « sauvages » ! D'ailleurs, à la même époque, et pour les mêmes raisons, le Louvre refuse la donation du marchand d'arts primitifs Charles Ratton... En 1990, changement de cap, le musée devient, avec le soutien de Jacques Sallois (nouveau directeur de la DMF), le douzième département des musées nationaux et change, une fois encore, mais légèrement, de nom. Désormais musée national des Arts d'Afrique et d'Océanie, il hérite du legs du Dr Pierre Harter et achète 262 sculptures en provenance du Nigeria des collectionneurs suisses Jean-Paul et Monique Barbier-Mueller. Cette embellie ne durera pourtant pas : ses collections ayant rejoint celles du musée du Quai Branly, il ferme ses portes en janvier 2003. Depuis 2007, le palais de la Porte-Dorée abrite la Cité nationale de l'histoire de l'immigration...

CHAPITRE 5

Des Arts primitifs
aux Arts premiers

Jusqu'à la première moitié du XXe siècle, les objets ethnographiques, usuels ou rituels, n'ont jamais été perçus comme intrinsèquement esthétiques. Pour la majorité des Occidentaux, seuls leurs artistes sont des artistes : ces objets ne sont pour eux que de simples « curiosités » exotiques, et leurs créateurs, au mieux, des artisans. Leurs productions sont dénommées grotesques, idoles, hiéroglyphes ou fétiches. C'est à partir de la seconde moitié du XIXe siècle que ces objets vont commencer à être rassemblés, sous le terme générique d'« Art primitif ». Dès lors, le débat ne porte plus sur le degré d'évolution dont ils témoigneraient, mais sur les formes premières de l'art : naturalistes et réalistes ou abstraites et symboliques ? Pour Boas, c'est moins le sens que la forme (la maîtrise technique) qui importe (*Primitive Art*, 1927). Il faut attendre le début du XXe siècle pour que certains objets, notamment la statuaire et les masques africains, océaniens ou américains, soient considérés comme des œuvres d'art à part entière. En 1928, à l'initiative de Georges-Henri Rivière, fondateur du musée national des Arts et Traditions populaires (ATP), et de l'anthropologue américain d'origine suisse Alfred Métraux, l'exposition « Les Arts anciens de l'Amérique », qui se tient dans le Pavillon de Marsan, met en valeur pour la première fois le côté esthétique des mille objets présentés. Encore aujourd'hui, et bien que le comparatisme n'ait aucun sens, pour beaucoup, les peintures de Lascaux ne valent pas celles de Rubens, et la statuette bangwa du Cameroun (un des joyaux du musée Dapper) ne peut être équivalente aux statues sculptées par Michel-Ange...

L'objet ethnographique : témoin d'une civilisation ou objet d'art ?

Pour fuir l'ambiance « fin de siècle » et ses « paradis artificiels », Gauguin part à la recherche d'un « paradis naturel ». Il le trouve à Tahiti, puis aux Marquises, îles exotiques océaniennes, symboles de l'Éden perdu. Il y séjourne de 1891 à 1903, ne revenant qu'une seule fois à Paris, et il y peint plusieurs toiles. Cet exil volontaire le conduit à réfléchir et à se poser des questions existentielles comme l'atteste son célèbre tableau : *D'où venons-nous ? Que sommes-nous ? Où allons-nous ?* (1897). Ces questions seront reprises par un grand nombre d'écrivains et d'artistes de la première moitié du XXe siècle. Autour des années 1900, le « primitivisme », le goût du primitif et du retour aux sources, prend donc naissance dans les milieux littéraires et artistiques français, même si, et contrairement à l'Allemagne, l'Angleterre, les États-Unis ou les Pays-Bas, ce n'est qu'à la fin des années 1930 que les recherches sur les Arts primitifs se développeront en France, avec en particulier Leiris (*L'Afrique fantôme*, 1934) et Griaule (*Masques dogons*, 1938). En ce tournant de siècle, les pays lointains et les objets exotiques et hétéroclites qualifiés de « primitifs » sont à la mode et collectés pour les musées ou les collectionneurs privés, dont de nombreux artistes attirés par l'audace des formes. Le mot primitif vaut alors aussi bien pour le Moyen Âge occidental, l'Afrique, Byzance, l'Égypte ou le Mexique. C'est également en ce sens que l'emploient Matisse et Picasso. Auguste Rodin réutilise dans certaines de ses œuvres des fragments de sculptures et de vases antiques, alors que Freud les collectionne[1]. L'art africain et océanien, par ses formes nouvelles et l'omniprésence du sacré dans ses objets, ouvre toutefois l'art sur un horizon nouveau pour les peintres du début du XXe siècle ; il fascine les dadaïstes et les surréalistes. Les pièces utilisées lors de rites complexes, et non fabriquées en tant qu'œuvres d'art, sont d'autant plus recherchées qu'elles comportent des traces de rituels, comme le sang séché : elles sont alors dites « chargées ». « L'Art nègre » est né, même si sous ce vocable se cachent parfois des objets océaniens ou esquimaux. Les collectionneurs et marchands d'art Paul Guillaume, Adolphe Basler et Émile Heyman en sont les promoteurs, tant en Europe qu'aux États-Unis. Selon Francesca Pelligrino : « La présence de l'"Art nègre" dans l'art occidental se divise en deux courants : l'un "traduit" certaines images traditionnelles dans un langage, qui s'éloigne radicalement du réalisme, emprunté à l'Afrique, l'autre insère des objets ethniques dans des natures mortes ou des scènes d'intérieur[2]. » Dans les années 1930, le succès populaire de cet art sera attesté par le succès de plusieurs ventes aux enchères à l'hôtel Drouot, dont en 1931 (juste avant l'ouverture de l'Exposition coloniale) celle de la collection de Breton et Éluard présentée dans le catalogue : *Sculptures d'Afrique, d'Amérique et d'Océanie.*

Lors de sa visite au musée d'Histoire naturelle de Vienne en 1902, le peintre et écrivain autrichien Kokoschka est subjugué par la beauté des objets utilitaires et des parures en plumes des peuples d'Amérique du Sud et d'Océanie qui y sont exposés. Derain est le premier peintre français à posséder un masque africain : un Fang du Gabon racheté en 1906 au peintre Vlaminck qui avait réuni, dès 1905, un grand nombre d'objets, en particulier africains ; en 1906, le peintre, qui est alors dans sa période « fauve », découvre aussi, avec stupéfaction et enthousiasme, l'art maori de Nouvelle-Zélande. Pour Matisse, c'est l'art égyptien qui lui révèle l'« Art nègre ». Quant à Picasso, il a sa révélation lors de sa visite au musée d'Ethnographie du Trocadéro, en 1907. En Allemagne, la redécouverte de l'Autre à travers les riches collections ethnographiques de Dresde et de Berlin, en particulier de sa nudité sensuelle exprimée dans l'« Art nègre », inspire Kirchner et les expressionnistes allemands du groupe Die Brücke[3], dont Nolde. Dès 1911, ce dernier dessine des masques africains et océaniens et des objets d'Amérique précolombienne du Musée ethnographique de Berlin. De 1913 à 1914, il séjourne près d'un an en Papouasie-Nouvelle-Guinée. Fasciné par les Papous et leur art, il prend leur défense face à leur colonisation, en particulier leur christianisation. Dans une lettre à son ami Hans Fehr datée de 1914 perce sa quête d'un âge d'or : « Les hommes primitifs vivent dans la nature, ils ne font qu'un avec elle et sont une partie du cosmos entier. J'ai parfois le sentiment qu'eux seuls sont de véritables hommes, et nous quelque chose comme des poupées articulées, déformées, artificielles et pleines de morgue. Je peins et je dessine, et je cherche à fixer un peu de cette entité primitive. Certaines choses sont sans doute réussies, pour ma part en tout cas, j'estime que mes tableaux des hommes primitifs et certaines aquarelles sont si authentiques et si âpres qu'il est impossible de les accrocher dans les salons parfumés[4]. » Nolde brosse dix-neuf portraits idéalisés de paisibles villageois mais, étant foncièrement pour l'égalité des « races », sans exotisme.

En collectionnant ou en s'inspirant des « productions » des « Sauvages » ou des « Indigènes » (en particulier des masques et statues africains), suivant ainsi l'exemple de Gauguin, les expressionnistes, les fauves (Derain,

Matisse) et les cubistes (Picasso, Braque) s'opposent au Naturalisme académique en vigueur dans les années 1900 et cherchent l'inspiration dans les mondes lointains encore épargnés par les méfaits de la civilisation. Le visage de l'étude pour *Les Demoiselles d'Avignon* de Picasso (1907) n'est pas sans rappeler les masques Mahongwe (République populaire du Congo). La sensualité de la statuaire africaine se retrouve, entre autres, dans *La Danse* de Derain (1906) ou le *Nu bleu* de Matisse (1907). Les idoles Nukuoro des îles Carolines en Polynésie occidentale (dénommées *tino*) exercent une fascination sur les artistes, et Giacometti s'en inspire pour un dessin. Dans les années 1930-1940, l'idée de renouveau présente dans le chamanisme pratiqué par ces peuples lointains nourrira de même l'inspiration de plusieurs artistes. C'est Max Ernst qui le premier s'y intéressera, ainsi qu'à l'art de la plume. Les rites chamaniques le conduiront à la réalisation de plusieurs sculptures. Quelques années plus tard, dans ses œuvres, Jackson Pollock transcrira les rites chamaniques pratiqués par les Indiens et les Inuits d'Amérique du Nord à travers un mouvement créé par des lignes entrecroisées[5]. Plus tard, dans les années 1980, le thème du racisme sera central dans l'œuvre du peintre afro-américain Basquiat, avec notamment ses figures féminines, nommées « Vénus » comme Saartjie Baartman (*Mona Lisa*, 1983 ; *History of Black People*, 1983).

Les dadaïstes, puis les surréalistes (Breton, Soupault) trouvent aussi dans l'« Art nègre » une source pour leur quête d'imaginaire. En 1916, Tzara, écrivain français d'origine roumaine, chef de file du mouvement dada (manifeste lancé en 1918), organise pendant six mois des « soirées nègres » au Cabaret Voltaire à Zurich. De faux masques, fabriqués par Marcel Janco, y sont exhibés sur de la musique aux rythmes africains et sur des textes à écriture automatique et poésie phonétique composés par Tzara. Les *Notes sur l'art nègre* (1917) et *Notes sur la poésie nègre* (1918) de Tzara rendent hommage à l'Afrique. Le rêve éveillé cher aux surréalistes trouve un écho dans ces cultures où « le cœur de l'ancêtre bat à l'unisson de la Terre et du cosmos ». De même, dans son article intitulé « L'art et l'Océanie » publié en 1929, Tzara dit-il pressentir que les objets de Mélanésie et de Polynésie « gardent l'esprit vital de la race », concluant : « Ce n'est qu'à la lumière de la poésie qu'on peut toucher le mystère créateur de l'art océanien. » Selon Vincent Debaene, la révolte innée de Tzara, qui lui a permis d'appréhender l'âme primitive, se transforme, au fil des ans, en une profonde reconnaissance, en une véritable prise de conscience. Au-delà du ludique se profile déjà une réelle rébellion contre la guerre, les fondements de l'ordre social et du langage comme simple « agent de communication[6] ». De son côté, le poète expressionniste allemand Carl Einstein, auteur d'un roman dadaïste (*Bebuquin*), s'interroge sur le traitement des formes propres au cubisme et à la sculpture africaine (*Negerplastik*, 1915). Dans *Afrikanische Plastik*, il exprime le souhait de voir travailler en bonne harmonie les ethnologues et les historiens d'art[7].

Apollinaire et Cendrars s'intéressent également à l'art « primitif ». Dans un poème de 1912, Apollinaire qualifie de « perle » une sculpture du Bénin exposée au musée ethnographique du Trocadéro. En 1921, Cendrars publie une *Anthologie nègre*, compilation du « folklore des peuplades africaines », avant d'écrire lui-même des « poèmes nègres[8] ». Sur les murs de l'atelier d'André Breton, pape du surréalisme, cohabitent, à statut égal (sans hiérarchie culturelle), des objets apparemment hétéroclites, modernes et anciens, d'ici et d'ailleurs : tableaux et sculptures de ses amis artistes, œuvres d'art populaire, curiosités naturelles, masques et statues d'Amérique et d'Océanie[9]. C'est en 1924, dans le *Manifeste du surréalisme*, que Breton donne naissance à ce nouveau mouvement littéraire et artistique. Le surréalisme, selon lui, est un automatisme psychique pur par lequel on se propose d'exprimer, soit verbalement, soit par écrit, soit de toute autre manière, le fonctionnement réel de la pensée. La première exposition du groupe, *la Peinture surréaliste,* a lieu en 1925 à Paris. Les surréalistes vont préférer l'art océanien et d'Amérique du Nord (Indiens de la côte Nord-Ouest, Inuits d'Alaska), qui, selon Breton, rend mieux compte de « l'interprétation du physique et du mental que l'art africain[10] ». Pour lui rendre hommage, ils organisent deux expositions demeurées célèbres : *Tableaux de Man Ray et objets des îles* en 1926 et *Yves Tanguy et objets d'Amérique* l'année suivante. Lévi-Strauss note : « Beaucoup d'objets, que j'aurais eu tendance à rejeter comme indignes, me sont apparus sous un autre jour grâce à Breton et ses amis[11]. » Dans les années 1930, Man Ray photographie Helena Rubinstein, collectionneuse d'objets africains, appuyée sur une statue bangwa du Cameroun. En 1936, le marchand d'art Charles Ratton organise également une exposition surréaliste dans sa galerie où se mélangent alors objets insolites, pièces de Nouvelle-Guinée et d'Amérique (Inuits) et *ready made*. Dans les années 1940, les surréalistes partiront pour les États-Unis, notamment à New York, où ils publieront, en 1942, à l'occasion d'une exposition d'Art primitif, *Papers of Surrealism*. À la fin des années 1940, l'Art primitif, en particulier des peuples d'Amérique du Nord, est donc désormais reconnu en tant que tel. Tous ces artistes retrouvent dans l'« Art nègre » leurs propres préoccupations : fuir la réalité et l'académisme en vigueur. La question se pose donc en cette première moitié du XXe siècle : les objets de l'Art primitif sont-ils vus par ces créateurs comme de réelles œuvres d'art ou l'antithèse de l'Occident, voire comme des valeurs d'« exorcisme », pour reprendre le terme d'Henri Michaux ?

Du musée d'Art primitif
au musée des Arts et Civilisations

L'engouement pour les Arts primitifs va être tel durant la seconde moitié du XXᵉ siècle que plusieurs musées et exposition leur sont consacrés, en Europe et aux États-Unis. Ces nouveaux musées suscitent une certaine appréhension parmi les ethnologues – dès 1929, Rivière s'est ainsi inquiété du devenir du musée d'Ethnographie du Trocadéro, craignant qu'il ne devienne un musée des beaux-arts où seule la valeur esthétique serait prise en considération, un contresens à ses yeux (*Documents*). Les États-Unis vont être les premiers à concevoir des musées ethnographiques où le choix des pièces exposées repose presque entièrement sur leur esthétique. En ne choisissant, contrairement aux ethnologues, que de belles pièces uniques, les collectionneurs ont assurément joué un grand rôle dans le développement des musées d'Art primitif.

Dès le début des années 1950, afin de mettre en valeur leur beauté, certains objets sont placés isolément, à l'air libre ou dans des vitrines, et plusieurs musées choisissent cette option muséographique « esthétisante ». Car, dans l'esprit de beaucoup, un « vrai » musée est un musée d'art : pour montrer la créativité qui réside dans certaines pièces ethnographiques, il faut donc leur consacrer un espace et une présentation particuliers. En 1954, Nelson Rockefeller, passionné d'Art primitif et moderne, fonde le Museum of Primitive Art à New York, puis ses collections rejoignent en 1982 le Metropolitan Museum qui leur consacre une aile dédiée à la mémoire de son fils Michael C. Rockefeller mort mystérieusement en 1961 lors d'un voyage de collecte d'objets en Nouvelle-Guinée. Le National Museum of African Art de Washington va être le premier musée dédié exclusivement à l'art africain. Initié au début des années 1960 par Robbins, il ouvre ses portes en 1964, et, depuis 1979, c'est la Smithsonian Institution qui assume la gestion de ces collections. En Europe, à la fin des années 1960, une salle réservée aux chefs-d'œuvre est ouverte au musée de Tervuren en Belgique. Un peu plus tard, la Fondation Olfert Dapper[12], organisme privé créé en 1983 à Amsterdam sous l'impulsion de Michel Leveau son président, est dédiée à la connaissance et à la préservation des patrimoines de l'Afrique subsaharienne. Elle aide également à l'organisation de nombreuses expositions temporaires. Émanation de cette Fondation, le musée Dapper est inauguré en 2000. Dans ce musée, l'approche esthétique d'objets uniques et originaux l'emporte sur les vastes collections méthodiquement documentées ; en outre, il s'ouvre à la création contemporaine. De même, au Museum for African Art de New York, émanation du Center for African Art, inauguré en 1984, son directeur et fondateur Susan Vogel, ancien conservateur adjoint au département Art primitif du Metropolitan Museum of Art, organise régulièrement des expositions d'avant-garde, dont, parmi les plus célèbres, *L'Art africain dans les collections d'anthropologie* (1988) et *Les Musées et l'Art africain* (1994).

Aux États-Unis, la reconnaissance institutionnelle de l'Art primitif a vraiment lieu en 1984 lors de l'exposition *Primitivism in 20th Century Art* qui se tient au Museum of Modern Art de New York. L'exhibition montre les influences de l'Art primitif sur certaines œuvres artistiques modernes, mais également leurs affinités, ce qui lui vaut de vives critiques de la part des anthropologues. En France, bien que l'Art primitif ait été identifié dès les années 1960, ce n'est que tardivement qu'il est institutionnellement reconnu. Pourtant, dès 1909, dans un article du *Journal du soir*, Apollinaire avait souhaité que le Louvre accueille « certains chefs-d'œuvre exotiques dont l'aspect n'est pas moins émouvant que celui des beaux spécimens de la statuaire occidentale ». Son vœu ne sera exaucé que près d'un siècle plus tard, malgré la réticence des conservateurs et de certains ethnologues, et grâce à la volonté d'environ trois cents personnalités intellectuelles et artistiques signataires d'un manifeste rédigé en 1990, dont la première phrase donne le ton : « Pour que les chefs-d'œuvre du monde entier naissent libres et égaux[13]... » En 2000, dans le pavillon des Sessions du Louvre (espace de 1 400 mètres carrés réaménagé par l'architecte Jean-Michel Wilmotte), seront exposées cent vingt sculptures d'Amérique, d'Afrique, d'Océanie et d'Asie réunies par Jacques Kerchache, marchand d'art spécialiste de l'Afrique dont l'ambition est de montrer au visiteur la beauté intrinsèque de cet art dit « primitif ». Elles sont présentées par aire géographique et, comme des œuvres d'art modernes, sans aucun commentaire sur leur contexte culturel.

Cependant, réduire l'objet ethnographique à sa seule beauté, en négligeant sa fonction, peut entraîner des erreurs d'interprétation et surtout créer dans la tête du visiteur une image « exotique » de son artisan, souvent très éloignée de la réalité et malheureusement encore discriminatoire. C'est sans doute la raison du choix muséographique effectué par le musée d'Arts africains, océaniens et amérindiens de Marseille (MAAOA). Son fonds originel provient de la fabuleuse collection de Pierre Guerre, en provenance d'Afrique, d'Océanie (crânes parés) et d'Amérique (têtes réduites jivaro, objets inuits et précolombiens), léguée à la ville en 1978. Ouvert au public en mars 1992, il présente des objets avec un parti pris « esthétique », tout en conciliant l'observation des objets exposés avec une information scientifique sur les hommes et les sociétés qui les ont engendrés, sociétés pour la plupart disparues ou en voie de disparition. Sensibilisé aux phénomènes actuels de mutations culturelles, le MAAOA s'est aussi associé aux grands organismes nationaux de recherches.

De nos jours, la présentation d'objets ethnographiques tente de prendre en compte leur aspect à la fois esthétique et ethnologique ; la dénomination de « musée des arts et des civilisations » semble la plus appropriée. Le 20 juin 2006, le musée du Quai Branly, créé par la volonté de Jacques Chirac lorsqu'il était président de la République française, est inauguré ; il est ouvert au public trois jours plus tard. Les objets exposés ou ceux des réserves (plus de 285 000) proviennent des collections ethnologiques du musée de l'Homme et du musée national des Arts d'Afrique et d'Océanie (MAAO). Sa création suscite la rébellion d'environ trois cent mille chercheurs qui critiquent, notamment, son coût et la primauté du choix esthétique sur la documentation ethnographique[14]. Tout a commencé avec les conclusions d'une commission de réflexion créée à la demande de Jacques Chirac, et dirigée par Jacques Friedmann, conduisant à la création d'une mission de préfiguration d'un nouveau « musée des Civilisations et des Arts premiers ». L'annonce officielle de sa création tombe en octobre 1996, mais, face aux nombreuses critiques que suscitent les termes « Arts premiers », il change de nom et devient pour un temps le « musée de l'Homme, des Arts et des Civilisations ». Aujourd'hui, il est désigné par son lieu d'implantation : « quai Branly[15] ». Situé près de la tour Eiffel, le bâtiment est dû à l'architecte Jean Nouvel. Dans le vaste espace sans cloisons, dénommé « le plateau des collections permanentes », les objets sont répartis en quatre continents : l'Afrique, l'Asie, l'Océanie et les Amériques. Au centre de la galerie, une colonne transparente permet de visualiser environ neuf mille instruments de musique ; en outre, dans deux pièces (dénommées « boîtes à musique ») situées dans les parties est et ouest du musée, les visiteurs peuvent écouter des chants et des compositions instrumentales complétés par des documents explicatifs. En complément, chaque année, une dizaine d'expositions temporaires permettent de présenter d'autres objets conservés dans les réserves ou provenant d'autres musées ou collections privées, regroupés sous un thème – la première exposition, « Nous avons mangé la forêt », a ainsi été consacrée aux Mnong Gar, ethnie des montagnes du Sud-Vietnam étudiée par Georges Condominas[16]. Une bibliothèque, une iconothèque et des archives relatives aux objets proposent également un vaste ensemble de documents ethnographiques mis à la disposition des étudiants, des chercheurs ou du public (« l'inscription de la fonction documentaire [...] affirme le lien indéfectible entre l'œuvre et son histoire, faisant du futur établissement une "ruche culturelle[17]" »). Depuis 2005, le musée a repris la publication de *Gradhiva, revue d'anthropologie et de muséologie*, créée en 1986 par Leiris et Jean Jamin, consacrée à l'ethnologie, à l'histoire de l'anthropologie et à l'art non occidental. Le succès du musée est au rendez-vous avec, selon son président Stéphane Martin, un million et demi de visiteurs par an.

À partir du XXe siècle, la distinction entre objets d'art et pièces ethnographiques est entrée dans les esprits. Les ethnologues ont progressivement cédé aux spécialistes et marchands d'art primitif les plus « beaux » objets, qualifiés de chefs-d'œuvre pour leur qualité plastique. Si ceux-ci ont ainsi changé de statut, alors que les autres demeuraient documents ethnographiques, aux yeux de nombreux chercheurs, pourtant, les premiers sont inclus dans les seconds. Le débat entre sens et forme n'est pas clos, car l'objet « unique » récolté pour son esthétique est « défonctionnalisé », « décontextualisé ».

CHAPITRE 6

Sauvage et Préhistorique : un jeu de miroirs

En Europe, l'apologie du progrès technique a été affirmée tout au long la seconde moitié du XIXe et au début du XXe siècle lors des Expositions universelles qui se sont succédé. La prétendue « sauvagerie » des peuples lointains qui sont « exposés » est relayée dans les journaux de l'époque comme *Le Petit Journal,* dont les lecteurs sont friands d'anecdotes plus ou moins « monstrueuses ». Pour renforcer le discours relatif aux progrès techniques accomplis depuis les origines, ces Expositions universelles présentent au public des objets préhistoriques montrant ainsi l'évolution culturelle prétendument linéaire de l'humanité. Dès lors, « Préhistorique » et « Sauvage » se rejoignent. Lors de son discours d'inauguration du Muséum ethnographique des missions scientifiques au Trocadéro en 1878, Joseph Brunet, ministre de l'Instruction publique, des Cultes et des Beaux-Arts, déclare : « Inséparable de l'archéologie préhistorique, accessoire essentiel de l'anthropologie, en même temps que commentaires des sciences géographiques, l'ethnographie aide à résoudre plus d'un problème, obscur encore, de nos origines[1]... » En 1880, époque où l'empire colonial est en pleine expansion, le ministre de l'Instruction publique Jules Ferry signe l'arrêté fondateur du musée d'Ethnographie du Trocadéro. Dès lors, les productions des Préhistoriques rejoignent, de façon permanente, celles des « Sauvages ».

Par ailleurs, dès les années 1860, le comparatisme ethnographique est utilisé par les préhistoriens pour reconstituer la vie des Hommes préhistoriques européens. Leurs
armes, leurs outils, leurs vêtements sont copiés sur ceux
des « Sauvages » : Indiens d'Amérique du Nord, Esquimaux ou Lapons[2]. En outre, la distinction des différentes
périodes de l'Âge de la pierre se fait sur l'appartenance
raciale des populations, ce qui permet de distinguer
l'Homme préhistorique de l'Homme actuel, sauvage ou
civilisé, et de lui attribuer une identité culturelle. En 1911,
à la demande d'Emmanuel Pontremoli, l'architecte de
l'Institut de paléontologie humaine, le sculpteur Constant
Roux, guidé par l'abbé Breuil et inspiré par les illustrations du magazine *L'Illustration* et du livre de Spencer et
Gillen ou bien encore par les portraits d'Indiens du peintre
américain George Catlin, orne d'une frise les façades extérieures du bâtiment[3]. Les dix-sept bas-reliefs figurent des
scènes, sans violence excessive, de la vie de peuples primitifs (Nègres, Négritos, Aruntas et autres ethnies austra-
liennes, Eskimo, Indiens d'Amérique du Nord) et des Préhistoriques. Dans les ouvrages populaires des années
1880-1890, les données ethnographiques viennent se
mêler à celles de l'archéologie, parfois les supplantent. Les
trois cent cinquante gravures sur bois de *La Création de
l'Homme et les premiers âges de l'humanité* (1887) d'Henri
du Cleuziou prennent en compte les deux types de données : archéologiques pour les outils, les armes et les
parures, ethnographiques pour les vêtements. L'inspiration a été puisée dans le musée d'Artillerie, installé depuis
1871 aux Invalides, où sont exposées des reconstitutions
de différents peuples lointains, mais aussi des portraits
plus que « réalistes » des Préhistoriques (figures : 122,
150). Ce rapprochement entre Sauvage et Préhistorique va
se poursuivre au XXe siècle. En 1923, dans le Larousse universel en deux volumes, intitulé *Nouveau Dictionnaire
encyclopédique* (sous la direction de Claude Augé), on peut

lire, à l'entrée Préhistoire : « Certains peuples en sont demeurés à tel ou tel stade des âges préhistoriques. » Sous la plume du romancier américain Burdick, on lit encore : « L'Aborigène d'Australie est, dans notre monde, un bon représentant de l'Âge de pierre[4]. » Tout comme les Préhistoriques, les Sauvages ont longtemps été considérés comme arriérés, en particulier parce qu'ils n'avaient pas d'écriture, critère majeur pour les historiens occidentaux du XIXe siècle. Pour ces derniers, ils appartenaient à des « Sociétés sans Histoire », ce qui est totalement absurde, comme le démontrent les études actuelles de l'histoire orale.

Les Expositions universelles

L'idée d'exposer aux yeux du public les productions « françaises » apparaît dès 1798. Ces foires, une dizaine, organisées jusqu'en 1849, permettaient à des exposants, uniquement français, rassemblés sous un grand chapiteau, de montrer aux bourgeois parisiens des produits agricoles, industriels (inventions) ainsi que des objets d'art. Mais c'est à Londres qu'a lieu en 1851 la première Exposition universelle, la France en est d'ailleurs l'invitée d'honneur. C'est un succès : plus de 1 million de visiteurs se ruent au Crystal Palace. À l'origine, chaque pays dispose d'un espace réservé dans un pavillon central, puis, à partir de 1867, des pavillons nationaux à l'architecture typique de leur pays font leur apparition.

En France, la première Exposition universelle a lieu à Paris en 1855. Elle se fait sous l'impulsion de l'empereur Napoléon III (par un décret du 8 mars 1853), dont l'objectif principal est, en exposant des produits agricoles et industriels, de promouvoir l'Empire aux yeux du monde entier, représenté, lors de son inauguration, par toutes les têtes couronnées. Le même décret autorise l'admission à cette exposition des produits de toutes les nations. Un nouveau décret, daté du 22 juin 1853, décide qu'une Exposition universelle des beaux-arts (sous l'égide de Prosper Mérimée, d'Eugène Delacroix et d'Ingres) se tiendra en même temps que l'Exposition universelle de l'agriculture et de l'industrie. Le lieu retenu est le triangle formé par les Champs-Élysées, le cours de la Reine et l'avenue Montaigne. La deuxième exposition parisienne, sur le Champ-de-Mars et l'île Billancourt, dite « Exposition universelle d'art et d'industrie », se tient en 1867. Afin de l'organiser, l'empereur Napoléon III réunit une commission composée de hauts personnages de la vie économique et politique du Second Empire. Elle met l'accent sur les victoires militaires françaises du régime (autoglorification) et le triomphe du libéralisme saint-simonien. *L'Hymne à Napoléon III et à son vaillant peuple* de Rossini en est l'hymne officiel. Chaque fois, afin d'embellir Paris, de nouveaux édifices sont construits. Chaque pays présente ce que bon lui semble dans un pavillon souvent éphémère bâti à cet effet par ses soins sur un terrain alloué par la France (certains pavillons disséminés en Île-de-France seront ensuite rachetés par les communes, puis réhabilités). À cette occasion, et pour la première fois, le public peut venir admirer des objets préhistoriques dans la section intitulée « L'histoire du travail », qui présente l'évolution des techniques et des outillages des temps les plus anciens jusqu'à 1800. Quelques années plus tard, en 1878, donc sous la IIIᵉ République et la présidence de Mac-Mahon, l'Exposition universelle a de nouveau lieu à Paris. Si elle a toujours pour dessein la valorisation des nouvelles technologies, s'y adjoint une volonté de réconciliation nationale suite aux affrontements de la Commune. Le palais du Trocadéro, ou « palais de pierre », est construit à cette occasion par l'architecte Gabriel Davioud et l'ingénieur Jules Bourdais. Les frises supérieures du front de scène de la salle de concert sont de Charles Lameire. Au sein de cette exposition, afin de montrer les avancées techniques de l'humanité au cours du temps, un

« musée des Missions ethnographiques », réalisé par Jomard, archéologue et géographe spécialiste de l'Égypte ancienne, rassemble des collections éparses d'objets ethnographiques et, en une sorte de « jeu de miroirs », quatre-vingts vitrines présentant des objets préhistoriques. Ainsi les « peuples sauvages » peuvent-ils être assimilés à des « peuples fossiles ». Par ailleurs, la section « sciences anthropologiques » expose l'évolution biologique de l'Homme par une comparaison entre Préhistoriques et Européens modernes. La dixième Exposition universelle organisée en 1889 à Paris, marquant le centenaire de la Révolution française, se veut festive (on note l'absence des monarques étrangers, mais non de leurs industriels). La construction de la tour Eiffel soulève à la fois de l'enthousiasme et de vives protestations (la tour, futur symbole de Paris, est jugée par certains, dont Maupassant, inutile, laide et coûteuse). L'exposition est répartie sur cinquante hectares : le Champ-de-Mars et le palais du Trocadéro accueillent l'art et l'industrie, tandis que l'esplanade des Invalides, dédiée au ministère de la Guerre, est consacrée aux colonies françaises. Dans la partie « Exposition coloniale », des Indigènes montrent au public leur mode de vie traditionnelle (dont le *Village canaque*), ce qui marque un changement par rapport aux expositions précédentes où seuls leurs produits artisanaux étaient exposés. Au même endroit, mais dans la section « Anthropologie » (*Rétrospective du travail et des sciences anthropologiques),* le public peut contempler deux sculptures en bronze de Frémiet ainsi que des reconstitutions d'Hommes préhistoriques et de scènes montrant la vie durant la préhistoire, également présente dans la section « Histoire de l'habitation humaine ». Désormais, pour le visiteur, l'image du Préhistorique et celle du Sauvage se superposent. L'exposition de 1900, la cinquième organisée à Paris, qui aura pour thème « Le bilan du siècle », se veut une entrée de plain-pied dans la modernité (notamment avec la construction du Grand Palais). Au total, 51 millions de visiteurs français et étrangers viendront s'amuser à cette exposition, transformée en fête foraine. Cependant, dans un vaste enclos consacré au Dahomey (actuel Bénin), parmi divers édifices (un temple des sacrifices, un palais, un poste de brousse, des « totems », une petite serre), des cabanes abritent des Dahoméens qui, au grand dam des visiteurs, refusent de se laisser photographier. Côté préhistoire est présentée une reconstitution du Pithécanthrope (récemment découvert), considéré comme un être intermédiaire entre l'Homme et le singe.

La Première Guerre mondiale marque le coup d'arrêt de ce genre de manifestations au cours desquelles se côtoient les nations. La dernière organisée en France est celle de 1937 sous le gouvernement du Front populaire. Promouvant les nouveautés, notamment l'architecture (nouveau palais de Chaillot, musée d'Art moderne), excluant l'artisanat et l'industrie traditionnels, elle est surtout le centre de batailles idéologiques entre pacifistes, fascistes et communistes. Cette dernière exposition est aussi marquée par les propos radicaux et sans concession vis-à-vis de l'assimilation des peuples africains du journaliste-écrivain et futur homme politique malien Fily-Dabo Sissoko, tenus lors du Congrès international de l'évolution culturelle des peuples coloniaux qui a lieu au même moment[5]. Dans sa communication, intitulée *Les Noirs et la culture*, celui-ci déclare que les Africains doivent rester africains[6], ce qui fait scandale (ses écrits sont, à l'époque, censurés). Selon le Bureau international des expositions, les expositions universelles sont des « lieux uniques de rencontre où l'éducation passe par l'expérimentation, la coopération par la participation et le développement par l'innovation », elles sont l'expression « d'un message d'intérêt universel, des laboratoires d'expérimentation montrant l'extraordinaire et le nouveau[7] ».

Le Sauvage ou l'Indigène exhibé lors des Expositions universelles ou coloniales a également été photographié, souvent dans un décor « sauvage ». Pierre Petit, Maurice Bucquet et Gustave Le Bon sont parmi les photographes les plus célèbres, avec le prince Roland Napoléon Bonaparte. La photographie a, en effet, pris la relève de la gravure sur bois pour montrer le Sauvage sous son aspect le plus « primitif », s'attachant à mettre en évidence ses particularités les plus « étranges » pour un « civilisé » : anatomiques (Hottentote), ornementales (déformation du corps, tatouages, scarifications) ou culturelles (rites cannibaliques). Roland Bonaparte, géographe et botaniste, membre de la Société d'anthropologie, réalise ainsi un inventaire photographique des populations humaines qu'il a rencontrées lors de ses voyages. Ses photos sont plus « anthropologiques, voire anthropométriques » qu'ethnographiques. Il les range dans des albums qui rassemblent jusqu'à une centaine de planches de clichés (face et profil) des membres d'un groupe ethnique. Parmi les peuples photographiés figurent les Indiens « Galibis » (aujourd'hui les Kali'na de Guyane) exhibés en 1892 au Jardin zoologique d'Acclimatation, mais aussi les habitants du Suriname, les Kalmouks (peuple mongol), les « Peaux-Rouges », les Lapons, les Aborigènes d'Australie, les Hottentots et les « Bosjesmans » (San). Ses photos constituent des documents inestimables. Outre les photographies, il faut aussi mentionner les moulages anthropologiques de spécimens vivants réalisés à la fin du XIXe siècle, notamment les bustes montés sur piédouche, qui inspirent les sculpteurs de l'art dit « colonial » des années 1930 (Meauzé, Quinquaud). Magnifiant l'Indigène, ils glorifient l'empire colonial.

Dans l'ensemble, tout comme les Expositions coloniales, agents de propagande colonialiste, les Expositions universelles continuent de renvoyer une image infériorisante de l'Autre – « défense de donner à manger aux indigènes », peut-on ainsi lire sur des pancartes. Elles confortent l'idée de la supériorité des civilisés européens, légitimant à leur manière la colonisation. Elles sont largement relayées par les magazines illustrés qui sont alors un vecteur privilégié de la transmission des textes et des images (en France, *L'Illustration* produira ainsi plusieurs numéros spéciaux). Ces magazines aussi s'emploient à justifier la colonisation auprès d'un public élargi. L'œuvre civilisatrice des empires y est magnifiée comme apportant la civilisation aux peuples autochtones et permettant le développement du commerce par l'exploitation des abondantes ressources dont regorgent les terres colonisées. En outre, la seconde moitié du XIXe siècle est encore une époque où les « grands chasseurs blancs » ont le droit de chasser le Sauvage considéré comme cannibale et, à ce titre, assimilable à un animal[8].

Du musée d'objets ethnographiques au musée de l'Homme

Au fil des leurs pérégrinations, les explorateurs et les scientifiques au contact des peuples autochtones ont rapporté de plus en plus d'objets. Dans la seconde moitié du XIXe siècle, la nécessité de trouver un lieu pour les conserver et les montrer au public, en même temps que la naissance d'une nouvelle science, l'ethnologie, née de l'intérêt grandissant pour l'étude de ces objets, a amené la création de musées. La volonté des différents gouvernements de la période coloniale, désireux de montrer au peuple les richesses des pays colonisés et le bien-fondé de leur colonisation, en accélère le processus. Les créations du musée d'Ethnographie du Trocadéro et du musée de l'Homme sont intimement liées aux Expositions universelles de 1878 et de 1937, qui servent de vitrines au prestige colonial.

La genèse du musée du Trocadéro remonte à 1827, date à laquelle, sur une décision royale, un musée de Marine et d'Ethnographie (musée Dauphin) est créé dans les galeries du Louvre[9]. Dès le début des années 1870, Jules Ferry estime qu'il faut « sortir » du domaine de l'Art et de l'Histoire les objets ethnographiques, « fabriqués par des Sauvages » sans Histoire, comme disent la majorité des visiteurs. En 1880, sous l'impulsion de l'anthropologue et ethnologue américaniste Hamy, qui en sera le premier conservateur, le musée d'Ethnographie du Trocadéro voit ainsi le jour dans le palais du Trocadéro construit deux ans plus tôt pour l'Exposition universelle. Ouvert au public en 1882, il expose des collections exceptionnelles, constituées depuis le XVIe siècle (conservées dans des cabinets de curiosités, en particulier le « cabinet royal »). Les collections d'Alphonse Pinart, ethnologue spécialiste des civilisations du Nouveau Monde, en constituent le fonds originel ; elles ont été achetées en 1875 au célèbre antiquaire André Boban-Duvergé. De la fin du XIXe siècle au début du XXe, le musée va s'enrichir grâce aux dons (par exemple celui de Roland Bonaparte) ou aux dépôts de collectionneurs privés et de voyageurs, comme Désiré Charnay, mais aussi à la colonisation qui l'alimente en objets « récupérés » dans les pays conquis, notamment par le général Dodds, le capitaine Fonssagrives ou le général Archimard[10]. Dans ce musée se côtoient les pièces ethnographiques (d'Afrique, d'Amérique, d'Océanie et d'Europe, en particulier de Russie), réalisées, selon l'expression même d'Hamy, « par quelques grossiers sauvages », ainsi que des objets préhistoriques et d'anthropologie physique. Hamy les présente par civilisations, de façon à concilier les approches évolutionniste et diffusionniste de l'époque[11].

Rattaché au Muséum national d'histoire naturelle (MNHN) en 1928, à la demande de l'anthropologue américaniste Paul Rivet, médecin militaire de formation et titulaire de la chaire d'anthropologie du Muséum, ce musée bric-à-brac et poussiéreux, qui vit des subventions des colonies, est voué à la démolition afin de permettre la construction du palais de Chaillot pour l'Exposition universelle de 1937. Il ferme ses portes en 1935. Cependant, trois ans plus tard, par la volonté de Rivet et du sous-directeur Rivière, pour qui l'ethnologie est la science de l'Homme, est inauguré un nouveau musée consacré à l'ethnographie et, pour la première fois, à l'anthropologie physique. Ce musée de l'Homme va occuper la majeure partie de l'aile Passy du nouveau palais de Chaillot. Il hérite du fonds de l'ancien musée d'Ethnographie du Trocadéro, mais aussi des pièces du musée de l'Armée, du musée des Antiquités nationales de Saint-Germain-en-Laye (dépôt provenant du musée du Louvre), du Muséum national d'histoire naturelle (entre autres, les objets amérindiens rapportés au roi, des biens confisqués sous la Révolution aux familles d'immigrés, des collections d'anthropologie physique et de préhistoire[12]) et des bibliothèques de Versailles et de Sainte-Geneviève (de son Cabinet de curiosités). Jusqu'en 2004, le musée de l'Homme a réuni les plus importantes collections françaises concernant l'Homme, ses origines et ses cultures, dont deux cent cinquante mille objets ethnographiques, y compris du folklore européen. Il est à souligner que les cultures rurales traditionnelles françaises sont, elles, exposées dans le musée national des Arts et Traditions populaires, situé dans le bois de Boulogne[13] : son existence, indépendante du musée de l'Homme, atteste bien de la distinction entre les Autres et Nous.

Dans le musée de l'Homme, à l'origine, une galerie était consacrée aux « races » humaines présentées comme des variétés au sein de l'espèce humaine. Après celle-ci et avant les salles ethnographiques (une par grand continent), une salle était consacrée à la préhistoire et à l'évolution de l'espèce humaine. Selon l'anthropologue Benoît de L'Estoile : « Implicitement, la continuité dans le parcours du visiteur entre la préhistoire et les sociétés étudiées par l'ethnographie tend à accréditer l'idée que les groupes humains présentés dans le musée sont plus proches des origines de l'humanité que du visiteur occidental[14]. » Cette muséographie va évoluer au cours du temps en fonction des recherches et des nouvelles conceptions. Le musée de l'Homme voulu par Rivet est non seulement un lieu de conservation et d'expositions d'objets et de documents (riche bibliothèque et photothèque), mais un lieu de recherches sur les Hommes fossiles et actuels (grâce à plusieurs laboratoires) et, en lien avec l'Université de Paris, un lieu d'enseignement. Rivet a d'ailleurs fondé en 1925, avec Marcel Mauss et Lucien Lévy-Bruhl, l'Institut d'ethnologie rattaché à l'Université à Paris. Dans cette fondation, Maurice Delafosse joue également un rôle majeur et devient, en tant que représentant du ministère des Colonies, l'un des cinq membres du comité directeur. À l'époque, ce réformateur de la politique indigène milite pour le respect des civilisations africaines et fait connaître celles-ci dans des petits ouvrages destinés au grand public (*Les Noirs d'Afrique*, 1922 ; *L'Âme nègre. Les civilisations négro-africaines*, 1925 ; *Les Nègres*, 1927). Très actif, cet administrateur colonial, devenu professeur d'ethnologie et de langues africaines à l'École coloniale (fondée en 1889), a aussi créé, quelques années plus tôt, en 1910, avec l'ethnologue et folkloriste Arnold van Gennep, la Société française d'ethnographie. Douze ans plus tard, il participera à la création de l'Académie des sciences coloniales, puis en 1926 à celle de l'Institut international des langues et civilisations africaines.

Cette volonté, dans les années 1920, de mieux connaître les mœurs et langues des sociétés colonisées, notamment en France celles d'Afrique, marque un tournant dans les attitudes des colonisateurs vis-à-vis des colonisés : l'Homme doit être au centre de la politique coloniale. Dans les années 1930, toujours sous l'égide de Rivet et de ses collaborateurs, dont l'ethnologue et homme politique Jacques Soustelle, le musée de l'Homme représente un nouvel humanisme universaliste à double revendication : celle de la valorisation de la différence (par la prise de conscience de la pluralité des civilisations), mais sans opposition à la colonisation, et celle de l'unité de l'Humanité. Pour accroître les collections du musée, Rivière fait appel aux mécènes David-Weill et Charles de Noailles, qui prend la direction de la Société des amis du musée d'Ethnographie du Trocadéro (fondée en 1880). Celle-ci va aider au financement d'expéditions, car la disparition accélérée des civilisations dites primitives, déjà signalée par Mauss en 1913, pousse à la collecte de leurs témoins et témoignages. La mission Dakar-Djiboudi (de mai 1931 à mars 1933), organisée par cet institut et le Muséum national d'histoire naturelle, enrichit ainsi le musée de trois mille cinq cents objets ethnographiques, six mille clichés photographiques et deux cents enregistrements sonores[15]. En outre, elle donne lieu en juin 1933 à un numéro spécial de la revue *Minotaure* et, en 1934, à la remarquable publication du journal de voyage de Leiris : *L'Afrique fantôme*. D'autres missions suivront : Sahara-Soudan en 1935, Sahara-Cameroun un an plus tard, Niger-lac Iro, en 1938-1939. Le musée de l'Homme soutiendra également l'expédition de *La Korrigane* dans le Pacifique (1934-1936). Dirigée par le comte Étienne de Ganay, le peintre Charles Van den Broeck et le photographe Jean Ratisbonne, celle-ci collectera pour le musée plus de deux mille cinq cents pièces ethnographiques. Ces expéditions de collectes d'objets des années 1930 entraînent le développement à la fois des méthodes ethnographiques et de l'ethnologie de terrain. Pour susciter l'intérêt du public et montrer le dynamisme des recherches en ethnologie, Rivet organise de nombreuses expositions temporaires. Le Tout-Paris s'y presse ; la renommée du musée de l'Homme grandit, favorisant les donations. Le célèbre « mât-totem », le plus haut jamais vu en Europe, qui se dressait jusqu'à peu à l'entrée du musée de l'Homme est offert en 1939 par le peintre surréaliste américo-suisse Kurt Seligmann qui l'avait rapporté d'un voyage en Colombie-Britannique (1938). Dès le début de la Seconde Guerre mondiale, Rivet se démarquera du maréchal Pétain ; plusieurs membres du personnel entreront également en résistance et formeront, fin 1940, un réseau parisien particulièrement actif : « le Groupe du musée de l'Homme ». Après la Libération, l'ethnologie change ; l'anthropologie structurale, principalement axée sur la compréhension des mythes, prend la place de « l'objet témoin ». Cependant, au musée de l'Homme, celui-ci demeure au centre des préoccupations de ses conservateurs, comme l'indique le titre de sa revue *Objets et mondes* qui paraît pour la première fois en 1960. Par ailleurs, durant la seconde moitié du xxᵉ siècle, le musée de l'Homme continue de s'enrichir, notamment en objets préhistoriques et en restes humains fossiles[16]. Plusieurs expositions temporaires sont organisées avec le soutien de la Société des amis du musée de l'Homme, présidée par Alix de Rothschild et dont le vice-président est Charles Ratton. Toutefois, dès la fin des années 1970, les collections, faute de moyens et à cause de querelles internes, en particulier au sujet de la ligne muséo- graphique à suivre (prise en considération ou non de l'esthé- tisme des objets, fixité du discours), se détériorent, et cer- tains objets disparaissent (parfois retrouvés en salles des ventes). En 1996, Lévi-Strauss suggère que certains objets, en particulier « esthétiques », relèvent d'un grand musée des arts et des civilisations. Dès 2003, malgré l'opposition des chercheurs (occupation des salles), le déménagement des collections commence. Depuis mars 2009, le musée de l'Homme est fermé pour travaux de rénovation, sa réouver- ture est prévue fin 2012.

Le Sauvage, le Préhistorique et la Femme...

À fin du xixᵉ siècle et du début du xxᵉ, les liens ou les convergences entre l'anthropologie, la préhistoire et la philosophie donnent naissance à des idées analogues. Très tôt, les psychanalystes se préoccupent ainsi du Sauvage et du Préhistorique. Selon Freud, l'Homme porte en lui les traces de ce qui est arrivé à ses ancêtres lointains ; les rêves en attestent. Il s'inspire des écrits de philosophes, comme Nietzsche ou Schopenhauer, mais aussi des travaux d'anthropologues évolutionnistes dont ceux de Tylor, Spencer, Lubbock et surtout McLennan. Influencé par ce dernier, dans *Totem et Tabou* (1913), Freud développe notamment la thèse du parricide primordial qui donne naissance à l'ordre social et à la religion (à cause du sentiment de culpabilité). La conception du Préhistorique et du Sauvage de McLennan est celle d'Hommes instinctifs (proches de l'animal), violents et sexuellement dépravés, pratiquant le viol et l'inceste (*Mariage primitif*, 1865). Par ailleurs, selon Freud, lamarckien convaincu, le Sauvage, « ancêtre contemporain », représente les premières phases du développement de l'humanité (le stade de la Sauvagerie) : en tant que tel, il est donc comparable à l'enfant et au névrosé dont l'anxiété reflète les difficultés de survie qu'a connues le Préhistorique (on retrouve ici la thèse haeckelienne : l'ontogénie récapitule la phylogénie).

Dans l'imaginaire du XIXe siècle, le « Civilisé » est un adulte blanc, masculin et bourgeois. Quant à la femme, n'ayant dans la société qu'un rôle passif et marginal, elle est associée à l'Autre, primitif et sauvage. Jusqu'au début du XXe siècle, elle reste considérée comme inférieure à l'homme par nature. Comme pour le Sauvage et le Préhistorique, la reconnaissance de la féminité comme altérité se heurte à un refus. On constate, d'ailleurs, à travers les récits de voyageurs ou les travaux des scientifiques, que le regard porté sur le Sauvage et sur le Préhistorique est presque exclusivement masculin, bien que l'objet en soit parfois féminin. L'image de la femme est stéréotypée (souvent négative) tant dans le milieu scientifique que dans les développements littéraires, artistiques ou philosophiques qui ont servi de vecteur à l'arrivée du Sauvage ou du Préhistorique, que ce soit dans le réel, dans l'imaginaire et, au croisement des deux, dans l'idéologie. Jusqu'à la seconde moitié du XXe siècle, l'étude de l'Homme est une sphère intellectuelle dominée essentiellement par des hommes.

Dans le monde des savants, la femme préhistorique demeure, à de rares exceptions près[17], absente des débats jusqu'à la découverte, en 1974, de Lucy (*Australopithèque afenrensis* trouvée en Éthiopie) par Donald Johanson et, dans les années 1980, l'apparition de l'hypothèse de « l'Ève africaine » proposée par des généticiens américains. C'est le retour de l'Ève biblique ! Depuis leur découverte, les « Vénus » paléolithiques ont donné naissance à de nombreuses hypothèses qui convergent toutes vers une représentation symbolique de la sexualité ou de la fécondité, symbolisme qui se prolonge au-delà du Paléolithique avec les « déesses mères ». La thèse, voire le mythe, du matriarcat originel, défendue par de nombreux savants depuis plus d'un siècle et demi, est encore en discussion[18]. En outre, pour la majorité des anthropologues et des préhistoriens, la division sexuelle du travail, l'homme à la chasse et la femme à la cueillette, comportement calqué sur celui observé chez les « Sauvages », est déjà présente chez les Préhistoriques. De même, pour eux, alors qu'il n'y a aucune preuve archéologique (comme d'ailleurs pour la thèse précédente), l'artisan (le tailleur de silex ou d'os) et l'artiste sont toujours des hommes ! Dans l'imaginaire populaire, voire des scientifiques, la femme préhistorique est reléguée aux tâches domestiques et maternelles. Elle est dominée par l'homme qui n'hésite pas à la capturer pour en faire sa compagne (*Le Rapt* de Jamin). Jusque dans les années 1960, le héros des romans préhistoriques est toujours masculin.

Au XIXᵉ siècle, le Sauvage est assimilé à l'enfant[19], au criminel, mais aussi à la femme. Pour Lombroso et Ferrero (1893), la femme est inférieure car dénuée de puissance créatrice[20] ; elle a une identité physiologique, des caractères sexuels distincts de ceux de l'homme et, de fait, des fonctions différentes. De façon significative, la sexualité féminine est qualifiée par Freud de « continent noir[21] ». Dans la société du XIXᵉ siècle, la femme n'a qu'un rôle biologique, même si la question de ses droits et devoirs, abordée dès la seconde moitié du XVIIIᵉ siècle, y est débattue. L'alibi scientifique sert les idéologies antiféministes qui prônent, entre autres, le maintien de la femme dans son foyer et dans son rôle de reproductrice. Sur l'« échelle des Êtres » définie par les anthropologues évolutionnistes, les inférieurs doivent se rapprocher de la norme du Civilisé qu'est l'homme occidental blanc, adulte et bourgeois. Sauvage, femme et enfants sont différents de la norme définie et doivent donc être civilisés. Lombroso (1893) est clair sur ce point : la femme est « un homme arrêté dans son développement », plus proche de l'ancêtre « pithécanmorphe » ; en revanche, l'ontogénie récapitulant la phylogénie, les enfants peuvent, à la différence de la femme et du Sauvage, accéder en grandissant au stade de « supérieur ». Inévitablement dans cette logique, la femme sauvage est encore plus « inférioriisée » que la femme blanche occidentale. L'histoire de la malheureuse « Vénus » hottentote le souligne bien, elle que les savants des années 1810 rapprochaient du singe, en évoquant son visage d'orang-outan et ses fesses de femelle mandrill ! Durant des siècles la société et la culture ont forcé la femme à entrer dans le moule réducteur des rôles qui lui sont assignés. Le « paradigme naturaliste de la différence des sexes » a également entraîné l'accès différencié au savoir et à sa production – les femmes qui maîtrisaient un savoir de nature scientifique étaient, pour cette raison, diabolisées (qualifiées de sorcières) ou marginalisées. Comme le dit Isabelle Ernot, dans les différentes stratégies développées par des intellectuels, on perçoit combien le rabaissement de l'« autre » sur la figure de l'infériorité permet concomitamment de construire l'idée d'une supériorité intellectuelle masculine et plus concrètement une supériorité socio-sexuée[22]. Les discours positivistes du XIXᵉ siècle sur les races, passées et contemporaines, les classes sociales ou les sexes ont conduit au refus de l'Autre, refus qui est encore clairement perceptible aujourd'hui.

Épilogue

Si l'on reprend, au terme de cet ouvrage, les grandes étapes qui ont marqué les changements de l'image de l'Autre, du Sauvage et du Préhistorique, on constate que les contextes politiques, sociaux et culturels ont fortement influé sur les paradigmes scientifiques et idéologiques. Alors que l'on admet aujourd'hui que la notion de race n'a aucun fondement scientifique, pourquoi la discrimination raciale perdure-t-elle ? Cette attitude repose probablement sur des fondements psychologiques solides et très anciens. « L'humanité cesse aux frontières de la tribu, du groupe linguistique, parfois même du village », écrivait Lévi-Strauss[2]. Cette manie de classer, de dénommer et de hiérarchiser les choses et les êtres vivants serait-elle donc intrinsèque à l'Homme ? Comment l'expliquer ? Par le besoin de repères, de se situer dans le temps et l'espace, d'exister même en tant qu'« inférieur[3] » ? En Occident, en ce début de XXIe siècle, est-ce toujours la peur de l'Autre qui empêche l'acceptation de l'altérité ou la croyance, enfouie au fond de notre inconscient, en la supériorité de l'Homme blanc.

Un long cheminement
vers la découverte de l'Autre

La Renaissance est marquée par l'avènement de l'idéal antique, l'engouement pour les « objets de la Nature », le foisonnement d'inventions, notamment de l'imprimerie par Gutenberg, les bouleversements religieux avec l'essor du protestantisme, mais surtout par la découverte du Sauvage d'Amérique et d'Afrique, avec son corollaire, sa colonisation et sa mise en esclavage. L'imaginaire occidental se construit à travers les récits des premiers grands voyages maritimes, qui soulèvent de nouvelles questions, en particulier à propos de l'Autre lointain, et le développement des idées humanistes. Ces nouvelles interrogations sur l'Humain provoquent au XVIIe siècle les premiers doutes sur l'invariabilité des espèces, théorie dominante jusqu'alors ce siècle voit la naissance du « commerce triangulaire ». Probablement influencé par la malédiction de Cham. Au siècle suivant, où la Raison devient le credo des philosophes des Lumières, les savants se passionnent pour les sciences naturelles. Ils classent et hiérarchisent les êtres vivants, des moins aux plus évolués, et certains remettent en cause la chronologie courte de la formation de la Terre, faisant ainsi vaciller la théorie du Déluge et celle du catastrophisme soutenue jusqu'alors. Avec l'amplification des grands voyages d'exploration, surtout à partir de 1750, se diffuse le mythe du « bon Sauvage ». Néanmoins, en hiérarchisant les humains, avec une inégalité multiforme entre les « races », les savants placent dans cette « échelle des Êtres » l'Homme blanc, en particulier l'Européen, au sommet et le Sauvage, au bas. C'est également durant ce siècle que des fossiles humains sont exhumés et que certaines céraunies sont déterminées comme étant des outils en pierre taillés par l'Homme d'« avant ».

Ces premiers fossiles humains sont alors interprétés dans le cadre préétabli d'un passé connu, biblique. Les figurations des « plus anciens » humains sont celles d'Hommes qui n'ont rien de « préhistorique » (Adam, Ève, Noé et ses fils). L'idée de l'ensemble d'une filiation entre le singe et l'Homme est inconcevable à l'époque. La nature originelle est perçue comme hostile et les « ancêtres » comme des individus faibles et pressés par la nécessité (Burnet, Buffon, Montesquieu)[4]. Pour devenir des êtres civilisés vivant dans le bien-être, il leur a fallu créer la culture (Burnet, Buffon, Goguet, Voltaire). Dès lors, l'idée que seule la civilisation permet d'accéder au progrès va s'enraciner dans l'imaginaire populaire et justifier la colonisation.

Le XIXe siècle est marqué par l'industrialisation et l'apparition de la classe prolétarienne, mais également par la démocratisation, le nationalisme et la taxinomie européocentrique. La colonisation du continent africain, puis celle de l'Océanie prennent le pas sur celle des Amériques. Dans les années 1820, les fouilles de sites fossilifères s'intensifient en Europe occidentale, les savants partent en quête des traces géologiques du Déluge et du chaînon manquant. Les fossiles sont classés et hiérarchisés, c'est la naissance de la paléontologie, du principe de superposition des strates géologiques et du « combat » entre Actualistes, influencés par Lamarck, le père du Transformisme, et Catastrophistes, menés par Cuvier. La classification hiérarchisée de l'espèce humaine se poursuit. Après les publications de Darwin (de 1859 et de 1871), la théorie du descendant adamique est contredite par celle de l'évolution. La question des origines est désormais au centre de débats passionnés où défenseurs des faits scientifiques et idéologues créationnistes s'entre-déchirent. L'humiliation et la honte que provoque la théorie darwinienne dans la conscience occidentale donnent également lieu à des réactions pseudo-scientifiques de réparation à travers des théories qui tentent d'éviter l'ignominie de l'origine animale, en faisant soit de l'Homme un avatar végétal[5], soit des singes des Hommes désespérés[6].

Dans les années 1870, la théorie du Déluge est enfin abandonnée et l'existence d'« Hommes tertiaires », reconnue. À leur tour, ceux-ci sont regroupés par « races » et hiérarchisés. Leurs premières représentations sont caricaturales ; ce sont des « hommes-singes ». Pour certains savants, le Sauvage représente le stade originel du développement humain. L'évolution des cultures passées et présentes est perçue comme une transformation unilinéaire et progressive (passage de l'état de sauvagerie à la civilisation grâce au développement des techniques[7]). Dogmatique, la théorie du diffusionnisme qui apparaît à cette période sert à justifier la hiérarchie des sociétés, notamment aux États-Unis. En pleine discussion sur l'abolition de l'esclavage, les débats entre polygénistes et monogénistes font également rage. Pour Broca, la thèse polygéniste est établie[8], car, selon lui, la dissemblance physique des « races » témoigne de leur origine séparée, conception qui persistera au début du XXe siècle chez certains anthropologues. La question débattue de la stérilité ou non des mulâtres montre l'existence du racisme dans la nouvelle société bourgeoise occidentale. Le civilisé doit se démarquer du Sauvage, donc ne pas se mélanger à lui[9], car, selon Gobineau : « Une humanité totalement métissée disparaîtra assez rapidement de la surface de la terre[10]. » Sous le Second Empire, on observe un changement des comportements des colonisateurs, ils se présentent toujours comme les détenteurs de valeurs morales et de savoirs techniques, mais ils se doivent d'éduquer les autochtones.

La seconde moitié du XXe siècle voit enfin la décolonisation et l'« humanisation » du Sauvage comme du Préhistorique ; un nouveau paradigme, peuplé de régressions avec la résurgence du créationnisme, s'est imposé, suscitant une réflexion sur les nouvelles frontières de l'humain.

Cependant, les théories scientifiques, les récits, les illustrations, les exhibitions humaines du XIXe siècle et du
début du XXe ont forgé le racisme populaire qui persiste
encore aujourd'hui. Il suffit de lire les rapports d'Amnesty
International pour constater que la xénophobie, la peur de
l'étranger, de l'Autre, sont omniprésentes dans nos sociétés. Le racisme est sous-jacent dans de nombreux propos
ou actes. De la discrimination à l'exclusion, le pas est vite
franchi. Ainsi, lors des matchs de football, certains
supporteurs jettent-ils des bananes et poussent-ils des cris
de singe en direction des joueurs de couleur noire. Apparemment, plus les cultures sont éloignées de la nôtre, plus
nous les rejetons. À titre d'exemple, on rappellera que, lors
de l'élection du président américain Obama, on s'est inté-
ressé aux électeurs blancs, noirs, latinos, asiatiques, mais
très peu aux Natifs (les Indiens[11]). Les Indiens, comme la
plupart des peuples autochtones, sont les grands oubliés,
aux États-Unis comme ailleurs : on ne parle pas d'eux, ni
de leur choix ni de leurs désirs.

Une humanité plurielle

Si notre Société n'accepte pas véritablement l'Altérité,
la cause principale s'en trouve peut-être, comme nous
avons essayé de le démontrer par cet ouvrage, dans les
fondements scientifiques et les paradigmes du XIXe siècle
et de la première moitié du XXe. La classification et surtout
la hiérarchisation des « races », conduisant à l'idée
d'« échelle des Êtres », ont été au cœur des recherches
naturalistes et anthropologiques de la fin du XVIIIe siècle
au milieu du XXe. Au début du XIXe siècle, le polygénisme
a supplanté le monogénisme et eu, entre autres, pour
conséquence le racialisme et ses applications funestes. Les
savants, en accentuant les différences entre Nous et

l'Autre, ont justifié certaines idéologies comme le colonialisme, l'esclavagisme, le darwinisme social ou l'eugénisme ; ils ont créé des mythes comme celui de « peuple lacustre » ou de « peuple aryen ».

La classification biologique vise à resituer un ordre au sein de la Nature. Jusqu'à la première moitié du XVIIIᵉ siècle, le monde est vu comme l'expression du divin, et l'Homme, considéré comme la créature de Dieu la plus aboutie, celle qui culmine au sommet des classifications comme celles de Leibniz ou du naturaliste suisse Charles Bonnet. Cette vision du monde est traduite par la métaphore de l'« échelle des Êtres ». Dans la seconde partie du XVIIIᵉ siècle, la raison tente de s'émanciper des dogmes théologiques. L'idée que les espèces se transforment au cours du temps, en réaction à la théorie fixiste dominante, se propage parmi les savants et les philosophes (Maupertuis, Diderot) ; elle est théorisée en 1809 par Lamarck (*Philosophie zoologique*). La représentation d'un arbre figurant la classification biologique des espèces vivantes apparaît dès 1766, sous forme de croquis, chez le zoologue russe d'origine allemande Peter Pallas (*Miscellania zoologica*), puis s'étoffe en prenant en compte la descendance (généalogie), mais aussi la parenté (phylogénie) avec le botaniste Augustin Augier (l'« arbre généalogique des plantes », 1801), puis avec Lamarck, Darwin (*Tree of Life Sketch*, 1837) et Wallace (1856). À la fin des années 1850, la théorie de l'évolution des espèces, développée par Darwin, provoque un changement radical de pensée. Pour lui, la classification doit refléter le plus fidèlement possible l'évolution biologique des espèces. Dès lors, l'image de l'arbre supplante définitivement celle de l'« échelle des Êtres ». Il faut toutefois encore attendre 1866 et Haeckel pour que le mot phylogénie remplace celui de généalogie.

L'anthropocentrisme de toutes ces classifications va perdurer jusqu'en 1950, date de la publication de *Systéma-*

tique phylogénétique, ouvrage fondateur de la systématique moderne, écrit par l'entomologiste allemand Willi Henning. Récapitulant les relations de parenté entre les taxons considérés, les cladogrammes se substituent alors aux arbres, traduisant une évolution buissonnante et non plus linéaire. Cependant, de nombreux ouvrages de vulgarisation, scolaires ou universitaires, sont encore imprégnés du double héritage darwinien et linnéen, reliquats de la « science divine » de Linné[12]. Par ailleurs, aujourd'hui encore, il est pour certains difficile d'admettre que l'Homme n'est qu'une branche parmi d'autres dans le monde buissonnant des êtres vivants. Si son évolution est admise par la majorité, et même par la hiérarchie des Églises, certains voient dans les capacités cognitives de l'Homme moderne l'intervention de Dieu : c'est Lui qui les lui aurait insufflées, le différenciant ainsi, et à jamais, de ses prédécesseurs. Dans beaucoup de livres de vulgarisation et de manuels scolaires, les dessins des différents Hominidés fossiles montrent leur redressement progressif, la bipédie parfaite n'étant atteint que chez l'Homme moderne : *Homo sapiens* ! Bien que cette hypothèse, relevant de la foi et non d'une démarche scientifique, soit infirmée par de nombreuses données archéologiques, la théorie évolutionniste continue de rencontrer une forte opposition, émanant principalement de fondamentalistes religieux, et elle engendre toujours querelles et procès[13]. La vision adamique de l'évolution ne se retrouve-t-elle pas dans la théorie de l'« Ève africaine » proposée par certains paléoanthropologues américains, pour qui l'espèce *Homo sapiens* dériverait, tels les descendants des fils de Noé, d'une seule souche africaine qui aurait peuplé toute la Terre ?

Malgré les nombreuses découvertes de sites préhistoriques au XIXe siècle, il aura fallu plus d'un demi-siècle pour que le Préhistorique soit inclus dans notre lignée, à cause de la persistance du paradigme diluvien et d'une vision adamique de nos origines.

En ce qui concerne le vieux débat sur l'existence supposée des races, l'analyse de l'ADN permet d'y voir nettement plus clair. Elle permet de remonter aux origines
géographiques des individus et de définir des groupes
d'ascendance. Chemin faisant, on peut trouver des différences au niveau de populations de tailles plus ou moins
grandes. Mais on observe que ces populations ont des
limites floues et une grande variabilité interne. Rien donc
qui permette de transformer cette diversité humaine en
l'existence de « races ». Ni en une quelconque échelle de
valeur. C'est complètement différent de ce que l'on
constate chez les animaux ou les plantes domestiqués : les
races (ou les variétés) sont le résultat d'homogénéisations
génétiques découlant soit de l'isolement de certaines
populations, soit de l'action de la domestication. De telles
séparations n'existent pas chez les hommes : nous
sommes « tous différents et tous cousins », une grande
famille qui s'est toujours mélangée. La notion de « races »,
héritée du XIXe siècle, n'a donc aucun fondement biologique. D'ailleurs, dès la fin de ce siècle, certains anthropologues, comme Broca, Hrdlicka ou Manouvrier, en avaient
combattu l'idée, les « races » n'étant, pour eux, que des
variantes au sein d'une même espèce. Après la révélation
des horreurs perpétrées par les nazis durant la Seconde
Guerre mondiale, les classifications raciales ont été rejetées par la majorité des scientifiques, à l'exception de
quelques anthropologues allemands qui ont continué
d'utiliser la conception des 36 « races » d'Eickstedt. Le
concept de « race » est totalement abandonné dans les
années 1950-1970. Dans son édition de juillet-août 1950,
le *Courrier de l'Unesco* publie un article intitulé « Les
scientifiques du monde entier dénoncent un mythe
absurde... le racisme[14] ». Huit ans plus tard, *The Race
Question and Modern Thought* rassemble les textes d'un
grand nombre de scientifiques et penseurs qui dénoncent
l'absence de fondement scientifique de la notion de

« race » humaine. Dans *Race et Histoire* (1re édition en 1952), Lévi-Strauss réfute les thèses des racialistes, en particulier celle développée par Gobineau, et fustige l'ethnocentrisme. Le 27 novembre 1978, l'Unesco publie en dix articles la « Déclaration sur la race et les préjugés raciaux ». Enfin, un an plus tard, en 1979, trois grands biologistes, François Gros, François Jacob et Pierre Royer, dénoncent le détournement des acquis biologiques à des fins idéologiques comme dans le darwinisme social, l'eugénisme, le racisme colonial ou la supériorité aryenne[15]. Comment, alors, au vu d'une telle histoire récente, expliquer la persistance du rejet de l'Autre ? Est-ce dû à la peur, comme au XIXe siècle, d'une éventuelle dégénérescence de l'espèce humaine ? De fait, la couleur de la peau, en particulier, influe sur notre vision d'autrui, ce marqueur naturel restant, surtout dans notre culture occidentale, synonyme de qualités inférieures ou supérieures. Le refus d'admettre une continuité phylogénétique entre les Hommes préhistoriques et nous, ou celui du métissage entre « races », provient, souvent inconsciemment, de la non-acceptation des différences.

Le XIXe siècle est marqué par la peur de la transmission héréditaire de l'infériorité physique, intellectuelle et morale supposée, sous la présomption qu'un peu de sang « impur » suffit pour qu'une lignée soit irrémédiablement « souillée ». Aujourd'hui encore, pour certains, comme le prouvent les récents travaux en génétique qui montrent une différence de 0,2 % entre les génomes humains, chaque individu étant génétiquement unique, les aptitudes à réagir face aux événements extérieurs sont donc différentes. Par ailleurs, ces trois millions de différences, réparties sur les trois milliards de bases que contient notre ADN, permettent d'effectuer des statistiques ethniques, réprouvées par certains gouvernements, souhaitées par d'autres, comme celui des États-Unis. Dans nos sociétés occidentales, où l'éducation et la culture sont essentielles, cette part d'inné, indépendante de l'acquis, crée un profond malaise et a du mal à être acceptée par tous. De nos jours, le mot « race », bien qu'il soit décrédibilisé en raison de sa connotation négative et parce qu'il n'a aucun fondement scientifique, conserve un usage social ou juridique, comme aux États-Unis, où le FBI classe les personnes recherchées par « race ». En France, il est toujours inscrit dans l'Article Premier de la Constitution de la Ve République[16], et plusieurs textes législatifs et juridiques. Quant à l'ONU, dans le cadre d'une convention entrée en vigueur en 1994[17], elle préconise de « favoriser la bonne entente entre les "races" et d'édifier une communauté internationale affranchie de toutes les formes de ségrégation et de discrimination raciales ». Dans le domaine scientifique, pourtant, et pour la majorité des biologistes, la notion de « race » est non pertinente et inutile[18] : on parle désormais de populations et de variabilité génétique[19]. De même, en démontrant l'origine commune de tous les Hommes actuels, les préhistoriens et paléoanthropologues ont porté un coup décisif à la notion de « races » par nature.

L'utilisation récente de « marqueurs génétiques » a néanmoins, une fois encore, relancé le débat. En effet, la connaissance du génome humain a permis de définir des groupes géographiques, de reconstituer l'histoire évolutive de l'Homme et de connaître les migrations des populations. Les travaux de l'équipe du généticien italo-américain Cavalli-Sforza ont conclu qu'*Homo sapiens* se répartissait en neuf groupes géographiques[20]. Dans leur publication de 2003, des chercheurs des Universités de Stanford et de Californie ont ainsi conclu que l'auto-identification raciale pouvait continuer à être utilisée dans le cadre médical[21].

En 2008, les recherches menées par une autre équipe américaine ont permis, elles, de distinguer sept groupes humains[22]. Ce renouveau de la différenciation raciale inquiète certains scientifiques, comme l'Américain Osagie Obasogie[23]. Par ailleurs, en 2003, dans *The Geography of*

Thought : How Asians and Westerners Think Differently and Why, le psychologue de l'Université du Michigan Richard Nisbett a suggéré que, depuis des milliers d'années, la cognition humaine n'était pas partout la même. Pour lui, les Asiatiques et les Occidentaux utiliseraient des systèmes de pensée très différents, et ces différences seraient génétiquement mesurables. En revanche, pour l'anthropologue Jacques Ruffié, le métissage entre individus issus de populations différentes ayant été fréquent tout au long de l'évolution humaine, la culture ne peut, en aucun cas, avoir entraîné une différenciation raciale[24]. Comme l'écrit très justement Lévi-strauss, « quand on cherche à caractériser les races biologiques par des propriétés psychologiques particulières, on s'écarte autant de la vérité scientifique en les définissant de façon positive que négative[25] ». Quoi qu'il en soit, aujourd'hui encore, malgré tous les progrès scientifiques accomplis, les querelles relatives à la notion d'espèce humaine se poursuivent. Le cas, très récent, de l'« Homme de Florès[26] » en atteste ; sa réalité spécifique fait débat, comme l'avait fait, bien avant lui, celle de Néanderthal.

Tout commence en 2003 dans la grotte de Liang Bua située sur l'île volcanique indonésienne de Florès – l'une des petites îles de la Sonde, dénommée « l'île des fleurs » par les navigateurs portugais – lorsque sont découverts sept squelettes humains datés, selon les individus, entre 95 000 et 12 000 ans (la plupart vers 18 000 ans). Ces petits Hommes connaissaient le feu, taillaient des outils, mangeaient de la viande de stégodon (sorte d'éléphant aujourd'hui disparu) et de varan. Les derniers d'entre eux auraient disparu suite à une éruption volcanique il y a 12 000 ans. Présentant à la fois des caractères archaïques (une petite capacité crânienne de 380 centimètres cubes) et modernes, ils sont vus par certains chercheurs comme une forme d'*Homo erectus* qui aurait évolué sur place et, donc, comme une nouvelle espèce, à laquelle ils donnent le nom d'*Homo floresiensis*[27] ; dans cette hypothèse, c'est

l'insularité qui expliquerait leur petite taille (environ
1 mètre de haut). Pour d'autres anthropologues, ce seraient
des Hommes modernes (*Homo sapiens*) microcéphales ou
des Pygmées rachitiques. Victimes d'autres Hommes, qui
les auraient considérés comme des singes, leurs ossements correspondraient à des restes de repas cannibales...

L'unité fondamentale de l'espèce humaine est aujourd'hui
acceptée par tous les chercheurs, l'expression « population
d'origine géographique donnée » (ou « groupe d'ascendance »), qui atteste d'une humanité plurielle, remplace de
plus en plus le terme « race ». Pour autant, le débat
demeure, même s'il se déplace à la question « qu'est-ce
que l'humain ? ». Sommes-nous en effet aussi éloignés des
autres grands primates, ainsi que cela a été soutenu pendant deux siècles ?

Comme le physique, les comportements sociaux et
culturels forgent notre vision de l'Autre, et, bien que les
cultures humaines soient aujourd'hui reconnues comme
diverses et évolutives, on constate la persistance du paradigme de l'évolution linéaire et progressive de l'Humanité,
forgé au XIXe siècle avec son corollaire, la supériorité de
l'Homme blanc occidental sur les peuples qui n'ont pas les
mêmes mœurs et coutumes, cette perception ethnocentriste reposant essentiellement sur notre savoir-faire technologique. Pour reprendre le titre du célèbre ouvrage
d'Albert Jacquard, « l'éloge de la différence » n'est toujours pas d'actualité. Jusqu'au milieu du XXe siècle, le
paradigme de l'évolution progressive et linéaire des
cultures a conduit à l'infériorisation des peuples sans écriture. En Préhistoire, le Transformisme élargi aux cultures,
théorie qui a permis de sortir du cadre mythique de la
Bible, a eu un fort impact sur les premières classifications
chronologiques élaborées par les préhistoriens du XIXe siècle
(Lartet, Mortillet). De même, les trois grands stades culturels évolutifs définis par Morgan en 1877 (sauvagerie, barbarie, civilisation industrielle) ont influencé de nombreux

théoriciens dont Engels. Mais qu'on nous permette ici de plagier Lévi-Strauss : le Sauvage, c'est d'abord celui qui croit à la sauvagerie !

Depuis le XVe siècle et la découverte des Nouveaux Mondes, l'histoire des Hommes a été profondément marquée par l'attitude expansionniste de l'Occident qui a tenté d'imposer son modèle de société tant économique que social et religieux. La conquête de l'Amérique a entraîné la persécution, l'exploitation, la spoliation des terres, des pandémies (maladies importées par les envahisseurs) et la discrimination de nombreux peuples. En un siècle de contacts, dans la seule Amérique du Sud, plus de quarante millions d'Indiens sont morts. Dès les premières conquêtes, certains ont tenté de riposter comme au Pérou Juan Santos, surnommé Atahualpa, nom du dernier roi inca tué par les Espagnols deux siècles plus tôt. Sa victoire en 1742 a permis la conservation d'une partie de l'Amazonie. Dès la fin du XVIIe siècle, certains « Blancs », assez nombreux, mais minoritaires malgré tout, sont captivés par le mode de vie des Indiens et, à la stupeur de la majorité des colons, acceptent volontairement de « s'ensauvager » et de s'acculturer. De même, au XVIIIe siècle, des « coureurs de bois » français, qui vivent dans des tribus amérindiennes autour des Grands Lacs, donnent naissance à une importante communauté de métis[28]. À la fin du XIXe siècle, et bien que l'idée d'un développement unilinéaire et progressif des civilisations persiste (Tylor, Spencer et Gillen, Ratzel, Frazer), se développent des études ethnographiques dans un cadre évolutionniste ainsi que les premières recherches sur la « mentalité primitive » (Lévy-Bruhl).

C'est au début du XXe siècle que le paradigme du progrès continu et global est remis en question et que l'action de l'environnement sur les cultures est prise en compte. Préhistoriens et paléoanthropologues découvrent la multiplicité des voies évolutives (évolution buissonnante), la

complexité des industries et réfutent le système de classification des industries de Mortillet. Cependant, à la même
période apparaît l'archéologie des peuples, dont les racines se
trouvent chez les Romantiques allemands opposés à l'idéologie des Lumières, au positivisme, aux vues évolutionnistes
et à l'internationalisme des sociologies occidentales (Rielh,
Max Weber). Pour eux, les développements historiques des
peuples sont spécifiques et irréductibles. La théorie du diffusionnisme (ou des migrations) imprègne aussi la préhistoire
et influence le concept de culture qui oscille désormais entre
références naturalistes (le terrain géologique, comme chez
Capitan) et historiques (l'ethnie). Là encore, pour la plupart
des « diffusionnistes », le métissage est considéré comme
dégénératif (Bertrand, Poisson, Peyrony).

La vision négative du Sauvage, de l'Autre, et celle positive de la colonisation vont persister jusqu'après la Première Guerre mondiale, comme l'attestent les écrits de
l'anthropologue Verneau. À la fin de son ouvrage de 1931,
ce dernier conclut ainsi : « Les populations placées dans
des conditions environnementales favorables ont évolué à
tous les points de vue, tandis que d'autres sont encore
singulièrement arriérées. Nous avons décrit un certain
nombre de peuples (primitifs) qui n'avaient pas franchi
l'Âge de la pierre, il y a peu d'années et qui maintenant
ajoutent à leur primitif outillage l'appoint que leur fournissent les civilisés[29]... » Faisant référence aux actions du
général Louis Faidherbe au Sénégal et d'Auguste Pavie en
Indochine, Verneau défend avec paternalisme les peuples
noirs qui, selon lui, peuvent progresser s'ils sont édu-
qués : « On est étonné de tout ce que l'on peut tirer de ces
"attardés" pour employer une expression très juste de Delafosse... » Il termine par un plaidoyer en faveur du progrès
inhérent à toute civilisation humaine : « Non dénués
d'intelligence, les peuples arriérés ont accompli quelques
progrès. » Certes, quelques voix, dont celle de Pittard, s'élèvent pour dénoncer la colonisation, en particulier les exac-

tions des colons menées à l'encontre des peuples colonisés, mais elles restent peu nombreuses. Dans son ouvrage de 1924, Pittard, bien qu'il détaille encore les différentes « races » existant dans le monde, se désole de la maltraitance des peuples natifs, notamment des Aborigènes ou des Tasmaniens qui sont « chassés comme des perdreaux par les Européens[30] ». Il cite également dans son avant-propos le philosophe Henri Berr : « Plus encore que du milieu, les théoriciens ont usé et abusé de la race ; sous le couvert des sciences naturelles, ils ont abouti à justifier des ambitions nationales, tantôt des haines politiques. Plus dangereuse qu'aucune autre, en raison de ses conséquences, l'interprétation anthropologique de l'histoire doit être soumise à une critique rigoureuse. »

Dans les années 1960, utilisé par Lévi-strauss dans les études ethnologiques, le structuralisme pénètre le milieu archéologique (André Leroi-Gourhan). En étudiant les sociétés passées et présentes, on constate que le progrès n'a rien de linéaire, mais qu'il procède par bonds successifs, souvent en réaction à des changements internes (sociétaux) au sein des groupes ou à des changements extérieurs (environnementaux), avec parfois des allers-retours. En outre, qualifier d'archaïques ou d'inventions mineures (pour quelques chercheurs, liées au hasard) certaines techniques, comme la taille d'outils ou d'armes de chasse en pierre, c'est ignorer la complexité des opérations mises en jeu et les capacités cognitives nécessaires à leur réalisation. Lors de l'inauguration en 1901 de son enseignement à l'École pratique des hautes études, Marcel Mauss déclarait déjà : « Il n'existe pas de peuples non civilisés. Il n'existe que des peuples de civilisations différentes[31]. » La culture des peuples sans écriture est différente, mais non autre, car la transmission orale assure la pérennité de certaines de leurs traditions sociales et culturelles. Contrairement à ce qui a été fait durant des siècles, on ne peut pas évaluer un groupe humain uniquement par son degré technologique, ni par les produits qu'il a créés, car il ne faut pas confondre réalisations et capacités. Pour Lévi-Strauss, comme pour Mauss, « il n'y a pas de civilisation "primitive", ni de civilisation "évoluée", il n'y a que des réponses différentes à des problèmes fondamentaux et identiques[32] ».

Les années 1960 marquent un véritable tournant dans la vision du Sauvage et du Préhistorique. Les préhistoriens et les ethnologues considèrent les chasseurs-cueilleurs passés et présents comme des Hommes parfaitement adaptés à leur environnement et utilisant des stratégies de subsistance complexes. Un changement notable s'ensuit également dans la littérature populaire ; les capacités techniques et les talents artistiques du Préhistorique sont reconnus, voire exagérés : tous sont désormais vus comme de grands chasseurs forts et courageux qui ne redoutent pas le danger, comme des héros ; Rahan en est l'archétype, masculin, beau, blond, fort et évidemment à la peau blanche. Aujourd'hui, liées au fait que tous les chercheurs s'accordent sur l'origine africaine des premiers *Homo sapiens* arrivés en Europe, des représentations d'hommes préhistoriques basanés ou noirs apparaissent enfin. C'est aussi depuis les années 1960 que la vision « misérabiliste » de la vie des peuples chasseurs-cueilleurs actuels (le Sauvage) et passés (le Préhistorique) a véritablement cédé du terrain. Il faut, à ce propos, citer tout particulièrement le travail de Marshall Sahlins. Dans son article, *La Première Société d'abondance,* paru en 1968, comparant le mode de vie des chasseurs-cueilleurs (San, Aborigènes de la terre d'Arnhen) et celui de nos sociétés industrielles, pour lui décadentes, il conclut que les « Sauvages » vivent mieux que les « civilisés[33] ». Comme le pensaient les Cyniques de l'Antiquité, certains philosophes des Lumières ou certains Romantiques du XIXᵉ siècle, la société moderne n'engendrerait-elle que des fléaux (inégalités, esclavage, famines) ?

Sauvage et Préhistorique :
faire-valoir de l'Homme occidental
ou modèle d'avenir ?

Avec la reconnaissance de l'« Homme tertiaire » au début de la seconde moitié du XIXe siècle, les Européens ont découvert un autre monde, non plus géographiquement lointain, mais éloigné dans le temps. Si l'Europe n'a pas de Primitifs, comme en témoigne la composition des collections des musées ethnographiques comme le Quai Branly, elle a des Préhistoriques ; dès lors, les deux images, celle du Préhistorique et celle du Sauvage, vont se superposer en se dévalorisant l'une l'autre, le Sauvage, sans Histoire, devenant un Primitif, tandis que le Préhistorique, sans culture, devient un non-civilisé. Dans ces deux figures, on ne verra désormais qu'un seul et même état, archétype du premier stade de l'évolution humaine : la sauvagerie. Tous deux lointains, l'Un dans le temps et l'Autre dans l'espace, forment un jeu de miroirs, dans lequel se reflète l'Occident, c'est-à-dire, l'Homme blanc civilisé.

Les paradigmes, comme les écoles qui en découlent, ont structuré la pratique archéologique et ethnologique à travers le temps. À la Renaissance, l'objet supplante le livre avec le développement des Cabinets de curiosités. L'ambivalence des Lumières vis-à-vis du Sauvage se retrouve chez certains « préhistoriens » (âge d'or et mythe lacustre ou misérabilisme). Le discours des Antiquaires du début du XIXe siècle demeure peu influencé par les connaissances des peuples lointains, les vestiges préhistoriques exhumés étant toujours attribués aux Gaulois. Par contre, pour de nombreux anthropologues, le Sauvage (le « naturel ») illustre le passé le plus lointain de l'Homme moderne. À partir de la seconde moitié du XIXe siècle, après la publication des livres de Darwin, les questions de l'ancienneté de l'Homme et de son origine sont, pour la première fois, reliées (Lyell). Partant du postulat que la recherche des causes actuelles permet de comprendre le passé, les préhistoriens font appel aux connaissances ethnographiques (Lyell, Whewell, Agassiz, Lubbock). Ce comparatisme va se retrouver au XXᵉ siècle, entre autres, chez Laming-Emperaire, pour l'interprétation de l'art préhistorique, et chez André Leroi-Gourhan. Dans *Civilisation du renne* publié en 1936, ce dernier n'hésitera pas ainsi à comparer les comportements au Paléolithique supérieur avec ceux des civilisations arctiques.

Ce n'est que très récemment, dans les années 1980, que la recherche actualiste a pris un essor considérable chez les Anglo-Saxons (Brain, Blumenshine), mais aussi dans le monde francophone, avec l'apparition de la notion de « mécanisme » (Pétrequin, Clottes) et les travaux d'Alain Testart[34]. Ce comparatisme entre comportements passés et comportements présents soulève néanmoins de nombreuses questions quant à la finalité profonde de cette démarche. En effet, les modes de vie des chasseurs-cueilleurs ne sauraient refléter ceux des Préhistoriques, car ces peuples ont une longue histoire (avec notamment des contacts avec les peuples agropasteurs) et ne sont en rien des « fossiles vivants » ! Néanmoins, grâce, en particulier, à l'ethnologie et au développement du relativisme culturel, on peut dire désormais que le Sauvage est humanisé, même s'il n'en demeure pas moins, toujours un peu, un Homme « naturel », un « primitif », voire une créature des origines[35]. Le mythe de l'« âge d'or » a resurgi, cette vision idyllique succède à celle « misérabiliste » qui a longtemps été associée à la vie du Préhistorique. Le Paléolithique serait-il le nouveau Paradis perdu ? Les années passant, l'Autre, dans l'espace et dans le temps, est ainsi devenu l'un des thèmes préférés des expositions temporaires[36]. Des films et des livres leur sont entièrement consacrés. Le Préhistorique est partout : dans les musées, les paléosites, les festivals (tels les Jeux olympiques préhistoriques), dans les films

(Michel Viotte, Jacques Malaterre) et les documentaires (Jacques Malaterre, Alex Clévenot), dans les livres (Pierre Pelot, Jean Auel), les BD (André Chéret et Emmanuel Roudier) et même dans la publicité (grâce aux pages jaunes, même le Préhistorique peut trouver son chemin[37] !).

On constate également un très fort engouement pour les peuples autochtones, leur mode de vie et leur art, non plus seulement pour ceux d'Afrique, mais aussi pour les Aborigènes ou Inuits, peuples encore considérés par beaucoup comme les plus « primitifs » des « primitifs ». Il faut rappeler que, depuis le Néolithique, les peuples chasseurs-cueilleurs sont en voie d'extinction, refoulés vers des territoires ingrats ou même exterminés, processus qui s'est amplifié avec la colonisation et l'industrialisation. Au cours du XXe siècle, période durant laquelle les observations de terrain se sont développées, la plupart des ethnologues[38] ont redonné au Sauvage, « porteur de culture », une image positive, bien que souvent encore marquée d'exotisme. La construction d'une attitude ethnologique vulgarisée, pas forcément négative, a grandement contribué à configurer notre regard sur l'Autre. La littérature et les écrivains sont également venus au secours d'un anticolonialisme naissant. À ce titre, les deux ouvrages d'André Gide, *Voyage au Congo* paru en 1927 et sa suite, *Retour du Tchad*, ont eu un énorme impact dans lequel s'est inscrit *Terre d'Ébène* d'Albert Londres en 1929. Les années 1930 ont été marquées par l'expédition Dakar-Djiboudi conduite par l'africaniste Marcel Griaule, l'Exposition coloniale, la fondation du musée de l'Homme et la découverte de l'Art nègre par les cubistes, les fauves et les surréalistes. Sous la plume de Lévi-Strauss, la « pensée sauvage » est devenue « une pensée non domestiquée présente en chacun de nous » (1962). Depuis quelques années, le phénomène s'amplifie. En marge du tourisme de masse s'est ainsi construite une activité de voyage ethnologique qui privilégie certaines destinations au risque, malgré sa démarche éthique, de folkloriser les populations qui en font l'objet. Le Sauvage et son mode de vie seraient-ils devenus pour certains Occidentaux un modèle d'avenir, à la manière de ce que l'on peut observer pour Néanderthal ?

Durant longtemps, je l'ai souvent dit, Néanderthal a été victime d'une forme de « racisme ». Dès 1856, sa découverte provoque l'opprobre d'une humanité bien-pensante : on le trouve laid, bestial et primitif. Aucune parenté n'est concevable avec cet être brutal à l'apparence simiesque. Sorte de maillon faible de la chaîne des Hominidés, Néanderthal donne libre cours à toutes les craintes projetées sur la figure de l'Autre. Considéré comme une espèce humaine inférieure à *Homo sapiens*, il a alimenté au XIXᵉ siècle, en tant que « sous-homme », un imaginaire populaire, devenant le parfait miroir de nos phobies, de nos craintes, de nos espérances. Archétype de l'idée de race, objet parfait d'une taxinomie féroce entre Hominidés inférieurs et *Homo sapiens*, héros du progrès, Néanderthal a été un coupable ou un bouc émissaire tout désigné. Dans le rejet qu'il a provoqué de la part des Occidentaux, il faut sans doute voir l'expression, inconsciente sans doute, de la non-acceptation de la différence tant physique que culturelle. Racisme et colonialisme ont d'ailleurs profité de cette différenciation absolue entre cet Autre et nous. Ce n'est qu'à partir du début du XXᵉ siècle que Néandertal a pu bénéficier d'une identité propre, l'évolution du regard porté sur lui et ses comportements aboutissant au bout du compte à sa réhabilitation actuelle. Aujourd'hui, pour des raisons diverses, il est devenu non seulement l'archétype de l'Homme préhistorique, plus même que notre ancêtre direct Cro-Magon, mais aussi, au vu de ses rapports avec la Nature, une sorte de modèle pour l'Homme futur. Certains souhaiteraient posséder dans leur patrimoine un peu de ses gènes et se sont réjouis de ce que les analyses génétiques aient démontré que le génome

des Eurasiatiques d'aujourd'hui en comporte entre 1 et
4 %. D'autres veulent que nous retournions à son mode
de vie. Pourtant, près de 35 000 ans nous séparent de cet
Autre étrange et fascinant, à la fois lointain et si proche
de nous.

Sauvages à sauvegarder !

Au fil du temps, l'image négative du Sauvage semble
donc s'être effacée, mais a-t-elle réellement disparu ? Apparemment non, si l'on se réfère au traitement subi par de
nombreux peuples autochtones et, plus sournoisement, au
regard « écologique », profondément nostalgique ou
condescendant, porté sur eux par les Occidentaux. Beaucoup de sociétés « sauvages » ont disparu et disparais-
saient dans une quasi-indifférence générale. Le film de
Pavel Lounguine de 1994, *Un peuple de trop*, en est une
parfaite illustration. On y découvre un groupe inuit de
Sibérie qui, refusant la vie « moderne » qui lui est proposée (« imposée » serait un terme plus approprié), se sui-
cide collectivement. Quant au documentaire québécois *Le
Peuple invisible* (2007) de Richard Desjardins et Robert
Monderie, il raconte la colonisation du peuple amérindien
algonquin ; au générique de fin, on peut lire : « Ethnocide : destruction de la culture d'un peuple. » D'ailleurs,
on ne parle jamais pour ces peuples de civilisations, au
mieux, de cultures – cultures encore perçues par de nombreux observateurs comme inférieures, car sans écriture,
s'accompagnant d'un mode de vie nomade et de croyances
ou de rites funéraires différents. Pourtant, et paradoxalement, dans les musées ethnographiques comme celui du
Quai Branly, l'art des civilisations considérées comme
majeures – l'égyptienne ou la chinoise, par exemple – est
exclu, de même que celui des peuples d'Europe qui, lui

aussi, est riche d'objets « premiers » ! En outre, le droit naturel des Autochtones à choisir leur propre vie est ignoré. Moins bien protégés que les animaux sauvages, beaucoup de ces peuples sont menacés par la déforestation (Indiens d'Amazonie), le réchauffement climatique (Aborigènes d'Australie) ou l'exploitation minière (San du Kalahari[39]). Au centre d'enjeux politiques, scientifiques ou économiques, ceux-ci sont les victimes du dilemme éternel entre intérêt général et intérêt particulier. De façon coercitive, divers gouvernements les obligent à intégrer la « société moderne », en particulier à adopter une vie sédentaire dans des réserves ou des villages dits de relocalisation. Un peu partout dans le monde, des sortes de « ghettos » se sont ainsi formés. Cette intégration a souvent pour objectif la récupération des territoires et l'obtention d'une main-d'œuvre bon marché. Heureusement, quelques peuples autochtones résistent, comme les Jarawas des îles Andamans ou les Indiens du Chiapas. Depuis les années 1990, sans doute en raison d'une certaine « mauvaise conscience », les peuples autochtones survivants sont reconnus par de grands organismes internationaux et plus ou moins protégés par des chartes et des lois qui prévoient leur indemnisation, la restitution de leurs terres, leur droit à l'autodétermination[40]... Des peuples natifs ont gagné leur indépendance grâce aux arts et à l'artisanat (Inuit, certaines tribus indiennes) et au développement récent de l'ethnotourisme. Des voyagistes proposent désormais des safaris à la carte avec au programme des rencontres avec les tribus. Toutefois, même quand il est éthique[41], l'ethnotourisme entraîne l'acculturation par, notamment, la transformation des valeurs, l'abandon des activités artisanales traditionnelles et leur folklorisation[42]. L'acculturation, soit la perte progressive de leurs racines, guette tous ces peuples. D'où l'idée qui émerge en Occident de les maintenir dans leur état de « sauvagerie » pour ainsi, pense-t-on, sauvegarder la diversité culturelle de l'Humanité. Les peuples menacés de disparition ont en effet aux yeux de certains une qualité irremplaçable : celle de nous faire percevoir ce que nous avons perdu en devant « modernes ». Aujourd'hui, le mode de vie des peuples autochtones, en particulier celui des nomades chasseurs-cueilleurs, est presque idéalisé ; il est perçu comme en harmonie avec la Nature suivant une vision que l'on peut parfois qualifier de manichéiste : il doit, pour cette raison, être conservé. Tel est le credo d'une certaine presse, mais aussi d'associations, comme Survival International, qui appellent à leur protection et à la sauvegarde de la biodiversité culturelle. Ces peuples apparaissent comme détenteurs de savoirs ancestraux et respectueux de la vie et de la Nature. Au fond d'eux, beaucoup d'Occidentaux n'expriment-ils pas par là le souhait que ceux-ci demeurent de « bons Sauvages » ? S'il faut incontestablement préserver les peuples autochtones menacés de disparition, il faut aussi leur donner le droit à disposer d'eux-mêmes, de pouvoir choisir librement leur mode de vie. Eux aussi ont droit au progrès !

Depuis quelques années, la muséographie des musées d'ethnographie suscite également des réactions négatives de la part de certains peuples autochtones. Comme nous autres Occidentaux, ils ont une histoire : celle d'avant, pendant et après la colonisation, et beaucoup souhaitent être impliqués et participer à cette « muséification ». Le centre culturel Tjibaou de Nouméa (Nouvelle-Calédonie), inauguré en 1998, peut ainsi exposer, dans un espace cérémoniel (*Bweenaado*), des objets kanaks prêtés temporairement par des musées métropolitains. D'autres demandent la restitution de leur patrimoine culturel, en particulier les objets sacrés, et beaucoup refusent que soient exposés les restes humains de leurs ancêtres (Amérindiens, Maoris de Nouvelle-Zélande). La restitution des objets « détournés lors des colonisations » et des restes humains exposés ou conservés dans les musées occidentaux est désormais l'objet de nombreuses revendications. C'est ce qui s'est passé de façon exemplaire avec le squelette, le corps moulé et les organes de Saartjie Baartman, mieux connue sous le nom de « Vénus hottentote ». À la demande du gouvernement sud-africain, et grâce à l'adoption de la proposition de loi du sénateur Nicolas About, en août 2002, ceux-ci ont pu être rapatriés au Cap, province natale de Saartjie, où ils y ont reçu des funérailles nationales « de réparation ». De même, plus de trois cents des cinq cents crânes maoris dispersés dans le monde ont été restitués par les Américains, les Australiens et les Européens. Depuis 1992, le Musée national de Nouvelle-Zélande Te Papa Tongarewa réclame à la France le retour de la quinzaine de crânes encore conservés dans les musées de l'Hexagone. Stéphane Martin, directeur du musée du Quai Branly, et Christine Albanel, ministre de la Culture et de la Communication de l'époque, ont refusé de les rendre. Martin a expliqué que les têtes maories étaient conservées à l'abri dans une pièce spéciale et qu'elles ne seraient jamais exposées au public. Car quel est, en effet, le statut de ces têtes ? Celui de restes humains, soumis à la loi sur la bioéthique, et qu'il faut dès lors rendre ? Ou bien celui d'objets d'art appartenant aux collections des Musées de France et, de ce fait, inaliénables selon l'article 11 de la loi du 4 janvier 2002 relative aux Musées de France ? Il semble qu'aujourd'hui le nouveau ministre de la Culture, Frédéric Mitterrand, partage ce souci éthique qui fonde la démarche de restitution à la Nouvelle-Zélande. Une proposition de loi émanant des sénateurs, votée à l'unanimité le 29 juin 2009, a ainsi été adoptée par le Parlement le 4 mai 2010, après un ultime vote quasi unanime de l'Assemblée nationale (457 pour et 8 contre). Celle-ci autorise la restitution à la Nouvelle-Zélande des quinze ou seize têtes maories conservées dans les musées français. Mais le débat sur la restitution des restes humains et sur le principe des collections publiques « inaliénables » est désormais ouvert. Et il se superpose à un autre débat, compte tenu de l'héritage colonial qui leur colle à la peau : les musées d'ethnographie doivent-ils encore exister ? Ce malaise n'est pas nouveau, et la transformation progressive des musées d'ethnographie en musées d'art en témoigne. Dans ces musées, est-ce vraiment l'Autre qui est montré ou bien l'image que nous nous en faisons ? Il semble, aujourd'hui encore, que les regards portés sur l'Autre soient toujours empreints de nostalgie, celle d'un temps révolu où la Nature et l'Homme étaient réunis dans le « grand Tout ». Quand ce n'est pas le cas, et parce que l'Occident en a été le persécuteur durant des siècles lors des explorations et des colonisations, ils expriment une forte repentance historique ou une ambivalence puissante (attirance/répulsion). Cette ambivalence est sans aucun doute le fruit d'un inconscient collectif, nourri de récits, plus ou moins imaginaires, rapportés au fil du temps par les voyageurs, qui ont fait des « sauvages » tantôt des brutes aux mœurs sexuelles débridées, aux pouvoirs surnaturels et parfois aux instincts cannibales, tantôt des « enfants » naïfs et innocents vivant dans une sorte d'Eden. On notera que, de façon significative, ce sont les peuples ayant un mode de vie ancestral, souvent des chasseurs-cueilleurs nomades, ou qui veulent le conserver, qui sont aujourd'hui à la mode. De tout cela ne faut-il pas conclure, comme le suggère l'anthropologue Benoît de L'Estoile, que les musées ethnographiques doivent devenir des musées de la relation aux autres, notamment en mettant l'histoire des Autres, mais aussi notre histoire, au cœur du musée[43] ?

Identité nationale
ou identité humaine ?

On constate que nos sociétés occidentales ont encore du mal à accepter une autre Histoire que la nôtre ; souvent même, elles ne veulent pas se souvenir ! Pourtant, tout Homme qui vient au monde dispose de l'expérience de ceux qui l'ont précédé. Cette fameuse mémoire collective, enfouie au plus profond de nous, imprègne nos comportements et nos rapports sociaux. La mémoire est un élément essentiel de l'identité individuelle ou collective et, comme l'écrit l'historien Jacques Le Goff, « elle ne cherche à sauver le passé que pour servir au présent et à l'avenir[44] ». Actuellement, on constate que cette mémoire collective est au centre de nombreux débats : est-elle sélective, est-elle manipulée ? Par exemple, aux États-Unis, jusqu'à l'automne 2009, aucun écolier de l'État du Mississippi n'avait entendu parler à l'école d'Emmett Louis Till, adolescent noir de quatorze ans lâchement assassiné en août 1955 à cause de la couleur de sa peau. Ni de l'indispensable ténacité de centaines de bénévoles pour qu'en 1964 les Noirs s'inscrivent sur les listes électorales (« Freedom Summer »). On songe, bien sûr, également au débat qui a eu lieu tout récemment en France au sujet des apports de la colonisation et aux nombreuses polémiques que l'article 4 de la loi du 23 février 2005[45], mentionnant le « rôle positif de la colonisation », a suscitées, en tant qu'ingérence politique dans l'histoire coloniale. Or il n'y a pas d'histoire « brute », d'histoire totalement objective, indépendante du contexte socioculturel, dans lequel vivent les chercheurs et les historiens, et ce contexte influence les interprétations, il les oriente parfois et il façonne l'imaginaire populaire. Malgré les efforts de plus en plus d'historiens, l'ethnocentrisme historique est toujours d'actualité. Et la raison de l'engouement pour le Sauvage et le Préhistorique (en particulier pour Néanderthal) est peut-être à chercher dans le fait qu'à l'heure actuelle la question de l'identité agite nos sociétés. Leurs figures font écho à notre temps présent, elles agissent comme des catalyseurs d'idées reçues sur notre organisation sociale. Et puis il y a la question de notre avenir face aux changements mondiaux et environnementaux qui nous taraude également : les causes de la disparition de ces peuples nous ramènent à notre propre actualité.

Notre construction identitaire nous vient du passé. Dès l'Antiquité, il existait un sentiment d'appartenance commune à des entités politiques ou morales : le monde grec *versus* le monde barbare, les peuples de la Gaule contre les Romains. Dans son ouvrage *L'Imaginaire national : réflexions sur l'origine et l'essor du nationalisme*, le Britannique Benedict Anderson, spécialiste du nationalisme, se demande pourquoi une si large proportion de gens dans le monde croient qu'ils font partie d'une nation « propre » et pourquoi ils y demeurent fidèles[46]. Se plaçant dans une approche constructiviste, il focalise son approche sur la notion d'« imaginaire collectif », à partir duquel il tire la définition suivante de la nation : « Une communauté politique imaginée », c'est-à-dire la réunion de gens qui ne se connaissent pas et qui ne se croiseront peut-être jamais, mais qui éprouvent un fort sentiment d'appartenance à une même communauté. Quant à l'identité nationale, c'est un ensemble de « points communs » (langue et habitus socialisant) entre personnes se reconnaissant d'une même nation. Le sentiment national, s'appuyant sur le fait que la nation est présentée et vécue comme naturelle (donc non choisie), peut en conséquence pousser un individu jusqu'au sacrifice de sa vie.

Pour l'historien britannique Eric Hobsbawm, l'État-nation est véritablement apparu avec la Révolution française[47] et le nationalisme au XIXe siècle[48], quand trois autres conceptions culturelles – la religion, la fin des dynasties et la conception du temps (devenu mesurable) – ont perdu de leur influence[49]. Et, pour Anderson, le nationalisme a d'abord émergé dans les colonies[50]. Nationalisme et identité nationale sont étroitement liés au développement de l'imprimerie (avec la langue vernaculaire), de la presse de masse, touchant d'abord la bourgeoisie, puis le prolétariat au XXe siècle (journaux populaires, manuels scolaires). Historiquement, l'existence d'États-nations a été actée par la création en 1919 de la Société des Nations, puis par celle de l'Organisation des Nations unies en 1945. Parmi les récents débats autour de la notion d'identité nationale, celui au sujet de la création de la Cité nationale de l'histoire de l'immigration (CNHI) a été des plus vifs et a suscité de nombreuses polémiques.

Voulu dès 1990 par certains historiens, ce musée, créé le 1er janvier 2007, n'a ouvert ses portes qu'en octobre de la même année. Sa genèse a été longue et conflictuelle. Elle a commencé en 1990, avec la fondation, par un comité d'historiens (dont Gérard Noiriel et Pierre Milza), de l'Association pour un musée de l'immigration destinée à rédiger un projet. Remis au gouvernement en 1991, ce projet est alors jugé prématuré. En 1998, un second rapport, émanant de Rémy Schwartz (membre du Conseil d'État) et Driss El Yazami (vice-président de la Ligue des droits de l'homme), conclut que, devant une demande sociétale forte, ce musée doit être créé. Pour autant, comme le premier rapport, il demeure sans suite. Après sa réélection en 2002, Jacques Chirac souhaite que la France reconnaisse l'apport des émigrés à sa construction. Le comité interministériel à l'intégration (CII), réuni en avril 2003 par Jean-Pierre Raffarin, décide de la création d'une mission de préfiguration d'un « centre de ressources et de mémoire de l'immigration ». Il en confie la présidence à Jacques Toubon et organise celle-ci autour des moyens de l'ADRI (Agence pour le développement des relations interculturelles), sous la direction de Luc Gruson. Pour préparer la création de ce Centre, la mission s'entoure d'un comité scientifique, dont le secrétariat est assuré par l'historien Philippe Dewitte, d'un comité technique et d'un forum d'associations. Le rapport, qui a associé plus de trois cents personnes, est remis au gouvernement par Toubon en avril 2004. Le 8 juillet, Raffarin annonce officiellement la création, dans le palais de la Porte-Dorée, de la Cité nationale de l'histoire de l'immigration. L'aménagement du musée est confié à l'architecte Patrick Bouchain et la muséographie, à Hélène Lafont-Couturie. Coup de théâtre ! Le 18 mai 2007, avant même son inauguration, en réaction à la création par le président Nicolas Sarkozy d'un ministère associant la question de l'immigration à l'identité nationale, huit universitaires membres du Conseil scientifique, dont Noiriel[51], présentent leur démission. Ce nouveau ministère s'inscrit, selon eux, dans « la trame d'un discours stigmatisant l'immigration et dans la tradition d'un nationalisme fondé sur la méfiance et l'hostilité aux étrangers dans les moments de crise[52] ». Le 10 octobre, l'inauguration de la Cité nationale de l'histoire de l'immigration a lieu sans Nicolas Sarkozy et sans Brice Hortefeux, alors ministre de l'Immigration et de l'Identité nationale. Dans ce musée, les espaces d'exposition destinés au grand public occupent 1 250 mètres carrés. Un espace pour des ateliers pédagogiques est également prévu, ainsi qu'un auditorium et une médiathèque. L'exposition permanente, qui se veut évolutive, se décline en trois thèmes : l'immigré, la France en tant que terre d'immigration et l'identité française telle qu'elle est façonnée par la diversité. Des expositions temporaires accompagnées de conférences et de cycles de films sont régulièrement organisées[53]. Depuis son ouverture, on constate que le public n'est pas au rendez-vous, peut-être parce que montrer que les émigrés ont participé à la construction de la France d'hier et d'aujourd'hui soulève toujours des réticences ; vieux réflexe colonial ?

Deux ans après l'ouverture au public de la Cité nationale de l'histoire de l'immigration, Nicolas Sarkozy remet le thème de l'identité nationale à l'ordre du jour. Il veut qu'un débat soit organisé sur ce thème et il en confie la responsabilité à Éric Besson, ministre de l'Immigration, de l'Intégration, de l'Identité nationale et du Développement solidaire. En octobre 2009, le Président déclare : « Il faut réaffirmer les valeurs de l'identité nationale et la fierté d'être français », et : « Je pense par exemple qu'il serait bon – aux États-Unis c'est banal, en France ça reste parfois compliqué – que tous les jeunes Français aient une fois dans l'année l'occasion de chanter *La Marseillaise*[54]. » À l'annonce de cette proposition, l'opposition manifeste un certain scepticisme – « Ce qui la [l'identité nationale] menace, entend-on dire par exemple, c'est de fermer des classes, c'est le discours sur la laïcité, c'est de prendre de l'argent aux classes moyennes et aux pauvres pour le donner aux plus riches[55]. » Pourtant, selon un sondage, 57 % des Français sont favorables à un débat sur l'identité nationale, bien qu'il soit, d'après eux, essentiellement politique (il faut à l'époque gagner les élections régionales[56]). Pour certains politiques partisans du débat, le vote du 10 janvier 2009 des Martiniquais et des Guyanais, qui se sont massivement prononcés contre une autonomie accrue de leur département, est une réaffirmation de l'identité nationale. Dans d'autres sondages, on apprend que, pour une majorité de Français, la langue française[57], puis la République, le drapeau tricolore, la laïcité et les services publics sont les éléments majeurs qui constituent l'identité nationale[58]. Pourtant, très vite, l'émotion gagne, nombre de citoyens redoutant un débat qui ne peut qu'attiser la xénophobie et renforcer les crispations sur l'immigration. Le 4 décembre 2009, vingt chercheurs s'élèvent ainsi contre l'instrumentalisation politique de la notion d'identité nationale qui met, selon eux, la démocratie en danger (tribune de *Libération*). En outre, ils exigent la suppression de ministère de l'Immigration et de l'Identité nationale qui ternit l'image de la France. Lors de la conférence de presse du 2 février 2010, deux collectifs (le collectif d'organisation de la Semaine anticoloniale et le Collectif jeudi noir) présentent un appel à une manifestation pour le 27 février en vue d'obtenir la suppression du ministère de l'Immigration, de l'Intégration et de l'Identité nationale. Devant tant de réactions négatives, voire farouchement hostiles, le rapport de synthèse d'Éric Besson, qui devait être présenté le 4 février 2010, est remplacé par un séminaire gouvernemental. Plus récemment encore, le projet d'une création d'une « Maison de l'histoire de France » et surtout d'une « galerie du temps » consacrée aux grands personnages, souhaitée par Nicolas Sarkozy, serait, pour certains historiens et politiques, une autre manifestation de ce même repli identitaire – le musée devant mettre en évidence « l'âme de la France », selon Hervé Lemoine, l'un des responsables du projet[59]. Aujourd'hui, pour la plupart des historiens, la démarche historique moderne est celle d'une évocation croisée des trajectoires nationale, mais aussi mondiale[60].

Chacun aura pu noter depuis plusieurs années la progression – nourrie par ces replis identitaires – dans toute l'Europe des parties d'extrême droite ou populistes. Le débat sur l'identité nationale s'inscrit dans un contexte de montée des communautarismes et de crise, où les gens ont peur de perdre leur emploi. Les citoyens se sentant menacés, le sentiment d'identité nationale tend à se renforcer, et la tentation est grande de trouver un responsable, un peuple bouc émissaire par exemple. La veille recette, aujourd'hui comme hier, semble toujours fonctionner. « Je me suis pâmé, il y a huit jours, devant un campement de Bohémiens qui s'étaient établis à Rouen. Voilà la troisième fois que j'en vois. Et toujours avec un nouveau plai-

sir. L'admirable, c'est qu'ils excitaient la haine des bourgeois, bien qu'inoffensifs comme des moutons. Je me suis
fait très mal voir de la foule en leur donnant quelques sols.
Et j'ai entendu de jolis mots à la Prudhomme. Cette haine-
là tient à quelque chose de très profond et de complexe.
On la retrouve chez tous les gens d'ordre. C'est la haine
qu'on porte au Bédouin, à l'Hérétique, au Philosophe, au
solitaire, au poète. Et il y a de la peur dans cette haine. »
Voilà ce que note Gustave Flaubert dans une lettre adressée à George Sand le 12 juin 1867[61]. Et George Sand de lui
répondre deux jours plus tard : « À propos de Bohémiens,
sais-tu qu'il y a des Bohémiens de mer ? [...] Naturellement les gens du pays les abominent et disent qu'ils n'ont
aucune espèce de religion. Si cela est, ils doivent être
supérieurs à nous. [...] Ils vivaient du produit de leur
pêche et surtout des épaves qu'ils savaient recueillir avant
les plus alertes. Ils étaient l'objet du plus parfait mépris.
Pourquoi ? Toujours la même histoire : celui qui ne fait
pas comme tout le monde ne peut que faire le mal[62]. »

Écrits scientifiques, essais à caractère idéologique,
productions artistiques ont tissé une image du Primitif (le
Sauvage et le Préhistorique) dont nous avons essayé de
tracer la typologie et la topologie. Dans un rapport aux
limites du temps et de l'espace, la rencontre de l'Homme
moderne avec ce Primitif aura été plus que difficile. La
compréhension de cette difficulté permet de mieux soutenir la vision tolérante et respectueuse qui commence seulement à s'installer, après trois siècles d'un mépris parfois
teinté de condescendance. Aujourd'hui, nous sommes
conscients que l'espèce humaine, sur le plan tant biologique que culturel, est à un certain stade de transformation situé dans un *continuum*. Comme pour le Sauvage, il
aura fallu vaincre de nombreuses réticences pour que
l'existence du Préhistorique, puis de ses cultures, soit
reconnue. Alors qu'aujourd'hui est mené, à juste raison,
un combat pour la reconnaissance de certains génocides,

devons-nous rester muets face au drame que vivent de nombreux peuples qui ne demandent rien, sauf rester eux-mêmes ? Invisibles, la plupart ne se sont jamais plaints ; fatalistes, ils disparaissent avec élégance dans l'indifférence générale. Comme l'écrit Le Goff, « le mythe, omni-présent dans ces sociétés orales, non seulement est objet d'histoire, mais allonge vers les origines les temps de l'histoire (l'histoire lente)[63] ». Leur histoire, inscrite dans la nôtre, transparaît notamment dans leurs créations dont beaucoup sont conservées dans nos musées. Ne les oublions pas, jetons le pont qui permettra à ces peuples persécutés de garder ou de retrouver leur terre, leur dignité et leur culture. Les mots évitent l'oubli et brisent l'isolement. Toutes les sociétés, passées et actuelles, ont contribué et contribuent au patrimoine commun de l'Humanité présente et à venir.

Notes et références

Avant-propos

1. Pettiti M., 2003, « De la rencontre avec l'autre à la découverte de soi : réflexion littéraire autour de l'Afrique. L.-F. Céline, K. Blixen », *Cahiers de la Méditerranée*, 66, *L'Autre et l'image de soi*.

2. Étymologiquement « sauvage » signifie « de forêt » (*silvaticus*), c'est-à-dire d'une nature non anthropisée.

3. Symbolisé par l'homme nu et pacifique rencontré par Christophe Colomb sur la plage de Guanahani en octobre 1492.

4. Voltaire, Buffon, Kant et notamment Hegel dans ses *Leçons sur la philosophie de l'histoire* de 1830.

5. « L'Homme a des devoirs », écrit Locke dans *Loi de nature*, sa première œuvre.

6. Du côté de la littérature anglaise, on peut citer, parmi les premiers titres parus sur ce thème : *The Delight Makers* d'Adolf Bandelier (1890), *The Story of Time of Caverman* de Stanley Waterloo (1897), *Before Adam* de Jack London (1907) et *Lost World* de Conan Doyle (1912).

7. Et ils le seront jusque dans les années 1930, avec en particulier l'exhibition de Kanaks lors de l'Exposition coloniale de Paris en 1931.

8. Ces chasses aux « Sauvages » se perpétueront jusqu'au XXe siècle ; qu'on songe notamment aux Indiens d'Amazonie.

9. Voir, par exemple, la parution dans le *Times* d'un article lapidaire intitulé « L'Homme descend du singe ».

10. Brenot P., 1998, « La honte des origines », *in* B. Cyrulnik (dir.), *Si les lions pouvaient parler. Essais sur la condition animale*, Gallimard, « Quarto », p. 126-149.

11. Notamment ceux du Belge Schmerling en 1833 et de Boucher de Perthes en 1846.

12. Pour Rousseau, « La civilisation asservit la nature, donc l'homme » (1755, *Discours sur l'origine et les fondements de l'inégalité parmi les hommes*).

13. Guillaumie M., 2006, *Le Roman préhistorique. Essai de définition d'un genre, essai d'histoire d'un mythe*, Presses universitaires de Limoges.

14. Un développement de ce point de vue et de la confrontation de l'univers de Rosny avec celui d'auteurs de littérature fantastique est donné dans l'ouvrage de Huftier Arnaud (dir.), 2006, « Rosny aîné et autres formes », Kimé, *Otrante*, n° 19-20.

15. Stoczkowski W., 1994, *Anthropologie naïve. Anthropologie savante. De l'origine de l'homme, de l'imagination et des idées reçues*, CNRS Éditions, « Empreintes de l'Homme ».

PREMIÈRE PARTIE
LA CONSTRUCTION SCIENTIFIQUE DU SAUVAGE ET DU PRÉHISTORIQUE

Chapitre 1
Les origines en question

1. La théorie qui en découle, le créationnisme, nie toute évolution chez les animaux et, plus encore, toute filiation entre ceux-ci et l'Homme.

2. À la différence de la méthode cladistique (classification phylogénétique des êtres vivants selon leurs relations de parenté dans un cadre évolutionniste) qui sera introduite dans les années 1950 par l'entomologiste allemand Willi Henning.

3. En zoologie, la race est la subdivision d'une espèce qui hérite de caractéristiques la distinguant des autres populations de l'espèce ; en outre, les individus d'une même espèce peuvent procréer entre eux.

4. Ussher développe ce point de vue en 1658, dans *Annals of the World* (« Les Annales du monde »).

5. Le philosophe grec Théophraste (372-288 av. J.-C.), spécialiste des plantes, interprète de façon erronée les fossiles, ce qui n'empêchera pas son interprétation de servir de référence jusqu'au XVIIᵉ siècle.

6. Voir Boccace, *Généalogie des dieux des païens*.

7. Palissy a publié plusieurs ouvrages sur les fossiles qui lui ont valu d'être jugé hérétique et embastillé.

8. Voir la carte tripartite du monde par Isodore de Séville, *Etymologiæ XIII*, VIIᵉ siècle : *Étymologies*, réédition de 1472.

9. Poliakov L., Delacampagne C. et Girard P., 1976, *Le Racisme*, Segher.

10. Gn : 25 : « Et il dit : Maudit soit Canaan ! qu'il soit l'esclave des esclaves de ses frères ! »

Chapitre 2
L'engouement pour les « objets de la Nature » et le Sauvage

1. Cette vogue atteindra son apogée au XVIIIᵉ siècle ; l'un des plus célèbres cabinets est celui de Joseph Bonnier de La Mosson (1702-1744) en son hôtel particulier de Lude à Paris.

2. Le catalogue de Gessner porte le titre de *De rerum fossilium, lapidum et gemmerum figuris similitudinibus*.

3. *Son Historia animalium,* en quatre volumes parus entre 1551 et 1558 (au total plus de 3 500 pages), est l'un des premiers ouvrages de zoologie dont la lecture sera recommandée par Cuvier. Les animaux sont présentés par ordre alphabétique avec une appellation, en latin, binominale (nom de genre suivi d'un qualificatif). Ce système sera repris par le botaniste et médecin allemand Rudolfof Camerarius (1665-1721) et développé par Linné.

4. Suétone, *Vie des douze Césars : Octave Auguste,* livre II.

5. Sotacus (IIIᵉ siècle av. J.-C.) rapporté par Pline l'Ancien dans *Histoire naturelle* (XXXVII, p. 51), *in* Coye N., 1997, *La Préhistoire en parole et en acte. Méthodes et enjeux de la pratique archéologique. 1830-1950,* L'Harmattan, « Histoire des Sciences Humaines ».

6. On retrouve, en effet, l'idée de la foudre et du tonnerre dans l'appellation de ces pierres dans un grand nombre de pays européens, mais aussi asiatiques, au Brésil et en Afrique occidentale. Sur ce dernier continent, les autochtones prétendent que ces haches sont les haches que Sango, le dieu du tonnerre, lance du haut du ciel (Coye N., 1997, *op. cit.*).

7. L'ouvrage *Metallotheca* ne sera publié à Rome qu'en 1717, c'est-à-dire après la mort de Mercati.

8. Wendt H., 1955, *À la recherche d'Adam,* La Table ronde.

9. Las Casas, 1552, *Brevissima relación de la destruyción de las Indias* (« Très brève relation de la destruction des Indes »).

10. Voir les écrits du théologien espagnol Francisco de Vitoria (1483/86-1546), pourtant défenseur des Indiens.

11. Voir Edward Arber, 1511, *The First Three English Books* ou les gravures du *Brevis Narratio* de Théodore Debry paru en 1563.

12. Vespucci, Le *Nouveau Monde. Les voyages d'Amerigo Vespucci,* 1497-1504.

13. Las Casas y explique que les Indiens sont bons, gentils, ouverts, telles des brebis, et les conquistadores tels des loups.

14. Acosta, 1590, *Historia natural y moral de las Indias,* Séville.

15. Baert A., *Alvaro de Mendana (1542-1595) un explorateur du Pacifique sud au destin tragique,* publié sur le site *Île en île.* Voir également, du même auteur, 1999, *Le Paradis terrestre, un mythe espagnol en Océanie : les voyages de Mendana et de Quiros, 1567-1606.* L'Harmattan, « Mondes océaniens ».

16. Léry, 1578, *Histoire d'un voyage fait en la terre du Brésil.*

17. Montaigne, « Des cannibales », *Essais,* I, 23.

18. Montaigne, « Des coches », *Essais,* III, 6.

19. Cette conception conduira au polygénisme, théorie à la base des idées racialistes développées au XIXᵉ siècle.

20. Cité par Graves J. L., 2003, *The Emperor's New Clothes : Biological Theories of Race at the Millennium,* Rutgers University Press, p. 25.

21. Duplessis Mornay, 1583, *De la vérité de la religion chrestienne. Contre les athées, épicuriens, payens, juifs, mahumédistes et autres infidels.*

22. La Peyrèrere, 1655, *Prae-Adamitae,* cité par Quatrefages, 1883 (7ᵉ éd.), *L'Espèce humaine,* Librairie Germer Baillière et Cie, « Bibliothèque scientifique internationale », p. 21-22. Il aurait également eu connaissance des écrits du philosophe juif Maïmonide (1137/8-1204), adepte de la théorie d'Ibn Wahshiyya, pour qui les Préadamites étaient les « gentils » et les Juifs, les descendants d'Adam.

23. Voir les écrits de Las Casas, *Historia de las Indias.*

Chapitre 3

Vers le transformisme et la classification des humains

1. La *Reconquista* est la reconquête sur les Maures par les souverains chrétiens entre 718 et 1492.

2. Paraf P., 1964, *Le Racisme dans le monde*, Payot, « Petite Bibliothèque Payot ».

3. Genèse, chapitre premier, verset 28 : « Soyez féconds, multipliez, remplissez la terre et soumettez-la, et dominez sur les poissons de la mer, sur les oiseaux du ciel et sur tout animal qui se meut sur la terre. »

4. Burnet, 1680-1689, *Telluris theoria sacra*.

5. Les huit volumes de *Physica sacra*, publiés à Amsterdam entre 1730 et 1735, ont paru en français sous le titre : *Physique sacrée ou Histoire naturelle de la Bible*.

6. Scheuchzer, 1717, *Piscium Querelae et Vindiciae* (« Les Querelles et les vengeances des poissons »), Zurich.

7. Colonna, 1616, *De glossopetris dissertatio*.

8. Après avoir été luthérien, Sténon deviendra évêque et sera sanctifié par Jean-Paul II en 1987.

9. D'après le principe de superposition, la couche supérieure d'une succession sédimentaire est toujours plus récente que les couches sous-jacentes, à moins de remaniements ultérieurs attestés par la non-horizontalité primaire des couches (*De solido intra solidum naturaliter contento dissertationis prodromus*, 1669).

10. Riolan, 1614, *L'Imposture découverte des os humains supposés et faussement attribués au roy Theutobochus*. Pour en savoir plus sur l'histoire de Theutobochus, nous engageons le lecteur à lire l'article de Léonard Ginsburg, 1984, « Nouvelles lumières sur les ossements autrefois attribués au géant Theutobochus », *Ann. Paléont.*, 70 (3), p. 181-219.

11. Au début du XIXe siècle, ces quelques restes conservés, dont une troisième molaire inférieure, seront identifiés par Cuvier comme étant ceux d'un mastodonte du Miocène supérieur (*Dinotherium giganteum)*.

12. La possession de colonies sera la source de nombreux conflits entre les grandes puissances maritimes de l'époque.

13. En 1677, le savant britannique William Petty (1623-1687) avait déjà émis l'idée de l'existence de « races » humaines équivalentes aux races des animaux d'élevage.

14. Publié sans nom d'auteur : *Nouvelle Division de la terre par les différentes espèces d'hommes qui l'habitent, envoyée par un fameux Voyageur à M. l'abbé de la *** à peu près en termes.*

15. Sur le Congo, voir Cavazzi, 1687, *Fortunato Alamandini*.

16. Par ailleurs, le commerce d'esclaves, en provenance de l'Afrique noire et des régions de la mer Noire, pratiqué par les Arabes depuis l'Antiquité, a perduré jusqu'au XIXe siècle. Il est probable qu'il a également existé une traite organisée par des Africains eux-mêmes, dite « traite intra-africaine » : voir Thomas H., 2006, *La Traite des Noirs : histoire du commerce d'esclaves transatlantique, 1440-1870*, Robert Laffont.

17. Le *Code Noir* est publié sous le titre *Édit du Roi, touchant la Discipline des esclaves nègres des Isles de l'Amérique française* (voir en particulier les articles 42 et 43) ; cet édit sera modifié par Louis XV en mars 1724 pour la Louisiane.

18. Ray, 1691, *The Wisdom of God*.

19. Manuscrit présenté par Jean-Pierre Moreau, 1990, *Un flibustier français dans la mer des Antilles, 1618-1620*, Seghers, « Étonnants voyageurs ».

Chapitre 4
Le siècle des Lumières

1. Cook, 1771, *Account of a Voyage round the World in H.S.M.S. Endeavour*.

2. Werner est également partisan de la théorie du neptunisme selon laquelle la formation de la croûte terrestre aurait été formée par précipitation de sédiments dans un océan primordial couvrant toute la surface de la Terre.

3. C'est la théorie du plutonisme, par opposition à celle du neptunisme.

4. Maillet, 1748, *Telliamed ou Entretiens d'un philosophe indien avec un missionnaire français sur la diminution de la mer, la formation de la Terre, l'origine de l'homme*, La Haye, rééd. Fayard, 1984.

5. À partir de l'observation des couches de calcaire et des coquillages retrouvés dans les Alpes, Buffon distingue sept périodes : la planète en fusion, le refroidissement et la formation des reliefs, l'immersion quasi totale de la Terre, l'apparition des premiers animaux dans cet océan primitif, les éruptions volcaniques et l'immersion de zones terrestres où se développent d'autres animaux, la dislocation et l'émergence des continents que l'on connaît actuellement et, enfin, l'apparition de l'Homme (*Époques de la nature*, supplément de *Histoire naturelle*).

6. L'œuvre magistrale de Buffon (très illustrée puisqu'elle comporte près de 2 000 planches), *Histoire naturelle générale et particulière, avec la description du Cabinet du Roy*, en 36 volumes (y sont associés plusieurs collaborateurs dont Daubenton), paraît entre 1749 et 1789 ; au total, huit volumes seront publiés après sa mort, édités grâce au naturaliste Bernard Lacépède. Incluant tout le savoir de l'époque dans le domaine des sciences naturelles, l'ouvrage aura un retentissement aussi grand que l'*Encyclopédie* de d'Alembert et Diderot – à laquelle Buffon a d'ailleurs refusé de participer. Il sera rapidement traduit en anglais, en allemand, en néerlandais et en espagnol.

7. Linné, *Systema naturae*, 10ᵉ édition.

8. Tyson, *Orang-Outang, sive Homo Sylvestris : Or, the Anatomy of a Pygmie*.

9. Camper a émis cette thèse après avoir disséqué un orang-outan.

10. Le *mammontokovast* est le nom donné aux défenses de mammouth (cornes !) par les Sibériens pour qui cet animal était « une taupe géante habitant loin sous terre ».

11. Comme en 1774 par Esper dans la grotte de Gailenreuth (Allemagne).

12. Frère, 1800, « An account of flint weapons discovered at Hoxne in Suffolk », *Archaeologia*, 13, p. 204-205.

13. Goguet, *The Origin of Laws, Arts, and Sciences, and their Progress among the Most Ancient Nations*, vol 1.

14. Lucrèce, *De natura rerum*, livre V.

15. Thomsen sera le premier conservateur du Oldnordisk Museum, futur musée des Antiquités nationales de Copenhague.

16. Ces indices céphaliques conduisent au type dolichocéphale, crâne long et étroit, ou au type brachycéphale, crâne court et large.

17. La face peut être chamoeproscope, courte et large, ou bien leptoproscope, longue et étroite.

18. Selon la forme du nez, on parle de leptorhinien ou de platyrhinien.

19. Voir Thomas Hobbes, John Locke, Jean-Jacques Rousseau cité par Mercier P., 1971, *L'Histoire de l'anthropologie*, PUF, « Sup. Le sociologue ».

20. Park y sera tué par des indigènes lors de sa seconde expédition (voir 1816, *Travels in the Interior Districts of Africa : Performed in the Years 1795, 1796, and 1797*, Londres, John Murray).

21. Naturaliste, Le Vaillant léguera au Muséum national d'histoire naturelle une importante collection ornithologique.

22. Lafitau, 1724, *Mœurs des sauvages amériquains comparées aux mœurs des premiers temps*.

23. Humboldt, *Voyages aux régions équinoxiales du nouveau continent de 1799 à 1804*, qui paraît à Paris à partir de 1807.

24. Buffon, 1749, *Histoire naturelle*, tome XI.

25. Poliakov L., 1971, *Le Mythe aryen*, Calmann-Lévy, p. 161.

26. Buffon, 1766, *De la dégénération des animaux*.

27. Maupertuis, 1744, *Dissertation physique à l'occasion du nègre blanc* ; 1745, *Vénus physique*, cité par Tort P., 1980, *Maupertuis, Vénus physique. Lettre sur le progrès des sciences, précédé de « L'ordre du corps »*, Aubier.

28. Benoît de Maillet croit aussi à l'existence d'homme-ours, d'homme-singe (1748, *op. cit.*).

29. Camper, 1764, *Dissertation sur les variétés naturelles de l'espèce humaine. Mémoires de l'Académie des sciences*.

30. Reynaud-Paligot C., 2006, *La République raciale. Paradigme racial et idéologie républicaine (1860-1930)*, PUF.

31. Blumenbach, 1795, *De Generis humani varietate nativa*, Göttingen, Vanden-hoek et Ruprecht ; *De l'Unité du genre humain et de ses variétés*, traduit par Frédéric Charles Chardel.

32. Delacampagne C., 2000, *Une histoire du racisme*, LGF/Livre de poche, p. 151.

33. Maupertuis, 1744 et 1745, *op. cit.*

34. White, 1799, *An Account of the Regular Gradation in Man, and in Different Animals and Vegetables*, Londres, C. Dilly.

35. Taguieff P.-A., 1998, *Le Racisme. Un exposé pour comprendre, un essai pour réfléchir*, Flammarion, « Dominos ».

36. Boulainvilliers, 1732, *Essai sur la noblesse de France*.

37. La Hontan, 1703-1705, *Dialogues curieux entre l'auteur et un sauvage de bon sens*, La Haye.

38. Les deux premiers tomes de l'*Encyclopédie* paraissent en 1751.

39. Cité par Yves Bénot, « Les sauvages d'Amérique du Nord : modèle ou épouvantail », texte mis en ligne. L'auteur note que la fin de l'article adoucit ces dernières caractéristiques.

40. Moreau de Saint Méry, 1784-1785, *Lois et constitutions des colonies françoises de l'Amérique sous le vent*, 6 vol.

41. Bougainville, *Voyage autour du monde sur la frégate du roi la boudeuse et la flûte d'étoile, 1766, 1767, 1768, 1769*.

42. Condorcet, *Esquisse d'un tableau historique des progrès de l'esprit humain*, 1793, ouvrage cité par Todorov T., 2006, *L'Esprit des Lumières*, Le Livre de Poche, « Biblio essais », p. 30.

43. Voir, à ce sujet, les écrits de Montesquieu, Rousseau et la pièce de théâtre d'Olympe de Gouge (1748-1793), *L'Esclavage des Noirs, ou l'Heureux Naufrage*, Paris, Veuve Duchesne, veuve Bailly et les marchands de nouveautés, 1792.

44. Voir Rousseau, *Pensées*, 10 et Wolff, *Principes du droit de la nature et des gens*, 1750, cités par Todorov T., 2006, *op. cit.*, p. 110 et 111.

45. Voir, respectivement, Voltaire, *Candide*, chapitre 9 et *Œuvres complètes de Voltaire*, tome XXXI, « Commentaire sur l'Esprit des lois », section « Esclavage », 1893 (texte original daté de 1777).

46. Rappelons que les biens du serf allaient au seigneur ou aux moines, comme dans ce cas. Voltaire perdra : les serfs ne seront affranchis que durant la Révolution française.

47. Moreau de Saint Méry, 1784-1786, *Lois et constitutions des colonies françaises sous le vent*, écrit avec le marquis de Bellevue.

48. Dans le cadre du bicentenaire de l'indépendance d'Haïti, un colloque s'est tenu en septembre 2004 à Fort-de-France sur le thème « De Saint-Domingue à l'Italie : Moreau de Saint Méry, ou les ambiguïtés d'un créole des Lumières ».

49. Avec les physiocrates comme Pierre Samuel Dupont de Nemours (1739-1817), l'économiste écossais Adam Smith (1723-1790) et certains autres philosophes des Lumières.

50. Ce n'est qu'à la fin de la guerre de Sécession, en 1865, qu'Abraham Lincoln décrétera l'abolition de l'esclavage.

51. Todorov T., 2006, *op. cit.*, p. 32.

Chapitre 5

Avant Darwin

1. Lors de la campagne d'Égypte, qui débute en 1798, le naturaliste Étienne Geoffroy Saint-Hilaire effectue des fouilles. Grand interprète de la préhistoire égyptienne, il fondera l'Institut de sciences naturelles du Caire.

2. Voir *Lexique de termes juridiques*, Dalloz, 1988, p. 90-91.

3. L'entente se fera lors de la conférence de Bruxelles organisée par Léopold II en 1876, puis lors de celle Berlin, à l'initiative du chancelier Bismarck, entre 1884 et 1885. Dans la seconde moitié du XIXe siècle, présent sur tous les continents, l'Empire britannique est le plus grand empire colonial du monde, d'où sa puissance économique.

4. Reynaud-Paligot C., 2006, *op. cit.*

5. Owen est l'inventeur du mot dinosaure. Pour fêter l'ouverture du Crystal Palace, une table pour une vingtaine de convives a été dressée à l'intérieur d'un iguanodon reconstitué.

6. Voir l'anecdote de la sarigue fossile découverte en 1805 dans le gypse de Montmartre, trouvée en deux parties ; en étudiant l'une, Cuvier a prédit l'apparence de l'autre.

7. Les cours de Cuvier, dispensés à l'École centrale du Panthéon, au Collège de France et au Muséum seront édités dans *Leçons d'anatomie comparée*, 1800-1805.

8. Cuvier, *Discours sur les révolutions de la surface du globe*, réédité en 1825.

9. Ces fossiles sont découverts notamment dans les carrières de gypse de Montmartre que Cuvier fouille en 1795.

10. C'est en 1822 que Blainville impose avec succès le nom de paléontologie. La première chaire, créée au Muséum national d'histoire naturelle à Paris en1853, sera occupée par l'élève de Cuvier, le paléontologue Orbigny.

11. Smith W., 1816, *A Geological Table of Organized Fossils*.

12. Cuvier et Brongniart, 1808, « Essai sur la géographie minéralogique des environs de Paris », *Journal des Mines*, 23, p. 421-458.

13. D'après les recherches de Buckland menées dans la grotte de Kirkdale (Yorkshire), celle-ci aurait été inondée lors du Déluge, noyant ainsi les hyènes et leurs proies qui l'occupaient *(Reliquiae diluvianae : Observation on the Organic Remains Contained in Caves Fissures and Diluvial Gravel*, 1823). Le terme « diluvium » est une création de Jameson, le traducteur de Cuvier, notamment de son ouvrage de 1813.

14. Orbigny, 1849-1852, *Cours élémentaire de paléontologie et de géologie stratigraphiques*, 3 vol. Ces deux naturalistes étaient aussi de grands voyageurs à la recherche de spécimens ; Brongniart a parcouru Europe et Orbigny, l'Amérique du Sud.

15. Une première ébauche des ères géologiques successives que nous connaissons aujourd'hui est ainsi proposée par le géologue britannique John Phillips (1800-1874) en 1841 (*Les Tableaux et descriptions des fossiles du Paléozoïque de Cornwall, Devon et Somerset West*, Londres).

16. Darwin aurait emporté avec lui cet ouvrage de Lyell lors de son voyage sur le *Beagle*.

17. Boué, 1832, *Le Déluge, le diluvium et l'époque alluviale ancienne. Mémoires géologiques et paléontologiques*, 1, p. 145-164.

18. Cuvier, 1812, *Recherches sur les ossements fossiles de quadrupèdes*, Détreville, 4 vol.

19. Geoffroy Saint-Hilaire, 1818 et 1822, *Philosophie anatomique*, 2 vol. Voir, au sujet de son affrontement avec Cuvier, « La controverse des crocodiles de Caen », *op. cit.*

20. Cette théorie sera popularisée par le chroniqueur scientifique Alexandre Bertrand, 1824, *Lettres sur les révolutions du globe*, Paris, Bossange frères.

21. Orbigny, 1849-1852, *op. cit.*

22. Lamarck, 1809, *Philosophie zoologique*, t. I, *Quelques observations relatives à l'homme*.

23. Schopenhauer, 1818-1819, *Le Monde comme volonté et comme représentation (Die Welt als Wille und Vorstellung)*, vol. 2.

24. Réexaminés, en 1856, par Édouard Lartet, ces fossiles se révéleront être ceux d'un hominoïde (grand singe), le *Dryopithecus fontani* ou « singe des chênes ». Le nom de l'espèce a été donné en hommage au naturaliste allemand, le Dr Fontan, qui a découvert ce fossile.

25. En 1825, Buckland fouille la caverne de Kent, Torquay dans le Devon (relayé plus tard par J. Mac Enery), mais les restes humains et les outils exhumés ne seront publiés qu'en 1859 par M. Vivian. En France, Paul Tournal, Marcel de Serre (de 1824 à 1827 à Lunel-Viel dans l'Hérault) et Jules de Christol entreprennent des recherches dans le sud-ouest de la France. En Belgique, Schmerling fouille, à partir de 1829, une quarantaine de grottes situées dans la province de Liège, notamment celles de Chokier, d'Engis et d'Engihoul.

26. Desnoyers, 1831-1832, « Considérations sur les ossements humains des cavernes du midi de la France », *Bull. de la Soc. géologique de France*, 1ʳᵉ série, 2, p. 126-133.

27. L'identification sera faite par Charles Fraipont, le fils de Julien Fraipont, le découvreur et fouilleur de la célèbre grotte de Spy qui, elle aussi, a livré des restes de Néanderthaliens.

28. En réalité, ce squelette, sans tête, enterré avec de petits coquillages, des parures en ivoire et recouvert d'ocre rouge, d'où son nom, est celui d'un jeune homme (*Homo sapiens*) d'il y a environ 25 000 ans.

29. Jouannet, 1818, extrait du *Calendrier de la Dordogne*, *in* Cheynier A., 1936, *Jouannet, grand-père de la préhistoire*, Brive, Chastrusse, Praudel et Cie, p. 39.

30. Lyell démontre ainsi que les stries présentes sur des os du site de Saint-Prest dans le Loir-et-Cher sont l'œuvre d'animaux proches du porc-épic (*The Geological Evidences of the Antiquity of Man, with Remarks on Theories of the Origin of Species by Variation*).

31. Buckland, 1822, *Reliquiæ diluvianæ, op. cit.*

32. Tournal est alors pharmacien à Narbonne ; il deviendra le premier conservateur du musée de Narbonne.

33. Tournal, 1828, « Note sur la caverne de Bize près de Narbonne », *Annales des sciences naturelles*, 15, p. 348-350.

34. Ces fouilles sont également le fait d'Émilien Dumas.

35. Christol, « Notice sur les ossements fossiles des cavernes du département du Gard à l'Académie des sciences le 29 juin 1829 », Montpellier, J. Martel. En 1833, pour conserver les « trésors » de sa région, Tournal fondera la Commission archéologique et littéraire de Narbonne.

36. Tournal, 1833, « Considérations générales sur le phénomène des cavernes à ossements », *Annales de chimie et de physique*, 52, p. 161-181.

37. *Ibid.*, p. 168.

38. Boucher de Perthes, l'ami de Picard, sera l'un des présidents de la Société royale d'Abbeville. Quelques années plus tard, en 1838, Picard créera la première société linnéenne du Nord qui ne survivra que six ans après sa mort.

39. Parmi les géologues présents, on peut citer le Dr Ravin, François Baillon, Charles Buteux ; voir Coye N., 1997, *op. cit.*

40. Picard, 1835, « Notice sur des instruments celtiques en corne de cerf », *Mem. de la Société royale d'émulation d'Abbeville*, p. 94-116.

41. Schmerling Ph.-C., 1833-1834, *Recherches sur les ossements fossiles découverts dans les cavernes de la province de Liège*, Liège, n.s., t. 1, p. 178.

42. Jusqu'en 1860, les recherches de vestiges archéologiques menées par Lyell ne lui servent qu'à étayer ses principes de géologie.

43. Des doutes sont ainsi émis lors d'une présentation en 1840 devant les membres de la Geological Society.

44. Godwin-Austen, 1824, « On the geology of the South-East of Devonshire », *Trans. Geol. Soc.*, série 2, vol XXX.

45. Desnoyers, 1845, *Recherches géologiques et historiques sur les cavernes et brèches à ossements*.

46. Aymard, 1847, « Des fossiles humains trouvés sur la montagne de la Denize, près le Puy, des ossements de mammifères signalés dans les divers dépôts de la Haute-Loire, et de l'époque probable de leur enfouissement », *Bull. de la société géologique de France*, 2ᵉ série, V, p. 49-62.

47. Boucher de Perthes, 1847, *Antiquités celtiques et antédiluviennes, mémoire sur l'industrie primitive et les arts à leur origine*, tome 1, Paris, Treuttel et Wurtz, XII.

Boucher de Perthes est l'un des premiers préhistoriens à tailler des outils en silex et à les expérimenter.

48. Boucher de Perthes, *Antiquités celtiques et antédiluviennes, mémoire sur l'industrie primitive et les arts à leur origine*, tome II, Paris, Treuttel et Wurtz, XVI ; citation p. 91.

49. Rigolot, 1855, *Mémoire sur des instruments en silex trouvés à Saint-Acheul, près d'Amiens et considérés sous les rapports géologique et archéologique*, Amiens, Duval et Herment.

50. Thomsen et Petersen, 1836, *Ledetraad til Nordisk Oldkyndighed*.

51. Le terme est défini par Lyell en 1839.

52. Morlot, 1858-1860, « Études géologico-archéologiques au Danemark et en Suisse », *Bull. de la Soc. vaudoise des sciences naturelles*, 6, p. 259-329.

53. Tournal inclut les céramiques (du Bronze) dans les âges antédiluviens (1833, *op. cit.*, p. 175).

54. Serre, 1838, *De la cosmogonie de Moïse comparée aux faits géologiques*.

55. Jouannet fouille le site préhistorique de Badegoule (Bersac, Dordogne) en 1834 (Jouannet F.-P., 1834, « Notes sur quelques antiquités du département de la Dordogne, grotte de Badegol », extrait du *Calendrier de la Dordogne, in* Cheynier A., 1936, *op. cit.*).

56. Jouannet, 1834, *op. cit.*

57. Picard, 1837, « Notice sur quelques instruments celtiques », *Mem. de la Société royale d'émulation d'Abbeville*, p. 221-272.

58. Lubbock, 1865, traduit en français en 1867 sous le titre *L'Homme avant l'histoire*.

59. Tel est le nom qui lui est donné par la ville de Düsseldorf en l'honneur du pasteur Joachim Neumann – qui a pris le nom de Néander (Neumann en grec). Neuman était un compositeur de cantiques et un organiste du XVIIe siècle ; voir Hublin J.-J., 1983, « Les origines de l'Homme de type moderne en Europe », *Pour la science*, 19.

60. Plus précisément, ces ossements étaient composés d'une calotte crânienne, de deux fémurs et d'un fragment de basin.

61. Cette fois, il s'agit de deux humérus, de deux cubitus, d'un radius, d'un fragment d'omoplate et de fragments de côtes.

62. Schaaffhausen, 1858, « Zur Kentniss der ältesten Rassenschädel », *Archiv Verbindung Mehreren Gelehrten*, p. 453-488.

63. Dont l'anatomiste allemand Rudolf Wagner (1805-1864), le successeur de Blumenbach.

64. Schaaffhausen, *op. cit.* ; la version anglaise paraît en 1861 sous le titre « On the crania of the most ancient races of Man », *Natural History Review*.

65. Darwin, 1859, *On the Origin of Species by Means of Natural Selection, or the Preservation of Favoured Races in Struggle for Life*.

66. Busk, 1861, « With remarks, and original figures, taken from a cast of the Neanderthal cranium », *Natural History Review*, 1 (2), p. 155-175.

67. Les conférences de Huxley sont rassemblées et publiées en 1863 sous le titre *Evidence as to Man's Place in Nature*. L'ouvrage paraît en français cinq ans plus tard (*La Place de l'Homme dans la nature*). Dans les années 1863-1864, Huxley comparera les restes de Néanderthal, d'Engis et d'autres fossiles en utilisant pour la première fois des moulages.

68. King, 1864, « The reputed fossil man of the Neanderthal », *Quarterly Journal of Science*, 1, p. 88-97.

69. Ferro M. (dir.), 2003, *Le Livre noir du colonialisme. XVIᵉ-XXIᵉ siècle : de l'extermination à la repentance*, Robert Laffont.

70. La phrénologie est l'étude du caractère et des aptitudes intellectuelles d'après la conformation externe du crâne, telle qu'elle a été fondée par le médecin allemand Franz Josef Gall (1758-1828) et popularisée par le physiologiste français Johann Caspar Spurzheim (1766-1833). Voir aussi les ouvrages de l'écrivain écossais George Combe (1788-1858), *The Constitution of Man Considered in Relation to External Objects,* 1828 et *Outlines of Phrenology,* 1836 (1828), ainsi que celui du médecin italien Cesare Lombroso, 1876, *L'Homme criminel.*

71. Voir l'ouvrage en 4 volumes du théologien suisse Johann Kaspar Lavater (1741-1801), *Physiognomische Fragmente,* 1775-1778.

72. En 1860, Isidore Geoffroy Saint-Hilaire distingue quatre races principales et treize secondaires, soit dix-sept au total ; en 1885, Topinard perçoit dix-neuf races ; en 1870, Huxley en définit cinq principales et quatorze secondaires, soit dix-neuf.

73. Quatrefages, en prenant en compte un ensemble de caractères, différencie trois troncs (Nègres, Jaunes et Blancs) et un autre groupe mixte comprenant, d'une part, les races océaniennes et, d'autre part, les races américaines. De ces troncs partent dix-huit branches qui se subdivisent en rameaux composés chacun de plusieurs familles. Quant au naturaliste et géographe Bory de Saint-Vincent, d'après la nature et la couleur des cheveux, il définit deux types humains : les lissotriches, à cheveux lisses, et les ulotriches, à cheveux laineux, puis, plus tard trois races : celle à cheveux crépus, noirs, fins, de coupe elliptique ; celle à cheveux droits, gros, de couleur noire, à coupe à peu près circulaire ; enfin, celle à cheveux droits ou simplement bouclés, mais fins, dont la couleur est souvent châtain plus ou moins clair ou blonde et la coupe intermédiaire entre celle des deux autres catégories (*Essai sur l'Homme*, 2ᵉ éd., 1827).

74. Morton, 1839, *Crania Americana, or A Comparative View of the Skulls of Various Aboriginal Nations of North and South America : To which is Prefixed An Essay on the Varieties of the Human Species,* Philadelphie, J. Dobson.

75. Quatrefages, 1883, *op. cit.*, p. 22.

76. Tiedemann, 1830-1838, *Physiologie de l'homme.*

77. Broca, 1873, « Sur les crânes de la caverne de l'homme-mort », *Revue d'anthropologie*, 2, p. 1-53.

78. Prichard est l'un des premiers membres de la Société de protection des autochtones, membres qui ont influencé l'*Autochtones Protection Act* de 1869 *(Histoire naturelle de l'homme,* 1843).

79. Blanckaert C., 2002, « Un fil d'Ariane dans le labyrinthe des origines... Langues, races et classification ethnologique au XIXᵉ siècle », *Revue d'histoire des sciences humaines*, 17, p. 137-171.

80. Owen, 1855, *Précis d'ostéologie comparée* ; Owen, 1862, *On the Zoological Significance of the Brain and Limb Characters of the Gorilla, as Contrasted with Those of Man* ; cité par Cohen C., 1999, *L'Homme des origines. Savoirs et fictions en préhistoire,* Seuil.

81. Aristote, *Éthique à Nicomaque*, VI, chap. VIII-XII.

82. L'Angleterre abolit l'esclavage en 1833 et les États-Unis en 1865 (après la guerre de Sécession, est promulgué par Abraham Lincoln le XIIIᵉ amendement interdisant l'esclavage). L'abolition de l'esclavage sera beaucoup plus tardive dans le monde musulman.

83. Eltis D., 2008, *The Trans-Atlantic Slave Trade Database.*

84. Traverso E., 2003, *La Violence nazie*, La Fabrique.

85. Notamment dans la convention de Genève de 1926 (Société des Nations) ; dans la convention de l'Organisation internationale du travail (OIT) de 1930 et 1936 ; enfin, dans la Déclaration universelle des droits de l'homme de 1948.

86. La pratique de l'esclavage persiste dans la péninsule arabique, le sous-continent indien, le Niger, le Mali ou la Mauritanie ; ailleurs, elle réapparaît comme actuellement au Soudan. Selon l'ONU, chaque année, deux millions de personnes sont réduites en esclavage.

Chapitre 6

Et Darwin vint...

1. Ce livre de Darwin a été fortement inspiré par son voyage entre 1831 et 1836 sur le *Beagle*.

2. Cette motivation demeurera essentielle jusqu'en 1920.

3. Darwin, *La Filiation de l'homme et la sélection liée au sexe*, 1re édition anglaise parue en 1871.

4. http://fr.wikipedia.org/wiki/Relation_entre science_et_religion

5. Voir, notamment, la parution dans le *Times* d'un article lapidaire intitulé « L'Homme descend du singe ».

6. Brenot P., Coppens Y., Grollier E., Pélicier Y., Reeves H., Reisse J., 1998, *Les Origines*, L'Harmattan, « Conversciences ».

7. Gaudry analysera les restes de ce singe et en fera l'objet d'une publication qu'il rédigera avec Lartet. Vingt-quatre ans plus tôt, Lartet a découvert un singe fossile à Sansan (Gers), le *Pliopithecus antiquus* (Gaudry, 1862-1867, *Animaux fossiles et géologie de l'Attique*, 2 vol.).

8. Huxley remplace son ami Darwin alors souffrant.

9. Il existe plusieurs versions des propos échangés ; ces derniers sont rapportés par A. de Quatrefages, 1892, *Darwin et ses précurseurs français. Étude sur le transformisme*, Félix Alcan, « Bibliothèque scientifique internationale ».

10. Huxley place, lui aussi, l'Homme dans l'ordre des primates qu'il subdivise en sept familles, dont celles des anthropiniens ou Hommes et des anthropomorphes ou grands singes (1863, *op. cit.*).

11. Fillipi, 1864, *L'Uomo e le scimie*, p. 45.

12. Vogt, 1864, *Lectures on Man* (résumés des leçons faites à l'Institut genevois, 1862-1864), Londres, Longman, Green, Logman et Roberts.

13. *In* Tort P. (dir.), 2000, *La Filiation de l'homme et la sélection liée au sexe*, Syllepse, p. 219.

14. *Ibid.*, p. 223.

15. Pour valider une origine commune entre les singes et l'Homme, et non un ancêtre simiesque, les ponts forts de l'argumentation sont les poils et la queue (Quatrefages, 1892, *op. cit.*, p. 263-290).

16. Broca, « L'ordre des primates. Parallèle anatomique de l'homme et des singes », *Bull. de la Soc. d'anthropologie de Paris*, 2e série, IV, p. 228-401.

17. Quatrefages, 1883. *op. cit.*

18. Quatrefages, 1883, *op. cit.*, p. 29.

19. Broca P., 1860, « Recherches sur l'hybridité animale en général et sur l'hybridité humaine en particulier », *BSAP*.

20. Vogt, 1864, *op. cit.*

21. Schaaffhausen, 1861, *op. cit.*

22. Hovelacque et Hervé, 1887, *Précis d'anthropologie*, Delahaye et Lecrosnier.

23. Klaatsch, 1910, « Die Aurignac-Rassz und ihre Stellung in Stammbaum der Meinschheit », *Zeitschrift für Ethologie*, 42, p. 513-577.

24. Quatrefages, 1883, *op. cit.*, p. 149.

25. Poliakov L., 1998, « Le fantasme des êtres hybrides et la hiérarchie des races aux XVIIIᵉ et XIXᵉ siècles », *in* B. Cyrulnik (dir.), *Si les animaux pouvaient parler. Essais sur la condition animale*, Gallimard, « Quarto », p. 1162-1176.

26. Gobineau, 1853-1855, *Essai sur l'inégalité des races humaines*, rééd. 1967, p. 133.

27. Taguieff P.-A., 1998, *La Couleur et le Sang. Doctrines racistes à la française*, rééd. 2002, Mille et Une Nuits, « Essai ».

28. Quatrefages, 1883, *op. cit.*, p. 211.

29. Poliakov L., 1998, *op. cit.*

30. Broca, 1861, « Sur le volume et la forme du cerveau, suivant les individus et suivant les races », *Bulletins de la Société d'anthropologie*, 2 : « On a vu que la capacité crânienne des Nègres de l'Afrique occidentale (1 372,12 cm³) est inférieure d'environ 100 cm³ à celles des races d'Europe » (citation p. 15).

31. Vogt, 1865 (éd. fr.), *Leçons sur l'homme, sa place dans la création et dans l'histoire*, Reinwald.

32. Vogt., 1864, *op. cit.*, p. 250-252.

33. Boas, 1911, *The Mind of Primitive Man*.

34. Haeckel, 1874 (éd. fr.), *Histoire de la création des êtres organisés d'après les lois naturelles*.

35. Brackman A., 1980, *Delicate Arrangement : The Strange Case of Charles Darwin and Alfred Russel Wallace*, New York, Time Book.

36. Quatrefages, 1883, *op.cit.*, p. 284.

37. Quatrefages, 1883, *op. cit.*, p. 208.

38. Quatrefages, *Histoire générale des races humaines* (2 vol., 1886-1889). Le premier volume est une introduction, tandis que le second tente une classification complète des races ; éd.1892, respectivement p. 282 et p. 282-283.

39. Gibson C. et Jung K., 2000, « Historical census statistics on population totals by race 1790 to 1990, and by Hispanic origin, 1970 to 1990. For the United States, regions, divisions, and states », *Population Division, US Census Bureau*, septembre, Working Paper series n° 5.

40. C'est le cas notamment pour le crâne de Gibraltar qui vient d'être exhumé du tiroir où il était conservé depuis sa découverte en 1848.

41. Falconer suggère à Busk de l'appeler *Homo calpicus*, mais cette dénomination, tirée de l'ancien nom de Gibraltar Calfe, ne sera pas retenue (Falconer, 1868, *Paleontologiacal Memoirs and Notes*, vol. 2).

42. Haeckel, 1874 (éd. fr.), *Histoire de la création des êtres organisés d'après les lois naturelles*.

43. Darwin, *La Descendance de l'homme et la sélection sexuelle*, 1881 (1ʳᵉ éd. 1871), *in* Tort. P. (dir.), 2000, *op. cit.*, respectivement p. 223 et p. 157.

44. Wallace, 1864, *The Origin of Human Races and the Antiquity of Man Deduced from the Theory of Natural Selection*.

45. En 1959, la datation au carbone 14 du crâne prouvera qu'il appartenait à un homme médiéval ; voir Thomas H., 2002, *Le Mystère de l'homme de Piltdown. Une extraordinaire imposture scientifique*, Belin.

46. Lyell, 1863, The Geological Evidences of the Antiquity of Man, with Remarks on Theories of the Origin of Species by Variation (trad. fr, 1864, L'Ancienneté de l'homme prouvée par la géologie et remarques sur les théories relatives à l'origine des espèces par variation, Baillières et Fils, XVI).

47. Boucher de Perthes, 1857, *op. cit.*

48. Le discours de Lyell sera publié en 1860 sous le titre « On the occurrence of works of Human art in post-Pliocene deposits », *Report of the Nineteenth Meeting of the British Association for the Advancement of Science*, Londres, J. Murray, p. 93-97.

49. En 1861, Lartet publie les résultats de ses fouilles dans la petite grotte d'Aurignac (Haute-Garonne). Il y confirme que l'Homme est bien contemporain d'animaux disparus (« Nouvelles recherches sur la coexistence de l'homme et des grands mammifères fossiles réputés caractéristiques de la dernière époque géologique », *Annales des sciences naturelles*, XV, 3, p. 177-253). Ce site deviendra le site éponyme de l'Aurignacien en 1906.

50. Lartet, 1861, *op. cit.*

51. En 1863, Desnoyer expose devant les membres de l'Académie des sciences sa découverte dans les environs de Chartres d'ossements d'animaux disparus, pour lui, entaillés par l'homme. Quelques années plus tard, ce sera le tour des abbés Louis Bourgeois (en 1867, présentation des ossements de Thenay dans le Loir-et-Cher, lors du Congrès international d'archéologie et d'anthropologie préhistorique de Paris) et Henri Delaunay (présentation des ossements de Saint-Prest dans l'Allier).

52. À Londres, Falconer a fait étudier une dent extraite de la mandibule par Busk Tomes, qui, après l'avoir sciée, reconnaîtra qu'elle n'est pas fossilisée.

53. Il s'agissait d'une mandibule médiévale, introduite volontairement pour tromper Boucher de Perthes.

54. Lyell, 1863, *op. cit.*

55. Mortillet définit le terme en 1883 dans *Le Préhistorique, antiquité de l'homme* (C. Reinwald). Le mot de « paléo-ethnologie » sera rapidement remplacé par celui de « palethnologie ».

Chapitre 7

Préhistoire et racialisme

1. Philosophe engagé dans la lutte contre toutes les formes de racisme (1998, *op. cit.*), P.-A. Taguieff est membre du Cercle de l'oratoire et fait partie du comité de rédaction de sa revue *Le Meilleur des Mondes*.

2. Deniker, 1900, *Les Races et les Peuples de la terre*, Schleicher frères.

3. Mortillet, 1874, « Le précurseur de l'homme », *AFAS*, compte rendu de la 2e session, Lyon, 1873, p. 607-613.

4. Mortillet et Hovelacque, 1873, « Le précurseur de l'homme », *Matériaux*, t. 8, p. 307-313.

5. Hovelacque, 1877, *Notre ancêtre. Recherches d'anatomie et d'ethnologie sur le précurseur de l'homme*, E. Leroux.

6. Les membres de ce groupe ne prennent en compte que des faits matériels (ici, les vestiges archéologiques) : la validation d'une théorie doit toujours reposer sur la comparaison entre observations et expériences.

7. Gaudry, 1878, *Les Enchaînements du monde animal dans les termes géologiques*, vol. *Mammifères tertiaires*, p. 236 et p. 241.

8. Mortillet, 1883, *op. cit.*, p. 105.

9. Manouvrier dirigera l'École d'anthropologie de Paris après le décès de Broca ; voir Manouvrier, 1895, « Discussion du *Pithecanthropus erectus* comme précurseur présumé de l'homme », *Bull. de la Soc. d'anthropologie de Paris*, 4ᵉ série, 6, p. 12-47.

10. Cunningham le mentionne dans plusieurs de ses publications et de ses conférences dans les années 1890 ; voir Trinkaus et Shipman, 1996, *Les Hommes de Neandertal*, Seuil.

11. En 1874 et 1876, quelques ossements de Néanderthaliens, dont la découverte passe inaperçue à l'époque, sont trouvés à Pontnewydd (nord du pays de Galles) et à Rivaux dans le sud de la France. Ils ne seront réexaminés que cent ans plus tard !

12. Broca, 1866., « Discussion sur la mâchoire humaine de La Naulette (Belgique) », *Bull. de la Soc. d'anthropologie de Paris*, 2ᵉ série, p. 584-603. En 1867, une canine et un métacarpien III droit seront également exhumés.

13. Hamy, 1870, *Précis de paléontologie humain*, Baillière.

14. Topinard, 1886, « Les caractères simiens de la mâchoire de La Naulette », *Revue d'anthropologie*, 2ᵉ série, 9, p. 395-431.

15. *Betche-Al-Rotche* signifie en wallon « bec du rocher ».

16. Schwalbe, 1901, « Der Neandertalschädek », *Bönner Jahrbücher*, 106, p. 1-72.

17. Hovelacque, 1877, *op. cit.*

18. Voltaire, 1734, chapitre I « Des différentes espèces d'hommes », *Traité de métaphysique*.

19. Schaffhausen, cité *in* Quatrefages, 1884, *Hommes fossiles et Hommes sauvages*, p. 147.

20. Lubbock, 1888 (1ʳᵉ éd. 1867), *L'Homme avant l'histoire*.

21. Schaaffhausen, cité *in* Quatrefages, 1884, *op. cit.*

22. Quatrefages, 1883, *op. cit.* Mais il mélange l'industrie des Néanderthaliens et celle des Hommes modernes

23. Quatrefages, 1883, *op.cit.*, p. 226-231.

24. Lartet et Christy, 1864, « Sur des figures d'animaux gravées ou sculptées et autres produits d'art et d'industries rapportables aux temps primordiaux de la période humaine », *Revue archéologique*, IX, p. 233-267.

25. Lartet et Christy découvrent la grotte de Liveyre à Tursac (qui ne sera fouillée qu'entre 1900 et 1906 par Émile Rivière [1835-1922]). Ils fouillent à partir de 1863 l'abri classique de Laugerie-Basse (avec de Vibraye), l'abri de Laugerie-Haute, les grottes et abris de Gorge d'Enfer, La Madeleine (qui deviendra le site éponyme du magdalénien en 1889), l'abri du Moustier (site éponyme du Moustérien).

26. Des fouilles seront reprises en 1873 par Massénat et en 1894 par Rivière (1835-1922).

27. En 1869, Mortillet en fera le site éponyme du solutréen.

28. À Chaleux en 1865 et à Furfooz en 1867 (plusieurs « trous » dont celui du Frontal).

29. Le site de Predmosti est découvert en 1880 par J. Wankel.

30. Boucher de Perthes avait déjà défendu l'idée d'un art préhistorique dans sa publication de 1847, mais, à l'époque, ses preuves (dont des pierres-figures) n'avaient convaincu personne.

31. Les fouilles sont menées dès 1834 par André Brouillet, notaire de son état.

32. Lartet et Christy, 1864, *op. cit.*

33. La première Vénus polichinelle est exhumée en 1883 par Louis Julien.

34. D'autres Vénus vont être découvertes au début du XXe siècle comme la Vénus de Willendorf à Wachau en Autriche (la première est trouvée en 1908 par le terrassier Johann Veran et identifiée par le préhistorien M. Szombathy), la « Vénus à la corne » de Laussel en Dordogne (c'est l'un des quatre bas-reliefs découverts en 1911 par le Dr Jean-Gaston Lalanne) et la Vénus de Lespugue en Haute-Garonne (mise au jour en 1922 par René de Saint-Périer dans la grotte des Rideaux, l'une des cinq cavités de ce gisement).

35. Piette regroupe l'art mobilier du Magdalénien et du Solutréen récemment découvert à Brassempouy (Landes). En effectuant des fouilles dans la grotte du Pape avec Joseph de Laporterie, il découvrira des objets en ivoire dont une statuette féminine (1894, « Notes pour servir à l'histoire de l'art primitif », *L'Anthropologie*, 5, p. 129-146).

36. Richard N., 2008, *Inventer la préhistoire. Les débuts de l'archéologie préhistorique en France*, Vuibert, ADAPT-SNES.

37. Lartet, 1861, *op. cit.*

38. Dawkins, 1862, « On a Hyæna-den at Wookey-Hole, near Wells », *Quarterly Journal of the Geological Society of London*, 18, p. 115-126.

39. La classification de Mortillet sera publiée la même année, en 1869, dans *Matériaux pour l'histoire primitive et naturelle de l'homme*, 5.

40. En outre, Mortillet estime à 222 000 ans la durée du Paléolithique (Mortillet, 1873n « Classification des diverses périodes de l'âge de la pierre », *Congrès international d'archéologie, d'anthropologie et de préhistoire*, 6e session, Bruxelles, 1872 ; Bruxelles, éd. C. Muquart, p. 432-459).

41. Mortillet développera sa classification dans *Le Musée préhistorique* (1re édition, 1881).

42. Maillard a démontré que, dans la grotte de la Chèvre (à Thorigné-en-Charnie, Mayenne), le Solutréen n'est pas directement superposé au Moustérien (1876, « Réponse à G. de Mortillet. Le Solutréen n'est point directement superposé au Moustérien à Thorigné-en-Charnie », *Matériaux pour l'Histoire primitive et naturelle de l'Homme*, p. 284-289).

43. Arambourg, 1955, *La Genèse de l'humanité*, PUF, « Que sais-je ? ».

44. Dupont, 1874, « Théories des Âges de la pierre en Belgique », *Bull. de la Soc. d'anthropologie de Paris*, 2e série, 9, p. 728-761.

45. Clémence Royer sera la première femme à être admise à la Société d'anthropologie de Paris en 1870. Par ses idées, elle est le précurseur des théories de l'eugénisme, du racisme et du darwinisme social (1876, *Les Âges préhistoriques, leurs divisions, leur succession, leurs transitions et leur durée*, Versailles, Imp. de Cerf et fils).

46. Cazalis de Fondouce 1873, « Étude sur la station de Solutré, par M. l'abbé Ducrost et le Dr Lortet », *Matériaux*, 2e série, 4, p. 69-82.

47. Breuil H., 1932, « Le Paléolithique ancien en Europe occidentale et sa chronologie », *BSPF*, vol. 29, n° 12, p. 570-578.

48. Peyrony D., 1933, « Les industries "aurignaciennes" dans le bassin de la Vézère », *BSPF*, vol. 30, n° 10, p. 543-559.

49. Boule, 1888, *Essai de paléontologie stratigraphique de l'homme*.

50. Piette définit d'abord les périodes : équidienne, éléphantienne, bovidienne, cervidienne, tarandienne, rangiférienne et élaphienne. Puis il propose une subdivision du magdalénien en deux sous-étages : équidien (à ossements de cheval) et cervidien (à ossements de renne et de cerf commun), comportant chacun deux assises, respectivement bovidienne (bovidé) et hippiquienne (cheval), et tarandienne (renne) et éla-

phienne (cerf) (Piette, 1891, « L'époque de transition intermédiaire entre l'âge du renne et l'époque de la pierre polie », *Congrès international d'anthropologie et d'archéologie préhistoriques, 10ᵉ session*, Paris, 1889, Éd. E. Leroux, p. 203-213).

51. Boule divise le Pléistocène en trois périodes : celle de l'hippopotame ou Quaternaire inférieur (au climat doux), celle du mammouth ou Quaternaire moyen (au climat froid et humide), celle du renne ou Quaternaire supérieur (au climat froid et sec).

52. En 1889, cette revue deviendra *L'Anthropologie*.

53. C'est durant ses années d'exil que Mortillet s'initie à la préhistoire, accompagnant en témoin privilégié l'émergence de la paléo-ethnologie italienne (Coye, 1997, *op. cit.*).

54. Zaborowski sera détenteur de la chaire d'ethnographie à partir de 1904.

55. Coye N., 1997, *op. cit.*

56. Hurel A., 2007, *La France préhistorienne de 1789 à 1941*, CNRS éditions.

57. Guibert, 1896, *Les Origines. Questions d'apologétique*, édité à Paris par Letouzey et Ané, cité par Richard, 2008, *op. cit.*

58. Cartailhac commence sa leçon d'anthropologie et d'« histoire naturelle de l'homme » par « Par le travail ! Pour la patrie » ! (Hurel A., 2007, *op. cit.*).

59. Hovelacque, 1877, *op. cit.*

60. Hovelacque, 1881, *Les Débuts de l'humanité, l'homme primitif contemporain*, Doin.

61. Tel est le surnom donné aux Aborigènes d'Australie par Charles Letourneau (1867, p. 384), *in* Blanckaert C. (dir.), 1993, *Des sciences contre l'homme*, Autrement, « Sciences en société », 2 vol.

62. Dugès, 1832, p. 31, cité par Blanckaert C., 1993, *op. cit.*

63. Gobineau, 1853-1855, *op. cit.*

64. Dès 1842, la Société ethnologique de Paris (créée en 1839) distribue *L'Instruction générale aux voyageurs*. L'Ethnological Society of London (fondée en 1840) fera de même un peu plus tard.

65. *Notes and Queries on Anthropology*.

66. Ferry, *Discours et opinions*, 1885, V, p. 211.

67. Fergusson, 1767, *Un essai sur l'histoire de la société civile* ; Walckenaer, 1798, *Essai sur l'histoire de l'espèce humaine*.

68. Brazza donnera son nom à la capitale du Congo : Brazzaville.

69. Edwards, 1841, p. 28, *in* Blanckaert C., 1993, *op. cit.*

70. Broca, 1860, *op. cit.*

71. Dans la Bible, après le Déluge, les descendants d'Adam se « rachètent » par le travail (Blanckaert C., 1993, *op. cit.*).

72. Thulié, 1907, p. 10, *in* Blanckaert C., 1993, *op. cit.*

73. Tylor, 1871, *Primitive Culture*, 2 vol., 1ʳᵉ édition.

74. Morgan, 1877, *Ancient Society, or Researches in the Line of Human Progress from Savagery, through Barbarism to Civilization*, Londres, Macmillan.

75. C'est le pasteur suisse Alexandre Chavannes qui, le premier, emploie et définit le mot ethnologie dans son *Anthropologie ou science générale de l'Homme* (1788).

76. Darwin, *Voyage d'un naturaliste autour du monde. Fait à bord du navire le Beagle de 1831 à 1836*, éd. C. Reinwald, p. 229.

77. Lubbock, 1888, *L'Homme préhistorique*.

78. Klemm, 1843, *Allgemeine Kulturgeschichte der Menschheit*, 10 vol.

79. Morgan, 1877, *op. cit.* ; cette théorie influencera énormément Engels.

80. MacLennan, 1886, *Studies in Ancient History*, revue éditée à Londres ; cité par Mercier P., 1971, *op. cit.*, p. 38.

81. Bastian fonde, en 1886, le plus grand musée d'ethnographique de l'époque : le Königliches Museum für VölkerKunde.

82. Bastian A., 1859, *Der Mensch in Geschichte*, Wigand.

83. Graebner appréhende les cultures humaines par leur distribution dans l'espace, leur histoire et les dynamiques migratrices (voir Löwie R., 1937, *The History of Ethnological Theory*).

84. Bastian A., *op. cit.*

85. Tylor, 1865, *Researches into the Early History of Manking and the Development of Civilization*, Londres, John Murray, VI. Tylor généralisera sa théorie aux groupes humains contemporains en prenant en compte des éléments non matériels de la culture comme les mythologies.

86. Bertrand, 1863, « Les monuments primitifs de la Gaule, monuments dits celtiques, dolmens et tumulus », *Revue archéologique*, NS, 7, p. 217-237 ; Bertrand, 1889, *Archéologie celtique et gauloise, mémoires et documents relatifs aux premiers temps de notre histoire nationale*, 2 éd., Paris, Leroux, XXXII.

87. Boucher de Perthes, 1847/1849, *op. cit.*, p. 162.

88. Testut, 1889, « Recherches anthropologiques sur le Squelette quaternaire de Chancelade », *Bull. doc. d'anthroplogie de Lyon*.

89. Cette classification comprend quatre ensembles : trois temps (préhistoriques, protohistoriques et historiques), trois âges (de la pierre, du bronze et du fer), sept périodes (pour l'Âge de la pierre : éolithique – pierre étonnée par le feu –, Paléolithique – pierre taillée –, Néolithique – pierre polie) et treize époques (pour l'Âge de la pierre : Thenaisien, Acheuléen-Cheléen – de l'éléphant antique et du mammouth partie –, Moustérien – du grand ours des cavernes –, Solutréen – du mammouth partie et du renne partie –, Magdalénien – du renne presque totalité – Robenhausien – 1re lacustre, des dolmens) (Mortillet, *op. cit.*).

90. Mortillet, 1885, « Âge de la pierre, Âge du bronze, Âge du fer », *in* Berthelot A., *La Grande Encyclopédie. Inventaire raisonné des sciences, des lettres et des arts*, Paris, Société anonyme de la Grande Encyclopédie, p. 794-798.

91. Cazalis de Fondouce, 1876. Sur la lacune qui aurait existé entre l'Âge de la pierre taillée et celui de la pierre polie, voir *Congrès international d'anthropologie et d'archéologie préhistoriques, Stockholm, 1874*, Stockholm, P.-A. Norstedt et Söner, p. 112-132.

92. Il s'agit des découvertes faites à Gourdan en Haute-Garonne (publiées en 1875), puis au Mas d'Azil en Ariège, en 1887 (Piette, 1891, *op. cit.*).

93. La découverte de Salmon a lieu à Campigny en Normandie : Salmon, 1886, « Âge de la pierre ouvrée, période néolithique, division en trois époques », *Matériaux pour l'Histoire positive et philosophique de l'Homme*, t. III, XXe année, p. 129-142.

94. Leur racine commune est mise en évidence par les linguistes anglais Jones et Young, respectivement en 1788 et 1813. L'idée sera reprise par le linguiste suisse Adolphe Pictet (1799- 1875) dans son ouvrage, écrit entre 1859 et 1863, *Les Origines indo-européens ou les Aryas primitifs. Essai de paléontologie linguistique*.

95. Haeckel, 1868 (éd. fr. 1909), sous le titre *Histoire de la création des êtres organisés, d'après les lois naturelles*, Schleicher Frères.

96. Penka, 1886, *Die Herkunft der Aryer*.

97. Chamberlain, 1899, *Die Grundlagen des neunzehnten Jahrhunderts*. Gendre de Wagner naturalisé allemand après la Première Guerre mondiale, il sera l'un des principaux inspirateurs de Hitler.

98. Vacher de Lapouge, 1899, A. Fontemoing. Dix ans plus tard, cette figure de l'anthroposociobiologie persiste en publiant *Race et milieu social : essais d'anthroposociologie*, M. Rivière.

99. Pichot A., 1995, *L'Eugénisme ou les Généticiens saisis par la philanthropie*, Hatier, « Optiques ».

100. Galton, 1883, *Inquiries into Human Faculty and Its Development*.

101. Les travaux sur les lois de l'hérédité du moine botaniste tchèque Johann Gregor Mendel (1822-1884) n'étant pas encore connus, ses recherches lui vaudront d'être considéré, avec son ami Pearson qui développe des méthodes d'analyse pour l'étude de la sélection naturelle et invente le test du Xi2, comme le fondateur d'une école biométrique. Galton adopte une méthode statistique, inédite à l'époque dans le domaine de la biologie : la loi normale gaussienne. Ensemble, ils fonderont la revue spécialisée *Biometrika*.

102. Thomas J.-P., 1995, *Les Fondements de l'eugénisme*, PUF.

103. Pichot A., 1993, *Histoire de la notion de vie*, Gallimard.

104. Taguieff P.-A., 1988, *La Force du préjugé. Essai sur le racisme et ses doubles*, La Découverte.

105. Pichot A., 1995, *op. cit.*

106. Galton, *Hereditary Genius. An Inquiry into Its Law and Consequences*, Londres, Mac Millan.

107. Galton, 1899, *Natural Inheritance*.

108. Cité par Pichot A., 1995, *op. cit.*, p. 11.

109. Foucault M., 1997, *Cours au Collège de France, 1975-1976*, « Il faut défendre la société », Gallimard.

110. Parmi ces exceptions figurent les anthropologues R. Codrington, H. Callaway, Baldwin Spencer et Gillen.

111. Les textes particulièrement utilisés auront été ceux de l'abbé Dubois pour l'Inde, du lazariste Évariste Hue pour la Chine et le Tibet, de William Ellis pour la Polynésie et Madagascar, d'Alexander von Humboldt et d'Alcide d'Orbigny pour l'Amérique du Sud, d'Henry Rowz Schoolcraft pour l'Amérique du Nord, de Jean-Louis Burckhardt pour le Moyen-Orient et l'Afrique du Nord-Est et de David Livingstone pour l'Afrique centrale et australe.

112. Frazer, 1911-1935, 13 volumes.

Chapitre 8

Le tournant du XXe siècle

1. Hurel A., 2007, *op. cit.*

2. L'Institut est actuellement dirigé par le professeur Henry de Lumley. Le bâtiment accueille les chercheurs du département « Préhistoire » du Muséum national d'histoire naturelle auquel est rattachée une équipe de recherches du CNRS.

3. Boucher de Perthes, 1847, 1857, 1864, 3 vol., *Antiquités celtiques*. En 1907, dans *L'Évolution créatrice*, le philosophe Henri Bergson préfère « *Homo faber* » à « *Homo sapiens* », nom trop « intellectuel » à ses yeux. Jusqu'aux années 1950, on va

dénier ainsi à certains fossiles humains (australopithèques, sinanthropes) la dextérité pour tailler la pierre.

4. Aujourd'hui, d'autres critères sont pris en compte, notamment les comportements socioculturels, comme la sexualité avec la perte de l'œstrus chez les êtres humains, d'où l'absence de période de rut comme chez les autres mammifères (Ducros A. et Panoff M. (dir.), 1995, *La Frontière des sexes*, PUF).

5. Ratzel F., 1988, *Géographie politique*, Éditions régionales européennes et Economica (1re éd. allemande, 1897).

6. La grotte d'Altamira est découverte en 1868 par M. Cubillas et fouillée de 1875 à 1879 par de Sautuola.

7. Sautuola, 1880, *Breves apuntes sobre algunos objetos prehistoricos de la provincia de Santander*, Madrid, Murillo.

8. Harlé, 1881, « La grotte d'Altamira, près de Santander (Espagne) », *Matériaux*, 2e série, 12, p. 275-283.

9. Par Émile Rivière en 1895 ; présentée à l'Académie des sciences en 1896.

10. La grotte de Pair-Non-Pair est découverte en 1883, mais elle n'est reconnue qu'en 1899 dans la publication de Daleau.

11. Ces œuvres pariétales sont authentifiées par Breuil, Capitan et Peyrony en 1901 et sont présentées à l'Académie des sciences en 1902.

12. Cartailhac, 1902, « Les cavernes ornées de dessins. La grotte d'Altamira, Espagne. *Mea culpa* d'un sceptique », *L'Anthropologie*, XIII, p. 348-354. En 1906, il publiera avec Breuil une monographie consacré à l'art pariétal : *La Caverne d'Altamira à Santillane près de Santander*.

13. De vifs échanges avaient déjà eu lieu en 1897 lors du congrès de Saint-Étienne.

14. Selon Piette, il y a deux écoles stylistiques, celle du Périgord et celle des Pyrénées, hypothèse, qui sera contredite quelques années plus tard par Cartailhac et abandonnée : Piette, 1873, « Sur la grotte de Gourdan, sur la lacune que plusieurs auteurs placent entre l'âge du renne et celui de la pierre polie, et sur l'art paléolithique dans ses rapports avec l'art gaulois », *Bull. Soc. d'anthrop.*, 2e série, 8, p. 384-425.

15. Mortillet, 1883, *op. cit.*

16. Cartailhac, 1889, *La France préhistorique d'après les sépultures et les monuments*, Germer Baillière, « Bibliothèque scientifique internationale », 68.

17. Selon Coye (1997, *op. cit.*), dans la « vision matérialiste prônée par G. de Mortillet, un des membres les plus représentatifs du groupe du « matérialisme scientifique » qui défend la théorie que « seule la science peut expliquer l'univers et son histoire, les approches philosophiques et métaphysiques étant rejetées hors du champ de la connaissance positive ».

18. Mortillet, 1883, *op. cit.*

19. Reinach, 1903, « L'art et la magie : à propos des peintures et des gravures de l'âge du Renne », *L'Anthropologie*, XIV, p. 257-266.

20. Richard N., 2008, *op. cit.*

21. Découverte le 12 septembre 1940, puis classée monument historique en décembre 1940, la grotte de Lascaux est ouverte au public en 1948. Afin de protéger les peintures, elle est fermée au public depuis 1963.

22. Laming-Emperaire A., 1962, *La Signification de l'art rupestre paléolithique : méthodes et applications*, A. J. Picard.

23. Leroi-Gourhan A., 1971, *Préhistoire de l'art occidental*, Mazenod.

24. Voir à ce sujet les nombreuses publications du professeur Denis Vialou *(Préhistoire, Dictionnaire et encyclopédie*, Robert Laffont, « Bouquins », 2004 ; *La Préhistoire*, Gallimard, « L'Univers des formes », 2006) et du préhistorien Michel Lorblanchet (*Les Grottes ornées de la préhistoire. Nouveaux regards*, Errance, 1995 ; *La Naissance de l'art. Genèse de l'art préhistorique*, Errance, 1999).

25. Peyrony D., 1933, *op. cit.*

26. Poisson G., 1928, « Les civilisations néolithiques et énéolithiques de la France », *Revue anthropologique*, 38, p. 45-68.

27. Capitan, 1899, « La science préhistorique, ses méthodes », *Revue de l'École d'anthropologie*, 9, p. 333-349.

28. Broca, 1873, « Sur les migrations des peuples à dolmens », *Association française pour l'avancement des sciences, congrès de Bordeaux, 1872*, Paris, Secrétariat de l'Association, p. 722-727.

29. Le diffusionnisme ne prend en compte que les similitudes de formes. En outre, des inventions ont été réalisées chez des peuples n'ayant eu aucun contact avec d'autres groupes humains.

30. Ces découvertes ont lieu à Krapina en Croatie de 1898 à 1906, au Moustier en Dordogne et à La Chapelle-aux-Saints en Corrèze en 1908, à La Ferrassie en Dordogne en 1909 et à La Quina en Charente en 1910.

31. Keith, 1911, *Ancient Types of Man*, Londres, Harper et Brothers.

32. Keith, 1912, « The relationship of Neanderthal man and Pithecantropus to modern man », *Man*, 12, p. 155-156.

33. Boule, 1911-1913, « L'Homme fossile de La Chapelle-aux-Saints », *Annales de paléontologie*, VI, p. 111-172 ; VII, p. 21-56 et p. 85-192 ; VIII, p. 1-70, Masson.

34. Le premier squelette d'*Homo sapiens* fossile, découvert en 1913 par l'Allemand Hans Reck à Oldowaï (Tanzanie), demeure totalement ignoré par la communauté scientifique d'alors. Il ne sera réétudié que plus tard par Louis Leakey.

35. Comme tous les savants allemands, suite à la Première Guerre mondiale, Schwalbe n'est plus écouté.

36. Weidenreich F., 1947, « Facts and speculations concerning the origin of *Homo sapiens* », *American Anthropologist*, 49 (2), p. 187-23.

37. Hrdkicka A., 1927, « The Neandertal phase of Man », *Journal of the Royal Anthropological Institute*, 56, p. 249-274.

38. Dart R. A., 1925, « *Australopithecus africanus* ; the man-ape of South Africa », *Nature*, 115, p. 195-199.

39. Dart R. A. et Craig D., 1959, *Adventures with the Missing Link*, New York, Harper et Brothers.

40. Parmi ses fouilles, citons celles, entre 1929 et 1934, de Mugharet el-Tabun (caverne du Four, restes de Néanderthalien et peut-être de proto-Cro-Magnon) et celles de Mugharet el-Skhul (caverne des Chevreaux, restes de proto-Cro-Magnon).

41. Vallois H.-V., 1958, *La Grotte de Fontéchevade, deuxième partie : anthropologie*. Masson, « Archives de l'IPH », p. 29.

42. Boule, 1920, *Les Hommes fossiles : éléments de paléontologie humaine*, Masson, XI.

43. Klaatsch, 1910, *op. cit.*

44. Klaatsch, 1923, *L'Évolution et les progrès de l'humanité*, Londres, T. Fischer Unwin Ltd.

45. Hauser, qui est en réalité un Suisse alémanique, vendra au Musem für Volkerkunde de Berlin les fossiles humains qu'il a exhumés des sites du Moustier et de Combe-Capelle.

46. En Chine, en 1921, a lieu l'exhumation des restes du Sinanthrope de la grotte de Zhoukoudian près de Pékin.

47. La découverte des Australopithèques a lieu d'abord en Afrique du Sud (en 1924, Raymond Dart exhume l'enfant de Taung), puis en Afrique de l'Est.

48. Boule, 1937, « Le Sinanthrope », *L'Anthropologie*, 47, p. 1-22.

49. Verneau l'associe à la culture chelléenne et à l'époque de l'hippopotame.

50. Associée par Verneau à la culture moustérienne et à l'époque du mammouth.

51. Associée par Verneau à la culture aurignacienne et à la faune des steppes.

52. Associée par Verneau aux cultures solutréenne et magdalénienne de l'âge du renne.

53. Verneau R., 1931 (1ʳᵉ éd. 1926), *L'Homme. Races et coutumes*, Larousse, « Histoire naturelle illustrée », respectivement p. 27 et p. 32.

54. Le raisonnement repose sur des calculs fondés sur le nombre de mutations identiques observées dans l'ADN mitochondrial d'une centaine d'Hommes modernes issus de toutes les régions du monde : Wilson A. C. *et al.*, 1985, « Mitochondrial DNA and two perspectives on evolutionary genetics », *Biological Journal of the Linnean Society*, 26, p. 375-400 ; Cann R. L., Stoneking M. et Wilson A. C., 1987, « Mitochondrial DNA and human evolution », *Nature*, 325, p. 31-36.

55. Breuil, 1907, *La Question aurignacienne, étude critique de stratigraphie comparée*, Vigot frères.

56. Adrien de Mortillet collaborera à l'illustration des ouvrages de son père et, jusqu'à sa mort, s'emploiera à leur réédition.

57. Breuil, 1913, « Les subdivisions du Paléolithique supérieur et leur signification », *Congrès int. anthrop. archéol. préhist, 14ᵉ session*, Genève, 1912, 1, p. 166-238.

58. Vayson de Pradenne, 1922, « L'étude des outillages en pierre », *L'Anthropologie*, 32, p. 1-38.

59. Breuil, 1932, *op. cit.* ; Peyrony, 1933, *op. cit.*

60. Howell F. C. et Bourlière F., 1964, *African Ecology and Human Evolution*, Londres, Methuen ; Howell F. C., 1965, *Early Man*, Time-Life Books.

61. L'Américain Jim Watson (1928-) et l'Anglais Francis Crick (1916-2004) découvrent l'ADN en 1953.

62. Dobzhansky T., 1962, *Mankind Evolving : The Evolution of the Human Species*, Yale University Press.

63. Dawkins R., 2004, *The Ancestor's Tale : A Pilgrimage to the Dawn of Life*.

64. Wilson A. C. *et al.*, 1985, *op. cit.*

65. Sykes B., 2001, *The Seven Daughters of Eve : The Science That Reveals Our Genetic Ancestry*, W. W. Norton.

66. Selon l'hypothèse de l'horloge moléculaire, elles s'accumuleraient dans un génome à une vitesse globalement proportionnelle au temps géologique.

67. Manica A., Amos W., Balloux F. et Hanihara T., 2007, « The effect of ancient population bottlenecks on human phenotypic variation », *Nature*, 448, p. 346-348.

68. King, 1864, *op. cit.*

69. MacLean, 1880, *A Manuel of the Antiquity of Man*, Cincinnati, Robert Clarke et co.

70. Fraipont et Lohest, 1887, « La race humaine du Néanderthal ou du Canstadt en Belgique. Recherches ethnographiques sur les ossements humains découverts dans les dépôts quaternaires d'une grotte à Spy et détermination de leur âge géologique », Gand, *Archives de biologie,* 7, p. 587-757.

71. Shaaffhausen, 1888, *Der Neanderthaler fund,* Bonn, Marcus.

72. Cité dans Tort P. (dir.), 1996, *Dictionnaire du darwinisme et de l'évolution,* PUF, 3 vol., p. 2244.

73. Fondation Albert Ier, il est situé au 1, rue René-Panhard, Paris XIIIe.

74. Ce crâne est étudié et reconstitué entre 1911 et 1913 par Marcellin Boule qui sera le premier directeur de l'Institut.

75. Klaatsch, 1923, *op. cit.*

76. Boule, 1911-1913, *op. cit.*

77. Keith, 1911, *op. cit.*

78. Le site est fouillé entre 1909 et 1910 par Denis Peyrony et le Dr Louis Capitan.

79. Klaatsch, 1923, *op. cit.*

80. Pittard, 1924, *Les Races et l'histoire. Introduction ethnologique à l'histoire,* La Renaissance du Livre, « Évolution de l'Humanité », tome V, *Préhistoire, Protohistoire,* p. 71.

81. Pittard, 1924, *op. cit.,* p. 75.

82. Smith, 1924, *The Evolution of Man,* Londres, Oxford University Press (éd. française, 1928).

83. Verneau R., 1931, *op. cit.*

84. Coon C., 1939, *The Origin of the Races,* New York, Knopf.

85. Parmi ces travaux, citons ceux menés, à partir de 1953, par l'archéologue américain Ralph Stefan Solecki (1917-) dans la grotte de Shanidar (Kurdistan irakien) où plusieurs des squelettes masculins exhumés portent des marques de blessures très handicapantes, pour la plupart cicatrisées, ce qui attesterait, ainsi que leur âge avancé, qu'ils ont été soignés et pris en charge jusqu'à leur mort par le groupe.

86. Burian ne changea complètement de perception qu'en 1979.

87. Pradel L., 1954, « Le Moustérien », *BSPF,* vol. 51, n° 8, p. 42.

88. On peut penser à un film comme *La Guerre du feu* de Jean-Jacques Annaud (1981).

89. La théorie de Ripley repose sur les indices crâniaux et l'implantation géographique (Ripley, 1899, *The Race of Europe : une étude sociologique,* New York, D. Appleton and Co.). Cette conception sera remise en cause par l'anthropologue américain Coon pour qui les disparités des races européennes sont dues à des caractères physiques superficiels (1939, *op. cit.*).

90. Sont retenues, pour les grandes divisions, la couleur de la peau, puis, tantôt la taille, tantôt la forme du crâne ou de la face, la nature des cheveux, la forme du nez ou la couleur des yeux : Deniker, 1900, *Races et peuples de la Terre.*

91. Anglas, 1924, *Les Grandes Questions biologiques depuis Darwin jusqu'à nos jours,* Stock, respectivement p. 55 et p. 53.

92. Montandon G., 1933, *La Race, les races. Mise au point d'ethnologie somatique,* Payot.

93. Vallois H.-V., 1944 (1re édition), *Les Races humaines,* PUF, « Que sais-je ? ».

94. Cité dans Tort P., 2000, *op. cit.*

95. Huxley, 1888, *La Lutte pour l'existence dans la société humaine* ; Woltmann, 1907, *Die Germanen in Frankreich. Eine Untersuchung über den Einfluß der germanischen Rasse auf die Geschichte und Kultur Frankreichs*, E. Diederichs.

96. Davenport, 1911, *L'Hérédité dans la liaison à l'eugénisme.*

97. Grant, 1916, *The Passing of the Great Race*. Ce livre influença Alfred Rosenberg et Hitler.

98. Stoddard, 1920, *The Rising Tide of Color against White World-Supremacy*, New York, Charles Scribner's Sons.

99. Créée en 1922, cette société est présidée par l'économiste Fisher et financée par le riche industriel John D. Rockefeller. Sous la pression des eugénistes, dans une trentaine d'États, de nouvelles lois restrictives du mariage sont également promulguées : voir Kelvès D. J., 1995., *Au nom de l'eugénisme : génétique et politique dans le monde anglo-saxon*, PUF, p. 83-84 et p. 104.

100. Richet, 1919, *La Sélection humaine*, Alcan, cité par Pichot A., 1995, *op. cit.*, p. 14. Prix Nobel de médecine en 1913, Richet sera membre de l'Institut de France et président de la Société française d'eugénisme de 1920 à 1926.

101. Klaatsch, 1923, *op. cit.*

102. Cuénot, 1925, *L'Adaptation*, Doin.

103. Kevles D. J., 1995, *Au nom de l'eugénisme. Génétique et politique dans le monde anglo-saxon*, PUF, p. 84 et p. 129-130.

104. Donnant un rôle prépondérant, voire exclusif à l'hérédité, les « conservateurs » sont politiquement favorables au maintien de l'ordre social et sexuel (Kelves D. J., 1995, *op. cit.*). La Eugenics Education Society, créée en 1907, influente par la qualité de ses membres majoritairement eugénistes « conservateurs », fait entendre sa voix jusqu'au-delà de l'Atlantique par l'intermédiaire de sa revue (*Eugenics Review*), de ses brochures et de ses congrès. Elle exerce également une pression auprès du Parlement britannique afin de favoriser la promulgation de lois sur les pauvres, les maladies vénériennes ou le traitement des déficients mentaux, par enfermement dans des asiles et souvent stérilisation (une loi est votée en ce sens en 1913 ; voir Farral L., 1970, cité par Kevles D. J., 1995, *op. cit.*, p. 93). En outre, les « conservateurs » militent pour la conservation des rôles sociaux sexuellement différenciés. Ils sont opposés à la contraception, considérée comme une incitation à la débauche, à l'accès des femmes aux études supérieures qui les détourneraient de la fonction procréatrice (C. D. Whetham, *The Family and the Nation, in* Kevles D. J., 1995, *op. cit.*, p. 125-126).

105. Appartenant aux milieux progressistes, les « marxistes » sont en faveur de l'avènement d'un « homme nouveau » (Kelves D. J., 1995, *op. cit.*). La plupart, comme l'Irlandais George Bernard Shaw (1856-1950) ou Henry Havelock Ellis (1859-1939), sont des militants socialistes du Fabian Society Sidney Webb, favorables en outre à l'indépendance financière des femmes dont ils soutiennent les revendications.

106. Kevles D. J., 1995, *op. cit.*, p. 121.

107. *Ibid.*, p. 89 et p.123-124.

108. Entre 1907 et 1950, trente-trois États américains et sept pays européens (dont l'Allemagne en 1934) vont voter des textes autorisant la stérilisation de certains types de criminels (récidivistes, violeurs) et de malades (épileptiques, malades mentaux, parfois même des alcooliques, des syphilitiques et des toxicomanes). Les eugénistes français, plus lamarckiens que darwiniens, sont, eux, partisans d'un hygiénisme social et militent en faveur de mesures sociales pour éradiquer les tares, censées être à l'époque héréditaires, comme l'alcoolisme, la syphilis ou la tuberculose.

109. Raul H., 1988 (éd. fr.), *La Destruction des Juifs d'Europe*, Fayard.

110. Kevles D. J., 1995, *op. cit.*, p. 88.

111. Pichot A., 1995, *op. cit.*, p. 44 ; Duster T., 1992, *Retour à l'eugénisme*, Kimé, p. 26.

112. Le biologiste et statisticien britannique Ronald Fisher est l'un des fondateurs de la génétique moderne. Il succédera à Galton à la chaire d'eugénisme de l'University College de Londres (Kelves D. J., 1995, *op. cit.*, p. 235-253). Constatant que la natalité est plus élevée chez les pauvres que dans les classes dirigeantes, Fisher préconisera la stérilisation des moins favorisés (Fisher R., 1930, *The Genetical Theory of Natural Selection*, Oxford, Oxford University Press).

113. On estime qu'environ 400 000 personnes, en Allemagne et dans les territoires annexés après 1937, ont été stérilisées entre 1934 et 1945. Massin B., « Stérilisation eugénique et contrôle médico-étatique des naissances en Allemagne nazie : la mise en pratique de l'Utopie médicale », *in* Giami A. et Leridon H., 2000, *Les Enjeux de la stérilisation*, INED.

114. Montandon dirigera la revue *L'Ethnie française*, financée par l'Institut allemand de Paris (Kevles D. J., 1995, *op. cit.*).

115. *Le Cahier jaune* sera dirigé par André Chaumet de novembre 1941 à février 1943.

116. Verschuer O., 1943, *Manuel d'eugénique et hérédité humaine*, Masson. Verschuer est alors responsable de l'Institut d'anthropologie de Berlin.

117. Il s'agit d'une brochure de cinquante pages où cinq cents documents dénoncent le prétendu rôle des Juifs dans la culture, la prostitution, les trafics, les crimes rituels et le terrorisme. Les principaux ouvrages de Montandon sont édifiants : 1933, *La Race, les races. Mise au point d'ethnologie somatique*, Payot ; 1935, *L'Ethnie française*, Payot ; 1940, *Comment reconnaître le Juif ?*, Nouvelles Éditions françaises.

118. Il s'agit des articles L 214-1 et L 214-3, sous-titre II du titre I du livre II intitulé « Des crimes contre l'espèce humaine ».

119. À l'Assemblée nationale, le scrutin n° 167, sur l'ensemble du projet de loi relatif à la bioéthique, a été adopté avec modifications en deuxième lecture lors de la séance du mardi 8 juin 2004.

120. Gorboff M., 2003, *Premiers Contacts. Des ethnologues sur le terrain*, L'Harmattan.

121. On peut notamment citer le « culte du cargo » qui a pris naissance en Mélanésie.

122. La colonisation française du Sénégal date ainsi de 1783.

123. Leclerc G., 1972, *Anthropologie et colonialisme*, Fayard.

124. Nous invitons le lecteur à lire le remarquable article d'Emmanuelle Sibeud, maître de conférence à l'université Paris-VIII : Sibeud E., 2006, « L'ethnologie au risque de la situation coloniale », *in* Pelus-Kaplan M.-L. (dir.), *Unité et globalité de l'homme. Des humanités aux sciences humaines*, Syllepse, p. 191-207.

125. Hume, 1751, *An Enquiry Concerning the Principles of Morals*.

126. Lévi-Strauss C., 1971, *Race et histoire*, Denoël/Gonthier, p. 22 ; Herskovits M., 1967 (éd. anglaise 1948), *Les Bases de l'anthropologie culturelle*, Payot, p. 54-59.

127. Todorov T., 2006, *op. cit.*, p. 121.

128. Rapporté par le poète antillais Aimé Césaire dans *Présence africaine*, numéro spécial sur le Congrès de Paris cité par Rodinson M., « Racisme et civilisation », *La Nouvelle Critique*, 66, juin 1955.

129. Qu'on songe, à titre d'exemples, à la grande renommée de l'Université de Sankoré (Tombouctou, Mali) ou à la complexité du codex maya (Mexique).

130. Bonte P. et Izard M. (dir.), 1991, *Dictionnaire de l'ethnologie et de l'anthropologie*, PUF, « Quadrige », 842 p.

131. Herskovits M., 1967, *op. cit.*

132. Voir Bastide R., « Histoire : la perspective culturaliste » et « Problèmes de l'entrecroisement des civilisations et de leurs œuvres », *in* Gurvitch G., 1963, *Traité de sociologie*, vol. II.

133. Patou-Mathis M., 2007, *Une mort annoncée*, Perrin.

134. Rivers, 1922, *Instinct et Inconscient*.

Chapitre 9

La « rencontre » du Sauvage et du Préhistorique

1. Mercier P., 1971, *op. cit.*

2. Herskovits M., 1967, *op. cit.*

3. Reynaud Paligot C., 2006, *op. cit.*

4. Keith, 1925. *The Antiquity of Man*, Londres, Williams et Norgate, 2 éd., 2 vol.

5. Pittard, 1924, *op. cit.*, tome V : *Préhistoire, Protohistoire*, p. 71.

6. L'actualisme est l'extension au domaine culturel du concept uniformitariste, développé par le minéralogiste anglais William Whewell (1794-1866).

7. Lubbock, 1888 (3ᵉ éd.), *L'Homme préhistorique étudié d'après les monuments et les costumes*, suivi *d'une étude sur les mœurs et coutumes des sauvages modernes*, t. II, p. 258

8. Hamy, 1870, *op. cit.*, p. 58.

9. Darwin, 1871, *op. cit.*, tome I.

10. Wallace, 1853, *Travels on the Amazon and Rio Negro*.

11. Gaudry, 1878, *op. cit.*, p. 236 et p. 241.

12. Quatrefages, 1988, éd. Jean-Michel Place, préface de Maria Moisseeff.

13. *In Les Merveilles des races humaines. Les types, les mœurs, les coutumes*, Hachette ; un livre identique est paru sous le titre : *Les Races humaines. Les types. Les coutumes*, Hachette, p. 29.

14. Klaatsch, 1923, *op. cit.*, p. 513-577.

15. Verneau choisit de classer les races humaines actuelles en trois groupes. Pour lui primordiaux et indiscutables : le groupe nègre (ou, mal à propos, éthiopien), le groupe jaune ou mongolique et le groupe blanc ou caucasique. La répartition spatiale des groupes humains est ici indépendante de la géographie – par exemple, il divise les races d'Afrique en Nègres, Mongoloïdes, Blancs d'Afrique (Berbères, Égyptiens) et Éthiopiens, eux-mêmes subdivisés en plusieurs groupes. Pour les races d'Europe, il les distingue par leur langue : peuples dits anaryens (Lapons, Finnois, Basques et Caucasiens), peuples dits aryens (Latins, Germains, Slaves et Hellènes) : Verneau R., 1931, *op. cit.*

16. Du mot grec *pugmaios* « coudée », mesure équivalente à 44 centimètres.

17. Verneau rappelle l'extermination des Tasmaniens par les colons anglais qui a débuté à partir de 1803. Le dernier homme est mort en 1869, et la dernière femme en 1877. En 73 ans, trois à quatre mille individus ont ainsi été tués.

18. Cartailhac, 1889, *op. cit.*, p. 49.

19. Lubbock, 1888, 3ᵉ édition, *op. cit.*, t. II.

20. Renard J.-B., 2006., « L'homme sauvage au xxᵉ siècle : images et imaginaires », *Bull. de la Société de mythologie française*, 209, p. 20-26.

21. Tinland F., 2003, *L'Homme sauvage. Homo ferus et Homo sylvestris de l'animal à l'homme*, L'Harmattan, « Histoire des sciences humaines ».

22. Renard J.-B., 2006, *op. cit.*, p. 20.

SECONDE PARTIE

IMAGES DE L'AUTRE DANS LE TEMPS (LE PRÉHISTORIQUE) ET L'ESPACE (LE SAUVAGE)

1. Mercier P., 1971, *op. cit.*
2. Coye N., 1997, *op. cit.*

Chapitre 1

L'Autre : entre émerveillement du voyageur et esclavage organisé

1. On peut penser, en particulier, aux récits du xviᵉ siècle de Jean de Léry et André Thévet, de Bernardino de Sahagun.

2. Les noms « sauvage » et « sauvagerie » sont une invention de la Renaissance européenne. Équivalent de la barbarie gréco-romaine, la sauvagerie est l'antithèse destructrice de la civilisation.

3. Gohard-Radenkovic A., 1999, « L'altérité dans les récits de voyages », *L'Homme et la Société*, 134, p. 83-84.

4. Parmi ces créatures fabuleuses figurent les Patagons décrits par l'Italien Antonio Pigafetta, l'un des dix-huit survivants de l'expédition de 1519 de Magellan (*Premier Voyage autour du monde sur l'escadre de Magellan*).

5. Colomb, 1492-1493, *Journal de bord* (manuscrit). Comme en atteste la gravure sur bois « Canibali » des Petites Antilles, pour ces successeurs, le Cannibale restera un « fils de chien ».

6. Las Casas, 1542, *Relacion de la destruccion de las Indias*. Celui-ci sera au cœur de la controverse de Valladolid (Espagne), où il présentera en 1547 ses « Trente propositions très juridiques » et note que « les guerres au nouveau monde ont été injustes et qu'il faut libérer les esclaves ».

7. Benzoni, 1565, *Historia del Mondo Nuovo*.

8. Thévet, 1558, *Singularités de la France antarctique autrement nommée Amérique*.

9. Staden, 1557, *Véritable Histoire et description d'un pays habité par des hommes nus, féroces et anthropophages*.

10. Castillo, *Historia Verdadera de la Conquista de Nueva España* (« Histoire véridique de la conquête de la Nouvelle-Espagne »).

11. Bodin, 1576, *Six Livres de la République*.

12. Ainsi, la *Cosmographie Universelle* (1575) d'André Thévet est une compilation de données sur l'Afrique et l'Asie (premier volume) et l'Europe et le Nouveau

Monde (second volume). Les deux volumes sont abondamment illustrés. Par ailleurs, la faune et la flore sont largement traitées dans l'ouvrage sur le Mexique du médecin et botaniste espagnol Francisco Hernandez de Tolède (1514-1587).

13. Citons du Maître du retable de Saint Barthélemy, *Les Trois Rois mages* (avant 1480) ; de Mantegna (1431-1506), *L'Adoration des Rois mages* (vers 1500) ou encore de Joos van Cleve (1485-1540/41), *L'Adoration des mages* (vers 1530-1535).

14. Voir, par exemple, Pisanello (1395-1455), *Tête de jeune Noir de trois quarts* (vers 1430) ; Mantegna, *Oculus de la chambre des époux* (vers 1474) ; Véronèse, *Jeunes Noirs et nain* (1573) ; atelier de Rubens, *Quatre Études de têtes de Noir* (vers 1630).

15. Pellegrino F., 2006, *Mondes lointains et imaginaires*, Hazan, « Guide des arts ».

16. Pellegrino, F., 2006, *op. cit.*

17. La Vega de, 1609, *Commentarios Reales de los Incas* (« Commentaires royaux des Incas »).

18. Tasman séjourne en Tasmanie et en Nouvelle-Zélande en 1642, puis aux îles Fidji en 1643.

19. Dampier, 1697, *A New Voyage round the World*, Londres, Adam and Charles Black.

20. Chardin, 1686 et complété en 1711, *Voyage de Paris à Ispahan*, première partie des *Voyages de monsieur le chevalier Chardin en Perse et autres lieux de l'Orient*.

21. Tavernier, 1677, *Voyages en Turquie, en Perse et aux Indes*.

22. Publié à Amsterdam, l'ouvrage de Dapper est traduit en français en 1686 sous le titre *Description de l'Afrique contenant les noms, la situation & les confins de toutes ses parties, leurs rivières, leurs villes et leurs habitations, leurs plantes et leurs animaux : les moeurs, les coutumes, la langue, les richesses, la religion et le gouvernement de ses peuples*.

23. Marcil Y., 2006, *Les Récits de voyages dans la presse périodique (1750-1789)*, Honoré Champion.

24. La Condamine, 1745, *Relation abrégée d'un voyage fait dans l'intérieur de l'Amérique méridionale depuis la côte de la mer du Sud jusqu'aux côtes du Brésil et de la Guyane, en descendant la rivière des Amazones, lue à l'assemblée publique de l'Académie des sciences, le 28 avril 1745*.

25. Levaillant, *Voyage... dans l'intérieur de l'Afrique, par le cap de Bonne-Espérance...*, Crapelet, an VI. ; *Second Voyage dans l'intérieur de l'Afrique....*, an XI [1803].

26. Kolbe, *Caput Bonae Spei Hodiernum*, 1719 ; *Naukeurige en Uitvorige Beschrijving van die Kaap de Goede Hoop*, 1722.

27. Barrow J., 1801, *Travels in South Africa, 1797-1798*.

28. Melville, *Taïpi*, 1846 ; *Omoo*, 1847.

29. Tcherkézoff S., 2005, *Tahiti, 1768. Jeunes Filles en pleurs. La face cachée des premiers contacts et la naissance du mythe occidental (1595-1929)*, Papeete, Au Vent des îles, 2004.

30. Mead M., 1928, *Coming of Age in Samoa, Psychological Study of Primitive Youth for Western Civilisation*, New York, Harper Collins ; version française partielle *in Moeurs et sexualité en Océan*ie, Plon, 1969, « Terre humaine » ; nouvelle traduction, *Adolescence à Samoa*, Plon, 1972.

31. Pellegrino, F., 2006, *op. cit.*

32. Pettiti M., 2003, *op. cit.*

33. L'expression « effet miroir » est employée par M. Pettiti, 2003, *op. cit.*

34. Montaigne, « Des cannibales », *op. cit.* ; « Des coches », *op. cit.*

35. Foigny raconte les aventures fictives de Jacques Sadeur dans un pays dénommé Terre australe (*La Terre australe connue*, 1676).

36. Veiras, 1677-1679, *Histoire des Sévarambes.*

37. Gilbert, 1700, *L'Histoire de Calejava ou de l'isle des hommes raisonnables, avec le parallèle de leur morale et du christianisme.*

38. Lahontan de, 1704, *Dialogues de M. le Baron de Lahontan et d'un sauvage dans l'Amérique* ; traduit par Nicolas Gueudeville, 1706.

39. Jussieu, 1758, *De l'origine des lois, des arts et des sciences, et de leurs progrès chez les anciens peuples*, écrit avec la collaboration d'Alexandre Fugère (1721-1758).

40. Lafitau, 1724, *op. cit.*

41. Goguet, 1758, *De l'origine des lois, des arts et des sciences et de leur progrès chez les anciens peuples*, t. 1, *Depuis le Déluge jusqu'à la mort de Jacob*, Desaint et Saillant, p. 3.

42. Diderot, dans son article de 1751 « Population » dans l'*Encyclopédie.*

43. Rousseau, 1755, *op. cit.*

44. Montesquieu, 1748, *De l'esprit des lois,* chapitre V, « De l'esclavage des Noirs ».

45. Pellegrino, F., 2006, *op. cit.*

46. Goulard J.-P., 2007, « Le sauvage en général », *Gravidha,* n° 6, p. 32-43.

47. Cooper, 1826, volume II de la saga de *Bas-de-Cuir.*

48. Il s'agit d'une réunion de manuscrits inédits datés entre 1852 et 1875 ; voir Cohen C., 1999, *op. cit.*, p. 179.

49. Gall et Spurzheim, 1810-1819, *Anatomie et Physiologie du système nerveux en général et du cerveau en particulier* : phrénologie, bosses de la poésie, des maths, du crime, etc., 4 vol., Camper, éd fr. 1791, *Dissertation sur les variétés naturelles qui caractérisent la physionomie des hommes* : angle facial, sa longueur détermine la beauté et l'intelligence relative, du type simiesque à l'idéal du profil grec ; Blumenbach, 1804, *Méthode verticale, par la tête vue d'en haut* ; Owen, 1855 éd. fr., *Précis d'ostéologie comparée* : méthode inverse, par la tête vue d'en bas, mesure du prognathisme ; Cowles Prichard, 1843 éd. fr., *Histoire naturelle de l'homme :* par la tête vue de face, position du foramen magnum, le trou occipital ; Retzius, 1846, « Mémoire sur les formes du crâne des habitants du Nord », *Annales des sciences naturelles* : indice céphalique, dolicho- ou brachycéphalique. Tous ces critères servent, en réalité, à juger l'homme, à le positionner selon son degré d'évolution, du singe à l'Homme, du primitif au civilisé, du Noir au Blanc européen.

50. Moreau de Saint Méry, 1796, *Description topographique... de l'île de Saint-Domingue* ; sont établis cent vingt-huit types différents en fonction des « quartiers de négritude » (soit un teint plus ou moins noir).

51. Chenique B., septembre 2006, « Le radeau des épidermes », *Télérama,* hors série *L'Étrange étranger*, p. 26-27.

52. Depuis 1949 (publication de Kirby), de nombreux ouvrages ont été consacrés à cette affaire Baartman. Voir également les articles de Lindfors (1983-1985, 1996) qui analysent les réactions de la presse britannique de l'époque (1810-1815).

53. On parle aussi de « macronymphie ».

54. Piette, 1895, « La station de Brassempouy et les statuettes humaines de la période glyptique », *L'Anthropologie*, VI, p. 129-151.

55. Fauvelle F.-X., 1999, « Les Koisans dans la littérature anthropologique du XIXᵉ siècle : réseaux scientifiques et construction des savoirs au siècle de Darwin et de Barnum », *Bull. et mem. de la Société d'anthropologie de Paris*, n. s., 11 (3-4), p. 425-471.

56. Gould S. J., 1982, *Finders, Keepers : Eight Collectors*, New York, Norton ; Gordon R., 1992, *The Bushman Myth. The Making of Namibian Underclass Boulder-San Francisco*, Oxford Westview Press ; Fausto-Sterling A., 1995, « Gender, race and nation : The comparative anatomy of Hottentot women in Europe, 1815-1817 », *in* Terry J. et Urla J. (éds.), *Deviant Bodies*, Indiana University Press, p. 19-42.

57. Chappey J.-L., 2002, *La Société des Observateurs de l'homme (1799-1804). Des Anthropologues sous Bonaparte*, Société des études robespierristes.

58. Péron, 1807, *Voyage aux terres australes*, ouvrage accompagné d'un atlas de quarante gravures d'après les dessins de Petit et Lesueur.

59. Cuvier, 1817, « Extrait d'observations faites sur le cadavre d'une femme connue à Paris et à Londres sous le nom de Vénus hottentote », *Mémoires du Muséum*, III, p. 259-274.

60. Nott et Gliddon, 1854, *Types of Manking*.

61. Barrow J., 1801, *op. cit.*

62. Dillon, 1830, *Voyage aux îles de la mer du Sud en 1827 et 1828*.

63. Scott, 1910-1912, *Le Pôle meurtrier. Journal de route*.

Chapitre 2

La France coloniale et « préhistorienne »

1. On peut citer, à titre d'exemples, le chartisme, mouvement britannique réformiste d'émancipation ouvrière entre 1837 et 1848 ou la monarchie de Juillet qui durera de 1830 à 1848.

2. Hurel A., 2007, *op. cit.*

3. Grasset de Saint-Sauveur, 1806, *Troisième Édition de l'Encyclopédie des voyages... suivis d'un précis historique sur les mœurs de chaque peuple*, Veuve Hocquart. Dans le tome sur *L'Amérique* qui embrasse vingt-six peuples différents, les quatre-vingt-douze illustrations ont été dessinées, gravées et aquarellées à la main sous la direction de Grasset, en étroite collaboration avec un certain Labrousse.

4. Bacot J.-P., 2005, *La Presse illustrée au XIXᵉ siècle, une histoire oubliée*, Presses universitaires de Limoges.

5. *La Case de l'oncle Tom* a d'abord été publiée en feuilleton de quarante épisodes dans le *National Era*, journal abolitionniste, en 1851.

6. Kleff P., 2006, « C'est à ce prix que vous mangez du sucre... », *Les Discours sur l'esclavage d'Aristote à Césaire*, Flammarion, « Étonnants classiques ».

7. Guillaumie M., 2006, *op. cit.*

8. Dagen P., 2003, « Images et légendes de la préhistoire », *in Vénus et Caïn. Figures de la préhistoire 1830-1930* (2003), RMN, catalogue d'exposition, Bordeaux, Musée d'Aquitaine, 13 mars-15 juin 2003, p. 16-43.

9. Blanckaert C., 2000, « Avant Adam. Les représentations analogiques de l'homme fossile dans la première moitié du XIXᵉ siècle », *in* Ducros A. et Ducros J. (éds), *L'Homme préhistorique. Images et imaginaire*, L'Harmattan, 23-61.

10. Boitard P., 1838, « L'homme fossile. Étude paléontologique », *Magasin universel*, 5, p. 209-240.

11. Virey conçoit l'existence de deux races, la blanche et la noire (1824, *Histoire naturelle de l'Homme*).

12. Bory de Saint-Vincent, 1825, *L'Homme (homo). Essai zoologique sur le genre humain.*

13. Rousseau, 1755, *Discours sur l'origine et les fondements de l'inégalité parmi les hommes*, Amsterdam, M-M Rey.

14. Leurs écrits témoignent d'une perception d'ordre rationaliste car seule, selon Lucrèce, l'élaboration d'un raisonnement peut permettre d'entrevoir l'histoire avant l'écriture (*De natura rerum*).

15. Lucrèce, *De natura rerum*, V, p. 925-969.

16. Diodore de Sicile, *Bibliothèque historique*, VIII et I, 8.

17. La question de l'origine de l'Homme passionne Hugo, qui s'oppose à Cuvier en affirmant l'existence de l'Homme tertiaire.

18. Stoczkowski W., 1994, *op. cit.*

19. Anglas, 1924, *op. cit.*, p. 52.

20. Stoczkowski W., 1994, *op. cit.*

21. Richard N., 2008, o*p. cit.*

22. La première acception de l'adjectif en langue anglaise se trouve en 1852 dans Wilson D., « The archaeology and prehistoric », *Annals of Scottland* ; cité par M. Trüssel dans un magnifique catalogue raisonné des fictions préhistoriques, en ligne sur http://www.trusssel.com/prehist/chrono.htm « The roots of prehistoric fiction ».

23. Béguet B., 1990, « Le livre de vulgarisation scientifique », *La Science pour tous, 1850-1914*, Bibliothèque du CNAM.

Chapitre 3
Le Préhistorique entre en scène

1. Pour plus de détails, nous encourageons le lecteur à lire le remarquable ouvrage collectif, 2003, *Vénus et Caïn. Figures de la préhistoire, 1830-1930.*

2. Citons à titre d'exemple la peinture de Gustave Richond, *L'Âge de la pierre taillé de la Denise en éruption*, 1874, *in* Loizeau S., « Faux et interprétations », *in Vénus et Caïn, op. cit.*, p. 50-53.

3. Le dictionnaire de Flaubert sera publié à titre posthume par Louis Conard en 1913.

4. Blanckaert C., 1993, *op. cit.*, p. 24.

5. L'ouvrage de Meunier rassemble des articles parus dès 1867 dans une revue populaire (Richard N., 2008, *op. cit.*)

6. En 1894, ce nom fut donné aux restes humains fossiles découverts par Dubois dans l'île de Java.

7. En particulier celle de Pruner-Bey, également favorable à la théorie des migrations soutenue, entre autres, par le Suédois Retzius qui restitue en Europe l'existence d'une population primitive brachycéphale à laquelle aurait succédé la population dolichocéphale des Aryens modernes.

8. *L'Homme primitif* est une série de scènes de la vie primitive gravées par Émile Bayard.

9. Le premier volume de la collection « Tableau de la nature » paraît en 1862 avec le titre *La Terre avant le Déluge* ; il raconte l'histoire de la Terre, de sa formation à l'apparition de l'Homme.

10. Parmi ces objets en pierre taillée figurent en particulier ceux exhumés par Lartet en 1852 de la grotte d'Aurignac (Haute-Garonne).

11. Ce galet de schiste est exhumé en 1867 par Félix Garrigou dans la grotte de Massat (Ariège).

12. Ce fragment de bois de renne est retrouvé dans l'abri classique de Laugerie-Basse (Dordogne).

13. Le poignard et le propulseur ont tous deux été découverts dans l'abri de Monstastruc à Bruniquel (Tarn-et-Garonne).

14. Hurel A., 2007, *op. cit.*

15. Kaeser M.-A., 2004, *Les Lacustres.? Archéologie et mythe national*, Lausanne, Presses polytechniques et universitaires romandes, « Le savoir suisse » ; 2002, « L'archéologie des peuples, lien entre le mythe lacustre suisse et la révolution radicale de 1848 », *Les Nouvelles de l'archéologie*, n° 90, p. 12-17.

16. L'auteur de ce *Tour de France*, qui demeurera inconnu pendant vingt-huit ans, est une femme, Augustine Fouillée, née Tuillerie (1833-1923).

Chapitre 4

De l'Homme-singe au Héros, du Sauvage à l'Indigène

1. Les trois départements algériens sont créés en 1848 ; le Congo et la Tunisie sont colonisés en 1880-1881 ; entre 1880 et 1895 a lieu la conquête du Soudan. L'Afrique-Occidentale française, dont la capitale est Dakar, est inaugurée en 1904 ; puis c'est le tour en 1910 de l'Afrique-Équatoriale française dont la capitale est Brazzaville et, en 1912, du Maroc. Pendant la Première Guerre mondiale, la concurrence entre la France, qui l'emportera de peu, et l'Allemagne pour acquérir le Cameroun et le Togo ne cessera pas.

2. On peut citer Cormon et ses peintures *Chasse* et *Pêche* pour un amphithéâtre du Muséum d'histoire naturelle (1897-1898).

3. Cleuziou, 1887, *La Création de l'homme et les premiers âges de l'humanité*, livre II.

4. Fremiet, *Gorille enlevant une femme* et *Homme à l'Âge de pierre aux prises avec son ours*.

5. Ces reconstitutions sont réalisées à partir de dessins de Baines.

6. On voit dans ces scènes préhistoriques des mannequins en train de tailler la pierre ou l'os, de travailler la peau ou le métal.

7. Benner, 1879, *L'Affût* et, 1892, *L'Alerte ou Une famille à l'Âge de pierre*.

8. Cormon, 1882, *L'Âge de pierre, retour d'une chasse à l'ours*.

9. Voir, par exemple, la peinture de Kupka, 1902, *Anthropoïdes*.

10. Giacobini G., 1990, « Entre science et art : un visage pour l'homme préhistorique », *in Peintre d'un monde disparu*, Mâcon, Musée départemental de préhistoire de Solutré, p. 103-108.

11. Ces bustes ont pour titre : *Le Précurseur de l'homme tertiaire ; L'Homme du Sussex* (reconstitution qui repose sur le faux de Pitdown) *; L'Homme de Galley-Hill ; L'Homme de Mauer ; Le Précro-Magnon de Grenelle ; Le Brachycéphale de Grenelle ; L'Homme de Combe-Capelle ; La Femme de la race de Neandertal ; L'Homme de Neandertal ; L'Artiste magdalénien de la race de Cro-Magnon ; Le Chasseur de rennes de Furfooz ; Le Mineur néolithique d'Obourg ; Le Chef néolithique de Spiennes (in 2003, Vénus*

et Caïn, op. cit.). Ces bustes illustrent le livre de Rutot paru en 1919, *Un essai de reconstitution plastique des races humaines primitives,* Bruxelles, Hayez.

12. Anglas, 1924, *op. cit.,* p. 55.

13. Verneau, 1931, *op. cit.*

14. Le terme est créé par Mortillet pour le biface et sera utilisé jusque dans les années 1920.

15. Cormon, 1897, *Mangeurs de crabes* ; Benner, 1879, *L'Affût* ; Anker, 1886, *Homme lacustre.*

16. Jamin, 1900, *Rapt à l'Âge du Bronze* ; Cormon, 1884, *Âge de pierre* ; Berthoud, sans date, *Idylle lacustre* ; Anker, 1873, *Femme lacustre* ; Delassale, 1898, *Le Retour de la chasse.*

17. Collectif, sans date, *Les Merveilles des races humaines. Les types, les mœurs, les coutumes,* Hachette.

18. Anglas, 1924, *op. cit.,* p. 54 : « Le physiologiste Devaux soutient lui aussi la thèse de l'infantilisme ; au début l'Homme aurait été, par rapport aux Anthropoïdes, une espèce d'idiot, un arriéré. »

19. Pradel L., 1971, « Essai sur le psychisme des Paléolithiques », *Quartär,* 22, p. 121-123.

20. Ardrey R., éd. fr. 1977, *Les Enfants de Caïn,* Stock, p. 299.

21. *Ibid.,* p. 301.

22. *Ibid.,* p. 321.

23. Trinkaus et Shipman, 1996, *op. cit.,* p. 381.

24. Cité par Dagen P., 2003, *op. cit.*

25. Voir le frontispice de *L'Homme primitif* de Figuier représentant la famille préhistorique, 1870, *in* Dagen P., 2003, *op. cit.*

26. Mascré, entre 1909 et 1914, *L'Artiste magdalénien de la race de Cro-Magnon* ; Richer, 1890, *Premier Artiste* ; Jamin, 1903, *Peintre décorateur à l'âge du renne.*

27. Cet ouvrage de Berthet sera réédité en 1885, augmenté d'une nouvelle, « Un rêve, sous le titre Paris avant l'histoire ».

28. Guillaumie M., 2006, *op. cit.*

29. Rappelons la Commune de Paris en 1871, puis le début de l'affaire Dreyfus, qui ne prendra fin qu'en 1906.

30. Cet incendie provoque la mort de plus d'une centaine de personnes, en particulier de femmes piétinées par la foule.

31. Guillaumie M., 2006, *op. cit.*

32. Guillaumie M., 2006, *op. cit.,* p. 17.

33. *Histoire naturelle du globe illustrée d'après les dessins de l'auteur M. Boitard, ouvrage posthume publié par sa famille suivi d'une nomenclature des trois règnes de la nature antédiluvienne par P. Ch. Joubert,* Paris, Passard. On y retrouve un dessin de l'Homme fossile proche de celui figurant dans son ouvrage de 1838.

34. Trüssel M., en ligne, *op. cit.*

35. Guillaumie M., 2006, *op. cit.*

36. Rozoy J.-G., 2008, *Le Roman préhistorique. Analyse critique,* autoédition.

37. Richard N., 2008., *op. cit.*

38. London J., 1907, *op. cit.*

39. Kipling R., éd. fr. 1899, cité par Guillaud L., 2006, *King Kong ou la Revanche des mondes perdus,* Michel Houdiard.

40. Gozlan L., 1857, *Les Émotions de Polydore Marasquin* (ouvrage satirique qui raconte la vie de singes « intelligents » sur une île inconnue) ; Berthoud S. H., 1865, *L'Homme depuis cinq mille ans* (chapitre IV, *Les premiers habitants de Paris*) ; Berthet, 1876, *Romans préhistoriques,* Berthet, 1884, *Paris avant l'histoire* ; Verne, 1887, *Gil Braltar* (on y voit une armée d'Hommes-singes).

41. Burroughs, *Tarzan of the Apes,* paru pour la première fois en 1912 dans la revue populaire *All Story Magazine.*

42. Marshall, 1930-1935, *The Lost Land* ; Mitchell, 1932, *Three Go back.*

43. Guillaumie M., 2006, *op. cit.*

44. Hervilly, 1887, *Aventures d'un petit garçon préhistorique en France.*

45. Gros, 1892, *L'Homme fossile. Aventures d'une expédition scientifique dans les mers australes.*

46. Le récit est fondé sur cet homme fossile, déterminé à partir d'une mandibule découverte en 1907 en Allemagne, plus ancien que les Néanderthaliens : *Homo heidelbergensis.*

47. Ce roman préhistorique paraît d'abord en feuilleton dans la *Revue du Lyonnais,* avant d'être édité par Hachette en 1872 avec des illustrations d'Émile Bayard, faites d'après les croquis de l'auteur.

48. Dans l'édition de 1895 (Paris, Librairie L. Borel) des *Origines* de J.-H. Rosny Aîné, essai consacré à la préhistoire, des dessins en noir et blanc de scientifiques sont utilisés pour les « culs-de-lampe ».

49. *Eyrimah* paraît en 1893 dans *Le Bambou,* puis dans la *Revue hebdomadaire* en 1896, avant d'être édité la même année par Plon ; *Nomaï* sort en 1897.

50. Anet est le premier romancier à prendre en compte les recherches de Freud sur les Primitifs.

51. Les romanciers ignorent les lois de Mendel formulées en 1866 ; celles-ci ne seront utilisées qu'à partir de 1900, mais fort peu.

52. Guillaumie M., 2006, *op. cit..*

53. Topinard, 1888, « Les Hottentots au Jardin d'Acclimatation », *La Nature,* XVI, 2, p. 167-170.

54. Bancel N., Blanchard P., Boëtsch G., Deroo E. et Lemaire S. (dir.), 2002, *Zoos humains. De la Vénus hottentote aux reality shows,* La Découverte ; paru en 2004 en format poche sous le titre *Zoos humains. Au temps des exhibitions humaines,* La Découverte, « Poche ». Nous invitons également le lecteur à visionner le film réalisé par Éric Deroo, *Zoos humains* (France, 2002, ARTE F).

55. La première exposition, *Intercolonial Exhibition of Australasia,* a lieu en 1866.

56. *Exposição do Mundo Português,* 1940.

57. Garnier, 1884, *Voyage d'exploration en Indo-Chine* ; Barrow J., 1801, *op. cit.* ; Livingstone, 1840-1856, *L'Afrique australe. Premiers voyages* ; Stanley, 1871, *Voyage à la recherche de Livingstone au centre de l'Afrique* ; Fritsch, 1872, *Die Eingeborenen Süd-Afrika's. Ethnographisch und Anatomisch Bescrieben.*

58. Girardet R., 1972, *L'Idée coloniale en France de 1871 à 1962,* La Table ronde, p. 114.

59. Collectif, sans date, *Les Merveilles des races humaines, op. cit.* ; livre identique paru sous le titre *Les Races humaines. Les types. Les coutumes,* Hachette et Cie.

60. D'après ses références bibliographiques, Camille Flammarion semble avoir été influencé par les écrits de Vogt (1862-1864, *Les Leçons sur l'Homme, résumés des leçons faites à l'Institut genevois*) et de plusieurs « explorateurs-ethnologues » comme

Lesson et Garnot, Hale, Quory et Gaymard, Bory de Saint-Vincent, Whitebourne, John Ross qui font une description épouvantable et dégradante de ces peuples sauvages.

61. Sévry J., 1999, *Regards sur les littératures coloniales*, L'Harmattan.

62. Tel est le nom de plume de deux historiens réunionnais, Georges Athénas et Aimé Merlo.

63. *L'Histoire de France* de Viator est un manuel conforme aux programmes officiels du 18 janvier 1887.

64. Bonne E., 1938, *France et Civilisation. Petit cours d'histoire à l'usage des candidats au Certificat d'études primaires, du cours moyen des écoles primaires et des élèves de 7e des lycées et collèges*, Bibliothèque d'Éducation, p. 266.

65. Amalou F., 2001, *Livre noir de la pub*, Stock.

66. Voir Juan Luis Vivès, l'humaniste mathématicien français Pierre de La Ramée dit Ramus (1515-1572) et le botaniste italien Ulisse Aldrovandi.

67. On rappellera l'empathie de Montaigne pour les Indiens face aux porteurs de la « vrai foi ».

68. Degli M. et Mauzé M., 2000, *Arts premiers. Le temps de la reconnaissance*, Gallimard, « Découvertes ».

69. Jusqu'à la première moitié du xxe siècle, les voyages d'explorations continueront d'enrichir les collections, entre autres celui du minéralogiste Alfred Delacroix en Martinique (1902), ceux d'Henri Humbert à Madagascar (entre 1912 et 1960), de l'ethnologue Marcel Griaule (Dakar-Djibouti, 1931-1933), d'Henri Lenmann au Guatemala (1954-1969) et de Robert Gessain au Groenland (fin des années 1970).

70. Jomard, 1830, *Recueil d'observations et de mémoires sur l'Égypte ancienne et moderne ou Description historique et pittoresque de plusieurs des principaux monuments de cette contrée*, 6 vol.

71. L'Estoile B. de, 2007, *Le Goût des autres. De l'Exposition coloniale aux Arts premiers*, Flammarion, p. 239.

72. Le premier salon, d'inspiration africaine (fresque de Louis Bouquet), et le second, d'inspiration asiatique (décor mural réalisé par André et Ivanna Lemaître), renferment un mobilier de Jacques-Émile Ruhlmann et d'Eugène Printz.

73. Kupka K., 1962, *Un art à l'état brut. Peintures et sculptures des Aborigènes d'Australie* (texte de Breton), Lausanne, La Guilde du livre.

Chapitre 5

Des Arts primitifs aux Arts premiers

1. Thème de l'exposition « La passion à l'œuvre : Rodin et Freud collectionneurs » au musée Rodin, 2008.

2. Pelligrino F., 2006, *op. cit.*, p. 162.

3. « Le pont » est un groupe d'artistes allemands expressionnistes formé à Dresde le 7 juin 1905.

4. Geoffroy-Schneiter B., 2008, « Les Papous. Une autre liberté », *in Beaux Arts éditions*, hors série, p. 45.

5. Lasnier J.-F., 2008, « L'Œuvre rêvée de Pollock », *in Connaissance des arts*, hors série, *Pollock et le chamanisme*, p. 4-9.

6. V. Debaene V., 2002, « Tristan Tzara "Notes sur l'art nègre" Dada est tatou. Tout est dada – 1917 », *Labyrinthe*, 12.

7. Degli M. et Mauzé M., 2000, *op. cit.*, p. 85.

8. Debaene V., 2002, « Les surréalistes et le musée d'Ethnographie », *Labyrinthe*, 12.

9. Ce « Mur d'objets » a été reconstitué au musée national d'Art moderne, Centre Pompidou, Paris.

10. Degli M. et Mauzé M., 2000, *op. cit.*, p. 98.

11. Lévi-Strauss C., *La Voix des masques*, 1979, *in* Degli M. et Mauzé M., 2000, *op. cit.*, p. 115.

12. Cette fondation tire son nom d'un humaniste néerlandais du XVIIe siècle, auteur de *Description de l'Afrique*, 1668.

13. Daubert M., 2000, « Arts lointains à Louvre ouvert. Les arts premiers entrent au Louvre », *Télérama*, Hors-série.

14. L'ensemble des critiques se rapportant à la genèse et au coût de ce musée se trouve dans plusieurs ouvrages dont celui de l'ethnologue Bernard Dupaigne, professeur au MNHN et ancien chercheur du musée de l'Homme, *Le Scandale des arts premiers. La véritable histoire du musée du Quai Branly*, 2006, Mille et Une Nuits.

15. Établissement public, ce musée est placé sous la triple tutelle des ministères de la Culture et de la Communication, de l'Éducation nationale et de l'Enseignement supérieur et de la Recherche.

16. Hemmet C. *et al.*, 2006, *Georges Condominas au Vietnam*, Musée du Quai Branly-Actes Sud.

17. Grandet O., 2007, « Bibliothèque de musée, bibliothèque dans un musée ? », *Bulletin des bibliothèques de France*, 52 (4), p. 5-12.

Chapitre 6

Sauvage et Préhistorique : un jeu de miroirs

1. Ham, 1890, *Les Origines du Musée ethnographique*, cité par Degli M. et Mauzé M., 2000, *op. cit.*, p.131.

2. Lubbock, 1867, *op. cit.* ; Hamy, 1870, *op. cit.*

3. Hurel A., 2003, « Hommes sauvages et Hommes fossiles du sculpteur Constant Roux », *in* ouvrage collectif, 2003, *Vénus et Caïn*, *op. cit.*

4. Burdick E., 1961, *Les Hommes les plus primitifs de la Terre* (condensé de *The Blue of Capricorn*).

5. Lüsebrink H.-J., 2004, « De l'exhibition à la prise de parole », *in Zoos humains*, *op. cit.*, p. 239-266.

6. Sissoko, 1938, Congrès international de l'évolution culturelle des peuples coloniaux, *Rapports et Compte-Rendu*, Paris, p. 116-122.

7. Site Internet du Bureau international des expositions, « Qu'est-ce qu'une exposition ? ».

8. Ces chasses aux Sauvages se perpétueront jusqu'au XXe siècle (aux Indiens d'Amazonie, par exemple).

9. Degli M. et Mauzé M., 2000, *op. cit.*

10. Archimard y dépose, en 1880, le célèbre trésor d'El-Hadj Omar rapporté après la « pacification » du Soudan occidental (aujourd'hui Mali).

11. Hamy, 1890, *op. cit.*

12. Le Museum a parrainé l'une des premières expéditions paléontologiques, celle de Gaudry à Pikermi en Grèce (1855-1860). Plus tard, un préhistorien, André

Leroi-Gourhan, et un paléoanthropologue, Henri Vallois, prendront le premier la sous-direction (1946-1950) et le second (1950) la direction du musée de l'Homme.

13. Créé en 1937, le musée national des Arts et Traditions populaires devient en 1972, le musée laboratoire voulu par Rivière ; il fermera ses portes en septembre 2005.

14. L'Estoile de B., 2007, *op. cit.*, p. 192.

15. Rivet et Rivière, 1933, « La mission ethnographique et linguistique Dakar-Djibouti », *Minotaure*, 2, p. 3-5.

16. En 1957, le Muséum national d'histoire naturelle acquiert le site préhistorique de l'Abri Pataud en Dordogne.

17. La *Red Lady* est exhumée de la grotte aux Chèvres au pays de Galles, et *Miss Ples* découverte à Sterkfontein, en Afrique du Sud, en 1947 par l'anthropologue Robert Broom.

18. Cohen C., 2003, *La Femme des origines. Images de la femme dans la préhistoire occidentale*, Belin-Herscher.

19. Voir les écrits de Freud et le cas des « enfants sauvages », expression apparue au tout début du XIXe siècle avec la description par Guiraud et Constant de Saint-Estève du cas de Victor, le « sauvage de l'Aveyron ».

20. Puccini S., 1993, « La femme ou l'humanité inachevée », *in* Blankaert C., *Des sciences contre l'Homme*, vol. 1, *Classer, hiérarchiser, exclure*, Autrement, série « Science et société » n° 8, p. 50-63 ; voir aussi Lombroso C. et Ferrero G., 1893, *La Donna delinquente, la prostituta e la donna normale*, éd. fr. : *La Femme criminelle et la prostituée*, 1991, Éditions Jérôme Million, p. 157.

21. Freud, *Die Frage der Laienanalyse*, cité par R. Corbey, 1993, « Freud et le Sauvage », *in* Blankaert C., *Des sciences contre l'Homme*, vol. 2, *Au nom du Bien*, Autrement, série « Science et société » n° 8, p. 97.

22. Ernot I., 2005, « Les femmes dans les sciences de l'Homme (XIXe-XXe siècle. Inspiratrices, collaboratrices ou créatrices), *in* Carroy J., Edelman N., Ohayon A. et Richard N. (dir.), *Clio*, numéro 30-2009, *Héroïnes*, Paris, Seli Arslan.

Épilogue

1. Cité par Olender M., 2009, *Race sans histoire*, Points Essais, p. 13.

2. Lévi-Strauss C., 1961, *op. cit.*, p. 21.

3. Voir les écrits de La Boétie, 1549, *Discours de la servitude volontaire*, ou de Koestler, 1939, *The Gladiators, Spartacus*, édition française, 1945.

4. Stoczkowski W., 1994, *op. cit.*

5. Renooz, 1883, *Ère de vérité, histoire de la pensée humaine et de l'évolution morale de l'humanité à travers les âges et chez tous les peuples*, 5 vol.

6. Cité par Brenot P., 1998, *op. cit.*

7. Stoczkowski W., 1994, *op. cit.*

8. Broca P., 1860, *op. cit.*

9. Zaborowski, 1893, *Disparité et avenir des races humaines* et, dans la *Grande Encyclopédie* de Berthelot (1895-1900), « *Métissage* » ; voir aussi Deniker, *Races*, cité par Poliakov L., 1998, « Le fantasme des êtres hybrides et la hiérarchie des races aux XVIIIe et XIXe siècles », *in* B. Cyrulnik (dir.), *Si les lions pouvaient parler. Essais sur la condition animale*, Gallimard, « Quarto », p. 1162-1176.

10. Gobineau, 1853-1855, *op. cit.*, p. 133.

11. Les Blancs ont voté à 43 % pour Obama (55 % pour McCain), les gens de couleur majoritairement les Afro-Américains à 95 % (4 % pour MacCain).

12. Lecointre G. (dir.), 2008, *Comprendre et enseigner la classification du vivant*, Belin.

13. Voir la « bataille du Tennessee » en 1925 au sujet de l'enseignement dans les écoles de la théorie de l'évolution et, plus récemment, en 1981, le procès, instigué par les fondamentalistes de Little Rock en Arkansas, Brenot P., 1998, *op. cit.*

14. *Courrier de l'Unesco*, III, 1950, p. 4-7. Il s'agit d'un document rédigé en décembre 1949 par un groupe international de chercheurs qui récuse la notion de race et affirme l'unité fondamentale de l'humanité.

15. Gros F., Jacob F. et Royer P., 1979, *Sciences de la vie et société : rapport présenté à M. le Président de la République*.

16. L'article dit : « La France est une République indivisible, laïque, démocratique et sociale. Elle assure l'égalité devant la loi de tous les citoyens sans distinction d'origine, de race ou de religion... »

17. ONU, 1994, *Convention internationale sur l'élimination de toutes les formes de discrimination raciale*. Cette convention sera adoptée par la majorité des pays.

18. Jacquard A., 1981, *Éloge de la différence* ; Cavalli-Sforza L., 1997, *Qui sommes-nous ? Une histoire de la diversité humaine*, Flammarion, « Champs ».

19. Voir les travaux du biologiste russe Theodosius Dobzhansky, père de la théorie synthétique de l'évolution (1973, *Genetic Diversity and Human Equality*) et de l'Américain d'origine australienne Marcus W. Feldman, à l'origine de la théorie quantitative de l'évolution avec Cavalli-Sforza.

20. Les neuf groupes en question sont : les Africains, les Européens, les Nord-Africains, les Asiatiques de l'Est, les Amérindiens, les peuples de l'Arctique, les Aborigènes d'Australie, le Sud-Est asiatique et les îles du Pacifique. Ces résultats se fondent sur la cartographie de la répartition géographique des gènes (plus de 110 caractères) dans plus de 1 800 populations d'origine autochtone du monde entier : Cavalli-Sforza L., Menozzi L. et Piazza A., 1994, *The History and Geography of Human Genes*, Princeton University Press.

21. Risch N., Burcha E., Ziv E. et Tang H., 2003, « Categorization of humans in biomedical research : Genes, race and disease », *Genome Biology*, 3, 7.

22. D'après une étude génomique portant sur 650 000 nucléotides de 938 individus appartenant à 51 ethnies, les sept groupes en question sont : les Africains subsahariens, les Européens, les habitants du Moyen-Orient, les Asiatiques de l'Est, les Asiatiques de l'Ouest, les Océaniens et les Indiens d'Amérique : Jun Z. Li *et al.*, 2008, « Worldwide human relationships inferred from genome-wide patterns of variation », *Science*, 319 (5866), p. 1100-1104.

23. Obasogie O., 2009, « Return of the race myth ? », *New Scientist*, 2715. Par ailleurs, la télévision Nova a diffusé le 15 février 2000 une émission relative aux origines des premiers habitants du continent américain dont l'une des questions était : « Does race exist ? ».

24. Ruffié J., 1982, *Traité du vivant*, Fayard.

25. Lévi-Strauss C., 1961, *Race et histoire*, Éditions Gonthier, p. 9.

26. « Le Mystère de l'île aux hobbits », tel était le titre d'un article du *Monde 2* daté du 2 mai 2009. Hobitt, petit humanoïde imaginé par Tolkien, est le nom qui lui a été donné par les fouilleurs australiens.

27. Morwood M. J. *et al.*, 2004, « Archaeology and age of a new hominin from Flores in eastern Indonesia », *Nature*, 431, p. 1087-1091.

28. Jacquin P., 1992, « L'indianisation des Blancs : nous sommes tous des sauvages... Regard sur une séduction oubliée », *Destins croisés. Cinq siècles de rencontres avec les Amérindiens*, Unesco/Bibliothèque Albin Michel Histoire.

29. Verneau R., 1931, *op. cit.*

30. Pittard, 1924, *op. cit.*, respectivement p. 571 et p. 572.

31. Mauss M., 1902, *Revue de l'histoire des religions*, p 45, cité par Olender M., 2009, *op. cit.*, p. 206.

32. Lévy-Strauss C., 1962, *La Pensée sauvage*, Plon.

33. Nos sociétés civilisées sont, en effet, soumises à un grand nombre de frustrations face à des désirs de plus en plus nombreux.

34. Gallay A., 2007, « Quels paradigmes pour la préhistoire ? Un historique », *in* Evin J. (dir.), *Un siècle de construction du discours scientifique en Préhistoire*, SPF, p. 301-312.

35. Blanckaert C., 1993, *op. cit.*

36. Parmi les plus récentes, on mentionnera « D'un regard l'Autre, une histoire des regards européens sur les arts d'Afrique, d'Amérique et d'Océanie », Musée du Quai Branly, septembre 2006-janvier 2007 ; « L'Afrique en noir et blanc. Du fleuve Niger au golfe de Guinée (1887-1892). Louis-Gustave Binger "explorateur" en Côte d'Ivoire », photos et objets du Quai Branly, septembre 2009 au Centre d'art Jacques-Henri-Lartigue à L'Isle-Adam ; « L'art africain. Dialogue avec Francis Picabia, dadaïste », septembre 2009, Galerie Patrice Trigano, Paris VIᵉ, dans le cadre du « Parcours des mondes, 8ᵉ édition », consacré aux arts premiers. 67 galeries réunies à Paris, la moitié étrangère (Londres et New York surtout), arts tribaux ou premiers après avoir été primitifs, Paris devient le centre pour ce type d'objets. Collections privées réunies dans les années 1910-1920, où on y découvre une Vénus néolithique saharienne ; Associé à « Parcours des Mondes, 8ᵉ édition, Paris », « Regards de marchands, la passion des arts premiers », à la Monnaie de Paris, septembre-octobre 2009.

37. Dans la publicité, souvent remplie d'anachronismes, la teneur du discours se résume à « le Préhistorique est idiot, mais il va devenir plus intelligent, plus éduqué ou plus séducteur » grâce à tel ou tel produit.

38. Parmi ces ethnologues, citons Pierre Clastres, Émile Durkheim, Marcel Mauss, Bronislaw Malinowski, Claude Lévi-Strauss ou encore l'américaniste Paul Rivet.

39. J'ai vécu, il y a quelques années, une expérience extraordinaire qui a bouleversé ma conception du monde. J'ai partagé durant trois mois la vie des ! Kung Zu Wasi, peuple de chasseurs-cueilleurs nomades du Kalahari septentrional (Botswana). Les San sont aujourd'hui environ 65 000 (dont 35 000 vivent en Namibie, 25 000 au Botswana, quelques centaines en Angola et en RSA et quelques dizaines en Zambie). À peine 5 % d'entre eux ont conservé leur mode de vie traditionnel. Les San suscitent depuis plusieurs dizaines d'années l'intérêt des chercheurs, mais cet intérêt coïncide avec l'acculturation progressive de ce peuple. En effet, à l'exception des Bakalahari, peuple bantou du Kalahari central, les autres groupes bantous d'Afrique australe et la plupart des Blancs méprisent depuis toujours les San. Pour eux ce sont des « choses » ! Alors qu'ils sont le peuple originel de cette partie du continent africain et qu'ils ont, durant des millénaires, été capables de subvenir à leurs besoins... Voir Patou-Mathis M., 2007, *Une mort annoncée. À la rencontre des Bushmen, derniers chasseurs-cueilleurs du Kalahari*, Perrin.

40. ONU, 1993, « Année des populations autochtones et déclaration universelle des droits des peuples autochtones » ; Unesco, 1994, « Décennie des populations

autochtones » ; ONU, 2007, « Déclaration des Nations unies sur les droits des peuples autochtones ».

41. Une charte éthique, censée protéger les sociétés visitées, est signée par le voyageur.

42. Voir certaines émissions télévisées comme, sur France 5, *J'irai dormir chez vous*, du reporter Antoine de Maximy, émission transformée en long-métrage, ou sur France 5, puis France 2, *Rendez-vous en terre inconnue*, où une célébrité est emmenée chez un peuple inconnu.

43. L'Estoile de B., 2007, *op. cit.*

44. Le Goff J., 1988, *Histoire et mémoire*, Gallimard, « Folio Histoire », p. 177.

45. Cette loi est présentée et défendue au Parlement par Hamlaoui Mekachéra, ministre délégué aux Anciens combattants de 2002 à 2007. Cette loi (n° 2005-158) porte sur la reconnaissance de la Nation et la contribution nationale en faveur des Français rapatriés.

46. Anderson B., 1996 (éd. originale 1983), *L'Imaginaire national : réflexions sur l'origine et l'essor du nationalisme*, La Découverte.

47. Rappelons l'existence du Club de 1789, modéré, qui comprend, entre autres, Condorcet, puis, à partir de 1792, celle de la Société patriotique du Luxembourg, plus radicale, qui a pour fondateur Jean-Nicolas Pache et se réclame du nationalisme.

48. Voir, en particulier, l'institution des préfectures sous le Premier Empire.

49. Hobsbawm E., 1992, *Nations et nationalismes depuis 1780 : programmes, mythe et réalité*, Gallimard.

50. Anderson B., 1996, *op. cit.*

51. Noiriel publiera juste après sa démission *À quoi sert l'« identité nationale »*, Agone.

52. Voir les articles « Identité nationale : 8 universitaires démissionnent », *Le Nouvel Observateur*, 18 mai 2007 et « Ministère de l'Immigration : première crise, premières démissions », *Libération*, 18 mai 2007.

53. Citons l'exposition qui s'est tenue du 16 octobre 2007 au 11 janvier 2008 : « Reconstruire la nation. Les réfugiés arméniens au Proche-Orient et en France. 1917-1945 », ou encore celle qui, entre le 6 mai et le 7 septembre 2008, a eu pour titre « 1931, les étrangers au temps de l'Exposition coloniale ».

54. *LeMonde.fr*, 25 octobre 2009.

55. Ces propos sont ceux de l'eurodéputé Vincent Peillon, *LeMonde.fr*, 26 octobre 2009.

56. *Le Monde*, 29 novembre 2009.

57. La langue administrative est comprise comme langue d'État, et nombre de nationalismes mettent en avant leur langue vernaculaire comme langue littéraire.

58. Selon un sondage CSA publié le 2 novembre 2009 dans *Le Parisien. Aujourd'hui en France*.

59. *Le Monde*, 19 octobre 2010.

60. Loncle F., « Toute une histoire ! », *Le Monde*, 21 octobre 2010.

61. Flaubert G., *Correspondance*, Gallimard, « La Pléiade », t. 5, p. 653-654.

62. Sand G., 1981, *Correspondance Gustave Flaubert-George Sand*, Flammarion, p. 145.

63. Le Goff J., 1988, *op. cit.*, p. 230.

Bibliographie générale

Azéma M., 2008, *Préhistoire de la bande dessinée et du dessin animé*, Musée régional de Préhistoire d'Orgnac (Ardèche) – Centre de Préhistoire de Pech-Merle (Lot), 48 pages.

Bachelard-Jobard C., 2001, *L'Eugénisme, la science et le droit*, PUF, 345 pages.

Bancel N., Blanchard P., Boëtsch G., Deroo E. et Lemaire S. (sous la dir.), 2004, *Zoos humains. Au temps des exhibitions humaines*, La Découverte, « Poche », 486 pages.

Bernardini J.-M., 1997, *Le Darwinisme social en France (1859-1918). Fascination et rejet d'une idéologie*, Éditions du CNRS, 464 pages.

Blanc-Chaléard M.-C., 2006, « Une cité nationale pour l'histoire de l'immigration : genèses, enjeux, obstacles », *Vingtième Siècle, Revue d'histoire*, n° 92, p. 131-141.

Blanckaert C. (sous la dir.), 1993, *Des sciences contre l'homme*, 2 vol., Autrement, série « Sciences en société », 187 pages et 147 pages.

Blanckaert C., 2002, « Un fil d'Ariane dans le labyrinthe des origines... Langues, races et classification ethnologique au XIXᵉ siècle », *Revue d'histoire des sciences humaines*, 17, p. 137-171.

Blanckaert C., 2009, *De la race à l'évolution. Paul Broca et l'anthropologie française (1850-1900)*, L'Harmattan, « Histoire des sciences humaines », 650 pages.

Blanckaert C., Cohen C., Corsi P. et Fischer J.-L. (sous la dir.), 1997, *Le Muséum au premier siècle de son histoire*, Éditions du MNHN, « Archives », 687 pages.

Butel P., 1997, *Histoire de l'Atlantique de l'Antiquité à nos jours*, Perrin, 357 pages.

Canguilhem G., 1977, « Qu'est-ce qu'une idéologie scientifique ? Idéologie et rationalité dans l'histoire des sciences de la vie », *Bulletin d'histoire et d'épistémologie des sciences de la vie*, 11 (2), p. 151-155, 1 088 pages.

Cavalli-Sforza L., Menozzi P., Piazza A., 1994, *The History and Geography of Human Genes*, Princeton University Press.

Clément C., 2006, *Qu'est-ce qu'un peuple premier ?*, Éditions du Panama, 200 pages.

Cohen C., 1999, *L'Homme des origines. Savoirs et fictions en préhistoire*, Seuil, 297 pages.

Cohen C. 2003, *La Femme des origines. Images de la femme dans la préhistoire occidentale*, Belin-Herscher, 191 pages.

Collectif, 1989, *Histoire générale de l'Afrique*, tome VII. *L'Afrique sous domination coloniale*, Présence africaine-Edicef-Unesco, 544 pages.

Collectif, 2003, *Vénus et Caïn. Figures de la préhistoire 1830-1930*, Éditions de la Réunion des musées nationaux, Catalogue d'exposition, Bordeaux, Musée d'Aquitaine, 13 mars-15 juin 2003, 172 pages.

Coye N., 1997, *La Préhistoire en parole et en acte. Méthodes et enjeux de la pratique archéologique (1830-1950)*, L'Harmattan, « Histoire des sciences humaines », 338 pages.

Cugoano O., 2009, *Réflexions sur la traite et l'esclavage des Nègres*, La Découverte, « Zones », 119 pages.

Cyrulnik B. (sous la dir.), 1998, *Si les animaux pouvaient parler. Essais sur la condition animale*, Gallimard, « Quarto », 1 503 pages.

Daget S., 1990, *La Traite des Noirs*, Éditions Ouest-France Université, 300 pages.

Delacampagne C., 2002, *Une histoire de l'esclavage*, LGF-Le Livre de Poche, 319 pages.

Delacampagne C., 2000, *Une histoire du racisme*, LGF-Livre de Poche, 288 pages.

Demaison A., 1931, *Guide officiel de l'Exposition coloniale de Paris*, Éditions Mayeux, 207 pages.

Dorigny M. et Zins M.-J. (sous la dir.), 2009, *Les Traites négrières coloniales. Histoire d'un crime*, Éditions Cercle d'Art, 263 pages.

Ducros A. et Ducros J. (sous la dir.), 2000, *L'Homme préhistorique. Images et imaginaire*, L'Harmattan, 293 pages.

Feldman M. W., Lewontin R. C., King M. C., 2004, « Les races humaines existent-elles ? », *La Recherche*, 377, p. 60-64.

Ferro M. (sous la dir.), 2003, *Le Livre noir du colonialisme*, Robert Laffont, 843 pages.

Gossiaux P.-P., 1984, « Séquences de l'histoire dans l'anthropologie des Lumières, problèmes et mythes », *in* Rupp-Eisenreich (sous la dir.), *Histoire de l'anthropologie, XVIe-XIXe siècles*, « Épistémologie », Méridiens Klincksieck, p. 67-85.

Grimoult C., 1998, *Évolutionnisme et Fixisme. Histoire d'un combat 1800-1882*, CNRS Éditions, 183 pages.

Guillaud L., 2006, *King Kong ou la Revanche des mondes perdus*, Éditions Michel Houdiard, 135 pages.

Guillaumie M, 2006, *Le Roman préhistorique. Essai de définition d'un genre, essai d'histoire d'un mythe*, Pulim, 335 pages.

Guillaumin C., 2002 (1re éd. 1972), *L'Idéologie raciste. Genèse et langage actuel*, Gallimard, « Folio essais », n° 410, 378 pages.

Hurel A., 2007, *La France préhistorienne de 1789 à 1941*, CNRS Éditions, 281 pages.

Jacob F., 1970, *La Logique du vivant. Une histoire de l'hérédité*, Gallimard, 357 pages.

Jacquard A., 1981, *Éloge de la différence. La génétique et les hommes*, Seuil, « Poche », 217 pages.

Jordan B., 2008, *L'Humanité au pluriel. La génétique et la question des races*, Seuil, 226 pages.

Kevles D., 1995, *Au nom de l'eugénisme. Génétique et politique dans le monde anglo-saxon*, PUF, 608 pages.

Laissus Y., 2003, *Le Muséum national d'histoire naturelle*, Gallimard, « Découvertes », 128 pages.

Laming-Emperaire A., 1964, *Origines de l'archéologie préhistorique en France. Des superstitions médiévales à la découverte de l'homme fossile*, Picard, 243 pages.

Langaney A., Hubert van Blyenburgh N. et Sanchez-Mazas A., 1992, *Tous parents, tous différents*, Bayonne, Éditions Chabaud, 71 pages.

Le Fur Y. (sous la dir.), 2009, *Musée du Quai Branly. La Collection*, Skira Flammarion-Musée du Quai Branly, 480 pages.

Le Goff J., 1988, *Histoire et mémoire*, Gallimard, « Folio Histoire », 409 pages.

Le Goff J. et Nora P., 1974, *Faire de l'histoire*, I. *Nouveaux Problèmes*, Gallimard, 230 pages.

Leiris M., 1938, « Du musée d'Ethnographie au musée de l'Homme », *La Nouvelle Revue française*, p. 344-345.

Leiris M., 1966, « Le musée de l'Homme, où l'art et l'anthropologie se rencontrent », *Réalités*, n° 182, p. 57-63.

Leroi-Gourhan A., 1964-1965, *Le Geste et la Parole*, II. *La Mémoire et les Rythmes*, Albin Michel, 285 pages.

L'Estoile de B., 2007, *Le Goût des autres. De l'Exposition coloniale aux Arts premiers*, Flammarion, 454 pages.

Lévi-Strauss C., 1961, *Race et Histoire*, Édition Gonthier, 130 pages.

Lévi-Strauss C., 1962, *La Pensée sauvage*, Plon, « Agora », 347 pages.

L'Invention de la préhistoire. Anthologie, 1992, textes choisis, préfacés et commentés par N. Richard, Presses Pocket, « Agora, Les Classiques », 352 pages.

Manceron G., 2003, *Marianne et les Colonies*, La Découverte, 300 pages.

Meillassoux C., 1986, *Anthropologie de l'esclavage, le ventre de fer et d'argent*, PUF, 375 pages.

Murphy M., 2007, *Un palais pour une cité. Du musée des Colonies à la Cité nationale de l'histoire de l'immigration*, RMN Édition, 64 pages.

Monestier M., 2000, *Cannibales. Histoire et bizarreries de l'anthropophagie. Hier et aujourd'hui*, Cherche Midi, 262 pages.

Monneyron F., 2004, *L'Imaginaire racial*, L'Harmattan, 185 pages.

Moussa S. (sous la dir.), 2003, *L'Idée de race dans les sciences humaines et la littérature (XVIIIᵉ-XIXᵉ siècles)*, Actes du colloque international de Lyon (16 au 18 novembre 2000), L'Harmattan, 455 pages.

Olender M., 2009, *Race sans histoire*, « Points, Essais », 395 pages.

Oudin-Bastide C., 2005, *Travail, capitalisme et société esclavagiste. Guadeloupe, Martinique XVIIᵉ-XIXᵉ siècle*, La Découverte, 348 pages.

Patou-Mathis M., 2006, *Neanderthal. Une autre Humanité*, Perrin, 342 pages.

Pelus-Kaplan M.-L. (sous la dir.), 2006, *Unité et globalité de l'homme. Des humanités aux sciences humaines*, Syllepse, 256 pages.

Pétré-Grenouilleau O., 2004, *Les Traites négrières, essai d'histoire globale*, Gallimard, 468 pages.

Pichot A., 1995, *L'Eugénisme ou les Généticiens saisis par la philanthropie*, Hatier, « Poche », 79 pages.

Pichot A., 2000, *La Société pure. De Darwin à Hitler*, Flammarion, « Champs », 453 pages.

Pichot A., 2008, *Aux origines des théories raciales, de la Bible à Darwin*, Flammarion, « Bibliothèque des savoirs », 519 pages.

Poliakov L., 1971, *Le Mythe aryen*, Calmann-Lévy, « Liberté de l'esprit », 354 pages.

Price S., 2008, « Dialogue des cultures au musée du Quai Branly », *Le Débat*, n° 148, p. 179-192.

Quatrefages de A., 1988, *Hommes fossiles et Hommes sauvages. Études d'anthropologie*, Jean Michel Place, *Les Cahiers de Gradhiva*, 8, 644 pages.

Reynaud-Paligot C., 2006, *La République raciale. Paradigme racial et idéologie républicaine (1860-1930)*, PUF, « Science, histoire et société », 338 pages.

Reynaud-Paligot C., 2007, *Races, racisme et antiracisme dans les années 1930*, PUF, « Science, histoire et société », 173 pages.

Ribbe C., 2007, *Les Nègres de la République*, Éditions Alphée, 171 pages.

Ricard A., 2000, *Voyages de découvertes en Afrique. Anthologie : 1790-1890*, Robert Laffont, « Bouquins », 1 053 pages.

Richard N., 2008, *Inventer la préhistoire. Les débuts de l'archéologie préhistorique en France*, Vuibert-ADAPT-SNES, 235 pages.

Rozoy J-G., 2008, *Le Roman préhistorique. Analyse critique*, autoédition, 454 pages.

Sandrel C., 2010, *Vénus hottentote, Sarah Baartman*, Perrin, 168 pages.

Semonsut P., 2009, *La Représentation de la Préhistoire en France dans la seconde moitié du XXe siècle (1940-2000)*, thèse de l'université Paris-IV.

Stoczkowski W., 1994, *Anthropologie naïve. Anthropologie savante. De l'origine de l'homme, de l'imagination et des idées reçues*, CNRS Éditions, « Empreintes de l'Homme », 246 pages.

Taffin D. (sous la dir.), 2000, *Du musée colonial au musée des cultures du monde*, Actes du colloque organisé par le musée national des Arts d'Afrique et d'Océanie et le Centre Georges-Pompidou, Maisonneuve et Larose, 245 pages.

Taguieff P.-A., 1997, *Le Racisme. Un exposé pour comprendre, un essai pour réfléchir*, Flammarion, « Dominos », 127 pages.

Taguieff P.-A., 2002, *La Couleur et le Sang : doctrines racistes à la française*, Mille et Une Nuits, « Essai », 326 pages.

Thétard H., 1947, *Des hommes, des bêtes. Le zoo de Lyautey*, La Table ronde, 220 pages.

Thomas H., 2006, *La Traite des Noirs : histoire du commerce d'esclaves transatlantique, 1440-1870*, Robert Laffont, 1 037 pages.

Thomas J.-P., 1995, *Les Fondements de l'eugénisme*, PUF, « Que sais-je ? », n° 2953, 127 pages.

Tinland F., 2003, *L'Homme sauvage*, Homo ferus *et* Homo sylvestris, *de l'animal à l'homme*, L'Harmattan, « Histoire des sciences humaines », 287 pages.

Todorov T., 2004, *Les Abus de la mémoire*, Arléa, 61 pages.

Todorov T., 2006, *L'Esprit des Lumières*, Le Livre de Poche, « Biblio essais », 151 pages.

Tort P. (sous la dir.), 1985, *Misère de la sociobiologie*, Paris, PUF, 191 pages.

Tort P. (sous la dir.), 1996, *Dictionnaire du darwinisme et de l'évolution*, 3 vol., PUF, 5 000 pages.

Tort P., 2000, *Darwin et la Science de l'évolution*, Gallimard, « Découvertes », 160 pages.

Trinkaus E. et Shipman P., 1996, *Les Hommes de Neandertal*, Seuil, 425 pages.

Viatte G. et François D., 2002, *Le Palais des Colonies : histoire du musée des arts d'Afrique et d'Océanie*, Éditions RMM, 239 pages.

Viatte G., Le Fur Y., Hemmet C. et Joubert H., 2006, *Le Guide du musée du Quai Branly*, Musée du Quai Branly, 307 pages.

Index des noms

Repères chronologiques

XVᵉ et XVIᵉ siècle

1455 – Le pape Nicolas V autorise la traite des Noirs entre l'Afrique et l'Europe.

1492 – Découverte de l'Amérique par Christophe Colomb.

XVIᵉ siècle – La Renaissance arrive en France suite aux guerres d'Italie.

Vers 1525 – La traite des Noirs est pratiquée par toutes les grandes puissances maritimes de l'époque ; installation sur les côtes africaines des esclaveries.

1534 – Premier voyage de Jacques Cartier au Canada (suivront le deuxième en 1535-1536 et le troisième en 1541-1542).

1542-1543 – L'empereur Charles Quint promulgue les « lois nouvelles » interdisant le travail obligatoire des Indiens.

1546 – Début du premier espace colonial français (jusqu'en 1763).

1562-1598 – Guerres de religion.

1578 – Publication de Jean de Léry, suite à sa rencontre dans la baie de Rio, au Brésil, avec les Indiens Tupinambous.

1598 – Édit de Nantes (Henri IV).

Fin du XVIᵉ siècle – Développement des industries sucrières aux États-Unis, ce qui crée un besoin de main-d'œuvre.

XVIIᵉ siècle

1603 – Premier voyage de Champlain en Acadie.

1604 à 1607 – Voyage le long des côtes de la Nouvelle-Angleterre de Champlain.

1608 – Fondation la ville de Québec par Champlain.

1626 – La France colonise la Guyane.

1635 – La France colonise la Martinique et la Guadeloupe ; fondation du Jardin royal des plantes ou Jardin du Roy qui devient en 1793 le Muséum d'histoire naturelle, puis le Muséum national d'histoire naturelle. De nombreux voyages d'explorations, auxquels participent plusieurs naturalistes du Muséum, permettent la récolte de milliers de spécimens de plantes, d'animaux, de minéraux et autres curiosités.

1648-1653 – La Fronde.

1655 – Réactualisation par La Peyrère de la théorie des Préadamites, ce qui provoque les foudres des théologiens.

1666 – Création de l'Académie des sciences. Celle-ci jouera un rôle très important jusqu'au milieu du XIXe siècle dans l'exploration savante en tant qu'initiatrice ou partenaire de grands voyages. Elle accueille en son sein de nombreux correspondants voyageurs-naturalistes.

1669 – Sténon propose de caractériser les couches géologiques à l'aide des « fossiles » qui y sont inclus et d'en déduire leur âge relatif par leur ordre de superposition.

1684 – Bernier, dans *Le Journal des sçavans*, suggère que les Hommes peuvent être classés en fonction de leurs caractéristiques physiques, notamment la couleur de la peau, en quatre grandes « races » : européenne, africaine, asiatique et lapone. La classification des Humains en « civilisés » (sous-entendus : blancs et chrétiens) et « sauvages » (« naturels ») va servir à justifier l'esclavage, en particulier des Noirs.

1685 – Louis XIV promulgue le « Code Noir » (rédigé par Colbert) dans les colonies françaises « des Isles de l'Amérique » afin d'éviter les abus envers les esclaves ; révocation de l'édit de Nantes.

1697 – La France colonise la partie occidentale de Saint-Domingue.

XVIIIe siècle

1712 et 1717 – Le jésuite Lafitau séjourne parmi les Iroquois de Sault-Saint-Louis.

1727 – Fondation du musée d'Ethnographie de Herrnhut (Dresde).

1729 – Voyage dans les régions polaires de Bering.

1730 – La classification d'Eccard propose une succession tripartite des Âges anciens : de la pierre, du bronze et du fer.

1735 – Linné, partisan de la théorie de l'invariabilité des espèces, élabore sa première classification hiérarchique des êtres vivants, formalise la nomenclature binominale et situe l'Homme parmi les quadrupèdes et, pour la première fois, dans l'ordre des primates (*Systema naturae*).

1736 – Maupertuis dirige une expédition en Laponie.

1736-1743 – Expédition des « Académiciens du Pérou » à laquelle participe le botaniste Joseph de Jussieu (1704-1779).

1749 – Buffon suggère la forte probabilité d'une généalogie commune entre l'Homme et le singe (*Histoire naturelle de l'homme*).

1750-1770 – Rédaction de l'*Encyclopédie* ; développement du mythe du « bon Sauvage » (La Hontan ; Rousseau, 1750, *Discours sur les sciences et les arts* ; Rousseau, 1755, *Au sujet de l'origine des inégalités* ; Rousseau, 1762, *Du contrat social*).

1753 – Création du British Museum à partir des collections de Cook et Banks (qui donneront lieu à l'ouverture de la Galerie des Mers du Sud en 1780).

1756-1763 – Guerre de Sept Ans entre la France et l'Angleterre.

1757 – L'esclave Macandal mène la première révolte d'esclaves marrons à Saint-Domingue (il est exécuté un an plus tard).

1758 – Linné remodèle sa classification en divisant le genre *Homo* en deux espèces : *Homo sapiens* et troglodytes (*Systema naturae,* 10ᵉ édition).

1763-1766 – Voyage de Bougainville au cap Horn.

1763 – Traité de Paris qui entraîne la perte de l'Inde et du Canada au profit de l'Angleterre.

1766-1769 – Voyage de Bougainville en Océanie sur *La Boudeuse.*

1768-1771 – Premier voyage du capitaine James Cook dans l'océan Pacifique.

1771 – Bougainville publie *Voyage autour du monde.*

1772-1775 – Deuxième voyage de Cook.

1776-1779 – Troisième voyage de Cook.

1780 à 1785 – Expédition dans la colonie du Cap en Afrique du Sud de l'ornithologue François Levaillant.

1785-1788 – La Pérouse voyage en Océanie sur *L'Astrolabe* et *La Boussole.*

1788 – En France, création de la Société des amis des Noirs par, entre autres, Brissot et Condorcet ; Buffon représente, dans son *Époques de la nature,* les premiers Hommes armés d'outils primitifs en pierre ; débarquement des premiers *convicts* anglais à Port Jackson (Sydney) : « Terra nullius » (« terre vierge »), tel sera leur cri en arrivant.

1789 – Révolution française.

Août 1789 – Déclaration des droits de l'homme et des citoyens.

1791 – Révolte des esclaves noirs de Saint-Domingue menée par Toussaint Louverture ; inscription de l'esclavage dans la Constitution ; création de la Société d'histoire naturelle par Entrecasteaux.

1792 – Abolition de l'esclavage au Danemark.

1793 – En France, le gouvernement de la République affranchit les Noirs de Saint-Domingue.

1794 – En France, la Convention abolit l'esclavage dans l'ensemble de ses colonies et proclame l'égalité entre Blancs et Noirs.

1795 – Hutton publie la *Theory of the Earth* ; Bruce est le premier Européen à pénétrer à l'intérieur du continent noir à la découverte du fleuve Niger.

1799-1804 – Expédition en Amérique du Sud financée par la cour de Madrid. Son succès est dû à la personnalité d'Alexander von Humboldt qui transforme les expéditions en véritables enquêtes scientifiques aux multiples aspects : géographique, géologique, océanographique, anthropologique et ethnologique.

1800 – John Frère attribue les « coups-de-poing » découverts à Hoxne (Angleterre) à une période très ancienne, antérieure au monde actuel.

XIXᵉ siècle

1798-1801 – Expédition en Égypte de Bonaparte à laquelle participent près de cent soixante-dix savants, dont Étienne Geoffroy Saint-Hilaire.

1800 – Création de la Société des observateurs de l'Homme par Baudin.

1800-1805 – Publication des cours d'anatomie comparée dispensés par Cuvier à l'École centrale du Panthéon, au Collège de France et au Muséum.

1802 – Bonaparte rétablit l'esclavage et le Code Noir ; il réprime férocement la révolte des esclaves de Guadeloupe, menée par Delgrès, et celle d'Haïti, dirigée par Toussaint Louverture (ce dernier lance le défi du « Premier des Noirs au Premier des Blancs » et meurt au fort de Joux dans le Jura en 1803).

1804 – Fondation de l'Académie celtique par Cambry.

1807 – L'Angleterre abolit officiellement la traite des Noirs.

1808 – Les États-Unis abolissent officiellement la traite des Noirs, mais, comme dans les colonies britanniques, la loi ne sera effective qu'en 1833.

1809 – Parution de *Philosophie zoologique* de Lamarck dans lequel celui-ci nie la réalité de l'espèce au profit de la notion d'un *continuum* du vivant en perpétuelle transformation : de génération en génération, les espèces ont grimpé les échelons de la *Scala naturae*. Lamarck émet l'hypothèse d'une transformation lente par un perfectionnement de plus en plus grand de singes à moitié humains en Hommes complets.

1810 – Fouilles en Périgord de Jouannet.

1812 – Cuvier énonce le principe de subordination des organes et de corréla-tion des formes des êtres organisés. Pour expliquer la présence et la diversité des fossiles, il se réfère au Déluge (théorie du catastrophisme) et défend la théorie de l'invariabilité des espèces (« fixisme »).

1814-1830 – Restauration.

1814 – Abdication de Napoléon Ier ; l'Académie celtique devient la Société royale des Antiquaires ; arrivée de la « Vénus hottentote » à Paris.

1815 – Le Congrès de Vienne interdit officiellement la traite des Noirs dans toute l'Europe.

1815 – Épisode des Cent Jours ; retour en France de Napoléon Ier et nouvelle abdication de celui-ci.

1816 – Publication du géologue anglais William Smith, adepte de la théorie des catastrophes, dans laquelle il préconise l'utilisation systématique des fossiles pour caractériser les strates géologiques ; naufrage de *La Méduse*.

1816-1822 – Expédition du botaniste Prouvençal de Saint-Hilaire au Brésil.

1817 – Le premier musée d'Antiquités nationales est inauguré à Copenhague.

1817-1820 – Voyage en Océanie du géologue et géographe Louis-Claude de Saulces de Freycinet (1779-1842) sur *L'Uranie*, puis *La Physicienne*.

1821 – Création de la Société de géographie.

1823 – Découverte du squelette fossile de la *Red Lady* dans la Grotte aux chèvres (Paviland, pays de Galles).

1824 – Mort de Louis XVIII ; fondation de la Société des Antiquaires de Nor-mandie par Arcisse de Caumont.

1825 – Découverte par MacEnery, dans le Trou de Kent (Kent's Cavern ou Kent's Hole, Torquay, Angleterre), de restes humains associés à des pierres taillées et à des ossements d'animaux disparus.

1826-1829 – Premier voyage en Océanie de Dumont d'Urville sur *L'Astrolabe*.

1826-1833 – Voyage en Amérique australe d'Alcide d'Orbigny.

1827 – Tournal exhume les premiers restes humains découverts en France lors de ses fouilles dans la grande grotte de Bize près de Narbonne (Aude).

1829 – Le géologue Desnoyers crée le terme « Quaternaire ».

1830 – Début du second espace colonial français (jusqu'en 1962).

1830 – Débarquement de la France en Algérie ; création du poste d'inspecteur des Monuments nationaux par le ministre Guizot ; création de la Société géologique de France ; parution de *Principles of Geology* de Lyell dans lequel il soutient l'hypothèse d'une évolution lente et continue de la Terre et crée les étages géologiques caractérisés, entre autres, par la présence ou l'absence de certaines espèces fossiles ; découverte d'une calotte crânienne juvénile humaine par le naturaliste belge Schmerling dans la deuxième grotte d'Engis (province de Liège, Belgique).

1830-1848 – Monarchie de Juillet (Louis-Philippe Iᵉʳ).

1832 – Création de la chaire d'anatomie humaine du Muséum qui deviendra la chaire d'histoire naturelle de l'homme (étude des races humaines).

1832-1836 – Voyage sur le *Beagle* de Darwin.

1833 – Loi Guizot sur l'instruction primaire ; parution de l'article de Tournal dans lequel il affirme l'existence d'une continuité de l'Homme fossile à l'Homme actuel et, ainsi, récuse le paradigme diluvien ; publication de Schmerling sur les cavernes de la région de Liège.

1833 – Abolition de l'esclavage dans tout l'Empire britannique.

1834 – Création des Sociétés d'archéologie dans les départements ; création du Comité des travaux historiques par Guizot.

1836 – Classification tripartite des âges préhistoriques de Thomsen.

1837 – Découverte du Dryopithèque dans les sédiments tertiaires de Saint-Gaudens en Haute-Garonne par le naturaliste allemand Fontan, fossile considéré alors comme une forme intermédiaire entre l'Homme et le singe.

1837-1840 – Voyage en Polynésie de Dumont d'Urville sur *L'Astrolabe,* puis *La Zélée.*

1838 – Fondation de la Société d'ethnologie.

1839 – Création de la Société d'ethnologie de Paris.

1842-1847 – Voyage en Australie du naturaliste du Muséum Jules Verreaux (1807-1873).

1843-1847 – Voyage en Amérique du Sud du naturaliste Francis de Castelnau (1910-1880).

1847 – Aymard présente à la Société géologique de France les vestiges humains et les ossements animaux qu'il a exhumés des terrains volcaniques de la Montagne de la Denize (Denise, Haute-Loire).

1848-1852 – IIᵉ République.

1848 – Révolution radicale de février ; avènement de Louis-Napoléon Bonaparte ; premières élections au suffrage universel ; abolition de l'esclavage en France.

1849 (daté de 1847) – Parution du premier volume des *Antiquités celtiques et antédiluviennes, mémoire sur l'industrie primitive et les arts à leur origine* de Boucher de Perthes.

1848-1852 et 1854 – Voyages en Amazonie (sur le *Mischief*) et en Asie du Sud-Est de Wallace. Après ses expéditions, celui-ci soutiendra dans sa publication de 1855 que, sous l'influence de la géographie et de l'environnement, une nouvelle espèce peut naître d'une espèce étroitement apparentée (*On the Law Which Has Regulated the Introduction of New Species*).

2 décembre 1851 – Coup d'État de Napoléon III.

1852-1870 – Second Empire, Napoléon III est proclamé empereur des Français le 2 décembre 1852.

Entre 1853 et 1855 – Parution de l'*Essai sur l'inégalité des races humaines* (6 volumes) de Gobineau dans lequel il prône la supériorité de la « race blanche » (en particulier de la « race aryenne ») sur les autres et n'hésite pas à corréler la blancheur de la peau avec la beauté physique, la supériorité intellectuelle et la moralité.

1854 – L'Anglais Owen, avec l'aide du sculpteur Waterhouse Hawkins, redonne vit aux dinosaures dans son Crystal Palace situé dans la banlieue londonienne ; découverte des premières stations lacustres suisses (palafittes) près du lac de Zurich (naissance du mythe du peuple lacustre).

1856 – Découverte du squelette du Néanderthal de Feldhofer (Allemagne).

1857 – Parution du deuxième volume des *Antiquités celtiques et antédiluviennes* de Boucher de Perthes dans lequel il abandonne définitivement la théorie du Déluge et adopte celle du transformisme en rattachant les « races » humaines actuelles aux « races primitives ».

1858 – Falconer, après sa visite à Boucher de Perthes en février, est définitivement convaincu de la contemporanéité des Hommes et des animaux disparus.

1859 – Publication de *De l'origine des espèces* de Darwin ; reconnaissance par Lyell des travaux de Boucher de Perthes ; fondation de la Société d'anthropologie par Broca.

1860 – Le géologue et paléontologue Gaudry découvre, aux environs de Pikermi (Attique, Grèce), les restes d'un singe fossile, le Mesopithecus.

1861 – Chronologie de l'Âge de la pierre taillée par Lartet (fondée sur l'extinction des grands mammifères) ; création du Musée africain de Lyon par Mgr Marion de Brésillac.

1861-1865 – Guerre de Sécession aux États-Unis.

1863 – Reconnaissance de l'existence de l'« Homme tertiaire » avec l'authentification, en tant que fossile, de la mandibule humaine de Moulin-Quignon ; dans son ouvrage *The Geological Evidences of the Antiquity of Man*, Lyell relie pour la première fois les questions de l'ancienneté de l'Homme et de son origine ; fouilles de Lartet et Christy dans la vallée de la Vézère (Dordogne) ; le géologue britannique King propose de créer, pour le fossile de Feldhofer, une nouvelle espèce, celle d'*Homo neanderthalensis* ; découverte de la mandibule néanderthalienne du Trou de La Naulette (près de Dinant) par le géologue belge Dupont

1864 – Inauguration du Muséum d'histoire naturelle de Toulouse : la paléontologie humaine est présentée par la première fois au public ; reconnaissance de l'art mobilier préhistorique dans l'article de Lartet et Christy ; découverte de la « Vénus impudique » par le marquis de Vibraye à Laugerie-Basse (Dordogne) ; Mortillet fonde la première revue spécialisée de préhistoire (*Matériaux pour l'histoire positive et philosophique de l'homme*) ; dans *Survival of the Fittest in Principles of Biology* du sociologue anglais Spencer, la sélection naturelle des espèces devient chez les êtres humains la « survie du plus apte ».

1865 – Le mammouth gravé sur ivoire de mammouth, découvert à La Madeleine (Dordogne), atteste de l'ancienneté de l'Homme ; le préhistorien britannique Lubbock dans *Prehistoric Times* définit les termes « Paléolithique » et « Néolithique » ; le terme « Préhistoire », présent dans le titre de son ouvrage, va très rapidement se substituer à celui d'« Antéhistorique » utilisé jusqu'alors.

1866 – Première session du Congrès international d'anthropologie et d'archéologie préhistoriques à Neuchâtel (Suisse).

1867 – Inauguration du musée de Saint-Germain-en-Laye ; Exposition universelle de Paris où, pour la première fois, des vestiges archéologiques sont exposés.

Entre 1867 et 1869 – Le zoologue et paléontologue Gervais définit le terme « Holocène ».

1868 – Découverte du squelette de Cro-Magnon (Eyzies-de-Tayac, Dordogne) par Édouard Lartet et son fils Louis.

1870-1871 – Guerre contre la Prusse, défaite de Sedan, emprisonnement de Napoléon III, reddition de l'armée française en septembre 1870, gouvernement provisoire (de la Défense nationale), proclamation de la République.

1870-1940 – IIIe République.

1871 – Commune de Paris, période insurrectionnelle qui dure un peu plus de deux mois (mars-mai).

1872 – Reconnaissance officielle de l'existence de l'« Homme tertiaire » lors du congrès international d'Archéologie et d'Anthropologie préhistoriques de Bruxelles ; classification industrielle de G. de Mortillet ; découverte d'une sépulture par Delpeyrat et Massénat dans l'abri classique de Laugerie-Basse (Dordogne).

1873 – Création du musée berlinois d'Ethnographie par Bastian ; publication d'Hovelacque et Mortillet dans laquelle ils suggèrent l'existence d'un être intermédiaire entre la « race d'Homme inférieur » et le singe, qu'ils dénomment « précurseur de l'homme ».

1875 – Création de la première École d'anthropologie, prolongement de la Société d'anthropologie de Paris.

1877 – Apparition du mot « préhistoire » dans le supplément du *Dictionnaire de la langue française* de Littré ; parution du livre de Morgan dans lequel l'évolution de l'humanité correspond à une succession de trois grandes étapes : la sauvagerie, la barbarie, la civilisation.

1878 – Fondation du musée d'Ethnographie du Trocadéro (futur musée de l'Homme), quarante et un ans après celui de Leyde ; premier ouvrage synthétique de préhistoire par Zaborowski (*L'Homme préhistorique*).

1879 – Découverte des peintures pariétales de la grotte d'Altamira (Espagne).

1881 – Jules Ferry instaure la gratuité de l'école ; parution de l'ouvrage de Mortillet, *Le Musée préhistorique*.

1883 – Découvertes des gravures pariétales de Pair-Non-Pair (Gironde) par Daleau ; parution du premier véritable manuel de préhistoire, *Le Préhistorique, antiquité de l'homme* de G. de Mortillet ; Cartailhac donne un cours facultatif de préhistoire à la faculté des sciences de Toulouse ;

définition du terme « eugénisme » par Galton, père fondateur de cette idéologie, dans *Inquiries into Human Faculty and Its Development*.

1884 – Création en Grande-Bretagne du Pitt Rivers Museum par le lieutenant général Pitt Rivers.

1886 – Découverte des deux squelettes humains en contexte funéraire dans la grotte de la Betche-Al-Rotche, près de Spy (Belgique), par les Belges de Puydt et Lohest.

1888 – Découverte de l'Homme de Chancelade (Dordogne) par Hardy et Féaux.

1889 – Premières reconstitutions d'Hommes et de scènes préhistoriques lors de l'Exposition universelle de Paris.

1891-1894 – Période d'instabilité politique.

1891 – Eugène Dubois découvre les restes de Pithécanthrope à Java (Indonésie).

1894 – Début de l'affaire Dreyfus ; découverte par Maska d'une sépulture collective accompagnée d'un dépôt funéraire composé, entre autres, de deux omoplates gravées de mammouth, à Predmosti (Moravie) ; découverte de la « Dame à la capuche » à Brassempouy dans les Landes par Édouard Piette.

1897-1902 – Franz Boas, le père de l'anthropologie culturelle américaine, dirige la Jesup North Pacific Expedition (1897-1902) ; incendie du Bazar de la Charité à Paris.

Première moitié du XXe siècle

1900 – Présentation d'une reconstitution du Pithécanthrope de Java dans l'Exposition universelle de Paris.

1901 – Découverte de l'art pariétal de Font-de-Gaume et des Combarelles (Dordogne).

1902 – Reconnaissance de l'art pariétal préhistorique (*Mea culpa* de Cartailhac), qui suscite des échos dans la presse populaire.

1904 – Création de la Société préhistorique française (SPF).

1905 – Loi de la séparation de l'Église et de l'État sous le gouvernement d'Émile Combes.

1908 – Découverte du Néanderthalien de La Chapelle-aux-Saints (Corrèze).

1910 – Inauguration du musée royal de l'Afrique centrale de Tervuren (Belgique) ; fondation de l'Institut de paléontologie humaine (IPH) ; découverte du site moustérien de La Quina (Charente) ; découverte de la Vénus à la corne de Laussel (Dordogne).

1913 – Création du musée de Préhistoire des Eyzies (Dordogne) ; article de Breuil qui met fin à la « bataille aurignacienne » et à la chronologie industrielle de Mortillet.

1914-1918 – Première Guerre mondiale.

1919-1939 – Apogée de l'empire colonial français ; montée du fascisme.

1923 – Création du musée des Arts d'Afrique et d'Asie de Vichy, émanation de la Fondation de la maison du missionnaire.

1924 – Découverte de l'enfant de Taung, Australopithèque d'Afrique du Sud, par Raymond Dart.

1924-1925 – Croisière noire en Afrique, expédition publicitaire (pour Citroën) à portée politique, culturelle et scientifique.

1925 – Découverte du Sinanthrope, *Homo erectus* de Chine, par Teilhard de Chardin.

1929 – Création de la première chaire de préhistoire au Collège de France : l'abbé Breuil en sera le premier détenteur ; grande dépression économique.

1931-1933 – Expédition Dakar-Djiboudi dirigée par Marcel Griaule, en lien avec le musée d'Ethnographie du Trocadéro. C'est la première véritable enquête de terrain dont l'objectif est de démontrer l'unité de l'Homme.

1933 – Prise du pouvoir par Hitler ; montée du nazisme avec la création du IIIe Reich.

1935 – Parution et succès populaire de *L'Homme, cet inconnu* de l'eugéniste et prix Nobel de médecine Alexis Carrel.

1939-1945 – Seconde Guerre mondiale.

Décembre 1948 – Déclaration universelle des droits de l'homme.

Remerciements

Le thème de départ de ce livre « Rencontre entre le Sauvage et le Préhistorique : évolution des regards » et son déroulement historique ont pris corps grâce aux riches discussions et aux échanges que j'ai pu avoir avec Jean-Pierre Bacot, spécialiste des magazines illustrés du XIXe siècle et auteur de plusieurs livres. Qu'il en soit ici remercié.

Mes plus sincères remerciements à ma chère amie Véronique Desroches, professeur agrégé de littérature : sans son regard exercé et critique, je n'aurais pu transcrire aussi fidèlement mes pensées. Merci à ma fille Émilie et à son amie Solen, dont le dynamisme estudiantin m'a conduit à clarifier certains de mes propos.

Par ailleurs, confrontée aux doutes qui m'ont envahie lors de l'écriture, et en proie aux difficultés que la vie m'a infligées durant cette période, je n'aurais pu mener ce projet à terme sans le soutien de mes amis. Toujours présents, ils m'ont accompagnée sans jamais me lâcher la main. Merci à AO, à Hadoum, à Agueda et Denis, à Sylvie et Brigitte, à Hélène et Jean-Alain, aux « Amis de Montmartre » (Michèle, François G., Caroline, Tudor, Philippe…) et de Littré (Sylvie, Danièle, Colette, Jacqueline…), à Florence M., à Christian J., à Sylvie D., Philippe B… Et surtout merci à toi, Marie-Laure, à qui je dédie ce livre.

Table

Première partie
LA CONSTRUCTION SCIENTIFIQUE DU SAUVAGE ET DU PRÉHISTORIQUE

CHAPITRE 1
Les origines en question

CHAPITRE 2
L'engouement pour les « objets de la Nature » et le Sauvage

CHAPITRE 3

Vers le transformisme
et la classification des humains

CHAPITRE 4

Le siècle des Lumières

CHAPITRE 5

Avant Darwin

CHAPITRE 6

Et Darwin vint...

CHAPITRE 7

Préhistoire et racialisme

Table 397

CHAPITRE 8

Le tournant du XXᵉ siècle

CHAPITRE 9

La « rencontre » du Sauvage
et du Préhistorique

Seconde partie
IMAGES DE L'AUTRE DANS LE TEMPS
(LE PRÉHISTORIQUE)
ET L'ESPACE (LE SAUVAGE)

CHAPITRE 1

L'Autre : entre émerveillement
du voyageur et esclavage organisé

Table 399

Épilogue

DU MÊME AUTEUR

2009, *Mangeurs de viande. De la préhistoire à nos jours*, Perrin.

2008, *Lascaux. Histoires d'une découverte*, Fleurus.

2007, *Une mort annoncée. À la rencontre des Bushmen, derniers chasseurs-cueilleurs du Kalahari*, Perrin.

2006, *Préhistoire*, Fleurus, « Voir ».

2006, *Neanderthal, une autre Humanité*, Perrin ; nouv. éd. 2010.

2004, *La Préhistoire. Histoire et dictionnaire* (Denis Vialou éd.), Laffont, « Bouquins ».

2004, *Au temps des mammouths* (avec A. Foucault), Les Éditions du Muséum et Phileas Fogg.

Ouvrage proposé par
Jacques Fricker

Cet ouvrage a été transcodé et mis en pages
chez Nord Compo (Villeneuve-d'Ascq)

N° d'impression : XXXXX
N° d'édition : 7381-2532-1
Dépôt : juin 2012

Imprimé en France

www.ingramcontent.com/pod-product-compliance
Lightning Source LLC
Chambersburg PA
CBHW050624280326
41932CB00015B/2518